우리 통일, 어떻게 할까요 /

역사는 변하고만다

강만길 저작집

15

우리 통일, 어떻게 할까요 /
역사는 변하고만다

창비

# 저작집 간행에 부쳐

　그럴 만한 조건이 되는가 하는 생각을 버리지 못하면서도 제자들의 준비와 출판사의 호의로 저작집이란 것을 간행하게 되었다. 잘했건 못했건 평생을 바친 학문생활의 결과를 한데 모아두는 것도 나름대로 의미가 있을 것 같기도 하고…… 한 인간의 평생 삶의 방향이 언제 정해지는가는 물론 사람에 따라 다르겠지만, 지금에 와서 뒤돌아보면 나의 경우는 아마도 세는 나이로 다섯 살 때 천자문을 제법 의욕적으로 배우기 시작하면서부터 어쩌면 학문의 길이 정해져버린 게 아닌가 생각해보기도 한다. 그리고 요즈음 이름으로 초등학교 6학년 때 겪은 민족해방과 6년제 중학교 5학년 때 겪은 6·25전쟁이 역사 공부, 그것도 우리 근현대사 공부의 길로 들어서게 한 것 같다고 말하기도 한다.

　대학 3학년 때 과제물로 제출한 글이 활자화됨으로써 학문생활에 대한 의욕이 더 강해진 것 같은데, 이후 학사·석사·박사 논문은 모두 조선왕조시대의 상공업사 연구였으며, 특히 박사논문은 조선왕조 후기 자본주의 맹아론 연구였다. 문호개방 이전 조선사회가 여전히 고대사회와 같은 상태에 머물러 있었다고 주장한 일본인 연구자들의 연구에 대항한 것이었다고 하겠다. 역사학계 일부로부터 박정희정권하의 자본주의 성장을 뒷받침하는 연구라는 모함을 받기도 했지만……

　자본주의 맹아론 연구 이후에는 학문적 관심이 분단문제로 옮겨지게 되었다. 대학 강의 과목이 주로 중세후기사와 근현대사였기 때문에 학문적 관심이 근현대사에 집중되었고 식민지시대와 분단시대를 연구하고 강의하게 된 것이다. 『분단시대의 역사인식』을 통해 '분단시대'라는 용어가 정착되어가기도 했지만, '분단시대'의 극복을 위해 통일문제에 관심을 두게 되면서 연구논문보다 논설문을 많이 쓰게 되었다. 그래서 저작집도 논문집보다 시대사류와 논설문집이 더 많게 되어버렸다.

그런 상황에서도 일제시대의 민족해방운동사가 남녘은 우익 중심 운동사로, 북녘은 좌익 중심 운동사로 된 것을 극복하고 늦게나마 좌우합작 민족해방운동사였음을 밝힌 연구서를 생산할 수 있었다는 것을 자윗거리로 삼을 수 있지 않을까 한다. 사실 민족해방운동에는 좌익전선도 있고 우익전선도 있었지만, 해방과 함께 분단시대가 되리라고는 꿈에도 생각하지 않았기 때문에 민족해방운동의 좌우익전선은 해방이 전망되면 될수록 합작하게 된 것이다.

『고쳐 쓴 한국현대사』는 '한국'의 현대사니까 비록 부족하지만 남녘의 현대사만을 다루었다 해도 『20세기 우리 역사』에서도 남녘 역사만을 쓰게 되었는데, 해제 필자가 그 점을 날카롭게 지적했음을 봤다. 아무 거리낌 없이 공정하게 남북의 역사를 모두 포함한 '20세기 우리 역사'를 쓸 수 있는 때가 빨리 오길 바란다.

2018년 11월 강만길

## 일러두기

1. 이 저작집은 '내일을 여는 역사재단'의 기획으로, 강만길의 저서 19권과 미출간 원고를 모아 전18권으로 구성하였다.
2. 제15권 『우리 통일, 어떻게 할까요/역사는 변하고 만다』는 같은 해에 발간된 두 권의 단행본을 한 권으로 묶었다.
3. 제17권 『내 인생의 역사 공부/되돌아보는 역사인식』은 단행본 『강만길의 내 인생의 역사공부』와 미출간 원고들을 '되돌아보는 역사인식'으로 모아 한 권으로 묶었다.
4. 저작집 18권은 초판 발간연도 순서로 배열하되, 자서전임을 감안해 『역사가의 시간』을 마지막 권으로 하였다.
5. 각 저작의 사학사적 의미를 짚는 해제를 새로이 집필하여 각권 말미에 수록하였다.
6. 문장은 가급적 원본대로 유지하는 것을 원칙으로 하였고, 명백한 오탈자와 그밖의 오류는 인용사료, 통계자료, 참고문헌 등을 재확인하여 바로잡았으며, 주석의 서지사항 등을 보완하였다.
7. 역사용어는 출간 당시 저자의 문제의식을 살리기 위해 그대로 따랐다.
8. 원저 간의 일부 중복 수록된 글도 출간 당시의 의도를 감안하여 원래 구성을 유지하였다.
9. 본서의 원저는 『우리 통일, 어떻게 할까요』(당대 2003)와 『역사는 변하고 만다』(당대 2003)이다.

# 차례

## 우리 통일, 어떻게 할까요

# 역사는 변하고 만다

## 1   지식인을 생각한다

## 2   사회 속의 우리

# 3  역사는 변하고 만다

# 4 남과 북이 만났을 때

## 5 통일의 역사는 전진하고 있다

우리 통일, 어떻게 할까요

# 책을 내면서 하고 싶은 말이 있습니다

　이른바 세계화시대가 되면서 특히 젊은 학자들 중에는 민족주의를 시대착오적 이데올로기로 보거나, 청산해야 할 사상으로 생각하는 사람이 많아지고 있는 것 같습니다. 시대의 변화에 따라 사람의 생각도 변하게 마련이라, 나올 수 있고 또 나올 만한 생각이라 할 수 있겠습니다. 그러나 이제 별수 없이 고희를 넘기게 된 필자의 세대는, 제 탓이건 아니건 민족문제나 민족주의적 인식에서 한시도 벗어날 수 없는 시대를 평생 살아왔다 해도 과언이 아닙니다.

　이 책에서 우리 역사의 20세기 전반기를 식민지시대라 하지 않고 일제강점시대니 하는 것도 과학적·학문적 용어가 아니라 말할 수 있겠지만, 식민지시대라고 터놓고 말하기는 어쩐지 억울한 생각이 들고 또 께름칙하기조차 해서입니다. 필자와 같은 늙은 세대의 어쩔 수 없는 고질이요, 한계인지도 모릅니다.

　우리가 살고 있는 이 땅을 두고 한쪽에서는 한반도라 하고 또 한쪽에서는 조선반도라 하는 것이나, 일본에서 하는 우리말 방송을 한국어 방송이라고도 또 조선말 방송이라고도 할 수 없어서 '안녕하십니까' 어쩌고 하는 것도 우리 세대로서는 크나큰 슬픔이요 또 부끄러움이지 않을 수 없습니다.

일제강점시대에 태어나서 소년시절에 태평양전쟁과 민족해방을 겪었고, 감수성이 예민한 10대 말기에 처참한 6·25 동족상잔을 겪었습니다. 많은 동년배가 전장에서 죽었는데도 요행히 살아남았지만, 살아남은 자의 죄책감과 책무감 같은 것에서 벗어날 수 없는 평생이었다고 할 수 있습니다.

그후 한평생을 역사학 전공자로 살면서 한심했던 자유당독재, 환희에 찼으나 결국 혁명이 못 되고 만 4·19민중운동, 섬뜩했던 5·16군사쿠데타와 발악적인 '유신'독재, 피로 물든 5·18민중항쟁과 가슴 벅찼던 6·10민주화운동 등을 직·간접으로 모두 체험했습니다. 그리고 마침내 6·15남북공동선언이 합의되던 현장에도 동참했습니다.

순탄한 시대에 산 사람이면 좀처럼 겪기 어려운 경험으로, 민족사의 치열한 현장에서 평생을 살아왔다 해도 지나친 말이 아닐 것입니다. 어쩌면 우리 세대는, 그중에서도 필자와 같이 우리의 근현대사를 전공한 사람은, 민족문제를 떠나서는 학문도 생활도 할 수 없는 한평생이었다고 할 수 있을 것입니다.

이렇게 평생을 첨예한 민족문제 속에서 생활하고 또 학문하면서 당한 가장 어려웠던 일은, 나를 지배하고 있는 크고 작은 체제들이 분단된 민족의 한쪽만을 동족으로 생각하고 다른 한쪽은 동족이 아닌 적으로 간주하라 요구하는 일이었습니다. 그리고 그 요구는 적어도 정상적인 사회생활을 하고자 하는 사람인 이상, 아무도 거역할 수 없는 가혹한 강요 그것이었습니다. 어쩔 수 없어 분단은 되었다 해도 북녘 땅도 분명 내 조국 땅이요, 그 주민들도 분명 내 동족인데 말입니다.

분명하게 한쪽 편에 서서 사고하고 생활하고 학문하고 가르치라는 요구는 너무도 강력했고, 따라서 평생을 두고 화해적·객관적 위치란 허용되지 않았습니다. 역사학에서조차 말입니다. 이런 세상에서 일상생활이야 우물쭈물 넘기고 생각이야 겉으로 드러내지 않고 내심으로만 감출 만해도, 두 조각이 난 민족의 한쪽만 편들지 않고 양쪽 모두에게 동족애를 가지면서 글쓰며 가르치기는 정말 어려웠습니다.

다른 학문은 어땠는지 모르지만, 역사학 그것도 우리 근현대사학을 전공하면서, 온 세상이 분명하게 편을 가르는 속에서 홀로 편가르지 않고 학문하고 교육하기란, 거듭 말하지만 참으로 어려웠습니다. 특히 적군과 아군을 구분하는 일이 본분이라 할 직업군인 출신들이 모든 것을 독재하던 시기에는 더욱 그랬습니다.

그래서 약간의 수난을 겪기도 했지만, 그보다 더 안타까웠던 것은 평생을 두고 일기를 쓸 수 없었던 일입니다. 거의 평생을 연구실이나 서재가 언제 수색당할지 모르는 불안한 시대에 살았고, 또 실제로 당하기도 했으니까요. 일기를 쓸 수 없는 분단민족의 역사학 전공자, 누구보다도 불행한 사람입니다.

필자보다 나이가 조금 더 많은 어느 역사학 교수가 "강 아무개는 휴전선에나 가서 살아야 할 위인"이라 쓴 글을 읽었다고 동료교수가 전해주었지만, 일부러 읽어보지 않은 일도 있었습니다. 그래도 1970년대 이후 편가르지 않는 글, 다시 말하면 생각이 민족분단 상황에 안주하기를 거부하는 글, 분단극복에 조금이라도 도움이 되었으면 하는 글을 계속 써온 셈입니다.

30년 전부터 가졌던 생각이, 대부분의 사람들이 터무니없다거나 위험하다던 생각이, 지금에 와서 하나하나 현실화되어감을 실감할 때 그저 가슴 벅찰 뿐입니다. 6·15공동선언 합의가 발표되던 현장에서 맛본 감회야말로 말로는 다할 수 없습니다. 남북 두 정상을 비롯한 참가자들이 함께 어울려 손잡고 「우리의 소원은 통일」을 부르던 순간의 감격은 평생 잊을 수 없습니다.

옛사람들은 자신이 가졌던 생각이 생전에 현실화하는 것을 보기가 어려웠습니다. 심한 경우 죽은 후 100년 혹은 200년이 되어야 빛을 보는 경우도 있었지요. 30년 전에 가졌던 민족 화해·협력이니 평화통일이니 하는 생각들이 생전에 현실화되어가는 현장에 동참할 수 있었다면, 그보다 더한 보람이나 행운이 또 있겠습니까.

그동안 겪은 약간의 수난은 아무것도 아닙니다. 남북 두 정상이 굳게 잡은 손을 치켜들고 6·15공동선언 합의를 발표하던 현장에서, 필자보다 훨씬 수난이 컸던 동갑내기 고은 시인과 서로 붙들고 "우리 지금 죽어도 여한이 없다"고 절규했던 일이 지금도 어제 일같이 생생합니다.

6·15공동선언은 우리 통일운동 역사 위의 큰 분수령인 동시에, 필자가 말하는 '협상통일'의 시발점이라 할 수 있습니다. '협상통일'이란 말은 평양의 백화원초대소 현장에서 생각한 것입니다.

그 엄청난 역사의 현장에 있었던 역사학 전공자로서 '협상통일'이 무엇이며 어떤 생각을 가지고 어떻게 해야만 그것이 가능해질 것인가를 말해야 할 절실한 의무감을 느끼지 않을 수 없었습니다.

그래서 요청이 있으면 국내외를 마다하지 않고 통일문제 강연을 많이 했는데, 이 책도 그 의무감의 소산물이라 하겠습니다. 인간을 사랑하고 민족을 사랑하고 평화를 사랑하는 사람들의, 특히 21세기 우리 역사의 주인이요 통일을 이룰 주역이 될 우리 젊은이들의, 역사의식과 통일의식을 높이는 데 조금이라도 도움이 된다면 더 바랄 것이 없습니다.

이 책에서 언급한 구체적이고 단편적인 사실의 상당 부분은 이미 신문이나 잡지에 짧은 글들로 쓰여졌습니다. 그리고 필자의 이름으로 된 몇몇 논설문집에 실리기도 했습니다. 그러나 '협상통일' 문제 전체를 민족사의 맥락에서 종합적으로 이해하는 데 도움이 되는 책이 있었으면 하는 요구가 상당히 있었고, 이제는 더 강연 다니기도 어려울 것 같아서 이렇게 책을 만들기로 했습니다.

이 기회에 부끄러운 고백을 해야 할 것이 있습니다. 몇 년 전에 『강만길 선생과 함께 생각하는 통일』이란 책이 필자 이름으로 나온 적이 있습니다. 통일문제를 종합적으로 다룬 쉬운 책이 필요하다는 출판사의 요청은 있었으나 집필할 시간을 낼 수 없었는데, 몇 제자들이 급한 김에 필자의 단편적인 글을 근거로 만든 것이었습니다.

『강만길 선생과 함께 생각하는 통일』이란 책의 저자가 강만길로 되었으니 이런 망발이 또 있겠습니까. 이 책 『우리 통일, 어떻게 할까요』의 출간으로 그 부끄러움이 다소 해소된다면 다행이겠습니다.

늘그막에 맡은 대학총장 자리에 있으면서 틈틈이 쓰느라 두서없이 된 글을 꼼꼼히 읽고 다듬어준 신용옥과, 강연녹음을 푸느라 수고한 김승은 두 사람의 노고에 감사하고, 출판을 맡아준 당대출판사에도 감사해 마지않습니다.

2003년 10월 강만길

# 우선 이 책을 쓰게 된 동기부터 말하겠습니다

## 1. 우리 근현대사를 전공한 지 50년이 넘었습니다만

6·25전쟁이 한창이던 1952년에 대학의 역사학과에 입학했으니, 역사학을 전공한 지 이미 50년이 넘었습니다. 반백 년이 넘도록 주로 우리 근현대사를 연구하고 또 가르치면서 여러가지 문제를 다루어왔지만, 지금에 와서 간추려보면 특히 관심을 가지고 밝혀보려 애쓴 문제는 크게 세 가지로 요약할 수 있지 않을까 합니다.

그것은 첫째, 우리 정도의 문화수준을 가진 민족사회가 왜 자본주의 문명이 앞선 유럽 열강도 아니고 같은 동양문화권 안에 있는, 더구나 중세문화는 말할 것 없고 근대문화도 우리보다 크게 앞섰다고 보기 어려운 일본의 지배를 받게 되었는가 하는 문제입니다. 그것도 아시아 지역에서는 식민지 분할이 다 끝난 1910년대에 와서 말입니다.

영국의 인도 지배나 프랑스의 베트남 지배는 유럽문화권 나라가 당시만 해도 전혀 이질적이었다고 할 수 있는 아시아문화권 나라를 식민 지배한 것이었습니다. 그러나 일본이 우리 땅을 지배한 것은 수천 년 동안 '동양3국'이라는 같은 문화권 안에서 함께 살아온 민족들 중 한쪽은 지배민족이 되고 다른 한쪽은 피지배민족이 된 것입니다. 생각에 따라서는 괘씸하기도 하고 또 억울하기 이를 데 없는 일이라 하겠습니다.

지금도 우리 역사교육은, 한걸음 앞서 서양문명을 배워 제국주의국가로 되어가던 일본이 침략욕을 발동하여 우리 땅을 군사력으로 강압해왔기 때문에 어쩔 수 없이 지배당하게 되었다고 설명하는 정도에서 대체로 그치는 것 같습니다. 그러나 그것으로는 설명이 부족합니다. 특히 앞으로 역사교육에서 그것만으로는 젊은이들의 의문을 모두 풀어줄 수 없습니다.

중세시대까지는 아시아 문화권에서 선진지역에 들었던 우리 민족사회가 왜 20세기 초 들어와서 남의 강제지배를, 그것도 같은 동양 문화권 내 국가의 지배를 받게 되었는가, 무엇이 잘못되어 그런 결과가 되었는가, 원인을 넓고 깊게 설명할 수 있어야 합니다. 평화주의 지향 역사학은 침략한 쪽의 역사적 책임도 당연히 물어야 하지만, 침략당한 쪽의 잘못되었거나 부족했던 부분도 분명히 밝혀내어 가르쳐야 합니다.

우리는 왜 중국이나 일본에 비해 서양문명과 접촉할 기회가 적었고 또 그 시기가 늦었는가, 일본이 서양을 배워 부국강병 정책으로 가고 제국주의를 배울 때 우리는 무엇을 했는가, 우리는 왜 일본의 메이지유신이나 중국의 신해혁명 같은 정치개혁을 일으키지 못했는가, 같은 '동양3국'이 근대로 가는 과정에서 일본은 독립을 유지했을 뿐 아니라 오히려 침략국이 되고 중국은 반식민지 상태로 끝났는데 우리는 왜 완전히 식민지로 전락하고 말았는가 등의 문제가 철저히 밝혀지고 또 가르쳐져야 할 것입니다.

우리 근현대사를 전공하면서 특별히 관심을 가졌던 두번째 문제는, 근 40년 동안이나 일본의 지배를 받고 해방되면서 우리 민족사회가 왜 남북으로 분단되었는가 하는 것입니다.

물론 해방이 38도선을 경계로 한 미·소 양군의 분할점령과 함께 왔기 때문에 부득이했다고 해버리면 될 것 같고, 사실 지금까지는 대체로 그렇게 이해하고 또 가르쳤습니다. 그러나 그것은 민족분단과 같은 중대한 역사적 사실에 대한 극히 피상적인 설명에 지나지 않는다고 생각합니다. 38도선이 그어지고 미·소 양군이 분할점령한 사실에만 민족분단의 모든 원인을 떠넘기는 역사교육은 이미 설득력을 잃게 되었습니다.

일본제국주의가 패망할 당시 우리 민족해방운동전선의 역량은 어느 정도였는가, 우리 민족해방운동 군사력이 독자적으로 우리 땅을 해방시킬 수는 없었다 해도 일본의 패망 자체에 어느 정도 역할을 할 수 있었는가 하는 문제 등을 정확하게 알아야 할 것입니다.

그리고 일본이 패전할 당시의 우리 민족해방운동전선은 해방 대비를, 또 민족국가 건설 준비를 어떻게 어느 정도 하고 있었는가, 38도선이 그어지고 미·소 양군이 분할점령하여 민족분단의 위험이 높아졌을 때 우리 민족사회는 어떻게 대응했는가를 정확하게 알아야 합니다.

그뿐만 아닙니다. 미·소 분할점령 아래서는 정말 분단밖에 다른 길은 없었는가, 다른 길이 있었다면 왜 그 길을 가지 못했는가, 분단의 원인을 외세의 작용에만 떠넘겨버린다면 자주적 통일 지향의 민족의식 및 역사의식이 성립할 수 있겠는가. 이런 문제들이 더 심층적으로 설명될 수 있어야 할 것입니다.

세번째 관심사는 그렇다면 어떻게 통일할 것인가 하는 문제입니다. 생각에 따라서는 일본의 강제지배를 받게 된 일과 분단된 일은 이미 지난 일이니까 역사학의 대상이 될 수 있다 해도, 통일은 앞으로의 일인데 역사학이 다룰 문제인가 되물을 수도 있겠습니다.

사실 지금까지의 우리 역사학은 대체로 그렇게 생각해왔다 해도 과언이 아닙니다. 그러나 남의 지배를 받게 된 원인을 넓고 깊게 알지 못하면 분단된 원인을 제대로 알 수 없고, 분단된 원인을 정확하게 파악하지 못하면 옳은 통일방법을 찾을 수 없습니다. 그렇기 때문에 당연히 역사학의 측면에서도 통일문제가 다루어져야 한다고 생각합니다. 아니 역사학적 측면에서 추구될 때 훨씬 더 체계적인 통일인식과 타당성 있고 정확한 통일방법론이 나올 수 있을 것입니다. 이것은 결코 역사학 전공자의 월권이 아니라고 생각합니다.

우리 민족은 근현대를 거치면서 크게 두 번이나 역사실패를 했습니다. 20세기로 들어서면서 남의 강제지배를 받게 된 것이 첫번째 실패입니다. 우리 정도의 문화수준에 있던 민족사회가 20세기에 들어와서 남의 지배를 받게 된 예가 없지 않습니까.

그리고 억울한 남의 지배에서 벗어나면서 민족이 분단된 것이 두번째 실패입니다. 거의 반세기 동안이나 끈질기게 민족해방운동을 추진해온 민족사회가, 패전국도 아니면서 또 자의도 아니게 분단되었으니 억울하다면 억울한 일이지요.

이제 21세기로 들어서면서 우리 민족에게 이같은 두 번의 역사실패에 이어서, 세번째의 역사적 고비라면 고비요 기회라면 기회가 다가오고 있다고 생각합니다. 바로 평화통일의 기운이 돌고 있는 사실입니다.

이 세번째 고비를 어떻게 넘기느냐에 21세기 우리 민족사회의 역사적 성패가 달려 있다고 할 수 있습니다. 우리 근현대사에 닥친 이 세번째 고비를 잘 넘기면 앞선 두 번의 역사실패도 옛말이 될 수 있겠지만, 세번째 고비에서마저 실패하면 앞선 실패들의 상처가 두 몫 세 몫이 되어 되살아날 것입니다.

앞선 두 번의 역사실패 원인을 냉정하게 그리고 철저하게 파악하여 세번째 고비를 현명하게 대처할 수 있을 때, 비로소 역사실패를 거듭하는 어리석음을 범하지 않을 것입니다. 중요한 근현대사를 통해 두 번씩이나 실패하고도 세번째 고비가 된 평화통일마저 성공할 수 없다면, 희망이 없는 민족이라 해도 할말이 없겠지요.

왜 남의 강제지배를 받게 되었는지 그 원인을 잘 모르고, 또 수천 년 함께 살아온 민족이 왜 분단되었는지 그 정확한 원인을 제대로 알지 못하고서는, 합리적이고 현실적인 통일방안을 찾아낼 수 없습니다. 제대로 된 통일방법론은 결코 현상분석만으로 도출되지 않습니다. 통일문제도 민족사의 맥락 속에서 다룰 때 비로소 그 올바른 방법론이 찾아질 것입니다.


## 2. 이 책에서 말하고 싶은 것은 대체로 이런 것입니다

민족화해협력범국민협의회 상임공동의장 자격으로 2000년 6월 제1차 남북정상회담에 참가했습니다. 그리고 역사학 전공자는 필자 한 사람이었다고 생각되는데, 남북 두 정상에 의해 6·15공동선언이 합의되고 발표되는 역사적 현장에 있었습니다.

평생을 두고 두 번 다시 겪을 수 없을 것 같은 엄청난 역사의 현장에 있었던 사람으로서, 그 책임을 다하기 위해 그뒤로는 통일문제에 관한 글을 쓸 수 있는 데까지는 쓰려고 애썼습니다. 거듭 말하지만 이 책을 쓰는 것도 그러한 생각의 연장이라 할 수 있습니다.

글을 쓰는 한편, 요청이 있기만 하면 국내는 물론 미국·일본 등지로 다니면서 통일문제 강연을 많이 했습니다. 강연 끝에는 열띤 질문들이 나오게 마련인데, 아마 가장 많이 받은 질문이 '언제쯤 통일되겠는가' 하는 것이 아니었나 싶습니다.

제2차 세계대전 후 분단된 민족사회 중 베트남과 독일은 지난 20세기 안에 통일했는데 우리는 세기를 넘기고도 아직 통일이 되지 않았습니다. 언제쯤 통일될까 하는 문제가 청중들의 가장 큰 관심사인 것은 너무도 당연하다 하겠습니다.

그러나 통일이 언제쯤 되겠는가를 제대로 알기 위해서는 그에 앞서 이해해야 할 여러가지 문제가 있습니다.

우선, 왜 통일해야 하는가 하는 문제부터 다시 생각해봐야 합니다. 무슨 엉뚱한 말이냐고 할지 모르지만, 같은 민족이니까 통일해야 한다는 정도의 안일한 문제의식으로는 통일문제를 제대로 풀어나가기 어렵다고 생각합니다.

우리 민족사회가 위치한 곳은 다른 민족사회와 완전히 동떨어진 외딴섬이 아니라 주변 강대국들에 둘러싸여 있는 곳입니다. 우리 민족 내부의 사정이나 생각만을 내세워 "우리는 같은 민족이니까 통일하겠다" 해도 그것이 다른 민족사회의 이해관계와 서로 어긋난다면 우리의 뜻대로만 되지 않을 수 있습니다. 우리 민족에 이익이 되되, 다른 민족에 해가 되지 않는 통일이어야 하기 때문입니다.

또 세상에는 하나의 민족이 둘 이상의 국가를 이루어 사는 경우도 많고, 반대로 여러 민족이 하나의 국가를 이루어 사는 경우도 많습니다. 그렇기 때문에 우리 민족의 경우, 왜 기어이 통일하지 않으면 안 되는가에 대한 절실한 대답이 따로 있어야 한다고 생각합니다.

그리고 앞에서도 잠깐 말했지만, 우리 민족의 통일문제를 제대로 이해하기 위해서는 우리가 왜 분단되었는가 하는 문제에 대한 깊은 이해가 앞서야 합니다. 제2차 세계대전 후 분단된 민족사회는 우리말고도 독일과 베트남이 있었지만, 독일과 베트남의 분단과 우리 민족의 분단은 각기 그 원인과 조건이 다릅니다. 그리고 독일과 베트남과 우리 국토는 지리적 조건도 다르고 지정학적 위치도 다릅니다.

이와 같은 점들에 대한 이해 없이는 우리의 통일이 다른 민족사회의 통일에 비해 왜 늦은지, 그리고 통일방법이 왜 다를 수밖에 없는지를 제대로 이해할 수 없습니다.

혹시 제2차 세계대전 후 분단된 민족으로 베트남, 독일과 우리만 말하고 중국은 왜 말하지 않는가 물을 수도 있겠습니다. 그러나 중국의 경우는 분단이라기보다 하나의 지방이 덜 수복되었다고 보는 것이 옳을 것입니다. 흔히 우리의 북녘이 왜 중국처럼 개방하지 못하느냐고 말하기도 하는데, 중국은 아무리 개방해도 대만에 흡수당할 염려가 없다는 사실을 잘 이해하고 있어야 합니다.

다음으로는, 반세기가 넘는 분단시대를 통해 남북을 막론한 우리 민족사회에서 통일을 위한 어떤 방법들이 제시되었으며 그것이 왜 실현되지 않았는가, 즉 통일정책 및 통일운동의 역사에 대한 이해도 있어야 합니다. 그래야만 그것을 교훈으로 삼아 앞으로 시대상황의 변화에 적합한 통일방법론을 세워나갈 수 있을 것입니다.

베트남은 전쟁통일을 하고 독일은 이른바 흡수통일을 했는데, 우리는 이것도 저것도 안 되지 않았습니까. 우리 땅에서는 왜 전쟁통일도 흡수통일도 안 되었는지 그 원인을 정확하게 알 때, 우리 실정에 맞는 우리식 통일방법이 나오게 되는 것입니다.

그렇다면 지금 시점에서 남과 북에서 제기하고 있는 통일방법론은 각각 어떤 것이며, 그 차이점은 무엇인지 알아야 합니다. 그리고 앞으로 그 차이점을 어떻게 극복해갈 수 있을 것인가, 메워갈 수 있을 것인가 하는 점에 대한 이해가 있어야 할 것입니다.

더불어 꼭 강조하고 싶은 것이 있습니다. 통일이 언제쯤 될 것인가 하는 문제에 앞서 어떤 통일을 할 것인가의 문제를 생각하는 일이 더 중요합니다. 왜냐하면 지금은 남북 당국이 모두, 적어도 공식적으로는 베트남과 같은 전쟁통일은 말할 것 없고 독일과 같은 흡수통일도 하지 않겠다고 하고 있으니까요. 그렇다면 우리의 통일은 어떤 통일이어야 할까요.

이밖에도 우리가 꼭 알아야 할 문제는 또 있습니다. 우리의 통일문제는 거론될 때마다 반드시 주변 4강의 이해문제가 함께 이야기됩니다. 이것은 우리 국토가 동아시아의 대륙과 해양을 연결하는 위치에 있는 반도라는 점과, 더불어 강대국들에 둘러싸여 있는 지정학적 위치 때문입니다. 이 문제에 대한 깊은 이해 없이는 통일문제를 원만하게 풀어갈 수 없습니다.

우리의 통일문제에는 왜 주변 4강이니 4자회담이니 6자회담이니 하는 문제가 거론되게 마련인지, 그 이유를 정확하게 알아야 하겠습니다.

이뿐만 아닙니다. 통일문제가 나오면 심심찮게 영세국외중립화 문제가 나오게 마련인데 중립화론의 역사도 이미 100년이 넘었습니다. 그런데도 중립화가 한번도 실현되지 못한 이유가 무엇인지, 앞으로도 중립화 통일이 바람직한지, 그렇다면 가능성은 있는지 등의 문제를 알아야 합니다.

우리의 통일문제를 본격적으로 말하기 전에 여러분의 이해를 돕기 위해 이상의 몇 가지를 말했습니다. 간추려서 다시 말해보면 우리는 왜 분단되었는가, 왜 통일해야 하는가, 왜 베트남과 같은 전쟁통일도 안 되고 독일과 같은 흡수통일도 안 되었는가, 그렇다면 어떤 통일을 할 수 있을 것인가 하는 문제들이 해명되어야 합니다.

그리고 지금 제기되고 있는 통일방법론은 어떤 것들인가, 한쪽은 자본주의체제이고 다른 한쪽은 사회주의체제인데 전쟁통일도 흡수통일도 아닌 어떤 통일을 할 수 있을 것인가, 흔히 4강이라 말하는 주변 강대국들의 이해관계 속에서 어떻게 통일할 수 있을 것인가 등의 문제들을 이 책에서 하나하나 풀어나가보자는 것입니다.

당연한 말이지만 통일문제는 결코 정치인이나 외교가나 전문학자들만이 알아야 할 문제가 아닙니다. 그들만이 민족사회의 주인이 아니며, 그들만이 민족분단의 피해를 입고 있는 것이 아니니까요. 정작 분단의 피해를 가장 절실하게 겪고 있는 사람은 일반 민중이지 않습니까.

이 땅에 살고 있는 남북 7천만 주민 개개인이 우리 통일문제에는 어떤 어려운 점이 있으며, 그것을 풀려면 어떤 형태의 통일이어야 하고, 그것을 어떻게 해나가야 하는가를 정확하게 알게 될 때 통일은 하루라도 앞당겨질 것입니다.

우리는 지난 20세기 후반기 전체를 민족이 분단된 불행한 시대에 살면서 분단시대적 역사인식 및 현실인식에 젖은 채 살아왔습니다. 다시 말하면 분단시대적 타성에 빠져서 부끄럽고 괴로운 민족상잔의 시대, 민족대결의 시대를 예사롭게 살아왔다 해도 과언이 아닙니다. 아니 어쩌면 우리들 각자가 입으로는 통일을 말하면서도, 실제로는 분단시대를 더 연장시키는 데 한몫을 해왔는지도 모릅니다.

사실 지난 20세기는 세계사 전체가 불행한 역사였습니다. 그 전반기는 두 차례의 세계대전을 겪은 제국주의전쟁의 시대였고, 후반기는 또 동서냉전의 시대였습니다.

그 때문에 우리 민족은 남의 지배를 받게 되었고 또 남북으로 분단되어 서로 다투며 대립해왔습니다. 20세기는 세계사 자체가 그런 시대였기 때문에 우리도 그런 조건 속에서 살 수밖에 없었다고 할 수도 있겠습니다. 그러나 21세기에는 기어이 세계에서 유일한 분단민족으로 사는 수모에서 벗어나야 하겠습니다.

아프가니스탄전쟁과 이라크전쟁 등이 도발된 것처럼 21세기에도 20세기와 같은 제국주의와 패권주의를 연장하려는 책동이 없는 것은 아닙니다. 그러나 전체 인류사회는 21세기가 20세기보다는 더 평화로운 세기가 되게 하려는 높은 의욕을 보이고 있습니다. 역사발전의 엄숙한 증거라 할 수 있습니다. 구체적인 예를 들어보지요.

21세기로 들어서는 길목에서, 제국주의의 상징이었던 식민지가 모두 해방되었습니다. 그리고 1960~70년대의 베트남전쟁 때는 반전평화운동이 전쟁 당사국인 미국의 평화주의자에 한정되다시피 했으나, 2003년의 이라크전쟁 때는 전세계로 거세게 퍼져나갔습니다.

인류사회의 평화의지가 그만큼 확대되어가는 것을 증명해주는 사실이지만, 그뿐만이 아닙니다. G8 강대국들의 모임이 있는 곳마다 세계화반대운동의 거센 물결이 일어나고 있습니다. 세계화라는 것이 결국 모든 민족사회를 몇몇 자본주의 강대국의 정치·문화권으로 흡수·동화시키려는 책동이라는 사실을 정확하게 알기 때문입니다.

우리는 같은 민족이기 때문에 통일해야 하기도 하지만, 21세기에는 우리 땅이 세계에서 전쟁위험이 가장 높은 곳의 하나 혹은 동아시아의 '화약고' 등으로 지목되지 않게 함으로써, 우리 땅의 모든 주민이 주체성을 가지고 평화롭고 사람답게 떳떳이 살아가기 위해, 그리고 동아시아의 평화와 나아가서 세계평화에 이바지하기 위해 통일해야 합니다.

그러기 위해서는 이 땅에 살고 있는 7천만 주민 하나하나가 우리의 통일문제가 무엇을 의미하는지 정확하게 알고, 어떤 통일을 어떻게 해야 할지 제대로 알아야 할 것입니다. 우리 민족구성원 한 사람 한 사람이 '통일꾼'이 되자던 적극적인 통일운동도 있었지만, 필자에게 말하라 하면 한 사람 한 사람이 '통일꾼'이 되기 전에 어떤 통일을 어떻게 할 것인지를 제대로 아는 사람이 되자고 말하고 싶습니다.

박정희정권이 7·4공동성명을 발표하자, 군사독재정권 아래에서도 평화통일이 가능할지 모른다고 흥분하고 고무되었던 부끄러운 기억이 있습니다. 그러다가 그것이 '유신'을 하기 위한 전주곡이었음을 알게 되면서부터 종래의 안이했던 학문생활을 반성하고 적극적으로 통일문제에 관심을 가지기 시작했습니다.

그 무렵부터 쓴 글들이 모여 1978년에 나온 『분단시대의 역사인식』이라는 책이 되었습니다. 그후에도 계속 통일문제에 관한 글을 쓰고 강연도 했지만, 앞에서도 말한 것처럼 특히 지난 2000년 평양의 제1차 남북정상회담에 참석한 후에는 국내건 국외건 통일문제 강연 요청이 있으면 거의 거절하지 않았습니다.

독자 여러분을 위해 쓰는 이 책은 바로 그 강연내용을 그대로 옮겨놓은 것입니다. 6·15공동선언 1주년 때부터는 일본에 있는 '조총련'의 초청을 받고 토오꾜오·오오사까·쿄오또 등지에 가서 '조총련' 동포들에게, 물론 '민단'계 동포들도 왔었지만, 여러 번 강연했습니다. 그때의 강연내용도 큰 줄기는 이 책의 내용 그대로였습니다.

평양과 개성 등 북녘 땅에 여러 차례 갔지만, 아직 북녘 동포들 앞에서는 통일문제 강연을 못 해봤습니다. 그러나 남녘에서 한 통일문제 강연내용을 '조총련' 동포들에게 그대로 해서 긍정적인 반응을 얻을 수 있었다면, 건방진 생각일지 모르지만, 이제 필자가 생각하는 통일 방안이나 과정이 남북을 통해 어느정도 동의를 구할 수 있게 되어가는 것이 아닌가 생각해봅니다.

6·15공동선언 1주년 때 '조총련' 동포들에게 한 강연이 북녘의 처지에서 보아 크게 문제가 되었다면, 2주년 때의 초청은 실현되지 않았을 것입니다. 남녘에서나 재미동포들에게 하는 통일강연이 '조총련' 동포들에게 2년에 걸쳐 그대로 실현될 수 있었다는 데서, 필자가 생각하는 우리의 통일문제가 적어도 그 기본 방향에서는 전체 민족사회를 통해 상당히 합의점을 이루어간다고 봐도 괜찮지 않을까 생각합니다.

물론 앞으로 우리 민족의 통일이 어떤 형태로 될 것인지는 지금은 아무도 모릅니다. 그러나 이 책에서 말하는 '협상통일'이 그 방법적인 면에서도 가장 합당하며, 또 그 과정 역시 가장 순리적이라 생각하는 것입니다.

　이 작은 책자가 남북 및 해외 동포 여러분의 통일의식을 더 높이고, '꿈에도 소원'인 통일에 대한 희망과 자신감을 가지는 데 조금이라도 도움이 되었으면 하는 마음 간절합니다.

# 새삼스럽지만, 왜 통일해야 하는지를
# 생각해봅시다

## 1. 같은 민족이니까 통일해야 한다 합니다만

분단시대 반세기를 통해서 남북을 막론하고 또 해외동포를 포함해서 우리 민족구성원인 이상 누구나 당연히 통일해야 한다고 생각해왔고 또 그렇게 말해오기도 했습니다. 그러면서도 왜 통일해야 하는가 하는 물음에 대한 답은 오히려 좀 서툴지 않은가 합니다. 너무도 당연한 일이기 때문에 오히려 그 이유를 말하기에 서툴다고 할 수도 있겠으나, 그렇지만도 않습니다. 통일해야 하는 이유도 시대에 따라 변하기 때문입니다.

왜 통일해야 하는가 하고 물으면, 흔히 수천 년을 함께 살아온 동족이니까 통일해야 한다고 쉽게 말합니다. 오랫동안 하나의 역사 아래 살아온 하나의 민족이 하나의 국민국가 내지 민족국가를 이루어 살아야 한다는 말은 전혀 잘못된 것이 아닙니다.

그러나 같은 민족이라는 점이 통일해야 할 당위성의 전부는 아닙니다. 앞에서도 말했지만, 하나의 민족이 두 개나 세 개의 국가를 이루어 살 수도 있으며, 반대로 몇 개의 민족 혹은 종족이 하나의 국가를 이루어 사는 경우도 많으니까요.

신라가 백제와 고구려를 멸망시키고 고려가 발해 유민들을 받아들인 후, 우리 민족은 우리 땅 안에서 계속 하나의 국가를 이루어 살아왔습니다. 그러나 불행하게도 스스로의 힘으로 근대적 민족국가, 즉 국민주권 국가를 이루지 못하고, 20세기에 들어와서 거의 40년이나 일본제국주의의 강제지배를 받았습니다. 일본의 강제지배에서 벗어나면서 당연히 하나로 된 근대 민족국가를 이루어야 했지만, 우리 민족 본래의 뜻과는 전혀 다르게 남북으로 분단되고 말았습니다.

해방 전에는 우리 민족구성원 중 누구도 해방 후 두 개의 분단국가가 되리라고는 생각하지 못했습니다. 당연히 하나의 근대 민족국가, 즉 통일민족국가를 이루어 살 것이라고 생각했는데 그것에 실패하고, 결국 두 개의 분단국민국가를 이루어 살게 되고 말았습니다. 학술적으로 검증된 개념은 아니지만, 우리 민족의 경우 통일민족국가와 분단국민국가를 구별해야 하게 된 것이라 하겠지요.

두 개의 분단국가가 생긴 당시는 물론이고, 특히 6·25전쟁 과정을 거치면서 많은 이산가족이 생긴데다가, 모든 것이 불편하고 부자연스러웠습니다. 또 남북이 매사에 소모적으로 대립하고 다투기만 해서, 어떤 방법으로든 빨리 통일해서 살아야지 그대로는 하루도 못 살 것 같았습니다.

그랬는데도 그런 분단시대가 벌써 반세기를 넘어섰습니다. 남북을 막론하고 우리 민족구성원들은 어쩌면 이제 오랜 분단상황에 타성적으로 적응해 있는지도 모릅니다. 안타깝고 부끄럽기 짝이 없는 일이 아닐 수 없습니다.

우리 민족이 대대로 살아온 이 땅은 동아시아 대륙에 기다랗게 붙어 있는 별로 크지 않은 반도(半島)입니다. 그 모양새로 봐도 그렇고 또 주변이 모두 강대국들로 둘러싸여 있어서, 이 좁은 반도 땅 안에서 하나 이상의 국가로 나누어져 살기는 부적당해 보이기도 합니다. 나누어지지 않아도 주변 어느 국가보다 땅도 좁고 인구도 적으니까요.

이곳에 살고 있는 사람들도 오랫동안 함께 살아온 단일민족이어서 하나의 국가를 이루어 사는 일을 자연스럽고 당연하게 생각해왔습니다. 역사를 살펴보더라도, 더러는 분권적 정치형태가 일어날 만하다가도 북쪽에서 거란이니 몽골이니 하는 유목민들이 쳐내려오면 그 침략에 대응하기 위해 바로 집권체제가 되고 말았습니다. 따라서 삼국시대 이후 이 땅의 주민들은 계속 집권성이 높은 하나의 국가체제 아래 살아왔던 것입니다.

지금은 분단되어 두 개의 국가를 이루고 있다 해도 우리 땅에 사는 사람들이 모두 같은 민족이며, 오랫동안 하나의 역사와 문화 속에서 살아왔으니, 앞으로도 반드시 통일해서 살아야 한다는 것은 당연한 일이 되었습니다. 같은 민족이니까 통일해서 하나의 국가를 이루어 살아야 한다는 사실이 너무도 당연하게 받아들여져, 누구도 의심할 수 없는 통일의 당위성이 되기도 했습니다.

거듭 말하지만 지난 분단시대 반세기를 지나오면서 "왜 통일해야 하는가" 하는 물음에 대해서는 "같은 민족이니까" 하는 답이 가장 설득력 있고 당연한 것으로 간주되어왔습니다. 그러나 한번 당연하게 인식된 일이라 해서 영원히 그렇게 생각될 수 있는 것은 아닙니다. 같은 민족이니까 반드시 통일해서 하나의 국가를 이루어 살아야 한다는 말은 앞으로 설득력을 잃게 될 가능성도 없지 않습니다.

왜냐하면 이 세상에는 앵글로색슨이나 게르만 민족처럼 하나의 민족이 두 개 세 개의 국가를 이루어 사는 경우도 흔하고, 반대로 중국이나 미국처럼 여러 민족이 모여 하나의 국가를 이루어 사는 경우도 많기 때문입니다.

　세계사가 근대로 오면서 민족국가라는 것이 성립했지만, 모두 같은 종족만이 민족이 되어 하나의 민족국가를 이룬 것은 아닙니다. 오히려 서로 다른 역사와 문화를 가진 여러 종족이 정치적으로 통합되어 하나의 민족을 이루고 민족국가를 성립시킨 경우가 더 많다고 하겠습니다.

　그런데 세계사가 20세기를 지나오면서, 지금까지 강해지기만 하던 민족국가의 권력이 국민들의 저항으로 약해지는 조짐을 보이고, 높아지기만 하던 민족국가의 벽이 낮아지고, 민족적 결속력도 떨어지면서 다시 종족적 특성이 살아나는 경향이 나타나기도 합니다.

　다른 민족사회와 격리된 반도라는 지리적 조건 때문에 우리는 근대 이전의 하나의 종족이 근대로 오면서 그대로 하나의 민족이 되었다고 할 수 있으며, 또 그것을 바탕으로 근대 민족사회를 이룬 경우가 되었습니다. 그러나 근대사회로 오면서 우리 민족사회는 종족도 하나요 또 민족도 하나이면서 본의 아니게 두 개의 근대 국민국가를 이루게 되었습니다.

　우리가 당연하다고 생각하는 단일 민족국가가 세계사적으로는 오히려 귀한 실정이라고 할 수 있습니다. 사실 우리 민족의 경우도 지금은 모두 동화되어 하나의 민족구성원이요 또 국민이 되었지만, 조선왕조 시대만 해도 이웃의 여진족과 일본인들이 많이 귀화해 왔습니다.

　이들 귀화인이 전체 인구수에 비해 결코 많지 않으며 또 세월이 지나면서 모두 동화되고 말았는데도 구태여 이런 말을 하는 것은, 이제는 혈통의 순수성 같은 것을 내세워 배타적 민족주의를 강조하던 시대는 아니라는 말을 하기 위해서입니다. 그리고 이런 배타적 민족주의가 통일의 당위성으로 작용하는 것도 좋지 않다는 생각 때문입니다.

　지난 20세기를 거치면서 우리 동포들이 외국에 나가서 사는 경우도 많아져서 해외동포가 500만 명을 넘어섰다고 합니다. 그리고 지금은 동남아 사람들을 비롯해서 다른 민족들이 우리나라에 와서 일하는 경우가 많습니다. 이들이 앞으로 우리 땅에서 살겠다고 하면 허락해줄 수밖에 없을 것입니다. 우리 민족은 남의 나라에 가서 살면서 다른 민족이 우리 땅에 와서 사는 것을 언제까지나 거부할 수는 없기 때문입니다.

옛날에는 민족의 구성요건으로 같은 핏줄을 타고나서 같은 말을 쓰고 같은 문화를 지니는 것이 무엇보다도 중요했습니다. 그러나 교통과 통신이 발달하여 세상이 좁아지면서, 외국인들 가운데는 우리말을 잘하고 또 우리 문화를 우리 못지않게 체득한 사람이 많아지고 있으며, 혈통도 점점 많이 섞여가고 있습니다.

따라서 지금은 핏줄이 같고 말이 같다는 사실이 민족을 구성하는 중요한 요인이 되기보다, 각 개인이 핏줄의 같고 다름과는 상관없이 스스로 자신은 어느 민족에 소속되고 싶다고 생각하는 '소속감'이 민족을 이루는 가장 중요한 요소가 될 것이라고 여겨져가고 있습니다.

예를 들어 앞으로 우리와 핏줄이 전혀 다른 어느 서양사람이 우리말도 잘하고 우리 문화도 좋아해서 제대로 익히며 또 우리 땅에 살면서 우리 민족의 한 사람이 되고 싶다고 하면 받아들일 수밖에 없다는 것입니다. 우리와 피를 섞지 않고도 우리 땅에 살면서 우리 민족구성원의 일원이 되고 싶다 하는 사람이 많아져도, 그것을 인정해주어야 할 때가 오리라는 것입니다.

핏줄을 같이하고 같은 말을 쓰는 우리 동족들이 중국 국민도 되어 살고 미국 국민도 되어 사는 것과 마찬가지로, 같은 우리 민족이라 해도 어떤 사람은 대한민국 국민이 될 수 있고 또 어떤 사람은 조선민주주의인민공화국 국민도 될 수 있는 것입니다. 다시 말하면 지금도 이미 그렇지만, 앞으로는 더욱 동족이라 해서 반드시 같은 땅에서 하나의 국민으로만 살 수는 없는 것입니다.

반대로 핏줄이 다르면서도 우리 땅에서 평생을 사는 사람이 많아질 수 있을 것입니다. 우리와 같은 분단민족의 경우도, 같은 민족이기 때문에 통일해서 하나의 국가기구 아래서 함께 살아야 하는 일이 중요하지 않은 것은 아니지만, 그밖에 충분히 납득할 만한 다른 통일의 당위성들이 있어야 할 것입니다. 특히 젊은 세대의 동의를 얻으려면 말입니다.

지금 미국의 백인종들이 유색인종 이민이 많아진다고 말들 하지만, 인류역사가 200만 년이 넘는데 백인종들이 미국에 가서 산 것은 불과 400~500년밖에 되지를 않지 않습니까. 북아메리카 대륙이 본래 백인종의 땅이 아닐 뿐만 아니라, 앞으로도 그들만이 주류가 되어 살아야 한다는 법은 없는 것입니다. 물론 백인들의 기득권이 이미 무너져가고 있습니다만.

이렇게 '지구 단위의 거주이동의 자유'가 확대되어야 한다고들 생각하고 있는 지금, 우리 땅의 남북에 사는 우리 민족구성원들이 21세기에 들어서서도 단지 핏줄이 같고 말이 같고 문화가 같다고 해서 반드시 우리끼리 통일해서 하나의 국가를 이루어 살아야 한다는 말은 이제 설득력을 잃어가고 있다고 할 수 있습니다.

이야기가 너무 극단적으로 흐른 감이 있지만 오해하지는 마십시오. 교통과 통신의 발달로 세계사가 이러한 방향으로 가고 있는 지금의 세상이라 해도, 핏줄이 같고 말이 같고 문화가 같다는 사실이 앞으로도 하나의 민족국가를 이루어 살아야 하는 요인이 되는 것은 사실입니다.

그러면서도 앞에서 말한 것처럼 지나치게 단일 민족국가나 핏줄의 순수성 같은 것을 내세워 이런 것을 통일의 가장 중요한 당위성으로 삼는 것은, 특히 북녘 동포들과 함께 살아보지 못했을 뿐만 아니라 접촉조차 해본 경험이 없는 젊은이들에게서 설득력을 얻기 어려울 것이라는 말을 하고 싶은 것입니다.

같은 핏줄이기에 통일해야 한다기보다 남북을 막론하고 우리 땅의 주민들이 앞으로 더 평화롭고도 더 사람답고 더 떳떳하게 살기 위해서 통일해야 한다는 점에서, 민족통일의 더 높은 당위성과 절실함을 찾을 수 있어야 할 것입니다. 같은 핏줄이며 같은 말을 쓰고 같은 문화를 가졌으니까 통일해서 분단되기 이전처럼 하나의 국가를 이루어 살아야 한다는 것은 과거 중심적인 통일의 당위성이라 할 수 있겠습니다. 그런 당위성이 강조되면 '단군의 자손' 운운까지 하게 되겠지요.

분단시대 반세기 동안 세상이 참 많이 변했습니다. 교통과 통신의 발달로 '지구촌'이란 말이 회자될 만큼 지구가 좁아지기도 했습니다. 그리하여 5대양 6대주를 쉽게 돌아다닐 수 있게 되었는가 하면, 자신이 태어나지 않은 땅에 가서 사는 사람도 많아졌습니다. 또한 인류사회의 평화 의지도 높아졌습니다.

통일의 당위성에도 이와 같은 세계사적인 변화가 반드시 반영되어야 합니다. 그렇지 못하면 핏줄이 같고 역사가 같고 문화가 같으며 또 오랫동안 하나의 국가 안에서 살아왔다는 지나간 일, 즉 과거 중심적인 통일 당위론에 한정되어버리고 맙니다. 역시 앞으로 민족통일의 주역이 될 젊은이들에게는 절실함이 덜한 통일 당위론이 되지 않을 수 없을 것입니다.

우리 땅 남북 주민들이 21세기에는 20세기보다 더 평화롭고 더 사람답게 살기 위해, 나아가서 동아시아 평화와 세계 평화에 이바지하기 위해 반드시 통일해야 한다고 말하면, 그것은 미래지향적인 통일 당위성이 될 수 있겠지요. 특히 민족사회의 내일을 맡아야 할 젊은이들에게 어느 쪽이 더 설득력 있는 통일 당위성이 될 수 있을지 신중히 생각해봐야 하겠습니다.

## 2. 분단비용이 많이 들어 통일해야 한다 합니다만

지금까지 우리가 통일해야 하는 이유의 하나로, 흔히 이른바 분단부담이 너무 크다는 사실을 들어왔습니다. 분단부담이란 말은 여러가지로 쓰이고 있습니다.

첫째는, 무엇보다도 남북이 군사적 대결상태에 있기 때문에 쌍방이 힘에 버거울 정도의 군대를 유지해야 해서 군사비가 그만큼 많이 드는 것을 말합니다.

우리 민족은 6·25전쟁이라는 민족상잔을 겪었고 그후에도 계속 휴전상태가 이어지면서 남북이 대치하고 있을 뿐만 아니라, 지난날에는 휴전선을 경계로 한·미·일 공조체제와 조·중·소 공조체제가 대립해 있었습니다. 그 때문에 우리 땅의 분단은 사실상 동아시아 전체의 분단으로 확대되었고, 동아시아 분단의 전초기지였던 우리 땅에서 군사적 대결상태가 특히 심해질 수밖에 없었습니다.

따라서 군사비용도 그만큼 많이 드는 것은 당연한 일이지요. 남녘의 경우 상비군이 60만 명을 넘고 그것을 유지하기 위한 군사비가 한 해 전체 예산의 약 15% 정도인 것으로 알고 있습니다. 그리고 북녘의 경우는 정확한 군인의 수를 알 수는 없지만, 전체 예산에서 군사비용 비율이 남녘보다 훨씬 높은 것으로 알려져 있습니다. 북녘은 남녘보다 인구가 적은데 같은 수준의 군사력으로 대응하려면 인적·물적 자원 등의 면에서 훨씬 더 어렵겠지요.

우리 이웃나라인 경제대국 일본의 경우 상비군이 30만 명 정도인 것으로 알고 있으며, 같은 분단민족이었다가 통일한 유럽의 강대국 독일도 상비군을 30만 명으로 줄인다는 신문보도를 본 기억이 있습니다. 우리 민족의 경우 남북을 합쳐 120만 내지 130만 명 이상의 상비군을 가졌다고 알려져 있는데, 민족이 분단되어 서로 대립해 있기 때문이지만 전문가들의 연구에 의하면 우리 민족도 통일이 되면 남북을 합쳐 상비군 30만 명 정도면 충분하다고 합니다.

통일이 되면 남북을 합쳐 상비군을 약 30만 명으로 줄일 수 있으니, 그만큼 군사비를 줄여 교육비나 사회복지비로 쓸 수 있다는 말이 되겠지요. 남녘의 경우 GNP의 2.6%가 보건·복지 및 사회보장을 위해 지출되는데, 스웨덴은 33.3%, 미국은 13.8%, 일본은 12%입니다. 또 남녘의 연간 국방비 지출은 교육과 보건 부문 지출액의 60%에 해당하는데, 일본은 12%, 캐나다는 15%라고 합니다. 높은 국방비 부담 때문에 교육·복지비 예산이 턱없이 낮은 것입니다.

하지만 분단에서 오는 민족적 피해는 이것만이 아닙니다. 흔히 경쟁 상대국이라고 하는 이웃 일본의 경우, 우리처럼 적령기의 남자가 모두 군대복무를 해야 하는 의무병제가 아니라 직업군인제여서 원하는 사람만 급료를 받고 군인이 됩니다. 그러나 남북이 대결상태에 있는 우리는 의무병제이기 때문에, 일생 중 가장 중요한 시기인 20대 초반에 2년 이상 전공학문이나 직장을 떠나 있어야 합니다. 그것도 고급인력들만 골라서 말입니다.

가본 사람은 다 아는 일이지만, 군에 입대하면 흔히 상급자들이 어제까지의 일은 모두 백지로 돌리라고 강조합니다. 한창 학업에 열중하던 젊은이에게 하루아침에 갑자기 '백치'가 되라고 요구하는 것이나 다름없습니다. 게다가 군대 복무기간은 2년여이지만, 대학생의 경우 입대하기 전 한 학기와 제대 후 복학하기까지 한 학기의 준비기간이 필요해서 사실은 공백기가 3년이 넘어버립니다.

국민의 3대 의무 가운데 병역의무는 가장 신성한 것이지만, 학업이나 취직·결혼 등 모든 생활설계 면에서 그만큼 다른 나라 젊은이들에게 뒤떨어지는 현실이 안타깝습니다. 21세기는 20세기보다 훨씬 더 무한경쟁의 시대가 될 것이라는데 말입니다.

남녘은 이제 군대 복무기간이 2년으로 짧아졌지만 북녘은 훨씬 더 길다고 알고 있습니다. 민족 전체로 보면 얼마나 큰 희생이며 또 어리석기조차 한 일입니까. 우리도 통일만 되면 의무병제를 폐지하고 직업군인제로 바꿀 수 있을 것이며, 물론 군인의 수도 훨씬 줄일 수 있을 것입니다.

남북의 우리 민족구성원 전체가 지난 20세기 후반기 50년 동안 의무병제 아래에서 민족상잔의 비극에 희생되어왔는데, 21세기 들어와서도 여전히 그렇게 살아야 한다면, 남북을 가리지 않고 전체 민족적 처지에서 다른 민족사회와 비교해볼 때 엄청난 희생이요 손해라 하지 않을 수 없습니다.

병역의 의무가 신성한 것임은 거듭 부인할 수 없지만, 지금은 적극적 평화주의자들에 의해 그 신성불가침의 의무가 일부 거부되고 있기도 합니다. 어떻든 다른 나라 사람들처럼 의무병제가 아니고도 국토방위가 가능하다면 더 좋은 일이겠지요. 남북을 막론하고 지금은 이 의무병제가 민족의 다른 한쪽을 첫째 적으로 삼은 것이라는 데 우리의 비극이 있는 것입니다.

게다가 의무병제보다 직업군인제가 더 강한 군대를 양성하는 길이 될 수도 있을 것입니다. 세계사가 21세기로 들어서면서 평화주의를 지향하고 있는 지금, 아직도 의무병제를 채택하고 있는 민족국가는 그리 많지 않습니다. 우리 민족의 경우 분단문제를 해결하지 못했기 때문에 의무병제가 유지되고 있지만, 이것이 해결되면 바로 달라지겠지요.

그렇지만 지난 반세기 동안의 남북 대결상황 아래에서는 별수 없이 국방비가 많이 들어야 한다고 생각해왔고, 아버지도 의무병으로 복무

했고 그 아들도 그랬기 때문에 어느정도 타성이 되어버렸습니다. 손자나 증손자까지 그렇게 산다 해도 예사롭게 생각해버리는 분위기도 없지 않습니다.

물론 군대에 가지 않으려고 여러가지 편법을 썼다가 발각되어 물의를 빚는 경우도 적지 않습니다만, 대부분의 젊은이들은 언제 입대할까가 문제이지 으레 입대해야 할 것으로 생각하게 마련입니다. 분단민족 젊은이의 슬픈 체념이요 타성이라면 너무 자학적인 말이 될까요.

민족분단시대가 너무 오래 계속되다 보니, 분단비용 즉 국방비가 너무 많이 들고, 또 의무병제에서 오는 국민적·민족적 손실과 폐단이 너무 크기 때문에 통일해야 한다는 인식은 어느덧 그렇게 심각하게 받아들여지지 않게 된 면도 없지 않습니다. 50년이 넘도록 그렇게 해왔기 때문에 타성이 되어버린 것입니다.

따라서 지금에 와서는 분단비용 문제나 의무병제의 문제점 등을 들어서 통일의 절실함이나 불가피성을 설명하기는 좀 어렵지 않을까 합니다. 같은 민족이니 통일해야 한다든가 분단비용이 많이 들고 의무병제로 인한 희생이나 폐단이 너무 크다는 사실 등을 통일해야 하는 이유로 내세우는 것은 호소력이 약해지고 있는 것 같습니다. 분단 반세기 이상 늘 그래왔기 때문에 이젠 타성이 되어버려서 설득력이 덜한 것이겠지요.

이제 우리는 이런 타성에서 벗어나야 합니다. 20세기 후반기는 세계사 자체가 동서냉전의 시대였고, 우리는 분단민족이었으니 그럴 수밖에 없었다 해도, 21세기에는 분단비용이 많이 드는 일이나 의무병제에서 비롯되는 민족적 손실 등을 타성적으로 받아들이지 말아야 할 것입니다. 20세기적인 인식이나 생활타성에서 벗어나 21세기적 상황에 대응해가야 합니다.

20세기 전반기의 제국주의전쟁시대나 후반기의 동서냉전시대에는 다른 민족사회도 그랬으니, 우리 민족의 경우도 예사로웠다고 할 수 있습니다. 그러나 제국주의체제와 동서 냉전체제가 무너진 21세기에도 우리 민족만이 여전히 20세기와 같은 분단상황을 지속하면서 과도한 국방비와 의무병제에 시달려서는 안 되지 않겠습니까. 분단시대적 인식이나 타성에서 벗어나서 민족문제, 통일문제를 적극적으로 해결할 수 있어야 할 것입니다.


## 3. 평화롭고 떳떳하게 그리고 인간답게 살기 위해 통일해야 합니다

세계사도 대체로 그러했지만, 동아시아의 20세기는 평화롭지 못한 불행한 시대였습니다. 19세기 말부터 이른바 탈아입구(脫亞入歐), 즉 아시아식 국가에서 벗어나 유럽식 국가가 되어야 한다는 노선과 정책을 적극적으로 내세우며 유럽 제국주의를 배운 일본이, 20세기 전반기에 우리 땅과 중국을 침략하고 끝내는 태평양전쟁을 도발하여 전체 아시아 세계를 전쟁의 소용돌이로 몰아넣었다가 끝내 패전하고 말았습니다.

20세기 후반기에는 동아시아에서도 동서 냉전체제가 대립하였고, 그 때문에 우리 땅이 분단되고 6·25전쟁이 일어나서 많은 희생을 치렀습니다. 그리고 상당한 기간 동아시아 전체가 우리 땅의 북반부와 대륙 쪽의 중국·소련을 포함한 사회주의 세력권과 우리 땅의 남반부와 해양 쪽의 일본·미국을 포함한 자본주의 세력권으로 나뉘어 대립하고 있었습니다. 그리고 이 두 세력이 대립한 최전방 전선은 물론 우리 땅이었습니다.

다행히 20세기를 넘기면서 세계사적으로 식민지가 모두 해방되어 독립하거나 본국으로 되돌아갔으며, 동서 냉전체제도 해소되어가고 있습니다. 그러나 동아시아에서는 패전국에서 되살아난 일본이 경제대국에서 군사대국으로 나아가고 있으며, 중국은 시장경제체제를 도입한 후 경제적으로 크게 발전하고 있습니다. 그런가 하면 세계 초강대국 미국은 새로운 강대국으로 성장하는 중국과 대립하면서, 동아시아에 군대를 계속 주둔시키려 하고 있습니다.

또 20세기 후반기의 세계사는 이데올로기적 대립이 심했으나, 21세기로 들어서면서 19세기 말이나 20세기 전반기처럼 다시 민족국가 사이의 대립이 심해질 가능성이 높아져가는 일면도 있습니다.

만약 이렇게 된다면 우리 땅을 둘러싼 동아시아는 다시 미국을 배경으로 한 해양 쪽 일본과 대륙 쪽 중국 사이의 대립이 심해질 가능성이 커집니다. 20세기 동아시아의 불행한 역사가 21세기에도 되풀이될 가능성이 없지 않다는 것입니다.

그런데도 우리 땅은 아직 세계에서 유일한 분단지역으로 남아 있습니다. 21세기 들어서서도 동아시아에서 민족국가 사이의 대립이 계속되고 해양 쪽의 미국과 일본이 한편이 되어 대륙 쪽의 중국이나 혹은 중국과 러시아의 연합세력과 대립하는 가운데, 우리 땅이 계속 남북 분단 상태로 남아 있다면, 21세기의 동아시아에서도 이데올로기 문제와 상관없이 20세기와 같이 한·미·일 공조체제와 조·중·러 공조체제가 대립할 가능성이 있을 것입니다. 만약 이렇게 된다면, 우리 땅은 통일되기 어려울 것입니다.

따라서 동아시아 전체가 20세기 후반기처럼 양분된 채 평화롭지 못하게 될 것입니다. 그리고 한·미·일 공조체제와 조·중·러 공조체제의 이해관계가 맞부딪치는 곳은 역시 우리 땅이 될 것이기 때문에, 이곳은 21세기에도 계속 동아시아의 '화약고' 혹은 세계에서 전쟁위험이 가장 높은 지역의 하나로 남게 될 가능성이 큽니다.

자본주의와 사회주의가 이데올로기적으로 대립했던 시대는 지났지 않느냐고 하겠지만, 결코 그렇지 않습니다. 이데올로기적 대립이 있기 이전에 터진 청일전쟁은 청나라와 일본의 싸움이었는데도 전쟁터는 우리 땅이었고, 러일전쟁 때도 러시아와 일본의 싸움이었지만 전쟁터는 역시 우리 땅과 '만주'(중국 동북3성)였습니다. 대륙세력과 해양세력이 싸우는 전쟁터는 으레 그 가운데 놓인 우리 땅 반도였던 것입니다.

20세기 전반기는 제국주의가 날뛰던 시기이고 후반기는 동서냉전의 시대였습니다. 그럴 때는 우리 땅이 '화약고'라 불리고 전쟁 위험지대로 되어도 별도리가 없었습니다. 주변의 다른 민족사회도 20세기 전반기에 는 제국주의 침략국이 되거나 반대로 침략받는 지역이 되었고, 후반기에는 대부분 동서 냉전체제의 어느 한쪽에 속하게 마련이었으니까요.

그러나 그처럼 불행했던 20세기는 가고 인류사회가 민족국가끼리의 대립을 점차 해소해가는 한편, 유럽연합(EU)이나 동남아시아국가연합 (ASEAN)과 같은 지역공동체가 생겨나고 평화주의와 지역협력주의를 추구하는 21세기로 들어서게 되었습니다.

이런 시대가 되어도 자기 민족의 문제를 평화적으로 해결하지 못해서 자신이 사는 땅이 '화약고'나 전쟁위험이 가장 높은 지역이라 지목된다면, 남북을 막론하고 우리 민족구성원들은 앞으로 국제사회에 나가서 문화인의 한 사람으로서 또 세계시민의 한 사람으로서 떳떳하게 행세할 수 없을 것입니다.

자기 민족의 문제를 평화롭게 해결하지 못해서 제 땅이 언제나 '화약고'요 전쟁위험이 가장 높은 지역의 하나로 지목되면서, 국민소득이 1만 달러면 어떻고 2만 달러면 무엇하겠습니까. 동아시아의 평화를 교란하고 세계평화를 해칠 가능성이 높은 민족사회가 경제협력개발기구

(OECD)에 가입했다고 해서 선진국 대우를 받을 수 있을까요. 아마 국제사회가 비웃을 것입니다.

우리가 사는 이 땅은 솔직히 말해서 중세시대에는 중국에 예속되었고 근대로 오면서 일본에 강제지배되었습니다. 그리고 일본의 강제지배에서 해방되면서 남북으로 분단되어 그 북반부는 중국과 소련 등의 사회주의 세력권에 들고, 남반부는 미국과 일본 등의 자본주의 세력권에 들어 대립하고 싸움으로써 우리 땅 자체는 말할 것도 없고 동아시아 전체가 평화롭지 못한 주된 원인이 되었습니다. 물론 지정학적 위치 때문이라 변명할 수도 있겠지만, 솔직히 말하면 이런 지정학적 위치 문제를 슬기롭게 극복하지 못한 부끄러운 역사라 하겠습니다.

따라서 새로운 21세기에는 남과 북 할 것 없이 모두 민족적 역량을 유감없이 발휘하여 우리 땅을 평화롭게 통일함으로써 바야흐로 동아시아 평화와 나아가서 세계평화에 기여하는 민족사회가 되어야 할 것입니다. 이럴 때 비로소 부끄러운 역사에서 벗어날 수 있을 것입니다.

같은 핏줄이니까 또 분단비용이 많이 들어서 통일해야 하기도 하지만, 그보다도 먼저 7천만 남과 북의 우리 민족구성원 모두가 21세기에 평화롭게 살기 위해, 또 세계시민의 일원으로서 떳떳하고 사람답게 살기 위해, 나아가서 동아시아의 평화와 세계평화에 기여하기 위해 통일을 해야 합니다.

한마디로 통일의 당위성을 미래지향적인 데서 찾자는 것입니다. 그럴 때 특히 내일을 짊어질 젊은이들에게 설득력을 가질 수 있을 것입니다.

지금 우리 땅에 사는 7천만 남과 북의 주민들은 정치적 훈련 정도와 경제적 성장도 그리고 교육수준 및 문화적 역량 등의 면에서, 20세기 초 일본의 강제지배를 받았던 때나 제2차 세계대전 후 남북으로 분단되었던 때와 크게 다릅니다.

오랫동안 꽁꽁 얼어붙었던 남북관계가 차차 풀리면서 남과 북에서 동시에 자주적 평화통일의 기운이 일어나고 있는 일이 이것을 실증해주고 있습니다. 21세기에 들어서서 기어이 평화롭게 '협상통일'을 달성하여 지난 20세기에 있었던 두 번의 역사실패를 만회할 수 있어야 할 것입니다.

이 책의 마지막 부분에서 좀더 상세히 말하겠지만, 21세기에는 남과 북의 우리 땅 전체가 20세기와 달리 중국·러시아 등의 대륙세력권에도 또 미국·일본 등의 해양세력권에도 포함되지 말고 그 사이에서 제3의 위치를 확보하면서 통일됨으로써, 동아시아에서 대륙세력과 해양세력의 맞부딪침을 중화하는 역할을 담당할 수 있어야 할 것입니다.

인류사회의 21세기 세계사는 평화주의와 지역협력주의를 지향하고 있습니다. 7천만 우리 전체 민족구성원들이 20세기의 제국주의시대와 냉전주의시대에는 불리할 수밖에 없었던 우리 국토의 지정학적 위치를 21세기에는 반대로 이점으로 살릴 수 있어야 할 것입니다.

그리하여 대륙세력권과 해양세력권의 어느 쪽에도 포함되거나 치우치지 않으면서 양대 세력의 맞부딪침을 중화하는 역할을 함으로써, 동아시아의 평화를 담보해내는 몫을 담당할 수 있어야 할 것입니다. 20세기 동아시아에서 가장 불행했던 민족사를 교훈 삼아서 말입니다.

21세기의 동아시아 사람들이 평화롭게 살기 위해 EU나 ASEAN과 같은 지역공동체, 다시 말해 동아시아 공동체라도 성립시키려면, 우리 땅이 반드시 평화적으로 통일되어야 합니다. 우리 민족사회가 통일되지 않은 채 대립해 있으면 남북을 포함한 동아시아 공동체의 성립은 어려울 것이며, 또 통일이 안 된 우리 땅을 배제한 채 중국과 일본만으로 지역공동체를 만들기도 어려울 것입니다.

이처럼 우리 민족의 통일은 우리 땅의 문제만으로 그치지 않고 동아시아 전체의 문제와 연결되어 있습니다. 따라서 중국과 일본 등을 비롯한 전체 동아시아 주민들이 과거와 같은 제국주의자가 아니라 옳은 의미의 평화주의자라면, 우리 땅의 통일을 방해하거나 싫어할 이유가 추호도 없습니다. 우리 땅의 평화적인 통일은 곧 동아시아 전체의 평화를 가져올 것이기 때문입니다. 우리의 통일과정에서 이 점이 이웃 민족사회들에 충분히 설명되어야 하고, 또 그들이 인식할 수 있게 해야 합니다.

# 통일문제를 풀려면 분단원인을 제대로
알아야 합니다

## 1. 38도선이 그어진 배경을 정확하게 알아야 합니다

바로 통일문제로 들어가지 않고 왜 분단부터 이야기하는가 생각할지 모르지만, 통일문제를 옳게 이해하려면 먼저 우리 땅이 왜 분단되었는지, 그 원인을 정확하게 아는 일이 중요합니다. 어떤 대내적·대외적 조건 때문에 분단이 되었는지를 제대로 이해할 수 있어야만 비로소 그 조건을 극복하면서 통일을 이룰 수 있기 때문입니다. 우리 땅이 분단된 원인을 객관적으로 또 폭넓게 이해하려면 역사적 관점에서 봐야 하고, 그러려면 이야기가 좀 뒤로 돌아갈 수밖에 없습니다.

잘 알다시피 우리 땅은 1910년의 '한일합방' 후부터 35년 동안이나 일본의 혹심한 강제지배를 받게 되었습니다. 그리고 일본은 우리 땅을 발판으로 삼아 중국을 침략했다가 결국 미국·영국·네덜란드 등을 상대로 전쟁을 벌이지 않을 수 없게 되었고, 마침내 제2차 세계대전에 뛰어들게 되었습니다. 4년간의 전쟁 끝에 일본이 항복함으로써 우리 민족은 해방되었습니다.

일본의 역사학은 흔히 이를 '15년전쟁'이라 하여 패전에 이르는 침략전쟁의 시발점을 1931년의 '만주사변'으로 잡습니다. 그러나 사실은 우리 땅을 강제지배할 목적으로 일본이 먼저 도발한 전쟁, 즉 청일전쟁(1894~95)과 뒤이은 러일전쟁(1904~1905)부터 침략전쟁은 시작되었다고 봐야 합니다. 왜냐하면 이 두 차례의 전쟁 결과, 우리 땅은 일본의 강제지배 아래 들어갔고 그것이 곧 '만주사변'과 중일전쟁으로 이어졌으니까요.

그건 그렇다 하고, 민족해방 문제를 두고 우리가 한 가지 꼭 명심해야 할 일이 있습니다. 우리 민족이 독자적으로 일본군과 싸워 이겨서 해방되었다면, 일단은 연합군이 일본군을 무장해제하기 위한 경계선이었던 38도선이 그어질 리 없었다는 점입니다. 물론 다른 나라의 침략을 받아 식민지가 된 민족사회가 제 민족의 힘만으로 침략자와 싸워 이겨서 스스로 해방되고 독립하고 통일한 예는 세계사에서도 극히 드뭅니다.

19세기부터 프랑스의 식민지였다가 처음에는 프랑스와, 다음에는 일본 그리고 미국과 싸워 해방되고 또 통일을 달성한 베트남 정도가 그 전형적인 예가 될 수 있지 않을까 합니다. 이런 베트남 민족의 해방투쟁과 통일투쟁에, 베트남과 같은 처지에 있던 우리 남녘 군대가 '반공전선 확대를 위해' 혹은 '국가이익을 위해' 운운하면서 '훼방꾼'으로 뛰어들었으니 솔직히 말해서 부끄러운 일이 아닐 수 없습니다.

베트남은 끈질긴 투쟁 끝에 해방되고 통일되었지만, 우리와는 사정이 많이 달랐습니다. 우리 땅은 베트남처럼 국내에 유격전을 감행할 만한 밀림지대도 없고, 또 한 치만 파도 돌이 많아서 델타 지역이 넓은 베트남처럼 거미줄같이 땅굴을 파고 유격전을 펼칠 조건도 못 되었습니다.

그런가 하면 우리는 또 국토가 넓은 중국과도 사정이 다릅니다. 광대한 국토를 가진 중국은 일본의 침략을 받은 시기에도 한편에는 장 제스 정부가 있고 또 한편에는 마오 쩌둥 정부가 있었으며, 또 일본군의 점령지역에는 친일파 왕 자오밍(汪兆銘) 정부가 있고 동북부 '만주'에는 일본의 괴뢰국가인 만주국이 있었던 것처럼, 제각각 군사력을 거느린 몇 개의 정부가 같은 시기에 공존할 수 있었습니다.

그러나 우리는 그렇지 못했습니다. 우리는 땅이 좁아서 남의 식민지가 되면 그야말로 백두산에서 한라산까지 국토 전체가 완전 식민지가 되고 말았습니다. 그런데다가 국내에서는 독립군을 양성할 만한 '해방구'를 가질 조건이 되지 못했습니다.

조선왕조 말기의 갑오농민전쟁과 대한제국 시기의 의병전쟁, 해방 직전의 반징병·반징용 투쟁, 해방 후 남로당계의 유격전, 또 6·25전쟁 후 공산군의 유격전 등에서 지리산과 태백산 등지가 한때 '해방구' 혹은 유격전 근거지로 선택되기도 했습니다.

하지만 장기전에는 부적당해서 모두 실패했습니다. 지리산이 큰 산이기는 하지만, 골짜기마다 진압군이 들어가면 유격전 부대는 결국 세석평전으로 모일 수밖에 없게 되니까요.

그래서 일본의 강제지배를 받게 된 초기에는 이웃 땅 '만주'를 해방구로 삼아, 신흥무관학교와 같은 군사학교를 세우고 독립군을 양성했습니다. 실제로 가보면 알 수 있지만, '만주' 쪽 백두산록은 밀림지대가 넓어서 유격전 전지로는 국내보다 훨씬 더 유리합니다. 그러나 그것도 일본의 '만주'침략 후에는 유지되기 어려웠습니다.

1930년대 이후에도 '만주'에서는 동북항일연군의 조선인부대인 조선인민혁명군이 계속 유격전을 치르고 있었습니다. 그러나 이 유격전 부대들은 일본이 패망하기 전에 그리고 소련이 참전하기 전에 독자적으로 압록강과 두만강을 넘어 쳐들어와서 조국을 해방시킬 만한 세력은 되지 못했습니다.

해방 직전에 국내에서 비밀리에 조직된 여운형 중심의 건국동맹이 중국에서 투쟁하던 조선독립동맹의 군사조직인 조선의용군부대를 국내로 진격시킬 계획을 세웠지만, 역시 실현되기 어려웠습니다. 또 대한민국 임시정부의 군사력인 한국광복군의 일부도 중국 주둔 미군의 도움으로 국내 침투훈련을 받았으나, 일본이 항복하기 전에 작전이 개시되지는 못했습니다.

이와 같은 조건 아래서도 해방 당시, 국권을 빼앗긴 지 40년이나 되었는데도 비록 적은 숫자이긴 하지만 한국광복군과 조선의용군, 조선인민혁명군 등의 무장독립군이 외국 땅에서나마 세력을 유지하고 있었다는 것은 대단한 일이었습니다. 그렇지만 좌익과 우익을 막론하고 그 군사력만으로 국내에 쳐들어와서 이 땅에 있는 일본군과 싸워 이겨 조국을 해방하기는 사실상 불가능한 일이었습니다.

물론 우리 민족해방운동전선의 군사력이 독자적으로 싸워 해방하지는 못한다 해도, 제2차 세계대전 때 드골이 이끈 자유프랑스군이 그랬던 것처럼 좌우익을 막론한 해외의 우리 민족해방운동군 연합세력이 일본을 패망시킬 미국·소련 등 연합군의 일원이 되었다면 사정은 달라질 수 있었을 것입니다.

또 우리 민족해방운동 군대가 연합군과 함께 본국으로 쳐들어와서, 일본군의 항복을 받는 자리에 우리 대표가 연합군 대표들과 함께 참석할 수 있었다면, 38선이 그어질 리 없었을 것입니다. 아마 우리 땅에 있는 일본군의 무장해제는 우리 민족해방운동 군대가 주로 담당하게 되었을 테지요. 그러나 전쟁 후 연합국들이 최초로 우리 땅의 문제를 다루었던 모스끄바3상회의에 우리 민족의 대표는 어느 누구도 참석하지 못했습니다.

일본제국주의자들이 항복하기 직전인 1945년 8월 9일부터 일본과의 전쟁에 참전한 소련군이 함경북도 지방으로 공격해 들어왔습니다. 그대로 두었다면 곧 우리 땅 전체가 소련군의 점령 아래 들어갔을 뿐만 아니라, 일본의 항복이 좀더 늦었더라면 사할린을 점령한 소련군이 일본의 홋까이도오를 점령하게 되었을 것입니다. 소련은 그와 같은 계획을 가지고 있었으니까요. 우리 땅이 분단되는 대신, 일본이 분단될 처지에 있었던 것이지요.

상황이 이러한데도 미국 군대의 극동 최전방부대인, 전쟁이 끝난 후 주한미군 사령관이 된 하지 중장이 지휘하는 군단은 류우뀨우(琉球), 즉 오끼나와에 있었습니다. 오끼나와 상륙전에서 병력의 1/3을 잃은 하지 군단이 병력과 무기를 다시 보충받아 일본의 큐우슈우나 조선의 제주도에 상륙하려면 그해 11월에나 가능했다고 합니다. 뒤늦게 전쟁에 뛰어든 소련 군대가 우리 땅 전체를 점령한다 해도, 미국이 군사적으로 막을 수 있는 상황은 아니었던 것입니다.

늦게 참전한 소련군이 미군보다 먼저 우리 땅으로 진격하게 된 것은 물론 소련이 우리 땅과 가깝고 육지로 연결되어 있기 때문입니다. 이런 조건에서 소련군이 파죽지세로 우리 땅으로 진격해 오자, 이에 당황한 미국은 8월 10일에서 11일 사이에 부랴부랴 일본군의 항복을 받을 경계선으로 38도선을 그어 소련에 제의했습니다.

미국의 38도선 제의를 받아들이지 않고 그냥 진격을 계속해서 우리 땅 전체를 점령할 수 있었던 소련군이 왜 38도선을 수락했는가 하는 문제는 아직도 제대로 풀리지 않고 있습니다. 일부 학자들의 주장은 우리 땅에서 38도선 이남의 점령을 양보하는 대신 일본의 홋까이도오 상륙 권한을 얻으려 했다는 것인데, 아무튼 소련이 미국의 제의를 수락함으로써 마침내 38도선이 그어졌습니다.

그러나 또다른 연구에서는 포츠담회담이 진행 중이던 1945년 7월 25

일 무렵, 당시 미국 육군 작전국장이던 헐 중장에 의해 38도선이 이미 그어졌다고도 합니다. 소련의 참전이 임박해지면서, 소련군이 미군에 앞서 우리 땅 전체를 점령하는 상황이 일어날 것을 우려한 미국이 포츠담회담 때 미리 38도선을 그어 소련군 점령지역을 우리 땅의 북녘 지역으로 한정했다는 것입니다.

어느 쪽이 사실인지 앞으로 더 확실하게 밝혀지겠지만, 현재로서는 소련군이 참전한 후인 8월 10일에서 11일 사이에 38도선이 그어졌다는 것이 더 신빙성이 있는 것 같습니다. 그건 그렇다 하고, 역사를 말하면서 가정법을 써서는 안 되지만 이해를 돕기 위해 한번 가정을 해볼까 합니다.

가령 제국주의 일본이 우리 땅을 강제지배하지 않았다면, 일본이 설령 태평양전쟁을 일으켜서 패배했다손 치더라도 미군이나 소련군이 우리 땅을 분할점령할 이유가 없었겠지요. 우리 사회에서 이 문제가 거론되는 경우는 그다지 없는 것 같지만, 우리 땅이 분단된 일차적 책임이 어디까지나 일본제국주의자들의 침략과 강제지배에 있다는 점을 분명히 인식해야 할 것입니다.

또 일본이 우리 땅을 강제지배하고 태평양전쟁을 도발했다가 패배했다 해도 소련군이 참전하기 전에, 이를테면 원자탄이 맨 처음 투하된 8월 6일부터 소련군이 진격해 오기 전인 8월 8일 사이에 항복했더라면, 전쟁 후 우리 땅 전체는 미군의 점령 아래 들어갔을 것입니다. 그랬다면 남과 북의 우리 땅에는 친미(親美) 자본주의국가가 들어섰을 가능성이 크며, 따라서 38도선은 물론 그어지지 않았을 것입니다.

반대로 일본의 항복이 더 늦었더라면 우리 땅은 몽땅 소련군 점령 아래 들어갔을 것입니다. 그렇게 되어도 물론 38도선이 그어질 리 없었을 터이며, 그 결과 우리 땅에는 친소(親蘇) 사회주의국가가 성립되었을 가능성이 컸겠지요. 앞에서 말한 것처럼, 그 대신 일본이 홋까이도오 중간선쯤에서 분단이 되었을 겁니다. 사실 소련군의 홋까이도오 상륙을 겁낸 일본이 서둘러 연합국에 항복의사를 전하게 되었으니까요.

우리 땅에 대한 일본제국주의의 강제지배는 말할 것도 없고, 태평양전쟁이 끝날 무렵의 일본의 항복시기와 38도선이 그어진 일, 다시 말해 우리 땅이 분단될 요인이 처음 생기게 된 일 사이에는 이와 같이 밀접한 관계가 있다는 사실을 알아야 합니다.

거듭 말하지만 우리 땅이 분단된 데는 일본의 책임이 그만큼 크다고 하겠습니다. 지금에 와서 우리가 분단의 책임을 강하게 따지는 것은, 이러한 역사적 사실을 제대로 인식하는 일본인이라면 앞으로 우리 땅의 평화적인 통일을 방해할 수 없을 것이기 때문입니다.

내친김에 가정을 좀더 해봅시다. 제2차 세계대전 후 우리 땅 전체가 미국의 세력권에 들어가거나 반대로 소련의 세력권에 들어갔을 경우, 어느 경우건 우리 땅 주변의 동아시아 정세는 크게 달라졌을 것입니다. 이 문제를 정확하게 알게 되면, 우리 땅의 분단원인이나 6·25전쟁으로도 통일이 안 된 이유를 제대로 알 수 있게 됩니다. 그뿐만 아니라 앞으로의 통일문제를 옳게 이해하는 데도 크게 도움이 됩니다.

해방 당시 우리 땅 전체가 미국의 세력권에 들어갔을 경우, 중국의 장제스 정부가 큰 힘을 받을 수 있었을 것이며, 따라서 그렇게 쉽게 무너지지 않았을지도 모릅니다. 또 장 제스 정부가 대만으로 쫓겨간 후라 해도 압록강과 두만강까지의 우리 땅 전체가 미국의 세력권 안에 있었다면, 마오 쩌둥 정부에 더 큰 위협이 되었을 것입니다. 그러므로 가능성이 있었건 없었건, 대만으로 간 장 제스 정부의 본토 수복론이 힘을 더 받았을 테지요.

이와 같이 앞으로도 만약 우리 땅 전체가 미국 세력권에 들어가는 통일이 이루어진다면, 중국과 대만의 관계가 달라질 가능성이 클 것입니다. 남과 북의 우리 땅이 일본과 더불어 미국의 세력권에 든다면 대만의 독립 가능성이 높아지고, 미국을 배경으로 한 일본과 우리 땅 전체와 대만 등 연합세력의 중국에 대한 압박이 훨씬 심해지겠지요.

반대로 태평양전쟁 때 일본의 항복이 좀더 늦어져서 우리 땅이 몽땅 사회주의 소련의 세력권에 들어갔더라면, 일본은 국내와 국외의 사회주의 세력으로부터 크게 위협을 받았을 것입니다. 6·25전쟁 초기와 같이 북녘에 의해 우리 땅이 통일되었다면, 그때도 마찬가지였을 것입니다만.

태평양전쟁 말기에 우리 땅 전체가 소련 점령 아래 들어가고, 북위 50도 이남의 사할린을 점령한 소련군이 일본 홋까이도오에 상륙했다면, 패전 후의 일본에서는 사회주의 혁명이 일어났을 것이라 말하는 학자들이 있습니다. 이웃 우리 땅에서의 정세 여하에 상관없이, 일본의 지배층은 패전 후 일본이 사회주의국가로 될 가능성 때문에 무척 두려워했습니다.

우리 땅 전체가 소련 세력권에 들어가고 그 여파로 일본이 사회주의국가가 되었다면, 태평양이 가지는 의미는 크게 달라졌을 것입니다. 제2차 세계대전에서 미국을 승리로 이끈 장군으로 그후 대통령이 된 아이젠하워가 한 말이 있습니다.

일본이 미국 세력권 안에 있으면 태평양은 '미국의 호수'가 되지만, 일본이 대륙의 사회주의권으로 들어가면 태평양은 '붉은 호수'가 된다고 했습니다. 38도선 이남의 우리 땅만이라도 미국 세력권 안에 둠으로써 소련과 중국 등 대륙세력으로부터의 방파제 역할을 해야 일본이 안정되게 미국 세력권 안에 있을 수 있고, 그래야 태평양이 '미국의 호수'로 되는 것이지요.

제2차 세계대전이 끝나면서 곧 동서냉전이 시작되지만, 우리 땅 전체가 자본주의 '종주국(宗主國)'인 미국의 세력권에 들어가느냐 반대로 사회주의 '종주국' 소련의 세력권에 들어가느냐에 따라, 전쟁 후 동아시아의 정세가 크게 달라질 상황이었습니다. 그만큼 우리 땅의 지정학적 위치가 중요하고도 어렵다는 것을 말하는 것이지요.

우리 땅의 지정학적 위치가 중요하다 해도, 제2차 세계대전이 끝날 무렵의 미국과 소련은 우리 땅 전체를 독점적으로 자신들의 세력권에 넣기 위해 다시 전쟁을 할 형편은 아니었습니다. 그보다는 두 전승국은 동아시아에서 38도선을 경계로 냉전체제라는 대결구도 아래서, 힘의 균형을 이룰 필요가 있었다고 하겠습니다.

이처럼 미국과 소련, 즉 제2차 세계대전을 승리로 이끈 두 강대국은 동아시아에서 세력대결을 하면서도 힘의 균형을 이룰 필요가 있었던 것입니다. 그리고 전쟁 후의 동아시아 정세가 이런 쪽으로 굳어지게 되면, 그만큼 우리 땅이 분단될 위험은 대단히 컸던 것입니다.

이러한 조건 아래서는 남과 북의 우리 민족구성원 전체, 특히 좌우익을 막론한 정치지도자들이 민족사회 앞에 닥친 이같은 위험을 제대로 내다보고, 서로 힘을 합쳐 슬기롭게 대처해야만 민족분단을 막을 수 있었겠는데, 현실은 안타깝게도 그러하지 못했습니다.

그로부터 이미 반세기가 지났지만, 지금의 우리는 '해방공간'의 분단원인과 분단과정을 정확하게 이해해야 합니다. 그럴 때 비로소 앞으로 평화통일을 이룰 수 있는 길이 열릴 것입니다. 우리가 역사를 배우는 이유도 바로 이와 같은 점에 있는 것입니다.

강대국들에 의해 38도선이 그어진 이상 분단은 도저히 피할 수 없는 것이었다고 받아들이는 경우가 많은데, 이는 잘못된 생각입니다. 그렇게 되면 분단원인이 외인론(外因論)에 치우치게 됩니다. 다시 말해 분단의 책임을 외세의 작용에만 돌리고 마는 비주체적인 역사인식에 빠지기 쉽습니다.

분단의 원인을 정확하게 알고 풀어나가야 통일의 길이 열리게 됩니다. 외인론에 치우쳐서 분단원인을 바라보는 역사인식으로서는 통일방법론 역시 외세의 작용에 치우쳐서 구하기 쉽습니다. 설령 분단의 원인이 민족 외적인 부분에 더 크게 있었다 해도, 앞으로 해야 할 통일은 외세의 힘에 의해 되는 것이 아닙니다. 어디까지나 민족 내적 역량으로 이룰 수밖에 없는 것입니다.

분단원인은 내적 요인과 외적 요인으로 나누어 인식될 수 있고, 또 설령 민족 내적 요인보다 외적 요인이 더 컸다 해도, 민족 내적 요인에 더 초점을 맞추어 분단문제를 해결하려는 역사인식을 가져야 합니다. 그럴 때 통일을 이룰 수 있는 민족적 역량이 그만큼 커진다고 할 수 있습니다. 특히 분단으로부터 반세기가 지난, 역사가 변한 지금에는 말입니다.

미·소 양군의 분할점령에서 분단원인을 무겁게 구하기보다, 분할점령하는 배경이 된 우리 땅의 지정학적 위치 조건을 제대로 이해한 위에서 좌익과 우익 정치세력이 분단의 위험을 방지하기 위해 무엇을 어떻게 했어야 하는가를 밝혀낼 수 있어야 할 것입니다. 이것이야말로 주체적 역사인식이라 할 수 있습니다.

20세기 초에 우리 땅이 일본의 강제지배를 받게 된 중요한 원인의 하나로 우리의 지정학적 위치 문제가 있었고, 해방되면서 분단된 요인의 하나도 역시 그것에 있었다고 하겠습니다. 그렇다고 해서 강제지배를 받은 일이나 분단이 된 원인을 모두 지정학적 위치 문제에 떠넘기는 것은 잘못이고, 지정학적 위치 문제를 전혀 무시하고 우리 역사를 다루는 일 또한 잘못입니다.

대체로 역사학은 지정학적 위치 문제를 말하기 꺼려합니다. 왜냐하면 지난날 제국주의 사조에 동조하는 학자들이 침략을 정당화하는 이론으로 지정학적 위치 문제를 이용하기도 했기 때문입니다. 게다가 지정학적 위치 문제를 중심으로 역사를 해석하게 되면, 숙명론적 역사인식에 빠질 수 있기 때문입니다. 그러나 지정학적 위치에 대한 이해도 시대의 변화에 따라 달라지게 마련입니다.

제국주의시대와 동서냉전시대에 우리 땅이 가지고 있었던 지정학적 위치 문제를 정확하게 이해하고, 시대의 변화와 더불어 민족적 역량을 키움으로써 이런 지정학적 위치 문제를 극복하거나 오히려 유리하게 이용해나가고자 하는 적극적인 역사인식이 필요합니다. 더불어 이런 역사인식을 통해 통일문제의 해법을 찾아야 합니다.

38도선이 그어질 무렵의 우리 민족운동사 내적 조건과 제2차 세계대전 동안의 연합국 쪽 조건, 그리고 동아시아에서 우리 땅의 지정학적 위치 문제 등이 폭넓게 이해되어야, 지금은 휴전선으로 바뀐 우리 땅의 분단선을 없애고 통일할 수 있는 길이 열릴 것입니다.

약육강식의 제국주의시대에는 설령 지정학적 위치가 불리했던 곳이라 해도, 제국주의가 청산되고 평화주의 및 지역협력주의가 정착되어가는 앞으로의 시대에는 그같은 위치가 오히려 유리해질 수 있습니다. 우리 땅이 하나의 좋은 예가 될 수 있겠는데, 다음에서 상세히 설명하고자 합니다.


## 2. 38도선이 그어진 이상 분단될 수밖에 없었을까요

거의 반세기 동안 끈질기고도 치열한 민족해방 투쟁을 펼쳤는데도, 우리 민족의 역량만으로는 해방이 되기 어려웠던 것이 사실입니다. 결국 연합국의 힘을 빌려서 해방될 수밖에 없었고, 우리를 해방시킨 연합국들의 이해관계 때문에 38도선이 그어지게 되었습니다.

하지만 연합국의 이해관계 때문에 38도선이 그어진 이상, 우리의 민족적 대응이 아무리 슬기로웠다 해도 과연 우리 땅은 기어이 분단될 수밖에 없었는가 하는 문제가 있습니다. 그때부터 반세기가 지난 지금, 좀 더 구체적으로 표현해서 그때를 다소 객관적으로 되돌아볼 수 있게 된 지금, 우리는 그 점을 다시금 냉철하게 되새겨봐야 합니다.

38도선은 일본과의 전쟁에 뛰어든 소련군이 우리 땅으로 급격히 진격해 오는 상황에서, 우리 땅 전체가 소련군의 점령 아래 들어가는 것을 막기 위해 미국이 제의한 것이었지만, 동시에 원래 미·소 양군이 각각 일본군의 항복을 받기 위해 그은 경계선이기도 했습니다.

따라서 38도선은 미국과 소련 양쪽 군대가 우리 땅에 있는 일본 군대의 항복을 받은 후 정세 여하에 따라, 또 우리 민족사회의 대응 여하에 따라 곧 없어질 수도 있는 선이었습니다. 38도선은 우리 땅이나 나아가 동아시아 전체에서 미·소 양대 세력의 경계선으로서 그대로 고정될 수도 있었지만, 또 한편으로는 우리 땅에 있는 일본군의 무장해제가 끝난 후에는 우리 민족사회의 대응역량이 어떠한가에 따라 38도선은 없어지고 통일된 민족국가가 건설될 수도 있었다는 말입니다.

거듭 강조하지만 38도선이 그어져 우리 땅이 분단될 위험이 커진 것은 사실이었다 해도, 처음부터 우리 땅을 계속 갈라놓기 위해 38도선이 그어진 것은 아니었다는 말입니다. 앞에서도 잠깐 말한 것처럼 전쟁 중의 포츠담회담에서 38도선이 논의되었다는 설도 있으나, 설령 그것이 사실이라 해도 그때의 38도선도 일본군 무장해제를 위한 일시적인 경계선이지 영구 분단선으로 인식되었던 것은 아니라고 할 수 있습니다.

전쟁이 끝나기 전에는 연합국들이 우리 땅을 분단하겠다는 어떤 구체적인 계획도 가지고 있지 않았습니다. 다만 우리 땅 전체를 몇몇 전승국들이 공동으로 신탁통치를 할 계획을 세우고 있었습니다. 현실적으로 패전국이 될 일본의 식민지인 우리 땅을 바로 독립시킬 생각은 없었던 것이라 하겠지요.

연합국들이 전쟁 후 처음으로 우리 땅의 처리 문제를 구체적으로 다룬 모스끄바3상회의 결정에도 38도선을 그대로 둔다는 내용은 전혀 없었습니다. 해방 직전에 미국과 소련 두 전승국의 필요에 의해 38도선이 그어졌지만, 그후 우리 민족의 역량과 대응 여하에 따라 그것이 분단선으로 고정될 수도 있고 곧바로 철폐될 수도 있었다는 말입니다.

우리 민족해방운동전선은 일본제국주의의 패망과 함께 바로 독립되기를 염원하며 여러가지로 노력했습니다. 그러나 우리가 잘 알다시피 미국과 소련을 중심으로 하는 연합국들은 일본제국주의가 패망한 후 우리 땅을 일본 영토에서 분리하여 일정 기간 신탁통치를 한 다음에 독립시켜주기로 카이로선언에서 합의했습니다.

일본이 전쟁에서 패하고 항복하게 되면 우리 땅을 일본의 영토 안에 그대로 두지 않고 분리해서 다루겠다고 한 것은, 다름아니라 우리 민족해방운동전선의 투쟁의 댓가인 것이 확실합니다. 그러나 우리 민족해방운동전선은 투쟁의 댓가로 즉시 독립을 요구했고, 미국을 중심으로 하는 연합국 쪽은 패전국 일본 영토에서 분리는 하되 즉시 독립은 안 된다는 것이었습니다.

일본이 패전한 후 우리 땅을 바로 독립시키려면 연합국들이 좌익이건 우익이건 우리의 민족해방운동 단체, 예를 들면 대한민국임시정부나 조선독립동맹 그리고 조선인민혁명군의 주력이 소련 땅으로 옮겨간 후에도 존속했다면 조국광복회 같은 단체를 연합국의 일원으로 승인해야 했습니다. 또 한국광복군이나 조선의용군, 조선인민혁명군 등이 보유한 군사력을 연합군의 일부로 인정해야 했겠는데, 연합국들은 그렇게 하지 않았습니다.

그 이유로는 크게 두 가지를 들 수 있지 않을까 합니다. 한 가지 이유는, 이 가운데 어떤 민족해방운동 단체도 우리 민족해방운동전선 전체를 대표하지 못한다는 것이었습니다. 또 하나는 전승국이 될 미국이나 영국, 프랑스 등이 가지고 있던 식민지도 전쟁 후 독립시킬지 말지 구체적으로 결정되지 않은 상황에서, 패전국이 될 일본의 식민지인 우리 땅의 독립을 약속할 수 없었다는 것입니다. 연합국 가운데 식민지를 많이 가지고 있었던 영국이나 프랑스가 특히 용납할 수 없었을 것입니다.

우리 민족해방운동 세력, 그중에서도 중국 관내 지역의 중경에 자리 잡고 있던 대한민국임시정부는 좌우익 통일전선 정부가 되어, 중국공산당 군대의 근거지인 연안에 있던 조선독립동맹과도 통일전선을 이루면서 연합국의 승인을 받으려 했습니다. 또 한국광복군과 조선의용대 등의 군사력도 연합군의 일원이 되기 위해 일본이 패망할 때까지 최선의 노력을 다했습니다. 그러나 결국 목적을 이루지 못한 채, 해방을 맞이하게 되었습니다.

전쟁이 끝난 후 카이로선언의 합의에 따라 1945년 12월에 모스끄바에서 열린 미·영·소 3개국 외상회의에서 우리 땅 문제를 구체적으로 결정했습니다. 우리가 흔히 말하는 모스끄바3상회의 결정입니다. 앞에서도 말했지만, 해방 후 우리 민족의 장래문제를 결정하는 이 중요한 회의에 우리 민족구성원의 어느 누구도 참석하지 못했습니다.

그런데 여기서 결정된 중요한 내용은 중경에서 돌아오는 대한민국임시정부를 인정하지 않고, 미국과 소련이 남북의 주민 대표들을 구성원으로 한 임시정부를 새로 만든다는 것이었습니다. 미국의 본래 계획은 임시정부를 연합국 군인들로 구성하는 것이었으나, 회의과정에서 우리 사람으로 구성하기로 바뀐 것은 그나마 다행이었습니다. 그리고 이렇게 만들어진 임시정부가 미·영·중·소 4개국의 감시를 받으면서 5년 동안 남북 우리 땅 전체를 통치한 후, 총선거를 실시하여 지지를 가장 많이 받은 정당이 여당이 되면서 독립을 하도록 한다는 것입니다.

상해에서 성립되어 해방 당시 중경에 있던 대한민국임시정부는 김구와 김원봉 세력이 중심이 되어 좌우익 통일전선 정부가 되었고, 해방 후 바로 독립을 성취하기 위해 총선거를 담당하는 명실상부한 임시정부가 되기를 원했습니다. 그러나 일본의 항복을 받은 미국과 영국, 소련 등 연합국은 따로 임시정부를 만들어 그 정부를 통해 5년간 신탁통치한 후 독립시키려 한 것입니다.

모스끄바3상회의 결정에 따라 새로운 임시정부가 성립되어 통치권을 행사하면, 그날로 38도선은 없어지고 통일된 민족국가를 건설할 수 있는 길이 열리는 것이었습니다. 그러나 35년 동안 일본의 강제지배를 받으면서 끊임없이 독립투쟁을 해왔던 우리 민족사회로서는 해방과 함께 바로 독립국가를 건설하기를 바라 마지않았습니다. 그래서 처음에는 좌우익 할 것 없이 누구나 5년이라는 유예기간을 두는 것을 원하지 않았습니다.

근대사회로 가는 과정에서 비록 국민국가로의 전환에 실패하고 일본의 강제지배를 받기는 했지만, 역사가 오랜 문화민족으로서 강제지배 기간에도 꾸준히 독립운동을 해온 우리 민족의 처지에서는, 해방과 함께 바로 독립해야 마땅하다고 생각했던 것입니다.

그러나 좌익과 우익을 막론하고 우리의 어느 민족해방운동 단체도 정식으로 승인하지 않았던 연합국, 특히 미국은 우리 민족이 즉시 독립을 할 만큼 정치적으로 훈련되어 있지 않다고 본 것이라 하겠습니다. 그리하여 제1차 세계대전 후 패전국 독일의 식민지를 다룬 선례를 따라,

독립이 아닌 위임통치를 하고자 했던 것입니다.

이렇게 해서 모스끄바3상회의 결정이 발표되자, 처음에는 좌익과 우익 모두 신탁통치에 반대했으나 얼마 안 가 서로 의견이 갈라졌습니다.

38도선 이북과 이남을 막론하고 좌익 정치세력은 모스끄바3상회의 결정인 신탁통치안을 수락하기로 했습니다. 좌익 정치세력은 신탁통치란 실제로 정부를 구성하여 정권을 행사하는 것은 우리 민족이고 연합국은 그 뒤를 봐주는 이른바 후견정치라고 받아들이면서 여기에 찬성하는 쪽으로 바뀌었던 것입니다. 이를테면 38도선을 바로 없애는 대신 완전 독립을 5년 미루기로 한 셈입니다.

그러나 우익 정치세력은 역시 38도선 이남과 이북을 막론하고 신탁통치를 제2의 식민통치라 하며 계속 반대했습니다. 좌익세력은 우리 민족이 독자적인 힘으로 해방되지 못하고 연합국의 승리로 해방이 되었으니, 전쟁 후 처리문제에서도 연합국의 결정을 따를 수밖에 없다는 것이었습니다. 그러나 우익세력, 특히 김구를 중심으로 하는 임시정부 세력과 이승만·한국민주당 세력은 즉시 독립을 계속 주장하면서 3상회의 결정인 신탁통치안에 거세게 반대했습니다.

해방된 우리 땅을 5년 동안 신탁통치하기로 한 4대 연합국 가운데 미국·영국·중국 세 나라는 자본주의국가였고 소련 한 나라만 사회주의국가였습니다. 얼른 보기에는 우익이 신탁통치를 찬성하고 좌익이 반대할 것 같은데, 실제는 그 반대로 나타났습니다. 왜 그렇게 되었는지 선명하게 설명한 연구가 우리 학계에서는 없는 것으로 알고 있습니다. 이 부분은 앞으로 더 연구가 되어야 할 문제입니다.

아무튼 우익은 즉시 독립의 정당성을 명분으로 내세웠고, 좌익은 전쟁 승리자인 연합국의 결정을 현실적 조건으로 수용하려 한 것이라 볼 수 있겠지요. 그러나 추측컨대 좌익은 신탁통치 5년 후 총선거를 통해

정권을 쥘 수 있다는 자신감이 우익보다 강했고, 우익은 그것이 좌익보다 덜했는지도 모릅니다. 이 점 또한 더 연구되어야 할 것입니다.

설령 그렇다 해도 중요한 것은, 38도선이 실제로 존재하고 미·소 양군이 분할점령하고 있는 '해방공간'의 상황에서, 좌익이건 우익이건 어느 한쪽이 정권을 독점하고자 한다면 통일민족국가를 건설하기는 어려운 실정이었다는 점이라 하겠습니다. 이 사실이 그때 사람들에게는 잘 인식되지 않았는지, 아니면 인식은 되었지만 극복할 만한 역량과 아량이 없었는지, 그때를 살았으되 어린 중학생이었던 필자로서는 지금도 분간하기 어렵습니다.

다만 분단민족으로서의 고통과 부끄러움을 부여안고서 반세기 이상 살아온 지금의 우리 민족사회도, 더구나 그때의 정치주역들이 모두 사라지다시피 하고 새로운 주역들이 등장한 지금의 민족적 역량이나 아량으로도, 좌익과 우익이 협력하여 하나의 통일민족국가를 건설하는 일이 여전히 어림없는 일인지, 아니면 이제 가능할 만하게 되었는지 하는 판단은 독자들에게 맡기고자 합니다.

사실 지금 와서 생각해보면, 38도선이 그어졌다 해도 민족분단을 극복할 수 있는 길은 있었습니다. 단적으로 말해서 민족적 합의로 모스끄바 3상회의 결정을 받아들여 완전 독립을 5년간 유보하기로 하고, 좌우익 정치세력이 연립으로 임시정부를 세울 수 있었다면 말입니다. 그렇게 되면 좌우연립 임시정부가 통치권을 행사하는 그날부터 38도선은 없어지는 것이니까요.

그런데 왜 그렇게 안 되고 결국 국토가 완전 분단되어서 두 개의 국가가 섰을까요. 그것은 좌익과 우익이 타협해서 하나의 연립 임시정부를 세우려 하지 않고, 우익은 우익대로 또 좌익은 좌익대로 제각기 독자적으로 남북 우리 땅 전체를 통치하는 임시정부를 수립하려 고집했기 때문이라 하겠습니다.

어찌 되었든 결과적으로는 5년간의 신탁통치를 받지 않으려고 하다가, 완전 독립을 5년 늦추지 않으려다가, 좌우익이 연립정부가 아니라 각기 권력을 독점하고 남북을 모두 통치하는 정부를 만들려고 하다가, 결국 좌익과 우익이 각각 단독정부 분단국가를 만들게 되었습니다. 그 결과 민족이 분단되고 처참한 동족상잔을 겪고도 반세기 이상 통일을 이루지 못하고 있는 것입니다. 다음에서는 그 경위를 좀더 자세히 살펴보도록 하지요.


## 3. 통일민족국가 수립의 길은 정말 없었을까요

38도선이 그어지고 이데올로기를 달리하는 미·소 양국 군대가 분할 점령한 '해방공간'에서 민족분단을 막기 위해서는, 신탁통치를 받건 그러지 않건 그에 앞서, 하나의 국가 하나의 정부 내에 좌익과 우익 두 정치세력이 공존할 수 있는 조건이 조성되어야 했습니다.

그러나 반세기 전의 해방공간은 그러지 못했습니다. 그 때문에 통일민족국가 건설에 실패하여 결국 분단국가가 성립하였고, 그 결과 동족 상잔을 겪고 말았습니다. 이 사실은 그때부터 반세기가 지난 지금에도 민족의 평화통일을 위해 반드시 되새겨야 할 대목이라 하겠습니다.

지금도 한쪽이 다른 한쪽을 정복하는 전쟁통일이나 또 다른 한쪽을 집어삼키는 흡수통일이 아니라 평화적이고 호혜적인 '협상통일'을 하고자 하는 한, 무엇보다도 먼저 하나의 국가 안에 좌익과 우익 정치세력이 공존할 수 있는 조건이 조성되어야 하기 때문입니다.

일제강점시대 말기의 민족해방운동전선에서 우익전선의 활동보다 좌익전선의 활동이 상대적으로 더 치열했기 때문에 해방 후 좌익에 대한 지지 폭이 넓기도 했고, 또 민족해방운동 세력을 중심으로 남북을 합친 통일민족국가가 건설될 경우 친일·반민족 세력으로 숙청되어야 할 사람이 좌익 쪽보다는 우익 쪽에 더 많았던 것으로 생각됩니다.

따라서 좌익은 독자적으로 남북에서 모두 정권을 차지할 수 있을 것으로, 다시 말해 남북을 통틀어 좌익정권을 수립할 수 있으리라 내다봤다고 하겠습니다. 한편 우익도 처음에는 남과 북 전체의 우익정권을 수립하려 했겠지만, 뒤에는 남쪽만이라도 분리해서 우익정권을 세우려는 방향으로 갔다고 할 수 있겠습니다.

그 때문에 38도선 이남에서 우익은 '국가건설 후 친일파 숙청'을 주장했고, 반대로 좌익은 '국가건설 전 친일파 숙청'을 주장했습니다. 좌익은 친일파를 먼저 숙청해야 국가건설 과정에서 남녘에서도 좌익세력이 상대적으로 우세할 수 있다고 내다보았고, 우익은 친일파 숙청보다 국가건설을 먼저 해야 우익세력이 약해지지 않아 정권을 잡기에 유리하다고 생각한 것이겠지요.

한편 우익의 경우 이승만과 한국민주당 세력의 신탁통치 반대노선은 1946년에 이미 이승만의 이른바 정읍발언을 계기로 남녘만의 단독정부 수립 노선으로 나아가게 되었습니다. 그러나 같은 우익이지만 임시정부의 김구 중심의 세력은 신탁통치에 반대하면서도 남녘 단독정부 수립도 반대함으로써, 우익의 반탁노선에 분열이 생겼습니다.

민족분단을 막아야 하는 일이 중요한 만큼, 좌익과 타협하여 통일민족국가를 수립할 경우 우익 가운데서도 이승만·한민당 중심의 세력보다 김구·김규식 중심의 세력이 더 유리했다고 볼 수 있습니다. 이 문제 역시 역사적 맥락에서 봐야 더 정확하게 이해될 수 있습니다.

우익세력이 좌익과 타협해서 남북 통일정부를 수립할 경우, 일제시대의 중경임시정부 시대 말기에 이미 좌익 및 무정부주의 세력과 통일 전선을 이루어본 경험이 있는 김구·김규식을 중심으로 한 세력과 그와 같은 경험이 전혀 없는 이승만·한국민주당 중심의 세력은 당연히 큰 차이가 날 수밖에 없었습니다.

쉽게 말하면 해방공간에서 같은 우익이라 해도 김구·김규식 중심의 세력은 좌익세력과 타협해서라도 통일민족국가를 세울 수 있는 정치세력이었다고 할 수 있습니다. 그러나 이승만·한국민주당을 중심으로 한 세력은 남쪽만의 분단국가를 세우는 한이 있어도, 좌익과의 타협이 불가능한 정치세력이었다고 할 수 있겠지요. 차이가 분명하지 않습니까.

38도선을 없애고 통일된 민족국가를 건설하기 위한 좌우익 연립 임시정부가 성립하게 되면, 김구·김규식 중심의 세력은 그 연립정부에서 상당한 지분을 가질 수 있어도, 민족해방운동 세력에의 참가가 극히 제한적이었던 이승만·한국민주당 세력이 가질 수 있는 지분은 그만큼 제한될 수밖에 없었다고 하겠습니다.

김구와 김규식 두 사람이 민족분단을 막기 위해 1948년에 평양의 남북협상에 간 것도, 이승만과는 민족해방운동전선에서의 경험이 다르고 또 해방공간에서의 정치적 입장에 차이가 있었기 때문이라 할 수 있습니다. 이승만·한국민주당 세력은 통일민족국가 건설을 위해 남북협상을 생각하기보다 일찍부터 남한 단독정부 수립 노선으로 간 것이라 할 수 있습니다.

반세기가 지난 지금 남녘에는 보수세력이니 진보세력이니 하는 말이 자주 사람들 입에 오르내립니다. 그러나 시대를 역행하는 전쟁통일과 흡수통일을 고집하지 않는 이상, 남북 화해와 협력을 통해 우익 혹은 보수 세력은 좌익 혹은 진보 세력을 인정하며 진보세력 혹은 좌익은 보수 세력 혹은 우익을 인정하여 두 세력이 타협할 수 있어야만 통일민족국가를 수립할 수 있다는 점에서는 마찬가지라 하겠습니다.

반세기 전 그때처럼 지금의 남녘에도 북녘과 화해·협력하여 평화통일을 이룰 수 있는 정치세력 및 사회세력도 있고, 그렇지 않은 세력도 있을 수 있겠지요. 세월이 많이 흐르고 세상도 많이 바뀌었는데도 말입니다. 그러나 21세기에도 분단된 채로 살아야 한다는 생각이 아니라면, 그리고 꼭 전쟁통일이나 흡수통일을 해야 한다는 생각을 가지지 않는다면, 적어도 통일문제에서는 보수니 진보니 하는 차이가 있을 수 없는 것이 아닐까요.

그럼, 이야기를 다시 '해방공간'으로 돌려보도록 하지요. 현실적으로 38도선을 경계로 북쪽에는 소련군이 남쪽에는 미군이 점령하고 있으며, 민족해방운동 세력 중에 좌익도 있고 우익도 있는 상황에서 남북 통일민족국가를 건설하기는 어려웠던 것이 사실입니다.

한마디로 우익이 단독으로 남북 우리 땅 전체를 통치하는 정부를 세우기 어려웠던 것과 마찬가지로, 좌익이 단독으로 남북의 땅 전체를 통치하는 정부를 세우기도 어려웠습니다. 우익세력 중심의 남북 통일정부 수립은 현실적으로 좌익과 소련이 용납할 수 없었으며, 반대로 좌익세력 중심의 남북 통일정부는 우익과 미국이 용납할 수 없었기 때문입니다.

앞에서도 말했지만, 소련군과 미군 어느 쪽도 우리 땅 전체를 점령하지 못한 조건에서, 그리하여 38도선이 그어진 조건에서, 또 민족해방운동전선에는 우익세력도 있고 좌익세력도 있었던 조건에서, 해방된 우리 땅에 남북을 통틀어 하나의 정부를 수립하는 데는 결국 두 가지 방법이 있었다고 할 수 있을 것입니다.

그 하나는 좌우익 연립정부를 세우는 길이요, 또 하나는 극좌세력과 극우세력을 제외한 이른바 중도파세력의 정부를 세우는 길이었다고 하겠습니다. 두 가지 방법 중 그래도 어느 쪽이 더 가능성이 있었느냐고 캐묻는다면, 필자는 아마 두번째 방법이 아니었겠냐고 말하고 싶습니다.

좌우익세력이 함께 참여하는 연립정부를 수립하려면 무엇보다도 두 세력 간의 타협이 필요했습니다. 사실 일제강점시대의 민족해방운동 과정에서는 좌익과 우익 전선 어느 쪽도 해방 후 두 개의 분단국가를 만들 생각은 추호도 없었기 때문에, 일본제국주의의 패망이 가까워질수록 좌우익 통일전선을 이루려는 노력이 높아만 갔습니다. 중경의 임시정부가 통일전선 정부로 된 것도 그 때문이었습니다. 또 정강과 정책도 좌우익 전선 사이에 큰 차이가 없어져갔습니다.

그런데 38도선이 그어지고 미·소 양군이 분할점령한 상태에서 민족이 해방되었기 때문에, 해방공간을 거치면서 민족해방운동 세력의 좌익은 극좌로 기울고 우익은 극우로 치달았습니다. 특히 신탁통치 문제를 둘러싸고 좌익과 우익은 찬탁과 반탁으로 극한적인 대립을 하게 되었습니다.

그리하여 통일전선 중경임시정부는 귀국 후의 찬탁·반탁 정국에서 좌익세력이 이탈함으로써 우익 단독의 정부가 되었습니다. 게다가 민족해방운동전선에 참가하지 않았던 국내 세력들이 상대적으로 약해진 자신들의 정치적 위치를 굳히기 위해 한술 더 떠서 좌우익 대립을 부채질하기까지 했습니다. 특히 좌익과 우익 어느 쪽 할 것 없이 과거에 친일을 했던 세력은 좌우익 대립이 심해져야만 자신들이 살아남을 수 있기도 했습니다.

이렇게 해서 남과 북의 모든 좌우익세력이 함께 참가하는 연립정부 수립은 전혀 가능성이 없어지고, 대안으로서 우선 남녘에서 온건한 좌우익세력을 중심으로 한 좌우합작운동이 일어났습니다. 온건 우익을 대표하는 김규식과 온건 좌익을 대표하는 여운형을 중심으로 좌우합작

위원회가 성립되었고, 이들을 묶은 중도파 정부 수립이 한때나마 논의되기도 했습니다.

김규식의 생각을 빌리면, 우선 남녘에서 좌우합작을 한 다음 남북합작을 통해서 민족분단을 막고 남북 통일정부를 수립한다는 것이었습니다. 그래서 이들 중도파 세력은 미소공동위원회 개최를 적극 주장했지만, '미소공위'는 결국 결렬되고 말았습니다. 그후 미국의 트루먼 독트린 발표로 동서냉전이 갈수록 심각해지는 가운데, 여운형이 암살됨으로써 좌우합작운동, 즉 중도파 중심의 통일민족국가 수립운동은 결국 실패하고 말았습니다.

자본주의 '종주국'인 미국과 사회주의 '종주국'인 소련이 분할점령한 1945년 8월부터 1948년 8월까지의 역사적 상황에서, 우리 땅에 두 개의 분단국가가 아니라 하나의 남북 통일국가가 수립되려면, 그 국가는 대체적으로 다음과 같은 두 가지 요건을 갖추어야 했다고 하겠습니다.

첫째, 대내적으로는 순수 자본주의도 순수 사회주의도 아닌 일종의 중용적 체제의 정부라야 했습니다. 둘째, 대외적으로는 친미·반소도 아니고 친소·반미도 아닌 정부여야 했다고 할 수 있겠지요.

민족해방운동전선에서 우익노선이던 때의 임시정부가 발표한 건국강령을 쓴 조소앙도 그의 다른 글에서 부르주아 독재도, 프롤레타리아 독재도 반대한다고 했습니다.

우리 땅 주민들은 20세기 전반기 동안 일본의 강제지배를 받으면서, 정당 하나 가져보지 못하고 투표 한번 해보지 못할 만큼 근대적 정치훈련의 기회가 전혀 없었습니다. 이런 사람들이 미국과 소련 양쪽 군대가 분할점령해 있고 동서 냉전체제가 성립해가는 조건 아래서 민족분단의 위험을 극복하기 위해, 친미 자본주의체제도 아니고 친소 사회주의체제도 아닌 좌우익 정치세력이 공존하는 통일민족국가를 수립하기에는 역부족이었는지도 모릅니다.

3·1운동의 성격으로 보아, 일본의 강제지배 아래 있지 않았다면 20세기 전반기는 역사적으로 우리 민족사회가 국민주권주의를 이루었을 때였습니다. 우리 역사가 본격적으로 근대사회로 들어서는 가장 중요한 시기인 20세기 전반기 내내 일본의 강제지배 아래 있었다는 사실이, 20세기 후반기 우리 역사를 규정하는 중요한 요인이 되었음을 다시 한번 확인할 수 있습니다.

김구와 김규식을 중심으로 하는 정치세력은 이와 같은 조건 아래에서도 통일민족국가 수립을 염원하면서 평양의 남북협상에 참가했습니다. 그러나 때는 이미 늦어서 결국 남과 북에 두 개의 분단국가가 성립하고 말았습니다. 평양의 대동강 안에 있는 쑥섬에 가면 남북협상을 기념하는 통일전선탑이 서 있고, 그때 남북대표들이 앉았던 원두막과 돗자리가 지금도 보존되어 있습니다. 민족통일운동사의 귀중한 유물이 되겠지요.

남북협상에서 돌아온 김구는 유엔을 향해 "통일국가를 수립한다 해놓고 왜 분단국가들을 만들었느냐, 통일국가를 수립하라"고 주장하다가 결국 암살되었습니다. 협상에 의한 통일민족국가 수립에 실패한 김구는 6·25전쟁을 예언했지만, 전쟁을 해서라도 통일하고자 저질러진 그 처절했던 동족상잔을 겪고도 우리 땅은 통일되지 않았습니다.

그때부터 반백 년이 더 지난 지금, 그토록 얼어붙었던 남북관계를 해빙시키면서 다시 화해와 협력을 통해 전쟁통일이 아닌 평화통일, 흡수통일이 아닌 대등통일, 다시 말해 '협상통일'으로 나아갈 조짐이 조금씩 나타나고 있습니다.

한때는 뒷걸음질하는 것 같기도 했고 또 많이 머뭇거리기도 했지만, 역사는 그래도 제가 가야 할 방향으로 가고 있음을 확인할 수 있는 것이지요. 역사를 짧게 그리고 비관적으로 보지 말고 길게 또 낙관적으로만 볼 수 있다면, 역사는 결코 사람을 실망시키지 않을 만큼 정직하게 나아간다고 할 수 있는 것입니다.

분단 50년 동안 이루 말로 다할 수 없었던 민족적 고통과 귀한 희생들이 헛되지 않게 하기 위해서, 두 번 다시 평화통일·'협상통일'에 실패해서는 안 되겠습니다. 그러기 위해서는 반세기 전의 해방공간에서 무엇이 통일민족국가 수립을 실패하게 했는지 정확하게 알아야 합니다.

단적으로 말해서 당시 우리 민족사회의 정치·문화 수준이 좌우익 연립 임시정부를 구성할 수 있을 만큼은 되지 못했기 때문이라 할 수 있습니다. 하나의 국가 안에 좌익과 우익이 공존할 수 있는 조건이 못 되었기 때문이라 할 수 있겠지요. 따라서 그때와 반세기 후인 지금의 우리 사회를 비교해서 무엇이 극복해야 할 점으로 남아 있고, 또 무엇이 가능성으로 나타났는가를 알아야 하겠습니다.

# 우리 땅은 전쟁통일이 불가능한 곳입니다

## 1. 6·25전쟁이 전쟁통일 불가능을 가르쳐주었습니다

제2차 세계대전 후 우리 민족처럼 분단된 민족이 몇몇 있었습니다. 우리가 잘 알다시피 그 가운데 베트남 민족은 20세기가 가기 전에 전쟁의 방법으로 통일을 했습니다. 그런데 분단된 국토와 민족사회를 전쟁의 방법으로라도 통일하려 한 움직임은 베트남보다 우리 땅에서 10년 먼저 일어났습니다.

1950년에 일어나서 1953년까지 계속된 6·25전쟁이 그것이지만, 우리 땅에서는 전쟁의 방법으로는 통일이 되지 않았습니다. 왜 그런가를 제대로 아는 일이 앞으로 우리의 통일문제를 풀어가는 데 대단히 중요한 참고가 됩니다. 베트남은 전쟁으로 통일이 되었는데, 우리 땅은 왜 안 되었는가를 제대로 알 수 있어야 한다는 말입니다.

1948년 4월 평양에서 열린 남북협상에 참가하고 돌아오면서 김구는 남과 북에 두 개의 분단국가가 생기면 반드시 동족상잔극이 벌어지리라 예언했다고 앞에서 말했습니다. 그리고 1년 후에 김구는 암살당했고, 그가 죽은 지 1년 후에 6·25전쟁이 터졌습니다. 해방된 지 5년 만의 일이었고, 남북에 두 개의 분단국가가 성립된 지 불과 2년 후의 일이었습니다.

무력통일을 목적으로 일어났던 그 처절했던 동족상잔을 겪은 지 50년이 지난 지금, 우리 땅에는 김구와 김규식이 중심이 된 세력이 지향했던 평화적 통일민족국가 수립의 기운이 다시 일어나고 있습니다. 무력으로라도 통일하기 위해 일어났으나 엄청난 희생만 치른 채 결국 실패하고 만, 비참했던 동족상잔 6·25전쟁에서 지금의 우리가 배워야 할 것이 무엇인지 생각해봐야 합니다.

지금까지는 6·25전쟁을 말하면 으레 어느 쪽에서 먼저 일으켰는가, 즉 어느 쪽이 먼저 침략했는가를 따지게 마련이었습니다. 다시 말하면 6·25전쟁을 철저하게 침략전쟁으로만 보아온 것입니다.

그 비극적인 전쟁을 누가 먼저 일으켰는가를 따지는 것도 물론 중요한 일입니다. 그러나 이 전쟁을 역사적 관점에서 보면, 부자연스럽게 분단된 국토와 민족사회를 단숨에 통일하고자 한 전쟁이었다고 할 수 있습니다.

실제로 처음에는 북녘 군대가 "부산까지, 제주도까지"하면서 남녘 국토 대부분을 점령하여 거의 통일할 뻔했습니다. 다음에는 전쟁 전에 이미 "점심은 평양에서, 저녁은 신의주에서" 운운하던 남녘 군대가 전쟁 초기에는 밀리다가, 미국 군대가 대부분을 이룬 유엔군이 참전하고 인천상륙이 감행된 후에는 38도선을 넘어 "백두산 상상봉에 태극기" 운운하면서 압록강까지 진격하여 거의 통일할 뻔했습니다. 그때 북녘의 정부는 '만주'로 옮겨갔습니다.

그런데 우리가 잘 알다시피 북녘에서 전쟁통일을 할 뻔했을 때는 미군을 중심으로 하는 유엔군이 참전해 통일이 안 되었고, 반대로 남녘에서 전쟁통일을 할 뻔했을 때는 중공군이라 부른 지금의 중국군이 참전해서 통일이 안 되었습니다. 그 중국군 속에는 중국 군복을 입고 미그 전투기를 조종하는 소련 비행사들이 있었습니다. 그러니 소련도 사실상 참전한 셈이지요.

부자연스럽게 분단된 우리 땅을 전쟁의 방법으로라도 통일하려 했는데, 왜 처음에는 미군 중심의 유엔군이 참전하여 안 되었고 또 그다음에는 중국군이 참전해서 안 되었는가, 그 이유를 지금의 우리 역사교육은 잘 가르치지 않고 있는 것 같습니다. 지금도 6·25전쟁 때 참전했던 유엔군은 자유의 십자군으로, 중국군은 중공 오랑캐 정도로 가르치고 있는지 모르겠군요.

그러나 우리 땅에서 벌어진, 통일을 목적으로 한 전쟁에 왜 유엔군과 중국군이 참전하여 어느 쪽으로도 통일이 되지 않게 했는지, 그 이유를 정확하게 또 가능한 한 객관적으로 이해하는 일이야말로 앞으로 우리가 평화통일을 제대로 이루어가기 위해 대단히 중요하다고 생각합니다.

그리고 한 가지 더 알아야 할 것이 있습니다. 6·25전쟁을 누가 먼저 일으켰는가에 초점을 맞추어 침략전쟁으로만 보면, 그 뒤에는 반드시 원한과 보복심 같은 것이 따르게 됩니다. 통일은 기어코 해야겠는데 민족의 다른 한쪽에 대한 원한과 보복심을 가진 채 통일하려 하면, 결국 평화통일이 아닌 전쟁통일을 할 수밖에 없습니다.

그렇지만 6·25전쟁이 일어나고 반백 년이 지난 지금에는 전쟁통일은 거론조차 할 수 없게 되었습니다. 그뿐만 아닙니다. 6·25전쟁을 직접 경험하여 그것을 침략전쟁으로밖에 볼 수 없었던 세대는 민족구성원의 대열에서 점점 사라지고 이제 얼마 남지 않았습니다. 남아 있는 사람들도 대부분 사회 각 부문의 현역에서 물러났습니다. 그들의 시대가 지나가고 있는 것입니다.

대신 6·25전쟁을 경험하지 않았을 뿐만 아니라, 세계사적·민족사적 발전에 비추어볼 때, 전쟁의 방법으로 통일해서는 안 된다고 생각하는 젊은 세대가 민족사회 전체의 주인이 되어가고 있습니다. 그들의 객관적 관점에서는 6·25전쟁이 침략전쟁이라기보다 통일전쟁으로 보이게 되었고, 나아가서 우리 땅은 전쟁의 방법으로는 통일되지 않는 곳이라는 사실을 증명해준 전쟁이 바로 6·25전쟁이었다고 생각하게 되었습니다.

6·25전쟁을 침략전쟁으로 보기보다 통일전쟁으로 볼 때, 우리 땅에서는 왜 전쟁의 방법으로는 통일이 되지 못했는가 하는 이유를 알게 되고, 따라서 다른 통일방법을 강구할 수 있게 되는 것입니다. 그 결과 평화통일론이 나오게 되었으며, 지금은 이 평화통일론이 상식화되었습니다. 6·25전쟁에 대한 인식이 이렇게 바뀔 수밖에 없게 된 과정을 좀더 살펴보기로 하지요.

앞에서 제2차 세계대전 후 우리 땅에 그어진 38도선은, 우리 민족에게는 민족사회와 국토를 분단할 가능성이 높은 선이었지만, 양대 전승국인 미국과 소련에는 동아시아에서의 세력 경계선인 동시에 세력 균형을 위한 선이었다고 말했습니다.

그렇게 보면 6·25전쟁은 우리 민족 내적 관점에서는 통일전쟁이었다해도, 민족 외적 관점에서 보면 미국과 소련 양대 전승국 사이의 세력 경계선이자 세력 균형선인 38도선이 그어진 지 5년 만에 일어난 세력 경계선 및 세력 균형선을 파괴하려 한 전쟁이었다고 할 수 있습니다.

그러나 1945년 제2차 세계대전 후 양대 전승국의 처지에서는 꼭 필요했던 세력 경계선과 세력 균형선이 불과 5년 후인 1950년에, 특히 중국에서 공산주의 혁명이 성공한 조건 아래서, 우리 땅에서까지 없어지기는 어려웠다고 할 수 있습니다. 그렇기 때문에 38도선이 휴전선으로 바뀌기만 했을 뿐, 우리 땅의 분단은 그대로 계속된 것입니다.

3년 동안이나 지속되면서 온 국토를 황폐화하고 엄청난 수의 죄 없는 민간인과 군인을 죽게 한 처참한 전쟁의 결과, 겨우 38도선이 휴전선으로 바뀌었을 뿐 남과 북의 동족들 간의 적개심만 높이고 말았는데도, 우리 역사교육은 왜 그렇게 되고 말았는가 하는 것을 제대로 가르치지 않았다고 하겠습니다.

정전(停戰)된 지 50년이 지난 지금까지도 휴전선은 여전히 굳건한 한·미·일 공조체제와, 그리고 그것이 굳건히 유지되고 있는 이상 과거의 조·중·소 공조체제를 대신해서 다시 성립할 가능성이 있는 조·중·러 공조체제의 경계선이 될 가능성이 있습니다. 이렇게 되면 우리 땅의 평화통일은 무망할 수밖에 없을 것입니다.

다시 1950년대로 돌아가서 생각해봅시다. 동아시아에서 자본주의 '종주국' 미국과 사회주의 '종주국' 소련이 대립해 있는 조건에서, 중국이 이미 사회주의국가가 된 다음 우리 땅마저 6·25전쟁 초기 형세처럼 대륙 쪽의 사회주의 세력권 안으로 통일되면, 그다음에는 일본이 위험해진다고 미국은 내다보았다고 할 수 있습니다.

그 때문에 당시 미국 세력이 절대 우세했던 유엔의 결정에 따라 미국군 중심의 유엔군이 6·25전쟁에 뛰어들었던 것입니다. 그 결과 6·25전쟁은 민족 내부 통일전쟁의 범위를 벗어나서 국제간 그리고 이데올로기 간 대립전쟁으로 확대된 것입니다.

반대로 인천상륙 이후의 형세처럼 우리 땅 전체가 미국을 중심으로 하는 해양 쪽 자본주의 세력권 안으로 통일되면, 우리가 일본에 강제지배되었던 20세기 전반기처럼, 그다음에는 미국 중심의 해양세력에 의해 '만주'지방이 위험해질 것이라고 전망했기 때문에 중국이 참전하게 되었습니다.

인천상륙전이 감행되었을 때 유엔군이 38도선을 넘으면 그냥 있지 않을 것이라고 중국이 경고한 것도 그 때문입니다. 그리고 유엔군 사령관 매카서가 우리 땅 안에 한정되어 있던 6·25전쟁을 '만주'지방으로까지 확대하려 한 일을 상기할 수 있을 것입니다. 유엔군과 남녘 군대에 의해 북녘 땅이 완전히 점령되었다 해도, '만주'가 북녘 군대의 저항기지가 될 것이라고 내다보았기 때문이라 할 수 있지요.

결국 우리 땅이 어떻게 되느냐에 따라 '만주'와 일본이 직접 영향을 받는 것은 청일전쟁 때나 러일전쟁 때나 6·25전쟁 때가 다르지 않았다고 할 수 있습니다.

지난날 제국주의시대의 외교사학자들은 동아시아의 대륙과 해양 사이에 다리처럼 길게 놓인 우리 땅이 중국이나 러시아 등의 대륙세력권에 포함되면 일본의 심장부를 겨누는 날카로운 칼처럼 되고, 반대로 일본이나 미국 등 해양세력권에 포함되면 해양세력이 대륙을 침략하는 다리가 된다고 했습니다.

실제로 제정러시아 세력이 우리 땅에 손을 뻗쳤을 때 일본은 불안해했고 그 불안을 털기 위한 '국익선' 확보 운운하면서 미국과 영국의 힘을 빌려 러일전쟁을 일으켰습니다. 그리하여 전쟁에서 승리하고 우리 땅을 강점하게 된 일본은 이곳을 발판으로 하여 '만주'와 나아가서 중국 관내지역까지 침략해 들어갔던 것입니다.

앞에서도 말했지만, 태평양전쟁이 끝날 무렵에는 미국과 소련의 두 전승국 중 어느 쪽도 우리 땅 전체를 자신들의 세력권에 넣을 수 없는 상황이었습니다. 그래서 결국 남북으로 분단하여 각기 그 반쪽을 제 세력권에 넣어 대립 속의 세력 균형을 이루었습니다.

말하자면 우리 땅의 북반부가 방위벽이 되어 '만주'는 안전하게 공산 중국에 넘어갔고, 우리 땅의 남반부는 일본을 안전하게 미국 세력권에 두게 하는 방위벽이 되었다고 할 수 있습니다. 당시의 남과 북 우리 땅의 주민들은 이 방위벽의 처지를 극복하지 못한 것이라 하겠지요.

결국 6·25전쟁은 우리 땅이 전쟁의 방법으로는 통일될 수 없다는 사실을 우리에게 가르쳐주었다고 할 수 있으며, 그 때문에 전쟁통일론자들의 저항에도 불구하고 평화통일론이 점차 자리를 잡아갔다고 할 수 있습니다. 6·25전쟁이라는, 두 번 다시 있어서는 안 될 처절했던 동족상잔에서 우리가 반드시 배워야 할 역사적 교훈은 바로 이와 같은 점이라고 할 수 있겠습니다.

1959년에 평화통일을 주장한 진보당 당수 조봉암이 간첩으로 몰려 사형을 당할 만큼, 평화통일론은 50년대까지만 해도 불온한 생각으로 취급되었습니다. 그러나 그로부터 불과 1년 후인 1960년에 일어난 4·19 민중운동을 계기로 해서 평화통일론이 거세게 일어났습니다. 물론 그 뒤 5·16 군사쿠데타 등으로 굴곡이 있기는 했지만, 지금에 와서는 평화통일론이 하나의 당위요 상식이 되었습니다. 역사의 발전이 얼마나 정직한지 알 수 있지 않습니까.

'해방공간'의 우리 땅에서는 대륙의 사회주의 세력권에 포함되는 통일국가도, 반대로 해양 쪽 자본주의 세력권에 포함되는 통일국가도 수립될 수 없었습니다. 그래서 남과 북에 두 개의 분단국가가 들어섰던 우리 땅에서, 그로부터 불과 2년 후 처음에는 북녘이 다음에는 남녘이 전쟁의 방법으로라도 통일된 민족국가를 성립시키려 몸부림쳤습니다.

그러나 역시 우리 땅 밖의 해양세력권과 대륙세력권이 즉각 무력개입을 함으로써 어느 쪽으로도 통일되지 못했을 뿐만 아니라, 오히려 남북의 대립만 격화시킨 채 50년 이상 분단상태가 지속되어온 것입니다.

이제 세계사가 20세기를 넘기면서 자본주의와 사회주의의 대립은 상당히 해소되어간다 해도, 우리 땅을 둘러싼 대륙세력과 해양세력의 대립은 쉽게 가시지 않고 있습니다. 일본과 중국은 여전히 대립상태에 있으며, 미국과 중국의 관계도 마찬가지입니다. 러시아와 일본의 관계 또한 마찬가지고요.

이와 같은 조건 아래서도 바야흐로 우리 땅에서는 전쟁이 아닌 평화적인 방법으로 통일하려는 움직임이 일부 나타나고 있습니다. 옳은 의미의 민족의식이 그만큼 성장해가고 있다고 해야겠지요.

다음에서 좀더 구체적으로 말하겠지만, 우리 땅에 살고 있는 남과 북 7천만 주민들의 투철한 역사의식과 지혜가 어느 때보다도 절실히 요구되는 시점이라 하겠습니다.

## 2. 6·25전쟁으로 평화통일론은 질식당했습니다만

우리가 앞으로 어떤 통일을 어떻게 해갈 것인가 하는 문제를 제대로 이해하기 위해서는, 지금까지 구체적으로 어떤 통일방법론들이 있었는가에 대한 객관적이고도 체계적인 지식을 갖추어야 할 것입니다. 이 대목에서는 6·25전쟁의 발발로 질식상태에 빠졌던 평화통일론이 오히려 그 전쟁의 결과에 의해 되살아나는, 이를테면 '역사의 정직성' 같은 것을 추적해볼까 합니다.

6·25전쟁은 그전까지 이 땅에 존재하던 평화통일 세력을 모두 쓸어버리고 민족구성원 전체를 극우와 극좌 두 세력으로 양분하다시피 했습니다. 그리하여 평화통일론은 한때 이적론이 되어버리고 말았습니다.

그러나 6·25전쟁으로도 통일이 안 된 후에는 바로 이 사실이 교훈이 되어 삼엄한 분위기 속에서도 평화통일론이 다시 살아나기 시작했고, 그것이 4·19 후의 거대한 평화통일운동으로 치솟게 되었습니다.

해방된 1945년 8월부터 남과 북에 분단국가가 들어서는 1948년 8~9

월까지의 이른바 '해방공간'에서 우리 민족사회는 좌익과 우익으로 나누어져 심하게 대립하고 다투기도 했지만, 한편으로는 좌우익 두 세력을 타협시켜 통일민족국가를 이루려는 이른바 중도파 세력도 상당히 있었습니다. 앞에서도 말한 것처럼, 한때는 이 중도파 세력을 중심으로 통일민족국가를 수립하려는 움직임이 있었을 정도였으니까요.

남쪽의 경우 제헌국회의원 선거에는 좌익세력은 말할 것도 없고, 남북협상파로 불리던 김구·김규식을 중심으로 한 통일민족국가 수립 노선의 정치세력, 즉 우익이라도 남한 단독정부 수립에 반대하는 정치세력은 출마를 거부했습니다.

그러나 제2대 국회의원 선거에는 협상파 세력이 전략을 바꾸어 대거 무소속으로 출마했습니다. 선거 결과 전체 의석 210석 중 이승만 지지 세력은 30여 석밖에 차지하지 않은 데 비해, 무소속 출마자는 126명이나 당선되었습니다. 그만큼 남녘 정계에 평화통일 세력이 급부상한 것입니다.

그런가 하면 남녘 단독선거의 결과로 성립된 이승만정권은 출범하기 전부터 이미 제주도 4·3항쟁 등을 비롯하여 거센 단독정부 수립 반대 투쟁에 부딪히게 되었습니다. 정부가 성립한 후에도 '여순군란(軍亂)' 등 좌익세력이 강했던 군부로부터 심한 저항을 받기도 했습니다.

이런 과정에서 이승만정권의 통일정책은 북진통일론으로 표현된 무력통일론으로 정착되었습니다. 6·25전쟁이 일어나기 직전에도 흔히 인용된 말이었지만, 국방장관이 "점심은 평양에서 저녁은 신의주에서" 하면서 북진통일·전쟁통일을 호언했습니다.

한편 북녘의 김일성정권은 평화통일을 내세웠지만, 남쪽 곳곳에서는 유격대가 조직되어 활동하고 유격구가 설치되기도 했습니다. 유격대와 남녘 군인 사이에 전투가 자주 벌어졌으며, 38도선에서도 남과 북의 군대 간에 크고 작은 무력충돌이 계속되었습니다.

두 개의 분단국가 정권이 성립된 뒤에도 남녘 정계에서는 제2대 국회의원 선거 후 평화통일을 지향하는 정치세력의 활동이 기대되기도 했으나, 남과 북을 막론하고 분단국가 권력의 통일정책은 무력통일·전쟁통일 정책으로 전환되어, 결국 6·25전쟁이 일어나게 되었습니다.

3년 동안 치열하게 이어진 6·25전쟁은 남북을 합쳐 150만 명이 넘는 사망자와 약 360만 명의 부상자를 내고 온 국토를 초토화했습니다. 그런데도 38도선을 휴전선으로 바꾸었을 뿐, 우리 땅의 분단상태는 그대로 지속된 것입니다. 이런 와중에도 이승만정권은 전쟁 중에는 말할 것 없고 전쟁이 끝난 후에도 평화통일 노선을 지향하는 정치세력을 모조리 숙청했습니다.

이리하여 전쟁이 끝난 뒤, 남북협상파는 정계에서 완전히 자취를 감추고 말았습니다. 6·25전쟁은 남과 북 모두에게 엄청난 인적·물적 희생과 파괴를 안겨주었지만, 더욱이 남북 화해·협력 세력과 평화통일 세력을 깡그리 없애버렸다는 점에서도 민족사적 피해와 손실이 대단히 컸던 전쟁이었습니다.

이승만정권은 1952년의 '부산정치파동'에서부터 본격적으로 독재의 길로 나아갔습니다. 이승만은 집권을 연장하기 위해 헌법을 대통령직선제로 바꾸었고, 이에 반대하는 야당 국회의원들을 좌익으로 몰아 잡아가두었습니다. 이렇듯 이승만정권의 독재화와 함께 평화통일론은 거부당했고, 무력통일론만이 판치게 된 것입니다.

한편 미국은 휴전을 하면서 이에 반대하는 이승만정권에 대해 한미상호안전보장조약을 체결하고 장기간에 걸쳐 경제원조를 하며 남녘 군대를 증강하기로 약속했습니다. 그리고 휴전 후에도 "미군이 한국 내에서 혹은 그 주변에서 경계태세를 유지할 것"을 조건으로 이승만을 설득해서 휴전에 동의하게 했습니다.

휴전협정에서는 3개월 이내에 우리 땅의 장래문제를 논의하는 정치회의를 열도록 했습니다. 그러나 한미 상호안전보장조약에서는 90일이 지나도록 "자유롭고 독립된 국가로서의 역사적인 한반도의 평화적 통일을 달성할 수 없을 경우" 한국과 미국 두 나라는 정치회의에서 탈퇴하기로 약속했습니다. 남녘의 자본주의체제 중심의 통일이 아니면 정치회의를 더 계속할 필요가 없다는 것이지요.

결국 제네바에서 열린 정치회의는 아무 성과 없이 끝남으로써, 6·25전쟁의 결과는 50여 년이 지난 지금까지도 정전(停戰)상태인 채로 남을 수밖에 없게 되었습니다.

아마 6·25전쟁이 일어나지 않았다면 요즈음과 같은 평화통일의 분위기가 훨씬 더 일찍 왔을 수도 있었을 것입니다. 통일하려는 전쟁이 오히려 통일을 멀리 가게 해버리는 결과가 되었는데, 그 가장 큰 이유는 전쟁통일이 될 수 없는 땅에서 남북이 모두 전쟁통일을 하려 한 데 있었다고 할 수 있겠습니다. 그후 남과 북의 정치세력들이 전쟁통일이 불가능함을 알고 다른 방법론을 찾기까지는 상당한 시일이 필요했습니다.

좀 억지스러운 비유가 될지 모르지만, 가령 우리 땅이 일본이나 대만 정도의 위치에 있었거나 혹은 같은 반도라 해도 깜차까반도쯤만 되었어도 우리의 역사는 훨씬 달라졌을 것입니다. 물론 분단도 안 되었을 수 있었겠지요.

굳이 이런 비유를 하는 것은, 앞으로도 우리 땅의 지정학적 위치 문제를 충분히 감안하면서 우리 민족의 장래문제를 가늠할 수 있어야 하기 때문입니다. 평화통일론, '협상통일론'이 나오는 것도 바로 이 때문이라 하겠습니다.

# 평화통일론이 되살아나기 시작했습니다

## 1. 4·19민중운동으로 통일방법론이 크게 변했습니다

4·19운동은 민주주의운동으로 시작되었지만 통일운동으로서도 하나의 획기적인 계기를 이루었다고 할 수 있습니다. 왜 그런지를 알기 위해서는 먼저 6·25전쟁 후 남과 북의 통일정책이 어떻게 바뀌어갔는가를 알아야 합니다.

6·25전쟁이 휴전으로 끝난 후, 1950년대 이승만정권의 독재정치시대 동안 무력통일론이 일반화되면서 평화통일론은 이적론(利敵論), 다시 말해 적인 북녘을 이롭게 하는 통일론으로 간주되었습니다.

이승만정권은 휴전 후 열린 제네바 정치회의에서 참전국가들이 권유한 "유엔 감시하의 남북 총선거" 통일안을 거부했습니다. 그러면서 "북한에서는 유엔 감시하의 총선거, 남한에서는 대한민국 헌법 절차에 따른 총선거" 통일안을 주장했습니다. 그리고 회담이 결렬된 뒤에는 다시 "북한만의 유엔 감시하의 총선거" 통일안으로 후퇴했습니다. 사실은 무력통일론을 고집한 것이라고 하겠습니다.

이승만정권이 무력통일론을 고수한 증거의 하나로는, 앞에서도 잠깐 말했지만 조봉암 중심의 진보당 사건을 들 수 있습니다. 조봉암은 일제시대 때 사회주의 운동전선, 특히 코민테른 쪽에서 활동하다가 옥살이도 했고 '해방공간'에서는 조선공산당을 떠나 남북 통일정부 수립운동을 추진했던 사람입니다. 그후 이승만정부 시절에 들어와서는 농림부 장관과 국회부의장 등을 지내기도 하였지요.

조봉암은 1956년에 진보당을 창당하여 이승만정권의 북진통일론에 반대하면서 "남북 총선거에 의한 평화통일안"을 주장했습니다. 유엔 감시를 배제한 평화통일안이라 할 수 있겠습니다.

그러나 바로 이것 때문에 그는 결국 간첩죄를 선고받았고 선고되자마자 즉시 사형당하고, 진보당은 소멸했습니다. 6·25전쟁으로 질식되어 있던 평화통일론이 다시 급부상하게 되는 4·19민중운동의 폭발을 불과 8개월 앞둔 때였습니다.

4·19민중운동으로 이승만정권이 무너지고 장면정권이 성립하자, 청년·학생이 중심이 된 4·19 주체세력은 비록 정권을 장악하지는 못했지만 혁신정치 세력과 함께 평화통일운동을 적극적으로 펼쳐나갔습니다. 4·19 주체세력은 유엔과 같은 '외세'가 개입하지 않고 남북협상에 의한 중립화 통일을 주장하고 나섰던 것입니다.

6·25전쟁으로 실종되었던 자주통일론과 평화통일론을 되살려낸 것이라 할 수 있지요. 4·19운동은 민주주의 운동으로서도 높이 평가되지만, 오히려 평화통일운동으로서 더 큰 역사적 의미를 가진다고 할 수 있습니다. 특히 6·25전쟁 과정을 통해 절멸하다시피 한 평화통일운동을 크게 진작시킨 점에서 역사적 의의가 큽니다.

한편 4·19운동의 주체가 아니면서 정권을 쥐게 된 장면정권이었지만, 이승만정권 때의 무력통일론을 고수할 수는 없었습니다. 그리하여 장면정권은 고심 끝에 "유엔 감시하 남북한 총선거를 통한 평화적 자유민주 통일안"을 제시했습니다. 이를테면 유엔 감시하에 남북 총선거를 하되, 남녁의 자본주의체제에 의한 통일이어야 한다는 안이었습니다.

4·19 주체세력은 유엔, 즉 '외세' 개입의 통일안에 반대하고 중립화 통일안을 주장한 데 비해, 장면정권은 여전히 유엔 개입과 남녁 자본주의체제에 의한 통일방안을 주장한 것이지요.

4·19 주체세력과 혁신정치 세력이 장면정부의 통일안을 수용할 리 없었습니다. 그들은 외세 개입이 아닌 민족자주 통일, 다시 말해 남과 북의 직접협상에 의한 통일과 중립화 통일을 주장하면서 남북학생회담 등을 추진했습니다.

그러다가 결국 5·16군사쿠데타를 당하게 되었습니다. 박정희 육군 소장이 중심이 된 군사쿠데타 세력은 평화통일운동을 적성활동, 즉 북녁의 '간접침략'으로 간주하고 '4·19공간'에서 크게 부상했던 평화통일 세력을 가혹하게 탄압했습니다.

한편 북녁의 김일성정권은 제네바 정치회담이 결렬된 후 "남조선 인민들에게 꾸준히 우리 당의 영향을 주어 그들로 하여금 미제와 리승만 역도를 반대하여 궐기하도록 해야 하며, 다른 방면으로는 북반부 민주기지를 더욱 철옹성같이 강화해야 한다"며 '혁명통일론'을 강조했습니다.

그러다가 남녁에서 4·19민중운동이 일어나서 이승만정권이 무너지자 "당분간 남북 조선의 현재 정치제도를 그대로 두고 조선민주주의인민공화국 정부와 대한민국 정부의 활동을 보존"하는 것을 기본 원칙으로 하여 남북 두 정부의 대표로 구성되는 '최고인민회의'를 조직해서 "주로 남북 조선의 경제·문화 발전을 통일적으로 조절"하는 것을 핵심 내용으로 하는 '남북 연방제 통일안'을 제시했습니다.

1960년대 초에 나온 이 연방제는 국가연합의 성격이 강한 연방제라 할 수 있습니다. 이것이 1980년대에는 1국 2정부 연방제로 바뀌게 되는데, 연방제 통일안에 관해서는 다음에서 상세하게 설명하도록 하겠습니다.

아무튼 '4·19공간'에 남녘의 민간에서 나온 통일론은 우리 통일운동사에서 대단히 중요한 의미를 가집니다. 남과 북에 분단국가가 성립되고 난 후 남녘의 정부 측 통일방안은 언제나 '유엔 감시'가 붙는, 말하자면 유엔 의존의 통일방안으로 일관했다고 할 수 있습니다. 그러나 중요한 것은 '4·19공간'의 민간 통일방안이 유엔을 배제하고 남북 당국의 협상에 의한 자주적·평화적 통일방안으로 크게 전환했다는 점입니다.

박정희 군사정권이 저 악명 높은 '유신'을 앞두고 내놓은 7·4공동성명에서 평화적·자주적 통일방안이 제시되지만, 그것은 이미 '4·19공간'의 민간 통일운동에서 나왔던 통일방안입니다. 그리고 그것은 또한 앞에서 지적한 것처럼 박정희 군사쿠데타 세력이 정권을 쥐자마자 '간접침략'이라 하여 가혹하게 탄압했던 4·19 주체세력이 제시한 통일방안 바로 그것입니다. 참으로 역설적인 일이라 할 수 있겠지요.


## 2. 남북의 정부 차원에서 평화통일론이 일단 정착해갔습니다

일본제국주의의 중국 침략으로 만들어진 괴뢰 만주국의 군관학교와 일본 육군사관학교 출신으로서, 괴뢰 만주국의 장교를 지낸 박정희 소장을 중심으로 한 5·16쿠데타군은 '혁명공약' 첫머리에서 "반공을 국시의 제일로 한다"고 밝혔습니다.

그리고 '4·19공간'에서 활성화되었던 평화통일운동을 '간접침략'으로 규정하면서, 운동을 주도한 민족자주통일중앙협의회를 비롯한 혁신 정치 세력과 학생들을 '혁명재판'에 부쳤습니다. 또한 4·19 후 귀국하여 『민족일보』를 창간하고 평화통일 노선을 편 재일동포 조용수를 '혁명재판'에 회부하여 사형을 시켰습니다.

그후 박정희 군사정권은 위장 민정이양을 한 다음, 1963년에 치러진 제5대 대통령선거에서 통일정책으로 "유엔 감시하의 자유민주주의 원칙에 입각한 남북한 총선거안"을 제시했습니다. 역시 '유엔 감시하' 통일론을 계승한 것이지요.

그리고 "정치·경제·교육·문화 등 제 분야에 걸쳐 승공 태세를 완비한다"고 내세우면서, 1964년에는 '인민혁명당'이 "미군철수와 남북 서신·문화·경제 교류를 통한 평화통일"을 주장했다는 이유로, 또 1968년에는 '통일혁명당'이 "조국의 자주적 평화통일의 성취"를 강령으로 했다는 이유로 탄압하여 평화통일 세력을 뿌리뽑다시피 했습니다.

하지만 군사독재정권의 횡포가 아무리 심해도, 시간의 흐름과 함께 역사는 변하게 마련이었습니다.

1960년대를 넘기면서 세계정세는 크게 변했습니다. 1969년에 나온 미국의 '닉슨 독트린'은 동맹국들에 자기 나라 방위비용을 더 많이 부담할 것을 요구하면서 소련·중국 등 사회주의 국가들과의 평화공존 정책으로 전환해갔습니다. 그런가 하면 유엔에서는 제2차 세계대전 후 독립한 아시아·아프리카 등지의 제3세계 국가들의 가입이 급격히 늘어나고 그 영향력도 커져갔습니다.

그전까지만 해도 미국이 유엔을 마음대로 움직이다시피 했지만, 이렇게 제3세계 국가들이 대거 진출함에 따라 유엔은 미국의 손아귀에서 어느정도 벗어나게 되었습니다. 그 결과 유엔이 고수했던 북녘 정권의 불법화 원칙이 무너지고, 남북 동시초청안이 가결될 추세였습니다. 이와 같은 정세변화는 우리 땅에 대한 미국의 정책을 '두 개의 한국' 및 '한·미·일 삼각안보체제 구축' 정책으로 나아가게 했다고 할 수 있습니다.

한편 북녘의 김일성정권도 미국과 소련, 미국과 중국 사이의 화해정책에 자극을 받으면서, 남녘의 집권당인 민주공화당을 포함한 모든 정당과 협상할 용의가 있음을 천명했습니다. 이에 따라 6·25전쟁 후 20여 년 동안 완전히 단절되었던 남과 북 두 정부 사이의 평화적 접촉이 다시 이루어지게 되었습니다.

먼저 남북적십자회담이 세 차례 열렸고, 그런 다음 7·4남북공동성명이 나왔습니다.

이렇게 보면 7·4남북공동성명은 6·25전쟁 후 더욱 강화된 동서 냉전체제 아래서 제각각 분단권력의 안정성을 확보하고 있던 남과 북의 두 정권이, 1970년대 초 유엔에서의 상황변화와 미·소, 미·중 화해정책에 자극을 받아 일종의 권력 안정책을 추구한 결과 나온 것이라고 할 수도 있습니다.

7·4공동성명 후 남녘에는 저 악명 높은 '유신'체제가 들어섰고 북녘은 사회주의 헌법을 제정하여, 체제가 다른 두 분단국가 권력이 각기 자신의 기반을 한층 더 튼튼히 하려 한 데서도 알 수 있습니다.

어쩌면 7·4남북공동성명은 통일을 위한 성명이기에 앞서, 남과 북의 두 분단국가 권력들이 주변정세의 변화에 자극되어 각각 자신들의 권력체제를 강화하기 위해 취한 조처였다고 할 수 있겠습니다. 아니면 어느 한쪽은 세계사적 상황변화에 적응하여 민족의 평화통일을 희구하면서 추진한 방향전환인 데 반해 다른 한쪽은 통일문제보다 자신의 권력강화를 목적으로 해서 앞세운 성명이어서, 어차피 '휴지'로 될 수밖에 없는 것이었는지도 모릅니다.

설사 그렇다 해도 7·4남북공동성명은 우리 민족의 평화통일의 역사에 길이 남을 중요한 몇 가지 의미를 지니고 있습니다. 한편으로는 두 분단정권의 상호 안전보장책이거나 아니면 한쪽 권력의 장기 안정책에 더 많이 이용된 것이라는 견해와, 또 한편으로는 두 분단정권이 처음으로 평화적·자주적 통일방안에 공식적인 합의를 한 역사적 성명이라는 견해 가운데, 어느 쪽에 더 무게를 두어야 할지는 독자 여러분이 판단하여야 할 몫이라 하겠습니다.

이와 관련하여, 개인적인 이야기를 좀 할까요. 7·4공동성명이 나왔을 때 필자는 이제 40대로 들어서려는 대학교원이었습니다. 7·4공동성명에 '완벽하게 속아서' 군사독재정권 아래서도 평화통일이 진전될 것처럼 착각했고, 교단에서 흥분했던 부끄러운 기억이 지금도 생생합니다.

그러다가 곧 '유신'체제로 들어가게 되자 그때야 정신이 번쩍 들어 비로소 '과거의 역사'만이 아닌 '현실의 역사'에 눈을 돌리게 되었습니다. 그래서 한때는 7·4공동성명의 역사적 의미 자체를 완전히 부인하기도 했습니다. 그러나 흥분이 점차 가라앉으면서 그 역사성이 다시 보이기 시작했습니다.

우선, 7·4공동성명에서 남과 북의 두 분단국가 권력이 처음으로 평화통일안에 합의했다는 사실 자체가 중요합니다. '4·19공간'의 평화통일론이 민간 차원의 것이었던 데 비해, 7·4공동성명의 평화통일론은 남과 북 두 정부 차원의 것이었다는 점에 의미가 있는 것이지요.

물론 그렇다고 해서 남과 북의 두 분단국가 권력이 당장 평화통일안을 추진한 것은 아닙니다. 그럼에도 불구하고 남북의 두 분단권력들이 전쟁통일이나 혁명통일이 아닌 평화통일에 겉으로나마 일단 합의했다는 사실은 역시 중요합니다.

그만큼 평화통일론이 정착되어가게 된 셈이지요. 7·4공동성명이 발표된 후 남녘에서는 군사독재정권이 발악적인 '유신'체제로 들어갔다 해도, 지난날처럼 평화통일론을 이적론이라거나 '간접침략'이라 하여 무자비하게 탄압하지는 못하게 된 것입니다.

물론 직업군인 출신인 정권 당국자들이 속으로야 무력통일밖에 방법이 없다고 생각했다 해도, 7·4공동성명 이후에는 평화통일을 주장했다는 것만으로는 더이상 탄압할 수 없게 되었으니, 그것만 해도 얼마나 다행인지 그 시대를 살지 않은 사람은 잘 모를 겁니다. 그러다가 전두환 정권이 들어서는 과정에서 평화통일론자들은 다시 한번 된서리를 맞게 됩니다만.

다음은, 7·4공동성명에서 남북간에 자주적 통일이 합의되었다는 점이 또한 중요합니다.

6·25전쟁의 결과 전쟁통일이 불가능하게 되자, 남녘에서는 계속 유엔 감시하의 남북 총선거 혹은 북녘만의 선거를 통한 통일안을 내세웠습니다. 이러한 통일방안에 북녘이 응할 리 없었고, 북녘이 응하지 않는 한 유엔 감시하의 선거에 의한 통일안은 아무 실효가 없는 것이었습니다. 대답 없는 메아리에 지나지 않는 통일방안을 오랫동안 그저 내세우기만 했던 것이지요.

그런데 7·4공동성명에서 남녘 정부가 유엔과 같은 '외세'의 개입에 의존하지 않고 직접 통일문제를 해결하자는 데 동의했다고 할 수 있습니다.

1948년에 김구와 김규식 등이 외세의 개입 없이 자주적으로 통일민족국가를 수립하기 위해 평양의 남북협상에 참석했고, 그후 4·19공간의 민간 통일운동에서 자주통일이 주장되었다는 것은 앞에서 말씀드렸습니다. 바로 이것이 이제 남과 북 두 정부 차원의 통일방안으로 정착되었다는 점에 7·4공동성명의 역사적 중요성이 있습니다. 남녘의 경우 그때까지 민간에서 주장해오던 자주통일론이 정부 차원의 통일안으로 진일보한 것이라 할 수 있겠지요.

그러나 앞에서도 지적한 것처럼, 7·4공동성명은 남과 북 두 정권이, 혹은 어느 한쪽 정권이 통일의지보다는 오히려 주변정세의 변화에 대응하면서 자신의 통치체제를 강화하려는 목적이 더 앞선 데서 나온 것이라 할 수도 있습니다.

설령 7·4공동성명 합의 분위기가 더 지속되었다 해도, 1970년대의 상황에서는 평화통일론이 더 진전되기 어려웠다고 필자는 생각합니다. 더구나 이른바 '선 건설 후 통일'을 내세우는 남녘의 박정희 군사독재정권 아래서 평화통일론은 더 앞으로 나아가기 어려운 상황이었습니다.

그 때문인지 남과 북에 성립해 있는 두 개의 국가를 전쟁이 아닌 평화적인 방법으로—그때는 흡수통일의 선례가 없었으니까요—어떻게 하나로 만들 것인가 하는 구체적인 방법을 제대로 제시하지도 못한 채, 7·4공동성명은 곧 한낱 휴지가 되어버리고 말았습니다.

그럼에도 불구하고 남과 북 두 정부 당국자들이 전쟁통일이나 혁명통일이 아니라 자주적 평화통일을 하자는 데 최초로 합의했다는 점에서, 7·4공동성명이 평화통일론을 정착시킨 역사적 의의는 높이 평가되어야 한다고 하겠습니다.

# 우리 땅에서는 흡수통일도 불가능했습니다

## 1. 1980년대 이후 연합제와 연방제가 대립했습니다

6·25전쟁은 우리 땅에서는 전쟁통일이 불가능함을 가르쳐주었고, 그 결과 4·19민중운동과 7·4공동성명을 통해 평화통일론이 정착해갔다고 했습니다. 4·19민중운동이 이승만정권의 무력통일론을 평화통일론으로 바꾸어놓은 것은 당연하다 해도, 군사쿠데타로 권력을 잡은 박정희정권이 그 평화통일론을 일단 겉으로나마 정착시킬 수밖에 없었던 것은, 아무리 군사독재정권이라 해도 역사발전 자체를 완전히 정지시키거나 되돌릴 수는 없다는 증거라 하겠습니다.

이야기가 좀 앞서갑니다만, 2000년 6월 평양에서 제1차 남북정상회담이 열리고 6·15공동선언이 발표된 것은 누가 무어라 해도 우리 민족의 평화통일 역사에 커다란 획을 그은 일입니다.

그렇다면 7·4공동성명 발표에서부터 남북정상회담이 이루어질 때까지의 거의 30년 동안 우리 민족의 통일방법론이 어떻게 변해왔으며, 왜 그렇게 변화했는가 하는 점을 알아봐야 하겠습니다.

흡수통일은 진정한 의미의 평화통일이라 할 수 없지만, 아무튼 1989년에 독일이 흡수통일을 하기 전까지만 해도 베트남과 같은 전쟁통일 이외에는 실제로 다른 통일방법론이 적용된 예가 없었습니다. 그렇다면 우리 땅의 남과 북 두 정권은 어떻게 평화통일을 하려 했는가라는 문제를 알아보아야 하겠습니다.

휴전선을 경계로 하여 남과 북에 두 개의 국가, 두 개의 정권이 실제로 존재하고 있는데, 어떻게 평화적으로 하나로 만들어갈 것인가 하는 구체적인 방안이 7·4공동성명에는 들어 있지 않다고 앞에서 지적했습니다. 7·4공동성명 후에 구성된 남북조절위원회가 활동을 지속하여 협의가 오랫동안 이어졌더라면, 평화적·자주적 통일을 위한 구체적인 방안이 마련될 수 있었을지 모릅니다.

그러나 7·4공동성명은 '김대중 납치사건'을 계기로 북녘이 교섭을 거절함으로써 곧 '휴지'와 진배없이 되고 말았습니다. 김대중 납치사건과 통일문제가 직접적인 관계가 있는 것은 아니었지만, 아마 북녘으로서는 부도덕한 정권과는 민족문제를 함께 다룰 수 없다는 것이었는지 모릅니다.

아무튼 그후 1970년대는 속절없이 지나가 버렸습니다. 1979년 이른바 '10·26사건'으로 약 20년 동안 지속되었던 군사독재 정치의 막을 내린 박정희정권의 평화통일 성과는 결국 7·4공동성명 발표 하나로 그치고 만 셈입니다. 그것마저 '유신'의 서곡으로서의 의미가 더 컸지만 말입니다.

1980년대에 들어서면서 실존하는 두 개의 국가권력을 평화적으로 통일할 구체적인 방법들이 남과 북에서 각각 나오기 시작했습니다.

먼저 북녘에서 1980년 10월에 4·19 후의 1960년대 초에 나온 국가연합적 성격이 강한 연방제보다 한층 더 '진전된' 안이 나왔습니다. 쌍방의 체제를 인정하고, 쌍방 같은 수의 대표와 적당한 수의 해외동포 대표로 '최고민족연방회의'를 구성하며, 그 상임기구인 '연방상설위원회'가 남북 두 지역정부를 지도한다는 내용의 '고려민주연방공화국'안이 발표된 것입니다.

이 연방제안에는 선결조건으로 "반공법·국가보안법의 폐지" "군사파쇼정권의 민주정권으로의 교체" "주한미군의 조속한 철수" 등이 들어 있습니다. 그리고 '10대 시정방침'으로 "남과 북 사이의 군사적 대치상태 해소, 민족연합군 조직, 외래침략으로부터 민족 보위" "남북통일 이전에 타국과 맺은 대외관계의 처리, 두 지역정부의 대외활동의 통일적 조절" 등이 있습니다.

'고려민주연방공화국'이 남과 북 두 '지역정부'의 군사권을 민족연합군으로 통일하고, 외교권도 통일적으로 조절하자는 것이었습니다. 한마디로 남과 북 두 정부 위에, 민족연합군 지휘와 대외관계 처리와 남북두 '지역정부'의 활동을 통일적으로 지도하는 기구를 두자는 안입니다.

실제로 존재하는 두 개의 국가권력을 어떻게 평화적으로 하나로 만들어갈 것인가 하는 방안이 좀더 구체화되었다고 할 수 있겠지요. '최고민족연방회의'와 그 상임기구인 '연방상설위원회'가 새로운 연방국가, 즉 1국가의 통일정부 역할을 하면서 현존하는 남과 북 두 '지역정부'를 지도하는 1국가 2정부 2체제 통일안을 제의한 것입니다. 결국 새로 구성될 1국가가 군사권과 외교권을 가지고, 현존하는 남과 북의 2정부는 내치권만 가지자는 방안이라 할 수 있습니다.

그러나 이 시기는 박정희 군사정권이 무너진 뒤이기는 했지만, 이미 전두환 군사정권이 5·18 광주항쟁을 탄압하고 자리를 잡아가던 때입니다. 따라서 북녘이 "반공법·국가보안법의 폐지" "군사파쇼정권의 민주정권으로의 교체" 등을 선결조건으로 내세웠다는 것은, 남녘 정부가 이 연방제안을 수용하기를 바랐다기보다, 현실적으로는 역시 새로운 통일안의 제의 자체에 더 의미가 있는 것이라 할 수 있겠지요.

이같은 북녘의 제안에 대해 남녘에서는 전두환 군사정권이 1982년 초에 남북 대표로 구성되는 '민족통일협의회'가 통일헌법을 기초하여 남북 국민투표로 확정하고, 그 헌법에 따라 통일국회와 통일정부를 구성하자는 '민족화합 민주통일 방안'을 제시했습니다.

이 방안은 "남북한 기본 관계에 관한 잠정협정"의 체결을 제의하면서 무력과 폭력 대신 대화와 협상을 할 것, 상이한 정치·사회 제도의 상호인정, 군사 대치상태의 해소, 이산가족 재회, 상주 연락대표부 설치 등을 제시했습니다. 남과 북의 두 국가를 그냥 둔 채 평화정착 과정으로 들어가자는 안이라 할 수 있습니다.

이때까지만 해도 북녘의 1국가 2정부 2체제 통일안을 남녘이 전혀 받아들이지 않을 만큼, 남과 북의 통일방법 사이에는 뚜렷한 차이가 있었습니다. 남녘에서는 연방제 통일안을 하나의 새로운 통일안으로 보지 않고, 통일전선 전술에 의한 적화통일 방안으로 보았던 것입니다.

그때나 지금이나 남녘 사람이 이 연방제 통일안을 수용하거나 주장하는 경우 국가보안법으로 다스리게 되어 있지 않습니까. 그런가 하면 북녘에서는 현재의 두 국가체제를 그대로 유지하고자 하는 남녘의 '민족화합 민주통일 방안'을 통일을 하지 않겠다는 의도로 받아들였습니다.

그리고 남과 북 모두 다 구체적으로 통일을 해나가려고 노력하는 것이라기보다, 상대방이야 응하건 말건 각자 일방적인 통일방안을 제의하는 일 자체에서 우위를 확보하려는 데 더 큰 목적을 두었다고 할 수도 있었습니다. 현실적으로 실효성 없는 통일방안을 제시하면서 서로 경쟁하는 상태였다고 할까요.

그러나 1980년대에 들어와서 비록 남과 북 쌍방이 제시한 통일방법이 서로 다르기는 했지만, 어찌 되었든 전쟁통일이 아니고 평화적·자주적 통일을 위한 구체적인 방안들이 남과 북에서 제시되었던 것은 사실입니다. 7·4공동성명 때보다는 한걸음 나아간 것이라 할 수 있겠습니다.

그러다가 남녘에서 제2차 세계대전 후 해방된 민족사회 중에서는 처음으로 올림픽을 개최하게 된 것을 계기로, 우리의 평화통일 방안도 커다란 진전을 이루게 되었습니다. 1988년 올림픽이 개최되기 약 3개월 전에 발표된 '7·7선언'에서는 북녘 체제를 크게 인정하기에 이르렀고, 그 다음해 발표된 '한민족공동체 통일방안'에서는 북녘의 연방제안에 대해 남북연합제안을 제시하는 성과를 보였습니다.

북녘의 연방제안이 1국가 2정부 2체제 통일안이라면, 남녘의 연합제안은 상당 기간 남과 북 두 국가를 그대로 유지한 채 그 위에 일정한 기구를 두어 남북연합을 하자는, 말하자면 일정 기간까지 2국가 2정부 2체제를 유지하자는 안이라 할 수 있겠지요.

남과 북 두 정부 위에 군사권과 외교권을 가지는 국가 같은 기능을 일부 행사하는 기관, 즉 2정부 위에 1국가를 당장 따로 둘 것인가 말 것인가 하는 점에서는 남과 북의 통일방안 사이에 차이가 있었습니다. 그러나 상당한 기간 2정부 2체제를 그대로 유지하자는 데는 남과 북 당국자들이 일단 합의한 것이라 할 수 있습니다.

남과 북의 당국자들이 군사권과 외교권을 가지는 하나의 국가를 두자는 데는 당장 합의하지 않았다 해도, 남북 두 정부를 상당 기간 그대로 유지하면서 남과 북의 자본주의체제와 사회주의체제를 서로 인정하자는 데 합의한 사실은 중요합니다. 그리고 국가와 정부를 구분해서 해결하려 한 점에, 이 안의 '묘미' 같은 것이 있다고 할 수 있겠습니다.

1980년대 초 남과 북 각각에서 제시된 이 연합제 통일안과 연방제 통일안은 비록 2국가냐 1국가냐 하는 점에서는 합의가 되지 않았지만, 2

정부와 2체제를 유지하려는 평화공존 정책이라 할 수도 있겠습니다. 이와 같은 합의를 근거로 해서 그후 남북 고위급회담이 계속되었고, 그 결과 1991년 말에는 '남북 사이의 화해와 불가침 및 교류·협력에 관한 합의서'가 교환되기에 이르렀습니다.

이보다 앞서 1989년에 독일에서는 서독이 동독을 흡수통일하였습니다. 그런데도 우리 땅에서 남과 북의 당국자들이 두 정부와 두 체제를 서로 인정했다는 것은 어느 쪽에서도 베트남과 같은 전쟁통일은 말할 것 없고, 독일과 같은 흡수통일도 하지 않겠다는 뜻이라 하겠습니다. 그 때문에 평화공존 협약이라 할 '남북합의서'가 교환되었다고 할 수 있습니다.


## 2. 우리 땅에서는 흡수통일도 안 되었습니다

우리가 알다시피 제2차 세계대전 후 분단된 민족 중 베트남은 1975년에 전쟁통일을 했는데, 1989년에 와서 또 하나의 분단민족 독일이 이른바 흡수통일을 했습니다. 서독의 우세한 경제력에 동독이 통일당하게 되었으니 '경제력 통일'이라고 할 수 있을까요.

어떻든 20세기 안에 전쟁통일 이외에 또 하나의 통일방법이 현실화된 것인데, 이같은 흡수통일은 전쟁통일이 아니기는 하지만 진정한 의미의 평화통일이라 할 수는 없습니다. 흡수당하는 쪽의 통치권이 흡수하는 쪽으로 넘어가고, 흡수하는 쪽의 체제가 흡수당하는 쪽에 일방적으로 적용된다는 점에서, 결과는 전쟁통일과 같으니까요.

그 무렵 우리 땅에서는 ─지나고 보니 과장된 수치였지만─ 남녘은 1인당 국민소득 1만 달러 운운하는 한편, 북녘은 동유럽 사회주의권의 붕괴와 뒤이은 소련의 해체, 그 위에 계속된 미국의 경제봉쇄에다 잇따른 자연재해까지 겹쳐서 경제적으로 대단히 어려웠습니다.

필자가 세번째 평양에 갔을 때라고 기억되는데, 웬만한 남녘 사람이면 그 이름을 알 만한 북녘의 어느 고위인사가 필자를 보고 "달러 없이도 살 수 있었던 세상이 [동유럽 사회주의권과 소련이 무너진 후에는] 하루아침에 달러 없이는 아무것도 할 수 없는 세상이 되었으니 정말 어려웠다"고 토로했습니다.

이런 상황에서 이 땅에도 독일과 같은 흡수통일이 가능할 것으로 전망하는 경우가 많았습니다. 김일성 주석이 살아 있는 동안은 그의 일제시대 때 민족해방운동 경력과 현실적인 국민의 지지와 오랜 통치경험 등으로 북녘이 동독처럼 그렇게 쉽게 무너지지는 않는다 할지라도, 그가 죽고 나면 북녘 정권이 곧바로 무너져서, 우리 땅에서도 독일처럼 남녘에 의한 흡수통일이 이루어질 것이라고 전망하는 국내외의 '권위 있는' 논평들이 많았습니다.

그러나 상황을 다소라도 객관적으로 보고자 하는 관점은 반드시 그렇게 받아들이지만은 않았습니다. 만약 북녘 정권이 동독처럼 무너져 압록강·두만강까지 미국과 일본 세력을 그 배후에 둔 남녘 정권의 지배 아래 들어가게 되면 그것은 6·25전쟁 때 북진통일을 도모한 결과와 같아서, 누구보다 먼저 중국이 그것을 용납할 수 없을 것이며, 다음으로는 러시아도 그냥 있지 않을 것이라고 전망했습니다. 역시 우리 땅의 사정은 독일과 다르다고 생각한 것이지요.

이보다 좀더 과격한 관점에서는, 만약 북녘 정권이 무너지면 역시 미국과 일본 세력을 배후에 둔 남녘의 지배권력이 '북진통일'을 하는 상황이 되는 것을 막기 위해, 그리고 한·미·일 동맹세력이 남과 북의 우리 땅 전체를 지배하게 되는 상황을 막기 위해, 중국이 먼저 북녘 땅을 군사력으로 점령하고 말 것이라 전망하는 경우도 있었습니다.

그리고 6·25전쟁 때와는 달라진 중국의 내부사정을 비롯하여, 미국과 중국의 관계, 남녘 정부와 중국의 관계를 고려한 다소 온건한 관점이라 해도, 북녘 정권이 무너지면 곧 이어 친중국 군사정권이 들어설 가능성이 크다고 보았지, 남녘 정부가 북녘 지역 전체를 지배하게 되기는 어려울 것이라 보는 경우가 많았습니다.

1994년에 김일성 주석이 갑자기 사망한 뒤, 북녘은 격심한 자연재해를 잇따라 겪으면서 곧 '고난의 행군' 시기로 들어갔고, 많은 사람이 굶주림에 시달리게 되었습니다. 그렇지만 결코 동독처럼 무너지지는 않았습니다. 김일성 주석이 사망한 지 10년이 가까워지는 지금까지도 말입니다.

동독의 경우에는 경제적으로 곤란해진 국민들이 체코슬로바키아 등 이웃 나라로 대거 탈출했고, 동독 정부가 수습기능을 잃으면서 결국 무너지고 말았습니다.

그러나 우리 땅 북녘은 그 점에서도 동독과 사정이 다르다고 하겠습니다. 정말 그러한지는 모르겠지만 가령 북녘의 주민들이 대거 탈출하려 한다 해도 그럴 만한 곳이 없는 형편입니다.

우리 땅 북녘의 경우에는 남쪽으로는 휴전선을 경계로 하여 남과 북의 군대가 철통같이 지키고 있는 지뢰밭입니다. 지형을 잘 아는 몇몇 사람은 넘어올 수 있겠지만, 북녘의 많은 주민이 설사 탈출하려 마음먹는다 해도 동독의 경우처럼 몇만 명, 몇십만 명이 탈출할 수는 없습니다.

또 북녘 땅의 서쪽과 동쪽은 바다여서 어쩌다가 한두 가족이 배를 타고 '따뜻한 남쪽'으로 넘어올 수는 있어도, 몇만 혹은 몇십만 주민이 한꺼번에 탈출하여 정권이 무너질 정도가 될 수는 없습니다. 더구나 모르긴 해도 선박은 모두 정부나 공공기관 관리 아래 있는 것이 아닌가 싶습니다.

만에 하나 북녘 주민이 집단으로 탈출하기를 원한다면, 북녘 정권이 동독처럼 무너질 수 있을 만큼 몇십만 명, 몇백만 명이 탈출할 가능성이 있는 곳은 오직 중국 쪽입니다. 정확한 숫자는 알 수 없지만 실제로 중국에는 상당 수의 북녘 주민이 나가 있고, 그 가운데 일부는 외국을 거쳐 남녘으로 오고 있는 것이 사실입니다.

하지만 이 숫자가 북녘 정권을 무너지게 할 정도는 아닙니다. 미국이나 일본의 민간단체들이 특수기관의 지원을 받아 북녘 주민을 대량 탈출시킬 계획을 세우고 있다는 풍문도 있지만, 중국이 지금처럼 강력히 막는 한 북녘 정권이 무너질 위협이 되기 어려울 것입니다.

중국 정부는 이들 북녘 난민이 먹을 것을 구해 다시 북녘으로 돌아가게 할지언정, 또 국제사회에서의 체면 때문에 외국 공관 등지에 들어간 극소수의 이른바 탈북 주민을 남녘으로 가게 할지언정, 북녘 정권이 동독 정권같이 무너질 만큼 대량으로 탈출하게 하지는 않습니다.

이것은 어디까지나 가정입니다만, 이를테면 대부분의 북녘 주민이 탈출하기를 원하고 또 실제로 탈출해서 북녘의 정권이 동독처럼 무너지게 될 경우, 그 뒤처리가 중국으로서도 아주 곤란해지게 마련입니다.

북녘 정권이 동독처럼 무너진 뒷자리를 남녘 정부가 들어가서 통치하게 되면, 앞에서 말한 것처럼 6·25전쟁 때 북진통일이 성공했을 경우와 다름없이 한·미·일 동맹세력이 압록강과 두만강까지 가게 되니까요.

6·25전쟁 당시, 중국은 혁명에 성공한 직후이면서도 이 땅에서의 북진통일을 막기 위해 참전하여 엄청난 희생을 치렀습니다. 그런데 앞으로 만약 북녘 정권이 무너져 한·미·일 동맹세력이 북녘 땅 전체를 덮치게 되면, 그때의 엄청난 희생이 허사가 되고 마는 것이지요. 게다가 북녘 군대의 일부가 '만주' 땅 밀림지대에다 후방기지라도 만들게 되면 문

제는 더욱 복잡해질 터이고요.

따라서 북녘 정권이 무너진 뒷자리를 미국과 일본을 등에 업은 남녘 정권이 차고앉아 통치하게 되는 그런 상황을 미연에 방지하려면, 결국 중국은 다시 군사력을 사용할 수밖에 없게 될 가능성도 있겠지요. 물론 러시아 역시 중국의 입장과 별다른 차이가 없게 될 것입니다.

우리가 입장을 바꾸어서 생각해봐도, 지금 중국이 할 수 있는 최선의 대책은 북녘이 동독처럼 무너지는 것을 미리 막는 일이지 않겠습니까. 세계의 여론이 중국으로 탈출하는 북녘 주민을 난민으로 대우해주라고 요구하지만, 중국은 그렇게 하지 않고 있지 않습니까.

우리 땅은 베트남과는 여러가지 조건이 달라서 전쟁통일이 되지 않았을 뿐만 아니라, 독일과도 조건이 달라서 흡수통일도 되지 않았습니다. 그럼에도 남녘에는 아직도 베트남과 같은 전쟁통일은 아니라 해도, 독일과 같은 흡수통일을 기대하는 사람들이 적지 않은 것 또한 사실일 것입니다.

그러나 김일성 주석 사망 후에 바로 닥친 '고난의 행군'을 견뎌낸 북녘 정권이 앞으로도 무너질 가능성은 거의 없다고 봐야 하지 않을까 싶습니다. 만에 하나 무너진다 해도 남녘의 경제력이나 인심이 그 뒷감당을 할 수 있는가 하는 심각한 문제가 또 따로 있습니다만.

중국에 사는 조선족 동포들은 북녘 내왕이 잦은 편인데, 언젠가 필자가 옌볜에 갔을 때 그들에게 들은 이야기입니다. 중국의 조선족 동포들이 남녘 땅을 조국이라고 찾아갔다가 여러가지로 가혹하게 핍박받는 이야기가 북녘 동포들에게 그대로 전해진다고 합니다. 원래 좋지 않은 소문은 빨리 전해지게 마련이니까요.

그래서 만약 북녘 정권이 동독처럼 무너져서 남녘에 의해 흡수통일이 되면, 지난날 동족상잔을 겪은 만큼 북녘 동포들은 조선족 동포보다 더 심하게 당할 것이 뻔하다는 것입니다—하기야 지금도 친북파 명단을 공개하겠다는 협박성 광고가 신문에 심심찮게 나오지 않습니까. 게다가 결국 북녘 사람들은 남녘 사람들의 종이 되다시피 할 터이니, 아무리 어렵더라도 이대로 견뎌야 한다고 말한다고 하더군요.

어디까지가 사실인지도 모르겠거니와, 또 정치적 목적으로 지어낸 말일 수도 있습니다. 그러나 무엇보다 중요한 것은, 우리 땅의 경우에는 여러가지 조건이 달라서 독일처럼 흡수통일이 되기도 어렵지만 민족의 앞날을 위해서도 흡수통일이 되어서는 안 된다는 사실입니다. 이 점을 분명하게 인식하는 일이 통일문제를 해결하는 중요한 전제조건이라고 생각합니다.

지금까지는 주로 우리 땅을 둘러싼 국제관계의 조건이 독일과는 다르다는 점에서, 흡수통일이 되기 어렵다고 설명했습니다. 그밖에 경제적 조건으로도 독일과 같은 흡수통일이 되기 어렵거나 또 되어서는 안 된다는 사실을 이해하는 일이 중요합니다.

독일이 흡수통일될 때, 서독은 국민소득이 2만 달러나 되는 경제대국이었습니다. 그런데도 엄청난 어려움을 겪었다는 것을 우리는 잘 알고 있습니다. 우리는 IMF체제를 겨우 벗어나기는 했지만, 국민소득 1만 달러의 벽을 넘기가 이렇게도 어려운 실정입니다. 그런데도 북녘 체제가 무너져서 독일처럼 흡수통일이 되기를 바라는 남녘의 정치인이나 국민들이 있다면, 그것은 남북 공멸(共滅)을 두려워하지 않는 소견이라 하지 않을 수 없을 것입니다.

독일이 흡수통일된 뒤의 일입니다. 필자는 독일에 사는 한 교포학자를 만났을 때, 그에게 독일통일을 어떻게 보느냐고 물어본 적이 있습니다. 필자가 역사학 전공자임을 아는 그는 한마디로 "지난날의 한일합방과 같은 것이라고 보면 됩니다"라고 했습니다. 그후 여러 글을 통해서 독일통일의 후유증을 알게 되었고, 우리는 그런 통일이 될 수도 없겠지만 되어서도 안 된다는 생각이 확실해졌습니다.

지정학적 조건이나 경제적 조건을 떠나서도, 민족의 한쪽이 다른 한쪽에게 예속되거나 지배되는 통일은 결코 옳은 의미의 평화통일 혹은 바람직한 통일이 될 수 없습니다. 특히 동족상잔의 비극을 겪은 우리 민족의 경우, 전쟁통일이나 흡수통일은 의식적으로 철저히 부정되어야 합니다. 우리에게는 대등통일, '협상통일'밖에 다른 방법이 없습니다.

## 3. 남북 평화공존이 일단 합의되었습니다만

거듭 말하지만 우리 땅의 경우 베트남과 같은 전쟁통일도 안 되었고 또 독일과 같은 흡수통일도 안 되었습니다. 통일이 되지 않은 이상 남과 북은 계속 대립하면서 분쟁할 수밖에 없습니다. 그러나 '왜 통일해야 하는가' 하는 부분에서 말한 것처럼, 21세기에 들어와서까지도 통일을 하지 않고 분단된 채로 그냥 있을 수 없으며, 계속 서로 대립하고 비방하면서 살 수도 없습니다.

그렇다면 어떻게 할 것인가 하는 문제를 생각하지 않을 수 없습니다. 그 결과 얻어진 것이 우선 남북이 싸우거나 대립하지 않고 평화공존하는 방안이었다고 할 수 있습니다. 그리고 그것이 1991년의 '남북 사이의 화해와 불가침 및 교류·협력에 관한 합의서'의 체결로 나타났다고 하겠습니다.

남녘의 마지막 군사정권이 된 노태우정권은 이른바 북방정책을 폈는데, 그 끝에 '남북합의서'가 채택되었습니다. 물론 이 북방정책은 북녘을 고립시키기 위한 정책이라는 평가도 있었던 것이 사실입니다. 요컨대 노태우 군사정권이 채택한 일종의 불가침조약이라 할 수 있는 이 '합의서'가 흡수통일을 위한 '시간 벌기' 정책의 산물인지, 아니면 남북 평화공존 정책이 정착하게 되는 출발점인가 하는 문제가 있었던 것입니다.

그러나 '남북합의서'의 채택 자체는 남과 북 쌍방이 일단 흡수통일을 부인한 결과라고 할 수 있습니다. 설령 흡수통일을 할 속셈을 가졌다 해도, 이 '합의서'를 통해서 상호 불가침과 평화공존이 일단 약속된 것은 민족문제를 해결해나가는 데서 하나의 큰 진전이었다고 하겠습니다.

객담 아닌 객담을 하나 할까요. 1972년에 나온 7·4공동성명은 그 서명자가 "상부의 뜻을 받들어" 이후락과 김영주로 되어 있습니다. 그리고 '상부'가 누군지, 이후락·김영주 두 서명자의 직책이 무엇인지 전혀 밝히지 않았습니다. 비록 공개는 되었지만, 비밀약정서 같은 냄새가 짙게 풍기는 성명서였지요.

그러다가 약 20년 후인 1991년에 교환된 '남북 사이의 화해와 불가침 및 교류·협력에 관한 합의서'에는 서명자가 대한민국 국무총리 정원식과 조선민주주의인민공화국 정무원 총리 연형묵으로 밝혀져 있습니다. 7·4공동성명보다는 한층 더 공식성과 선명성을 띤 '합의서'라고 할 수 있습니다.

또 그때부터 10년 가량 지나서 2000년에 나온 6·15남북공동선언에는 서명자가 대한민국 대통령 김대중과 조선민주주의인민공화국 국방위원장 김정일로 되어 있습니다. 대략 10년 내지 20년 간격으로 남북관계에서 중요한 성명이나 합의서, 선언 등이 나온 것에만 한정해서 생각해보면, 통일문제의 진전이 너무나 더디다는 안타까움을 금치 못할 수도 있겠습니다.

하지만 이런 가운데서도 우리의 통일문제가 직책을 밝히지 않은 정보책임자들의 서명 수준에서 직책을 밝힌 쌍방 행정수반들의 서명으로, 마침내 남북 국정 최고책임자의 서명으로 발전해갔다는 것을 알 수 있습니다. 비록 속도가 늦기는 하지만, 6·25전쟁으로 그토록 얼어붙었던 남북관계가 차차 풀려감을 알 수 있지 않습니까. 이것이 곧 통일문제의 진전이라고 할 수 있다고 생각합니다.

그건 그렇다 하고, 노태우정권에 이어 김영삼 문민정권이 들어서고 1994년에 남북정상회담이 합의되었습니다. 남북정상회담의 합의 역시 1991년의 '남북합의서' 교환처럼 남과 북이 모두 전쟁통일은 말할 것 없고 흡수통일도 하지 않겠다는 것을 전제로 해야 가능한 것이었다고 할 수 있습니다.

아무리 같은 민족이라 해도 한쪽 분단국가의 체제가 무너져 다른 쪽에 흡수되는 통일을 전제로 하고 두 정부의 정상이 회담하는 일이야 있을 수 없을 테니까요. 그러나 불행하게도 북녘의 김일성 주석이 회담을 불과 10여 일 앞두고 갑자기 사망하여, 역사적인 남북정상회담은 이루어지지 않았습니다. 그리고 뒤이어 이른바 조문파동이 일어났습니다.

그런데 김영삼정권 때의 정상회담 합의에는 몇 가지 문제점이 있었습니다. 우선, 이 회담을 주선한 것은 남과 북 두 당국자나 민족 내 정치세력이 아니고 미국의 전직 대통령 카터였습니다. 카터가 정상회담을 주선한 것은 당시 핵 문제와 미사일 문제 등으로 미국이 북녘을 일방적으로 공격할 가능성이 대단히 높았기 때문이었습니다. 그래서 카터가 이를 미연에 막기 위해 평양에 갔고 남북정상회담을 주선한 것입니다. 결국 이때의 정상회담이 남과 북 양쪽의 자발적이고도 주체적인 역량에 의해 마련된 것이 아니라는 점을 말하는 것입니다.

또 한 가지는, 이 정상회담이 민족문제와 통일문제를 평화적으로 풀어가야 한다는 남녘 정권 당국자의 자발적·능동적인 통일 '철학'을 바탕으로 해서 발의되고 합의된 것이라 보기 어렵다는 점입니다.

통일문제는 어디까지나 화해와 협력에 의해 평화적으로 풀어야 한다는 확실한 '철학'에 바탕을 둔 정상회담 합의였다면, 북녘의 정상이 갑자기 사망했다 해도 그 후속 권력과 회담을 성사시키기 위해서라도 조문을 할 수 있어야 했습니다. 유교문화의 전통이 강한 우리 민족사회에서 북녘의 후속 집권자가 망인의 아들이 될 가능성이 높은 조건에서는 더욱 그러했습니다.

그러나 갑자기 사망하는 불상사가 일어나지 않았으면 남녘의 김영삼 대통령과 무릎을 맞대고 민족문제와 통일문제를 의논했을 김일성 주석이 세상을 떠나자, 남녘에서는 그를 "6·25전쟁의 원흉" 운운하면서 비방하기 시작했습니다. 조문해야 한다는 사람은 마치 역적이라도 되는 듯한 강경 분위기로 돌변하고 말았습니다.

그후 북녘에 가서 그쪽 사람들에게서 들은 말이지만, 김일성 주석이 사망하자 남녘 정부가 군사조직 전체에 비상경계령을 내렸다고 하면서 분개했습니다. 이전에 남녘의 박정희 대통령이 살해되었을 때, 북녘은 경계령 같은 것을 내리지 않았다고 하면서 말입니다.

조문문제를 둘러싸고 조성된 이와 같은 강경한 분위기를 김영삼 정부가 극복할 의지나마 가지고 있었는지 모르겠지만, 어찌 되었든 그것을 극복하지 못하고 조문을 하지 않음으로 해서 남북관계는 급속도로 냉각되었습니다.

그리하여 김영삼정권은 군사정권 30년 후 처음 성립한 민간정권이면서도 민족문제와 통일문제의 진전에는 전혀 성과를 남기지 못한 불운한 정권이 되고 말았습니다.

해방 후 우리 땅에 성립한 정권들을 역사적으로 평가해볼 때, 그 기준으로는 크게 두 가지를 들 수 있다고 생각합니다. 하나는 정치·경제·사회·문화 면에서 민주주의를 얼마나 발전시켰는가 하는 점이며, 또 하나는 평화통일 문제를 얼마나 진전시켰는가 하는 것입니다. 이런 측면에서 볼 때, 김영삼 문민정권의 업적은 대단히 제한적인 것이었다고 하겠습니다.

독일이 흡수통일을 한 후여서, 우리 땅에서도 불가침을 약속한 '남북합의서'를 서로 교환하고서도 김주석의 사망으로 북녘을 흡수할 수 있지 않을까 하는 기대가 있었기 때문에 조문을 거부하고 대북 강경정책으로 돌아선 것이 아닌가 하는 관측도 있을 수 있습니다. 그러나 우리 땅과 독일은 분명히 조건이 달랐습니다.

이 자리를 빌려, 개인적인 경험 한 가지를 말해보겠습니다. 김일성 주석이 사망한 지 한 달이 채 못 되었을 무렵입니다. 그때 중국 상해에서 우리의 남과 북 그리고 중국·일본·러시아 학자들이 모여서 '제2차 세계대전 후 동아시아의 가능성'이라고 기억되는 주제를 놓고 약 1주일간 학술회의를 했습니다. 우리는 김 주석이 사망한 직후라서 북녘 학자들이 오지 않으리라 생각했는데, 막상 가보니 다섯 명인가가 먼저 와 있어서 좀 놀랐습니다.

서로 인사를 나눈 다음, 한 북녘 학자가 필자를 보고 이렇게 물었습니다. "강선생님은 국내의 어느 신문에서 조문을 해야 한다고 말한 것으로 아는데, 정작 우리를 만나서는 왜 조문하지 않습니까?" 전혀 예상하지 않았던 질문이라 조금 당황해서 임기응변으로 "조문이야 상주에게 하는 것이지요" 하고 답했더니, "우리가 모두 상주입니다" 하는 말이 즉각 나왔습니다.

옆에 있던 우리 일행 가운데 어느 교수가 "어버이 수령이 돌아가셨으니 그 국민이 모두 상주이겠군요" 하고 그 자리를 얼버무리고 말았습니다. 정상회담에 합의했던 한쪽 정상의 죽음에 대해 다른 한쪽 정상이 조의를 표하지 않은 데 대한 그들의 분노의 표현은 듣기에 민망할 정도로 대단한 것이었습니다.

그후 남북관계가 극도로 얼어붙어서 동해 쪽에서 북녘 잠수정의 해상침투가 있었다는 것은 우리가 다 아는 일입니다. 그 때문에 남북관계의 새로운 진전은 남녘에서 후속 정권이 들어선 이후를 기다리지 않을 수 없게 되었습니다. 그래서 남북관계가 평화적으로 진전되기 바라는 사람들은 15대 대통령선거의 결과를 대단히 중요하게 생각했습니다.

김일성 주석 사망 후 조문파동으로 남북관계가 냉각된 이후의 김영삼정부 시기 동안, 북녘은 김주석의 사망과 자연재해 등이 겹쳐 정치·경제적으로 무척 어려움을 겪었습니다. 세상의 대부분 논평들이 북녘 정권의 붕괴를 예상하거나 또 기대하기까지 할 정도로 어려웠습니다.

그러나 북녘의 김일성정권에 뒤이은 김정일정권은 '고난의 행군'기를 견뎌내었고, 그동안 남녘에서는 김대중정권이 들어섰습니다.

김대중정부는 출범하면서부터 대북정책으로 이른바 햇볕정책 혹은 포용정책을 표방했습니다. 그러나 햇볕이니 포용이니 하면서도, 김대중 정권 성립 후 처음으로 남과 북이 자리를 마주한 베이징의 비료회담에서 드러난 것처럼, 이른바 상호주의가 아직 강하게 남아 있어서 남북문제는 쉽게 풀리지 않았습니다.

그러다가 역사적인 남북정상회담이 합의되고 또 실현되기에 이르렀습니다.

# 역사적인 6·15공동선언이 발표되었습니다

## 1. 남북정상회담은 어떻게 해서 성사되었을까요

김영삼정부 때 남북정상회담이 합의되었다가 무산된 후, 동해안에서의 북녘 잠수정 침투 문제 등으로 남북관계는 전혀 열리지 못한 채 굳게 닫혀 있기만 했습니다. 그러다가 남녘에 김대중정부가 들어섰습니다.

널리 알려져 있는 것처럼, 김대중씨는 대통령이 되기 전부터 평화통일 문제에 대한 나름대로 독자적인 방법론이라 할까, '통일철학' 같은 것을 가지고 있었습니다. 그 점에서는 해방 후 남녘에서 당선된 대통령 중 유일하다 할 수 있겠지요.

책으로도 출판된 김대중씨의 '3단계 통일론'을 간략하게 설명하면 다음과 같습니다. 통일의 첫째 단계는 평화공존·남북교류를 이루어 연방으로 이행하는 남북연합 단계입니다. 둘째 단계는 외교와 국방 및 주요 내정을 연방정부가 관장하게 되는 남북연방 단계입니다. 그리고 마지막으로, 셋째 단계는 중앙집권화가 되거나 연방제를 유지하게 될 완전 통일 단계입니다.

이같은 평화통일 방법론을 구상하고 있던 그는 대통령이 된 후 대북정책으로 햇볕정책을 표방하였던 것입니다. 그러나 잘 알다시피 강한 바람보다는 따뜻한 햇볕이 겨울 나그네의 외투를 벗긴다는, 이솝우화에서 그 의미를 빌려온 햇볕정책은 상대방의 체제를 변화시키는 것을 목적으로 한 정책이라 해서 한때 북녘의 반발을 샀고, 그래서 포용정책이라는 용어를 많이 쓰게 되었습니다.

용어야 어떻든 김대중정권이 북녘에 대해 적극적인 화해정책을 편 것은 사실입니다.

여기에 얽힌 한 가지 뒷이야기를 하지요. 필자는 김대중정권 성립 후, 그런 것이 있는지도 몰랐던 통일고문회의 고문이라는 '감투'를 뜻밖에 쓰게 되었습니다. 그래서 이 통일고문회의 토론회 자리에서, 필자는 햇볕정책이나 포용정책보다 '적극적 화해정책'이라고 하는 것이 좋겠다는 의견을 밝혔습니다. 이 내용을 강원룡 통일고문회의 의장이 대통령에게 직접 전했으나, 햇볕정책이란 말이 국내외에 널리 알려져 있어서 바꾸기 어렵다는 회답이었습니다.

그건 그렇고, 김대중정부는 햇볕정책 혹은 포용정책을 내세우면서 금강산 관광사업을 허가하여 북녘에 경제적으로 도움을 주기도 했습니다. 알다시피 김대중정부의 대북정책이 화해·협력 정책으로 나아가는 데 커다란 계기를 마련해준 것은, 다름아니라 현대그룹 정주영 회장이 소떼를 몰고 휴전선을 거쳐 북행길에 오른 일이었습니다. 아마 훗날의 역사도 이를 재벌의 장삿속으로만 평가하지는 않으리라 생각합니다.

김대중정부의 대북정책도 처음에는 베이징 비료회담의 결렬에서 볼 수 있었던 것처럼 수구세력의 반대도 있고 해서, 역시 이른바 상호주의를 내세우지 않을 수 없었습니다.

그럼에도 불구하고 이전 정권들과 달리 김대중 정권은 북녘이 미국이나 일본과 국교를 맺는 것을 방해하지 않겠다고 밝혔을 뿐 아니라 오히려 권장했습니다. 남녘 정부의 대북정책에 전에 없던 큰 변화가 일어난 것이지요.

꽃게잡이 어선 문제로 서해안에서 일종의 무력충돌이 일어났을 때조차, 동해안에서는 관광선이 예정대로 금강산을 향해 출항하였습니다. 또 김대중 대통령은 '베를린선언'을 통해 정부 차원의 대북 경제협력을 제의하였고 북녘의 김정일 국방위원장이 이를 받아들임으로써, 역사적인 남북정상회담이 이루어졌습니다.

한편 북녘에서도 대단히 어려웠던 경제상황이 어느정도 호전되어가고 김정일 위원장의 권력도 크게 안정되어갔습니다. 노태우정부 때의 30억 달러 차관과 관련하여 한소 국교가 열리면서 거의 단절되다시피 했던 조·러 관계가 다시 회복되었습니다. 이런 일련의 일들이 북녘 정권으로 하여금 정상회담에 나서게 했다고 볼 수 있을 것입니다.

그러나 크게 역사적인 안목에서 보면, 남과 북 두 정권 당국자들이 우리 땅의 경우에는 주로 지정학적 위치의 문제 때문에 6·25전쟁에서 경험한 것처럼 베트남과 같은 전쟁통일이 불가능하며 또 독일과 같은 흡수통일도 불가능하다는 사실을 제대로 이해하게 되었기 때문에, 다른 통일방법을 찾고자 함으로써 남북정상회담이 성사되었다고 할 수 있습니다.

전쟁통일과 흡수통일이 안 되는 곳이라 해서 통일을 포기한 채 남북 대립상태를 언제까지나 계속할 수는 없는 노릇입니다. 그래서 마침내 정상회담을 통한, 필자가 말하는 '협상통일'의 길에 나서게 된 것이라 할 수 있습니다. 남녘에 민간정부가 들어서고도 평화통일 문제에 진전이 없다면, 그것은 옳은 의미의 민간정부라 할 수 없겠지요.

필자가 실제로 겪은 일을 하나 말하겠습니다. 제15대 대통령선거운동이 한창일 때의 일입니다. 각 언론기관은 특정한 정책부문에 대해 전문가들이 질문하게 하고 후보자로부터 답을 들음으로써, 유권자가 후보를 선택하는 데 도움을 주고자 했습니다.

필자도 어느 신문사의 요청을 받아 통일문제의 질문자로 나간 일이 있습니다. 대통령 후보자들에게 가령 북녘 정권이 무너질 경우 중국이 어떤 대응을 하겠는가 하는 질문을 했습니다. 그러자 "중국이 왜 나옵니까. 당연히 우리가 가서 다스려야지요"라고 답변하는 후보도 있었습니다. 그중에서 유일하게 김대중 후보만이 만약 북녘 정권이 무너지면 그 뒷자리에 친중국 군사정권이 성립할 가능성이 가장 높다는 전문가들의 객관적 논평이 있다는 것을 알고 있었습니다.

우리 땅의 경우에는 설령 북녘 정권이 무너진다 해도 동독 정권이 무너진 뒤처럼 되기 어렵다는 사실, 또 북녘 정권이 무너져도 남녘 정권이 특히 경제적으로 그 뒷감당을 하기 어렵다는 사실, 그러면서도 우리 땅의 북녘 정권은 동독 정권같이 무너지지 않는다는 사실 등을 어느정도 알게 되었을 때, 마침내 '협상통일'의 길로 들어서지 않을 수 없었던 것이라고 봅니다.


## 2. 백화원초대소 현장에서 '협상통일'을 생각했습니다

2000년 6월 14일 밤, 필자는 평양의 백화원초대소 연회장에서 김대중 대통령과 김정일 국방위원장이 손을 맞잡고 높이 들면서 "우리 공동선언에 합의했습니다" 하고 함께 기뻐하던 바로 그 자리에 있었습니다. 그 자리에는 남과 북을 합쳐 50~60명 가량의 인사들이 함께 있었던 것으로 기억되지만, 앞에서도 말했듯이 역사학 전공자는 필자 혼자가 아니었던가 생각됩니다.

따라서 이 엄청난 역사의 현장에 있었던 단 한 사람의 역사학 전공자로서 이것이 어떤 자리인가, 왜 이런 일이 일어났는가를 같은 시대의 사람에게는 말할 것도 없거니와 다음 시대의 사람들에게도 말해주어야 할 무거운 책무를 지고 있다는 생각이 들었습니다.

지금 생각해도 필자가 그 자리에 있었다는 사실은 생애 최대의 영광입니다. 30여 년간의 대학교수 생활을 정년으로 끝마치기 바로 얼마 전에 경제정의실천연합이 만든 통일협회의 이사장을 맡음으로써 시민운동에 참가하게 되었고, 그 때문에 김대중정부 성립 후 발족한 민족화해협력범국민협의회(민화협)의 상임공동의장을 맡게 되었습니다. 그리고 이 '민화협'의 대표로, 다시 말해 시민단체 대표 자격으로 남북정상회담에 참가하였던 것입니다.

2000년 6월 13일 오후, 우리가 탄 비행기가 북녘의 순안비행장에 먼저 내리고 뒤이어 대통령 전용기가 착륙했는데, 공항청사 쪽에서 갑자기 요란한 함성이 터졌습니다. 놀라 돌아보니 김정일 국방위원장이 예의 점퍼 차림으로 환영인파의 열렬한 환호를 뒤로 하고 성큼성큼 걸어오는 것이 아니겠습니까. 모르긴 해도 아마 김대중 대통령도 김위원장이 비행장까지 마중 나오리라고는 미처 생각지 못했던 것이 아니었을까 싶습니다.

필자는 엄청난 살육전이 벌어졌던 6·25전쟁을 몸소 겪은 세대입니다. 대한민국 대통령이 총검으로 무장한 인민군대 앞을 사열하며 지나가는 모습을 보고 충격적이리만큼 엄청난 격세지감을 느끼기는 했지만, 그때까지도 6·15공동선언 같은 것이 나오리라고는 그다지 기대하지 못했습니다.

그저 "상당한 성과가 있겠구나" 하고 기뻐할 따름이었습니다. 그런데도 다음날 각 분야별 접촉에서 북녘 '민화협' 대표와 만났으나 별 성과를 기대할 수 없는 상황이었습니다. 뒷날 돌이켜 생각해보니, 공동선언이 합의되지 못하면 지엽적인 문제들에서의 진전이 있을 수 없는 것은 당연했습니다.

그날 밤 백화원초대소의 만찬자리에서 남과 북 두 정상이 함께 공동선언 합의를 발표하는 것을 보고서야, 이것이 베트남식 전쟁통일도 아니고 독일식 흡수통일도 아닌 바로 우리식 통일, 즉 협상의 방법에 의한 통일이 시작되는 순간이구나 하고 생각하게 된 것입니다.

1996년에 필자는 옛 동베를린 지역에 있는 유명한 훔볼트대학에 가볼 기회가 있었습니다. 그런데 훔볼트대학은 대부분이 서독학생들로 채워져 있었습니다. 사회주의시대에는 없던 대학등록금이 흡수통일 후 생겨서, 동독 출신 학생들은 이 등록금을 마련하기 어려워 대학을 다니지 못하는 것이었습니다. 그뿐만 아니라 맑스주의를 가르치던 동독 출신 교수들도 대부분 물러나고, 그 자리는 서독 출신 교수들로 채워졌다고 했습니다.

앞에서 말했지만 독일에 사는 한 동포학자에게서 독일의 흡수통일은 '한일합방'과 같다는 말을 들었던 터라, 경우는 좀 다르지만 '한일합방' 후 우리나라 교육기관에서 우리말과 우리 역사를 가르치던 교사들은 설 땅을 잃어갔고 학생들은 교육을 많이 받을수록 일본 국민이 되어갔던 일들이 상기되었습니다.

같은 민족이니까, 한일합방으로 조선사람이 일본사람으로 되어가던 상황과는 물론 다르겠지요. 그러나 흡수통일이 되면, 상당한 기간은 같은 민족사회 안에서도 흡수한 쪽 국민과 흡수당한 쪽 국민 사이의 차별이 계속될 것입니다. 특히 동족상잔의 참화를 겪은 우리의 경우에는, 좀 심하게 표현하면 마치 전승국 국민과 패전국 국민 같은 차이가 생겨날 수도 있겠지요.

거듭 강조하지만, 필자는 우리 민족은 흡수통일을 해서도 안 될 뿐만 아니라 또 흡수통일이 되지도 않는다고 생각했기에, 흡수통일에 반대하는 뜻에서 우리의 통일은 남북 '대등통일'이어야 한다고 말해왔습니다. 그리고 6·15공동선언 합의가 발표되는 현장에서 '대등통일'의 구체적인 방법으로서 '협상통일'을 생각하게 되었던 것입니다.

'협상통일'은 반드시 남과 북이 대등한 처지에서 논의할 때 이루어질 수 있습니다. 따라서 이런 뜻에서 보면 '대등'은 통일의 큰 원칙이요, '협상'은 그것을 실현하기 위한 방법과 과정을 말하는 것이라 할 수 있을 것입니다. '협상통일'은 우리 민족이 기어이 이루어야 할 통일방법이며, 이루기만 하면 베트남의 전쟁통일이나 독일의 흡수통일과 비교되는 우리식 통일방법으로서 세계사에 크게 남을 것입니다.

지금에 와서 돌이켜보면 '협상통일'이란 말은 1948년에 이승만과 한국민주당 중심의 정치세력이 획책하던 남한 단독정부 수립에 반대한 김구·김규식 중심의 정치세력이 남북 통일민족국가 수립을 위해 평양의 남북협상에 참가했던 일이 은연중에 생각나 붙인 이름이라 할 수 있지 않을까 싶습니다.

그렇다면 '협상통일'이란 어떤 것일까요.

첫째, 시일이 많이 걸리는 통일방법입니다. 우리와 같이 분단되었다가 통일된 민족인 베트남과 독일의 경우를 보면, 베트남식 전쟁통일은 사이공 함락으로 바로 이루어졌고, 독일식 흡수통일도 베를린 장벽이 무너짐으로써 곧바로 이루어졌습니다.

그러나 우리가 앞으로 해나가야 할 통일은 협상의 방법으로 이루어져야 하기 때문에, 전쟁통일이나 흡수통일처럼 하루아침에 되는 것이 아닙니다. 우리가 해야 할 '협상통일'은 여태까지 전혀 전례가 없는 새로운 방법이고, 전쟁통일이나 흡수통일과 달리 협상의 방법으로 통일해가야 하기 때문에 당연히 시일이 오래 걸릴 수밖에 없습니다.

그리고 그 과정에서 밀고 당기는 '흥정'도 있을 수 있고 타협도 있어야 하며, 물론 양보도 있어야 합니다. 상호주의만 강조되어서는 어려운 것입니다. 협상이란 본래 그런 것이니까요. 협상이 쉽게 이루어지게 하는 방법은 상대방의 처지를 이해하고 양보하는 데 있습니다.

이를테면 열 개 가진 사람이 다섯 개 가진 사람과 대등한 처지에서 하나가 되기 위해 협상을 하는 경우를 한번 가정해봅시다. 열 개 가진 사람이 다섯 개 가진 사람보고, 내가 하나 낼 때 너도 반드시 하나 내라고 요구하면 그 협상은 성사되기 어렵습니다. 꼭 성사시켜야 할 협상이라면, 열 개 가진 사람이 먼저 두 개를 내면서 상대방은 하나만 내게 할 때 협상은 성사되기 쉽습니다.

둘째, '협상통일'은 반드시 그 앞단계로서 평화공존의 과정을 거쳐야 하며, 그런 후에야 본격적인 통일과정으로 들어가게 될 것입니다.

6·15공동선언 후 남북 장관급회담이 열려 경의선 철도 연결, 임진강 수해방지 대책 수립, 금강산 육로관광길 조성, 개성공단 건설 등이 합의되어 남북 사이에 전에 없던 일들이 일어났습니다. 그러다 보니 이것이 바로 통일로 가는 것이라 생각해서, 너무 서두는 것이 아닌가, 이러다가 혹시 잘못되는 것이 아닌가 하고 불안해하는 사람들도 있는 것이 사실입니다.

하지만 철도가 연결되고 관광길이 열린다 해서 바로 통일이 되는 것은 아닙니다. 철도야 다른 나라하고도 연결할 수 있고 외국과도 관광길을 열게 마련이지요. 이것은 '협상통일'을 이루기 위해서 반드시 필요한, 앞단계로서의 평화정착 과정이라 하겠습니다.

다시 말하면 전쟁통일이나 흡수통일이 아닌 '협상통일'은 반드시 평화가 상당히 자리잡고 난 뒤에야 비로소 본격적인 통일문제, 즉 둘로 쪼개어져 있는 나라를 어떻게 하나로 할 것인가 하는 문제가 논의될 수 있는 것이라 하겠습니다.

분단민족의 하나였던 아라비아반도 끝에 있는 예멘의 경우도, 전쟁통일도 흡수통일도 아닌 '협상통일'이 가능할 뻔했습니다. 그러나 평화가 충분히 정착되기 전에 성급하게 통일문제를 다루다가, 결국 전쟁통일이 되고 말았습니다. 불과 얼마 전에 있었던 일이지요.

예멘이야 전쟁으로라도 통일이 될 수 있는 곳이지만, 우리 땅은 지금도 전쟁으로는 통일이 되기 어렵습니다. 우리 땅의 경우에는 민족통일을 위한 전쟁이라 할지라도, 그것이 민족내전으로 한정되지 않고 곧 국제전쟁으로 확대될 가능성이 지금도 여전히 높기 때문입니다.

엄청난 희생과 파괴가 뒤따르게 마련인 전쟁통일 자체가 바람직하지 않을 뿐만 아니라, 여러 번 강조했듯이 우리 땅의 경우는 전쟁의 방법으로는 통일될 수 없는 곳이라는 사실이 6·25전쟁으로 실증되었고 그래서 평화통일론이 정착된 것입니다.

'협상통일'은 말 그대로 협상을 통해 통일을 해가는 방법이지만, 반드시 평화 정착이 앞서야 성공할 수 있는 통일방법이라 할 수 있습니다.

6·25 동족상잔을 겪은 우리 땅은 지금도 정전협정으로 전쟁이 잠시 중지되어 있는 상태입니다. 철도가 연결되고 관광길이 열리는 정도가 아니라 정전협정이 평화협정으로 바뀌고 남과 북 사이의, 특히 군부 사이의 신뢰가 상당히 쌓여서 남녘도 북녘도 서로 함께 믿고 안심하며 군사력을 감축할 수 있는 정도는 되어야 비로소 협상해서 통일할 수 있는 단계에 이르렀다고 말할 수 있을 것입니다.

얼마 전에 있은 경의선 철도 연결과정에서 전혀 다른 군복을 입은 쌍방의 군인들이 서로 협력하는 모습은 바로 '협상통일'의 가능성을 증명해주는 일이었습니다. 그 광경을 보면서 다시 6·15공동선언 합의 때의 일이 떠올랐습니다.

6·15공동선언의 합의가 발표되던 평양 백화원초대소 만찬장에서 남쪽 참가자들의 한 사람인 고은 시인이 즉석에서 이루어진 쌍방의 합의로 축시를 낭송했습니다. 텔레비전으로 방영되었는지 모르겠지만, 정말 감격적인 장면이었습니다.

남과 북의 참가자들이 조용히 듣고 있는 모습을 보고, 시를 번역해야 할 다른 민족과의 정상회담 후 만찬장이라면 이같은 분위기가 전혀 될 수 없으리라 생각하며 가슴 뿌듯했던 기억이 지금도 생생합니다. 비록 전혀 다른 모양의 군복은 입었을지라도 통역이 필요 없는 우리말로 불편 없이 '다정하게' 진행되는 쌍방 군인의 교섭과정을 텔레비전 화면을 통해 보면서 얼마나 흐뭇했는지 모릅니다.

철도연결이나 공단건설 같은 평화정착의 과정도 '협상통일'의 한 단계라고 볼 수 있습니다. 다시 말하면 협상통일은 두 단계로 이루어진다고 하겠습니다.

첫째 단계는, 둘로 나누어져 있는 국가를 어떻게 하나가 되게 할 것인가 하는 방법을 구체적으로 논의해도 전쟁이 일어날 염려가 전혀 없을 만큼 이 땅에 평화가 정착되는 단계입니다. 둘째 단계는, 반세기가 넘도록 부자연스럽게 쪼개어져 있는 분단국가들을 어떻게 하나가 되게 할 것인가를 구체적으로 논의하는 단계라 할 수 있습니다.

지금은 남과 북 둘로 나뉘어 있는 나라를 어떻게 하나로 할 것인가 하는 문제는 아직 본격적으로 논의되지 않고 있습니다. 다만 철도연결이나 공단건설 등으로 평화를 정착시켜가는 과정입니다.

그러나 평화정착은 '협상통일'로 가는 길에서 반드시 거쳐야 할 하나의 앞단계이기 때문에, 평화정착의 과정 그 자체도 바로 '협상통일'의

과정이라고 할 수 있습니다. 6·15공동선언은 두 개로 되어 있는 나라를 어떻게 하나가 되게 할 것인가 하는 방법을 구체적으로 명시하지 않았다 해도 그것이 철도연결 등 평화정착을 실현해가는 계기를 이루었기 때문에, 6·15공동선언으로 '협상통일'은 이미 시작되었다고 할 수도 있습니다.

## 3. 그렇다면 6·15공동선언을 어떻게 봐야 할까요

6·15공동선언이 남북관계를 크게 바꾸어놓은 것은 사실이지만, 통일 그 자체를 위한 선언이기에 앞서, 통일의 앞단계인 평화정착을 위한 선언이라고 볼 수 있습니다. 이 점은 공동선언의 내용을 좀더 상세히 분석해보면 알 수 있습니다. 두루 알고 있겠지만 6·15공동선언은 모두 5개 조항으로 되어 있습니다.

첫째 조항에서는 "남과 북은 나라의 통일문제를 그 주인인 우리 민족끼리 서로 힘을 합쳐 자주적으로 해결해나가기로 하였다"고 했습니다. 즉 자주와 협력에 의해 통일하기로 선언한 대목인데, 자주통일은 앞에서 본 것처럼 이미 1972년에 합의된 7·4공동성명에서 나온 말입니다. 전혀 새로운 용어가 아니라 할 수 있지요.

둘째 조항에서는 "남과 북은 나라의 통일을 위한 남측의 연합제와 북측의 낮은 단계의 연방제안이 서로 공통성이 있다고 인정하고 앞으로 이 방향에서 통일을 지향시켜나가기로 하였다"고 했습니다. 이 조항 역시 통일문제를 다룬 것인데, 남녘 사회의 일각에서 다소 말썽이 일었던 부분입니다. 북녘의 연방제를 인정한 조항이라 하여 폐지해야 한다는 말까지 나왔지요.

앞에서도 지적했지만, 1980년대부터 남녘이 제시한 연합제 통일안과 북녘에서 제시한 연방제 통일안이 대립해 서로 접합지점을 찾지 못한 채 평행선을 달리고 있었습니다. 마치 남북 사이의 통일방안 제시 경쟁의 소산물인 것처럼 말입니다.

남녘에서는 북녘의 연방제를 "사회주의세력의 전통적 투쟁방법 중의 하나인 통일전선전술에 의한 적화통일론"으로 간주했고, 북녘에서는 일단 두 개의 국가를 그냥 두자는 남녘의 연합제를 "통일을 하지 않으려는 방안"으로 받아들인 것이지요.

이렇게 연합제와 연방제가 대립하는 상태로 1980년대가 그냥 지나가는가 했는데, 노태우 정권의 '7·7선언' 등이 발표된 후 통일운동가 문익환 목사는 서로 대립하기만 했던 연방제와 연합제의 방향을 조금씩 바꾸어 통일문제를 적극적으로 풀어갈 때가 왔다고 생각했던 것 같습니다.

문목사는 1989년에 정부의 허가 없이 평양에 가서, 군사권과 외교권을 당장 하나로 하는 '빡빡한' 연방제를 바로 실시하기는 어려우니 어떤 중간단계를 두자고 제의했습니다. 그리하여 우선 '느슨한' 연방제로 가자는 데 합의하는 성과를 거두고 돌아왔지만, 그는 오자마자 국가보안법으로 다스려져 감옥에 갇히고 말았습니다. 남녘에서는 '빡빡'하건 '느슨'하건 연방제 통일안은 적화통일안이라 하여 국가보안법으로 다스리게 되어 있으니까요.

'문익환식 통일방안'이 연합제와 '느슨한' 연방제를 접목시키려 한 것이었다면, 6·15공동선언의 둘째 조항은 연합제와 '낮은 단계'의 연방제를 접목시킨 것이라 할 수 있습니다.

지금 이 땅은 휴전선을 경계로 하여 남과 북 합쳐 100만 명을 훨씬 웃도는 군사력이 대치하고 있으며, 반세기를 넘어선 분단시대 내내 남과 북은 외교마당에서 대립하고 반목하기만 해왔습니다. 이와 같은 상황에서 당장 남과 북의 2정부 위에 군사권과 외교권을 가지는 1국가를 두기는 사실 어려운 일입니다.

6·15공동선언에 담긴 본뜻은 상당한 기간 현재의 2국가 2체제 2정부 체제를 그대로 유지하되, 국제외교 마당에서 지금까지처럼 남북이 대립하지 말고 남북 장관급회담 등을 통해 협력함으로써 '낮은 단계'의 외교권을 단일화하는 방향으로 나아가는 데 합의해가자는 것이라 할 수 있습니다. 그렇게 되면 외교부문에서는 남녘에서 말하는 연합제와 북녘에서 말하는 '낮은 단계'의 연방제가 앞으로 합치될 수 있다는 말이겠습니다.

한편 군사적으로는 남북 군사당국이 각각의 부대를 이동할 필요가 있을 때는 미리 상대방에 통고하고, 또 군사훈련을 할 때도 미리 알릴뿐만 아니라 상대방의 군사지도부가 와서 참관하게 하여 부대이동이나 훈련이 모두 공격용이 아니라는 것을 상대방에 알림으로 해서, '낮은 단계'의 군사권 통일을 이루어가자는 안이라 할 수 있습니다. 이 경우도 남북 장관급회담 등을 통해서 합의를 해가자는 것이지요.

한마디로 군사권과 외교권을 가지는 하나의 국가기구를 당장 따로 두자는 것이 아니라, 현재의 남과 북 두 개의 국가를 그대로 두고 다만 군사·외교적으로만 협력을 하자는 것입니다. 이를 굳이 따진다면, 북녘이 제시한 통일방안인 연방제보다 남녘의 연합제가 더 강하게 적용된 방안이라 할 수 있겠지요.

남녘 사회의 일각에서 문제가 된 것은 6·15공동선언의 둘째 조항에 대한 이해가 부족했기 때문이 아닌가 하고 생각합니다. 그렇지 않다면 남북 사이의 군사적 화해나 외교적 협력 자체를 아예 거부하는 것이 되겠는데, 이렇게 되면 전쟁통일론자나 흡수통일론자가 될 수밖에 없겠지요.

6·15공동선언이 발표된 후 남과 북의 외무장관들이 실제로 외교마당에서 서로 협력할 것이라고 말한 사실을 여러분도 기억하실 것입니다. 그리고 제1차 남북정상회담 후 남북 장관급회담이 여러 번 열렸고, 특히 국방장관회담이 열려서, 이 글을 쓰고 있는 이 순간에는 양쪽의 군대 병력이 동원되어 철도와 도로가 연결되어가고 있습니다.

아마 이 책이 세상에 나와서 독자들에게 읽힐 무렵쯤 되면, 휴전선을 넘나들 기차가 시운전되거나, 육로를 통해서 금강산을 보러 갈 수 있지 않을까 합니다. 게다가 여기서 협상이 더 진전되면 쌍방의 부대이동을 사전에 통고하고 또 서로의 군사훈련을 참관하는 일도 가능해질 것입니다. 이렇게만 되면 '낮은 단계'의 군사권 통일이 진전되는 것이라 할 수 있겠지요.

물론 6·15공동선언의 둘째 조항이 이와 같이 남녘의 연합제와 북녘의 '낮은 단계' 연방제에 공통점이 있음을 인정했다 해도 그것이 바로 통일안이 되는 것은 아닙니다. 아무리 단계를 낮춘다 해도 연방제와 연합제는 다르기 때문입니다. 남녘의 연합제와 북녘의 연방제안이 지닌 차이점을 어떻게 합치시켜 평화통일을 이루어갈 것인가 하는 문제는 다음에서 다시 생각해보기로 하지요.

6·15공동선언의 셋째 조항은 이산가족 면회 문제를, 넷째 조항은 경제·문화 등 각 부문의 협력 문제를, 그리고 다섯째 조항은 장관급회담 등 남북 당국 사이의 접촉 문제를 이야기하고 있습니다. 다시 말하면 이 세 가지 조항은 모두 통일문제를 직접적으로 다루고 있다기보다 평화정착의 문제를 다루는 조항이라 할 수 있겠지요.

이제 역사적인 6·15공동선언의 전체 성격을 다시 정리해보면, 다음과 같이 말할 수 있지 않을까 싶습니다.

6·15공동선언의 첫째 조항과 둘째 조항은 통일문제를 다루고 있습니

다. 그렇지만 첫째 조항은 7·4공동성명에도 나오는 자주적 통일을 다시 확인한 것이라 할 수 있으며, 둘째 조항 역시 지금의 2국가 2체제 2정부와 같은 분단체제를 극복하고 통일국가 체제로 가기 위해 구체적으로 당장 무엇을 어떻게 하자고 말하고 있는 것은 아닙니다.

지금까지는 남녘이 제시한 연합제안과 북녘이 제시한 연방제안이 상호 일치점을 찾지 못하고 대립해오기만 했습니다. 따라서 6·15공동선언은 군사권과 외교권을 당장 하나로 하는 '높은 단계'의 연방제는 현실적으로 시행하기 어려우므로, 연방제의 단계를 낮추어서 연합제와의 대립을 피하고 차차 두 통일방안의 접합점을 찾아가자는 데 합의한 것이라 하겠습니다. 그리고 나머지는 모두 평화정착을 위한 조항들입니다.

이렇게 보면 6·15공동선언은 '즉각적인 통일을 위한 선언'이라기보다, 우선 '평화정착을 위한 선언'이라 할 수 있겠지요. 앞에서 우리식의 '협상통일'은 반드시 평화정착의 과정이 앞서 이루어져야 한다고 말했는데, 6·15공동선언은 '협상통일'의 첫 단계인 평화정착 과정의 출발점이라 할 수 있겠습니다. 6·15공동선언 이후 남북문제와 통일문제가 너무 급진전하는 것이 아닌가 하고 불안해하는 사람들도 없지 않은데, 그럴 이유가 없다는 것을 다시 한번 강조해둡니다.

# 연합제와 연방제가 합치될 수 있을까요

## 1. 연합제와 연방제를 어떻게 하나로 해갈 수 있을까요

1972년에 7·4공동성명을 발표함으로써 남과 북의 정부는 분단 이후 처음으로 평화통일을 하자는 데 합의했으나, 그 구체적인 방법은 제시하지 않았습니다. 그후 80년대로 넘어오면서 남녘의 연합제안과 북녘의 연방제안이 서로 대립하다가, 마침내 6·15공동선언을 통해 연합제와 '낮은 단계'의 연방제 사이에 공통점이 있다고 합의하는 데까지 나아갔습니다. 평행선으로만 치닫던 연합제와 연방제가 언젠가는 만날 수 있게 각각 약간의 궤도수정을 했다고 할 수 있겠지요.

연합제와 연방제는 당장 1국가가 되게 하느냐 남과 북 2국가로서 국가연합을 하느냐 하는 점에는 차이가 있어도, 그 밑에 현재의 2체제 2정부를 상당 기간 유지한다는 점에서는 일치한다고 앞에서도 지적했습니다. 그렇다 해도 연합제와 연방제 사이에는 큰 차이점이 있습니다. 남녘의 연합제 통일방안에서는 궁극적으로 남과 북이 1국가 1체제 1정부가 되어야 통일이 되는 것으로 보고 그 중간단계를 인정하지 않는 데 반해,

북녘의 연방제는 1국가 2체제 2정부를 일단은 통일의 완성단계로 보는 점이 다르다고 하겠습니다.

남녘의 연합제 통일안은 지금의 남과 북 두 개 국가가 일단 연합했다가, 즉 국가연합의 단계를 거쳐서 궁극적으로는 1국가 1체제 1정부로 통일하자는 방안입니다. 이럴 경우 하나로 되는 체제는 물론 자본주의 체제를 말하는 것이겠지요.

남녘 역시 전쟁통일은 말할 것 없고 흡수통일도 하지 않는다 하지만 연합제 통일안, 다시 말해 2국가 2체제 2정부에서 곧바로 1국가 1체제 1정부로 가는 통일안은, 적어도 현재까지의 세계사적 경험에서는 사실상 전쟁통일이나 흡수통일 방법밖에 없다고 할 수 있습니다.

이에 반해 북녘의 1국가 2체제 2정부 통일안은 지금의 남과 북 두 정부 위에 국호와 국가(國歌)와 국기를 하나로 하여 군사권과 외교권을 통일해서 행사하는 한 국가를 두고, 남과 북 두 정부는 각각 자본주의 체제와 사회주의 체제를 유지하는 내치권(內治權)만 가지게 하자는 안이라 할 수 있습니다. 이런 통일을 하려면, 다시 말해 1국가 2체제 2정부를 통일이라고 본다면, 이는 1국가 1체제 1정부 통일보다는 현실적으로 훨씬 빨리 할 수 있을 것입니다.

6·15공동선언의 둘째 조항은 남녘의 연합제 통일안과 북녘의 '낮은 단계' 연방제 통일안 모두 다 당분간은 외교권을 하나로 하지 말고, 남과 북 두 정부가 각각 가지고 있되 다만 외교마당에서 서로 협력하자는 것이라 할 수 있습니다. 그리고 군사권도 당장 하나로 하는 것이 아니라 상대방의 군사훈련을 참관하거나 부대이동을 사전 통고하는 식으로 협력하자는 것이라 하겠습니다.

이렇게 하고도 하나의 국가를 만들고자 하는 경우, 그것은 국호와 국기와 국가를 하나로 한 국가이며, 또 하려고만 하면 유엔의석도 하나로 할 수 있겠지요. 그리고 상당한 기간 체제와 정부는 두 개로 유지하는 국가가 되겠지요. 사실 본격적 통일과정에 앞서서 평화정착의 과정이 충분히 진전되면, 이러한 과정도 설정될 수 있겠습니다.

세계의 역사에서, 사회주의 '종주국' 소련이 무너지고 국가사회주의 체제가 위기를 맞고 있는 것이 현실의 상황입니다. 아무리 그렇다 해도 부득이한 상황도 아닐진대 자신의 체제를 무너뜨리고 상대방에 흡수되는 통일에 자발적으로 응하는 정권이야 있을 수 없지 않겠습니까. 그런데도 통일을 해야 이 땅에 평화가 자리를 잡고 전쟁 없이 살 수 있다면, 결국 1국가 2체제 2정부 통일을 할 수밖에 없다는 결론이 나올 수도 있겠습니다.

처지를 바꾸어서 생각해보면, 북녘의 1국가 2체제 2정부 통일안은 사회주의 체제를 유지하면서 통일하려는 방안이라 할 수도 있을 것입니다. 지금 관심의 초점이 되어 있는 '북핵' 문제도 결국 체제유지의 방책과 연결되어 있다고 할 수 있겠지요. 그리고 이 글을 쓰고 있는 이 순간, 미국을 비롯한 일본 등 자본주의 국가들은 '북핵' 문제를 해결하는 방법으로서 북녘의 체제를 인정하는 쪽으로 가는 것 같습니다.

그런데 현실적으로 남녘의 사직당국은 지금도 1국가 2체제 2정부 통일안, 다시 말해 연방제안을 사회주의 체제를 유지하기 위한 통일안이라 보기보다는 남녘을 적화하기 위한 통일안이라 보고, 남녘 사람이 그것에 동조할 경우 국가보안법으로 다스리고 있는 실정입니다.

1국가 1체제 1정부 통일, 그것도 남녘의 자본주의체제에 의한 통일을 지향하게 되면, 1국가 2체제 2정부 통일안은 여러가지 방법으로 부인될 수 있습니다. 그런데 적어도 지금까지는 1국가 1체제 1정부로 통일하는 방법은 베트남식의 전쟁통일이나 독일식의 흡수통일밖에 없었음을 다시금 강조해두고자 합니다.

하지만 지금은 남과 북의 당국자들 모두가 전쟁통일은 말할 것 없고 흡수통일도 하지 않겠다고 공공연히 밝히고 있습니다. 7·4공동성명, 남북 사이의 화해와 불가침 및 교류·협력에 관한 합의서, 6·15공동선언 등이 모두 그 증거입니다. 그런데도 베트남식도 아니고 독일식도 아닌, 우리식 통일은 어떤 것이 되어야 하는가를 구체적으로 언급했다고 할 만한 연구는 아직 되어 있지 않다고 할 수 있습니다.

국가보안법이라는 실정법이 있는 한, 지금 북녘에서 지향하는 연방제 통일안이 남녘에 대한 적화통일 방안인가, 이 글을 쓰고 있는 이 시점 미국의 부시 정권까지도 보장할 조짐을 보이고 있는 북녘의 사회주의체제 유지를 위한 통일방안인가 하는 문제에 관해서는 어떤 판단을 내리기보다 독자들의 판단에 맡기는 것이 좋을 듯합니다. 행여 이런 필자의 생각이 책임회피가 될까요. 그렇다면 용서하십시오.

북녘 사정에 밝은 미국의 저명한 신문기자 출신 셀리그 해리슨은 2002년에 낸 『코리안 엔드게임』이란 저서에서 "연방제는 거창한 아이디어처럼 들린다. 그러나 연방제란 단순한 것이다. 남북이 서로 외교적으로 승인함으로써 발생하는 법률적 분단을 피하면서 한반도에 사실상 존재하는 분단을 공식화하는 것이다. 실제로 상호 합의 없이는 아무것도 변하지 않는다. 그러나 심리적 관점에서 볼 때 연방의 수립은 남북 양쪽에 상징적으로 엄청난 중요한 의미를 갖는다. 북한으로서는 남한으로 하여금 서로 다른 체제의 공존을 공약하게 함으로써 흡수통일에 대한 두려움을 줄일 수 있다. 남한으로서는 궁극적인 통일의 꿈을 살려놓을 뿐만 아니라 적합한 경제체제로 진화할 때까지 공식적인 통합을 연기할 명분을 제공하게 된다"고 했습니다. 남녘의 사직당국이 생각하는 연방제와는 대단히 다름을 알 수 있습니다.

이야기를 잠깐 돌려서, 경험담 한 가지를 들려드리겠습니다. 2000년

11월에 두번째 평양에 갔을 때의 일입니다. 북녘의 어떤 높은 사람을 만난 자리에서, 순전히 개인적인 생각임을 전제로 하고 비무장지대에 남과 북 두 정부가 건축비를 공동으로 부담해서 통일문제연구소를 지어 남북과 해외동포의 전문가들이 모여 통일문제를 함께 깊이있게 연구하게 했으면 좋겠다는 의견을 밝힌 적이 있습니다.

그는 필자의 말이 떨어지자마자 "통일을 그렇게 멀리 잡습니까" 하며 '의아해'하는 표정을 지었습니다. 구태여 통일문제연구소 같은 것을 지어 새삼스럽게 연구하지 않아도 1국가 2체제 2정부 통일은 하려고만 하면 쉽게 할 수 있다는 뜻이겠지요. 이런 생각은 북녘의 높은 사람들만 하고 있지 않다는 것을 또다른 경우에서도 실감할 수 있었습니다.

그후 어느 대학의 주최로 20~30명의 교수들과 함께 학술회의를 하러 금강산에 갔을 때의 일입니다. 젊은 교수들이 북녘의 젊은 환경관리인들을 보고 필자가 6·15공동선언 때 평양에 갔고 김정일 국방위원장과 악수한 사람이라고 했더니 몇 사람이 몰려와서 손을 잡으면서 "우리 장군님 건강하시지요? 인상이 어떻습디까" 하고 간절히 묻더군요. "이럴 줄 알았으면 손을 씻지 말걸" 했더니 남북의 젊은이들이 모두 유쾌하게 웃었습니다.

어찌해서 정상회담에 참가하게 되었는가 하고 묻는 북녘의 젊은이에게 남녘의 한 교수가 필자에 대해 통일문제 전문가 운운하여, 당장 통일문제가 화제가 되었습니다. 북녘의 환경관리인은 통일하려고만 하면 당장이라도 할 수 있는데 남녘은 왜 하지 않으려고 하는지 모르겠다는 식으로 말했습니다. 연방제안을 두고 하는 말이구나 생각하고, 지금 상황에서 군사권과 외교권을 어떻게 당장 하나로 할 수 있겠느냐고 했더니 "그래서 낮은 단계로 하자는 것 아닙니까" 하고 대답하더군요.

환경관리인 한두 사람의 말을 근거로 해서 이야기하기는 좀 무엇하지만, 남녘 정계에서 한때 말이 좀 있었던 6·15공동선언 제2조항을 두고 북녘의 입장을 다시 한번 생각해보기로 합시다.

공동선언에서의 '낮은 단계' 합의는 지금은 남과 북 두 정부가 각각 군사권과 외교권과 내치권을 모두 그대로 가지되 군사·외교적으로 서로 대립하지 말고 협력해가자는 단계라고 할 수 있습니다. 그래서 금강산의 북녘 환경관리원은 연방제가 '낮은 단계'로 된 것을 강조하면서 당장이라도 통일을 할 수 있다는 식으로 말했지만, 북녘의 일반사람들은 6·15공동선언의 제2조항이 연방제보다 오히려 연합제에 더 가깝다고 불평할지 모른다는 생각 또한 드는 게 사실입니다.

앞으로 제2차 남북정상회담과 후속 장관급회담이 더 열려서 외교·군사적 협력과 신뢰를 더 쌓아간다면, 남과 북 두 정부 위에 하나의 공동기구를 두는 데까지 합의해나갈 수 있을 것입니다. 강정구 교수의 책에서 읽은 것으로 기억됩니다만, 우선 무난한 분야라고 생각되는 체육이나 관광 분야를 남북이 공동으로 관할할 수 있는 어떤 기구를 둘 수 있지 않을까 합니다.

체육분야는 이미 단일팀을 만들어본 경험도 있고 올림픽과 아시안게임을 통해 공동입장, 공동응원을 성사시킨 일도 있습니다. 앞으로 계속 단일팀으로 국제경기에 나가는 것이 바람직하며, 그러기 위해서는 남과 북 두 정부 위에 이 일을 담당하는 공동기구를 둘 필요가 있을 것입니다.

관광분야도 예를 들면 설악산과 금강산을 연결해서 외국인 관광객을 적극적으로 유치하기 위해서는 공동기구를 두는 것이 필요할 것입니다. 또 남북 당국이 함께 이 공동기구를 통해서 관광자원도 개발할 수 있겠지요.

군사권과 외교권은 당장 하나로 하기보다 '낮은 단계'로 협력하고, 우선 남과 북 두 정부의 체육·관광부를 하나로 합쳤다가, 차차 합의가 되면 국호와 국기와 국가를 하나로 하는, 그리고 유엔가입을 하나로 하는 단계로 순차적으로 나아갈 수도 있을 것입니다.

우리식 '협상통일'은 이렇게 차근차근 가능한 부분부터 해나가는 것이 합당한 방법인 동시에, 베트남식이나 독일식과 다른 우리 나름의 특징을 가진다고 할 수 있을 것입니다.

관광사업 이야기가 나왔으니, 개성에서 고려 태조 왕건의 능을 참관했을 때 이야기를 하나 하지요. 새로 잘 수축해놓은 능의 겉모습만 보고 나오려는데, 북녘의 안내자가 능의 내부를 보겠느냐고 묻더군요. 그러자고 했더니 입장료 20달러를 내라는 것이었습니다.

너무 비싸다 싶었지만 능 안에 그만한 볼거리가 있겠지 생각하고 20달러를 주고 들어가봤습니다. 그러나 능 안에는 석관을 놓았던 자리 외에는 아무것도 없었습니다. 능에서 나와 안내자에게 어떻게 해서 입장료를 20달러로 정했는지 물었더니, 그 사람의 대답인즉슨 "그러면 얼마나 받으면 적당하겠습니까" 하는 게 아니겠습니까.

아마 능 내부를 들어가는 요금은 우리 일행에게서 처음 받아본 것이 아닐까, 20달러라는 요금도 즉석에서 정한 것이 아닐까 여겨질 정도였습니다. 물론 실제로 그 정도는 아니겠지만, 아무튼 아직까지 북녘은 관광산업에 대한 지식이나 준비가 매우 취약한 게 아닌가 하는 생각은 들었습니다.

이제 겨우 금강산이 열리고 남녘 관광객들이 가면서 경제적으로 다소 도움이 되겠지만, 동해안 쪽만 해도 금강산에서 조금만 더 올라가면 원산 송도원, 함흥 본궁, 삼방 약수터, 주을 온천, 칠보산 등등 관광자원이 많다고 합니다. 필자도 얘기로만 듣고 알고 있을 뿐, 아직 가보지는 못했습니다. 어느 북녘 사람에게서 들은 것으로 기억하는데, 최근 칠보

산 가는 길을 잘 닦았다고 하더군요. 가보고 싶은 마음 간절합니다.

## 2. 21세기 통일방안도 연합제나 연방제여야 할까요

여러 차례 거듭 말했지만, 다시 한번 상기합시다. 제2차 세계대전 후 분단되었던 민족 가운데 베트남은 전쟁통일을 했고 독일은 흡수통일을 했습니다. 전쟁통일은 전쟁에 이긴 쪽의 체제로, 흡수통일은 흡수한 쪽의 체제로 통일되었습니다.

그런데 우리 땅은 전쟁통일도 되지 않았고 흡수통일도 안 되었습니다. 그리고 6·15공동선언을 통해 필자 나름대로 이름지은 '협상통일'이 시도되고 있다고 말씀드렸습니다. 베트남식 전쟁통일과 독일식 흡수통일이 모두 20세기 안에 이루어진, 말하자면 20세기식 통일이었다면, 우리 민족의 통일은 어차피 21세기에 이루어질 수밖에 없게 되었습니다.

역사의 시대구분이라는 것이 칼로 베듯이 되는 것은 아니지만, 길게 보면 어떤 식으로든 21세기는 20세기와는 다른 세기가 될 것입니다. 모든 면에서 더 나아진 세기가 되어야 하겠지요. 통일방법 역시 얼마든지 다를 수 있을 것입니다.

21세기는 20세기와 같은 제국주의전쟁시대나 동서냉전시대가 아닌 더 평화로운 세기, 문화주의가 더 존중되는 세기, 국민국가 혹은 민족국가들 사이의 대립이 해소되고 지역협력주의가 강화되는 세기가 되어야 할 것입니다. 그리하여 더 사람답게 사는 세기가 되도록 해야 하겠습니다.

20세기 전반기에는 전세계를 휩쓴 제국주의 전쟁이 두 차례나 일어났고, 우리 민족도 제국주의의 침략으로 강제로 다른 민족의 지배를 받았습니다. 그리고 20세기 후반기는 세계사가 동서 냉전시대로 되었고, 그 때문에 우리 국토와 민족사회는 남과 북으로 두 동강이 났습니다. 세계사적으로나 민족사적으로도 20세기는 불행한 세기였다고 할 수 있겠지만, 21세기에는 이와 같은 불행이 결코 되풀이되어서는 안 되겠지요. 어제보다 오늘이, 오늘보다 내일이 더 나아지게 하려는 개인들이나 민족사회나 인류사회 전체의 의지가 역사를 발전시켜나가는 원동력이라 할 수 있으니까요.

다행히 20세기를 넘기면서 제국주의의 상징인 식민지가 모두 없어졌고, 냉전체제도 무너져가고 있습니다. 20세기 전반기까지도 '식민지 대륙'으로 일컬어졌던 아프리카가 이제는 당당한 '독립국 대륙'이 되었습니다. 이렇듯 세계사는 달라져가게 마련입니다.

유일하게 남은 분단민족인 우리의 통일은 21세기에도 베트남이나 독일이 한 20세기식 통일, 즉 전쟁이나 흡수에 의한 1국가 1체제 1정부 통일만이 가능하고 다른 방법은 있을 수 없는지, 아니면 다른 방법이 있는지 생각해보지 않을 수 없습니다.

20세기 마지막 해인 2000년에 이루어진 6·15공동선언을 20세기에 이루어졌던 베트남식도 독일식도 아닌 21세기의 우리식 '협상통일'의 시작으로 보고 싶다고 앞에서 말했습니다.

남녘에서는 1국가 1체제 1정부 통일을 지향하고, 북녘에서는 1국가 2체제 2정부 통일을 지향하고 있는 상황에서, 전쟁이나 흡수가 아닌 협상의 방법으로 통일하고자 할 때는 그 통일의 방법과 과정을 몇 가지 상정해볼 수 있을 것으로 여겨집니다.

우리의 생각을 20세기식에 한정한다 해도, 우선 북녘에서 지향하고 있는 것처럼 1국가 2체제 2정부를 통일의 완성단계로 볼 수도 있고, 1국가 1체제 1정부라야 통일이라고 할 수도 있습니다.

그러나 후자의 경우 전쟁통일이나 흡수통일이 아닌 이상 바로 1국가 1체제 1정부로 통일하기는 현실적으로 어렵습니다. 따라서 남녘에서 말하는 완전통일로 가는 중간단계로서 일단 1국가 2체제 2정부로 되었다가 충분한 시간을 두고 1국가 1체제 1정부로 가는 통일이 될 수도 있을 것입니다.

　　하지만 이와 같은 통일과정에서 지금의 우리가 한 가지 명심해야 할 일이 있습니다. '협상통일'의 경우 반드시 그 앞단계로서 평화정착의 과정이 필요하다고 앞에서 말했습니다. 따라서 평화가 상당히 정착되고 난 후, 통일을 1국가 1체제 1정부로 할 것인가 아니면 1국가 2체제 2정부로 할 것인가를 논의해도 늦지 않다는 생각입니다.

　　중요한 것은 1국가 1체제 1정부로 통일할 것인가 아니면 1국가 2체제 2정부로 통일할 것인가 하는 문제에 걸려서, 철도를 연결하고 육로 관광길을 열며 남북이 함께 공단을 만들고 휴전협정을 평화협정으로 바꾸어 쌍방의 군사력을 감축하는 등과 같은 평화정착 사업마저 지체되어서는 안 된다는 것입니다.

　　현재 두 개로 되어 있는 나라를 어떻게 하나가 되게 통일할 것인가 하는 문제를 두고, 현실적으로 남과 북의 의견이 서로 맞지 않는다 하여 평화정착 사업을 추진하지 못한다거나 지연시키는 것은 민족사회의 장래를 위해 대단히 어리석은 일이라 하지 않을 수 없습니다.

　　지난 20세기 세계사는 분명 자본주의체제와 사회주의체제가 대립하고 항쟁한 시대였습니다. 그러나 20세기가 끝나갈 무렵에 국가사회주의의 '종주국' 소련이 해체되었고 사회주의권 대부분이 무너졌거나 크게 변질하고 있습니다. 그래서 어떤 사람은 21세기는 사회주의체제가 완전히 사라져버리고, 자본주의체제가 어떤 도전도 받지 않고 독주하는 시대가 될 것이라고 말하기도 합니다.

현실에서도 국가사회주의체제가 약화됨에 따라, 사회주의의 도전도 점차 없어져 자본주의체제는 독선적이 되면서 이른바 신자유주의로 되어가고 있습니다. 미국의 저명한 사회학자 이매뉴얼 월러스틴 같은 사람은, 오로지 시장원리만 강조하면서 사회복지문제나 노동·고용문제에는 조금도 양보하지 않으려 하고 날로 횡포해지기만 하는 그런 자본주의체제는 결코 21세기 전반기를 넘기지 못한다고 진단하기도 했습니다.

역사적으로 볼 때 하나의 체제가 영원히 간다는 것은 물론 있을 수 없는 일이거니와, 현대사회에서는 어느 하나의 체제가 단독으로 한두 세기를 지배하기도 어려워졌습니다. 20세기를 넘어가는 과정에서 나타난 세기말적 혼돈현상이 극복되고, 21세기 세계체제가 자리잡기까지는 상당한 시간이 필요할 것입니다.

그런 세계사적 조건 아래서 통일문제를 다루면서 통일 후의 체제를 자본주의체제로 할 것인지 사회주의체제로 할 것인지 걱정하는 것은 분명 20세기적인 역사인식, 다시 말해 자본주의와 사회주의가 대립·항쟁하던 시대의 역사인식에 한정된 결과라 하지 않을 수 없습니다. 이미 21세기에 들어섰는데도 말입니다.

21세기를 지배할 세계체제가 어떻게 형성될지 아직 아무도 속단할 수 없습니다. 그러나 한 가지 분명히 말할 수 있는 것은, 역사발전을 믿지 않는다면 할 수 없지만, 믿는다면, 21세기 세계체제가 어떻게 형성되건 그것은 20세기보다는 정치·경제·사회·문화 면에서 민주주의가 질적으로 더 발달한 체제가 될 것이라는 사실입니다.

민주주의에 대한 이해에 더러 혼동이 있는 것 같아서 조금 더 덧붙여 설명할까 합니다. 국가사회주의체제의 해체를 두고 어느 학자가 말하는 역사의 종언은 헤겔 시대, 즉 19세기 자본주의시대의 수준에 한정된 민주주의체제를 곧 역사의 종점 혹은 이상향으로 본 것이라 할 수 있습니다.

정치·경제·사회·문화 면에서 19세기는 말할 것 없고 20세기적 자본
주의체제의 수준을 넘어선 민주주의까지 말하는 것은 아니라 할 수 있
겠습니다. 19세기 민주주의와 20세기 민주주의가 양적으로뿐 아니라
질적으로 달랐던 것과 마찬가지로, 20세기 민주주의와 21세기 민주주
의 역시 질적으로 다를 것임은 말할 나위가 없습니다.

21세기 세계체제가 어떻게 형성될지 아직 불분명한 상황에서 20세기
적 역사인식에 한정되어, 21세기의 과제인 통일 후 체제를 자본주의체
제로 할 것인가 사회주의체제로 할 것인가 하는 문제에 걸려서 '협상통
일'의 필수 전제조건인 평화정착사업조차 제대로 할 수 없다면, 그것은
분명 어리석은 일이 아닐 수 없습니다.

다시 한번 강조하지만, 자본주의체제와 사회주의체제가 대립했던 20
세기적 역사인식에 얽매여 21세기에 추진될 '협상통일'의 앞단계인 평
화정착의 과정을 추진하지 못해서는 안 된다는 말입니다. 그리고 통일
방안으로서 연합제나 연방제도 20세기적 상황에서 고안된 방안입니다.
21세기에 이루어질 수밖에 없게 된 우리의 통일에는 비평화적인 전쟁
통일이나 흡수통일이 아닌 이상, 여러가지 방안들이 고안될 수 있을 것
입니다.

필자가 이 글을 쓰고 있는 2003년 현재, 우리의 일반적인 사고수준은
아직 20세기적 수준에 머물러 있다 해도 그다지 틀린 말이 아닐 것입니
다. 따라서 우리 민족의 통일방안도 20세기적 사고수준 및 역사적 조건
에 한정되어 고안된 연합제와 연방제에만 국한될 이유가 없을 것입니다.

그런데 지금의 남녘에서는 북녘이 제시한 연방제 통일안을 몇십 년
동안 계속 통일전선 전술에 의한 적화통일 방안이라고 규정해놓고 자
유롭게 논의하지도 못하게 하고 있습니다. 이러고서야 어떻게 20세기

적 통일방안으로 제시된 연합제와 연방제를 넘어선 21세기적 통일방안이 고안될 수 있겠습니까. 이미 지나가버린 20세기적 상황에 얽매이지 않고 21세기적 상황에 걸맞은 통일안이 나올 수 있는 환경이 하루빨리 조성되어야 할 것입니다.

적화통일 문제가 나왔으니 필자가 직접 겪은 이야기를 하나 하지요. 6·15공동선언이 발표된 평양의 제1차 남북정상회담 때의 일입니다. 6월 15일 남과 북의 참가자들이 함께 자리를 한 마지막 오찬장에서 있었던 일입니다. 텔레비전에서 봤겠지만 그 자리에 북측에서는 김정일 국방위원장이 사복을 입은 조명국 차수를 비롯한 국방위원들과 함께 참석했습니다.

그런 자리는 대개 한 식탁에 양쪽의 참가자들이 섞여서 앉게 배치하지요. 필자의 바로 옆자리에 사복을 입은 70세가 넘어 보이는, 실례되는 표현이지만 마치 '촌노인'같이 순박해 보이는 북녘 사람이 앉아서 오랜만에 만난 옛 친구를 대하듯 친절하고 자상하게 음식 하나하나를 설명해주면서 권했습니다.

남측 참가자 앞에는 직책과 이름이 쓰여진 명패가 놓였으나 북측 참가자에게는 그런 것이 없었습니다. 그래서 그 친절한 노인에게 이름과 직책을 물어봤습니다. 그는 현역 육군대장이었고, 이름도 필자가 누군가에게서 들었거나 책에서 읽어서 아는 사람이었습니다. 일제시대의 빨치산 투쟁에 소년병으로 참가한 사람이 아닌가 기억되는데, 이름을 밝히면 대북관계나 통일문제를 다루는 사람이라면 대개 알 만한 인물입니다.

그 북측 육군대장 반대편의 필자 옆자리에는 6·25전쟁이 나던 해에 태어났다는, 그러니까 이제 막 50대에 접어든 남측 참가자가 앉아 있었습니다. 직책은 밝히지 않겠지만, 남녘 참가자 중에서는 비교적 젊은 축에 드는 사람이었습니다. 이 '촌노인'같이 순박하고 친절한 노인이 '북괴군'이라 배운 북녘 군대의 현역 육군대장이라는 말을 듣고 남녘의 그 50대 참가자는 크게 놀랐던 것 같습니다.

마지막 회식이라 오찬인데도 술이 나왔고 예의 '건배' 때문에 서로 약간 주기가 있었습니다. 남측의 그 50대 참가자가 북측의 노인 육군대장을 보고 "질문이 있습니다" 하더니 진지한 표정으로 "정말 적화통일을 포기했습니까" 묻는 것이 아니겠습니까.

두 사람을 양옆에 두고 그 사이에 앉은 필자가 얼마나 당황했는지 상상하고도 남음이 있겠지요. 입이 딱 벌어졌습니다. 어려우면서도 좋은 분위기를 만들려고 서로가 애쓰고 있는 자리에서, 느닷없는 질문이 나왔으니 북측의 노인 육군대장인들 얼마나 난처했겠습니까.

갑자기 어색해진 자리를 수습할 방법이 생각나지 않아 난처해하고 있는데, 잠시 당황해하던 북녘의 노인 육군대장이 천천히 두 검지를 머리에 뿔처럼 붙이고는 남측의 그 질문자의 성과 직책을 부르면서 "아마 우리 이마에 뿔 달렸다고 배웠을 텐데 보시다시피 뿔이 없지 않습니까" 하는 것이었습니다.

순간 휴 하는 안도의 숨이 저절로 나왔습니다. 평화통일, '협상통일'을 해가려면 무엇보다도 남과 북이 서로 그에 걸맞은 통일교육을 적극적으로 해나가야 한다는 생각이 절실히 든 자리였습니다. 그리하여 남녘은 기존의 대북 인식을, 북녘은 기존의 대남 인식을 고쳐가는 일이 무엇보다 중요하다고 생각했습니다.

# 4강의 틈바구니에서 어떻게 통일할 수 있을까요

## 1. 우리 땅의 중립화론이 나온 지 오래되었습니다만

지금도 우리 땅의 통일문제는 주변 4강, 즉 해양 쪽의 미국·일본과 대륙 쪽의 중국·러시아의 이해관계 문제와 깊이 연관되어 있다고 흔히 말합니다. 우리의 통일문제에서 4자회담이니 6자회담이니 하는 말이 나오는 것도 그 때문입니다. 또 우리 땅의 독립과 통일 문제와 관련하여 영세국외중립화 문제가 100년 전부터 꾸준히 거론되기도 했습니다.

왜 이와 같은 이야기가 나오는지 정확하게 알지 못하면 우리의 통일문제를 제대로 풀어갈 수 없게 됩니다.

잠시 옛이야기로 돌아가보지요. 중세시대까지 우리 땅은 대륙 쪽으로는 어느 나라도 대항할 수 없는 요즘 말로 초강대국이던 중국과 육지로 이어져 있고, 또 한편으로 흉노·말갈·여진 등으로 불린 말 잘 타고 활 잘 쏘아 기동성과 전투성이 뛰어난 유목민 사회와 이웃해 있었습니다.

그래서 역사시대 전체를 통틀어 볼 때, 우리는 끊임없이 침략을 받았습니다. 압록강과 두만강이 얼어붙는 겨울이 다가오면 국방을 담당하는 관리들은 전전긍긍하게 되는 역사의 연속이었다고 할 수 있습니다. 그런가 하면 또 바다 건너 일본 쪽으로부터도 간헐적으로 왜구와 같은 도적떼의 침략을 받았으며 임진왜란 같은 대규모 침략을 받기도 했습니다.

중세시대까지 우리 땅은 대륙 쪽과는 좋게 말해서 밀접한 관계를 맺었고, 나쁘게 말하면 예속되어 지내왔다고 할 수 있습니다. 물론 고구려 시대는 그렇지 않았습니다. 근대에 들어와서는, 우리가 알다시피 바다 건너 일본이 강대국으로 급격히 떠올랐습니다. 그리하여 1880년대에 접어들면서 대륙 쪽 청나라와 해양 쪽 일본이 우리 땅을 각각 자신들의 세력권 안에 두기 위해 충돌하기 시작했습니다. 최초의 충돌이 1884년의 갑신정변 때였다고 할 수 있습니다.

동양 전통문화의 뿌리가 중국은 물론 우리보다도 약했던 일본이 근대에 들어오면서 이른바 탈아입구(脫亞入歐), 즉 아시아를 떠나 유럽을 닮아가려는 정책을 실시함으로써 유럽의 제국주의를 배워 유구(오끼나와)를 자기 나라에 편입시키고 나아가 대만까지 넘보게 되었습니다.

이럴 때 청나라에 와 있던 영국 외교관이 일본 외교관에게 충고했다고 합니다. 일본이 남쪽으로 내려가면 필리핀·베트남·말레이시아 등지에서 미국·프랑스·영국 등과 충돌하게 되지만, 조선으로 나가면 러시아의 남하를 막게 되어 유럽 열강의 도움을 받을 수 있을 것이라고 말입니다. 그때부터 일본은 본격적으로 조선을 침략하게 되었습니다.

조선과의 중세적 종속관계를 근대적 식민지 관계로 바꾸려는 청나라와, 조선을 초기 자본주의의 해외진출 대상지로 삼고자 하는 일본의 충돌은 불가피했다고 하겠습니다. 갑신정변 때의 충돌에서는 청나라가 일단 일본을 물리칠 수 있었지만 뒤이어 본격적으로 충돌이 일어나게 되었는데, 청일전쟁이 그것입니다.

당시 조선에 와 있던 독일 부영사 부들러와 미국 유학에서 돌아온 개화파 유길준이 청일전쟁의 가능성을 내다보면서 우리 땅의 영세중립화를 건의 혹은 주장한 것이 1885년이었습니다. 이렇게 우리 땅의 중립화론 역사는 100년이 훨씬 넘었습니다.

이밖에도 갑신정변이 실패하고 일본에 망명해 있던 김옥균도 청나라의 정치가이자 외교가인 이홍장에게 보낸 편지에서, 우리 땅의 중립화를 주장했습니다. 그리고 러일전쟁이 임박했을 때는 당시의 대한제국이 중립을 선언했습니다. 그러나 일본이 러일전쟁을 일으키면서 이것을 무시해버렸습니다.

청일전쟁의 전운(戰雲)이 시시각각 다가오고 있을 때 청나라 주재 영국 공사인가 하는 사람이 우리 땅을 한강 선에서 남북으로 잘라 그 북쪽을 청나라 세력권에 두고 남쪽을 일본 세력권에 두면 청일전쟁을 미연에 막을 수 있다는 의견을 내기도 했습니다. 근대사에서 우리 땅의 분단론이 처음 나온 셈입니다.

그러나 일본이 이를 받아들이지 않고 전쟁을 일으켜서 이김으로써 바야흐로 우리 땅은 일본 세력권에 들어갈 처지에 놓이게 되었습니다. 그러다가 우리 땅을 둘러싼 두번째 분쟁이 영국과 미국의 경제적·외교적 도움을 등에 업은 일본과, 청나라를 대신하여 우리 땅에 진출하려던 또 하나의 대륙세력 러시아 사이에서 벌어지게 되었습니다.

아관파천으로 대한제국 왕실과 깊은 관계를 맺게 된 제정러시아가 중국의 의화단사건을 계기로 '만주'지방을 점령하고, 일본이 건너다보이는 우리 땅 남쪽 끝의 마산에 군항을 건설할 조짐을 보이자, 일본은 그곳이 러시아가 자신들의 나라를 침략하는 근거지가 될 것이라며 호들갑을 떨었습니다.

사실은 청일전쟁 후 우리 땅을 독점적으로 자신의 세력권에 넣으려고 한 일본의 계획이 러시아 때문에 틀어질까봐 수선을 떨었던 것입니다. 당시 일본의 국력으로는 세계적 강국의 하나인 러시아와 싸워서 이길 수 없다고 생각했으니까요.

이 무렵 세계 곳곳에서 러시아의 남하정책을 기를 쓰고 막고 있던 영국과 미국이 전쟁비용의 거의 절반을 조달해주었기에 일본은 러시아를 상대로 전쟁을 일으킬 수 있었으며, 또 유리한 상태에서 미국의 주선으로 전쟁을 끝낼 수 있었습니다. 러일전쟁 후에 우리 땅이 송두리째 일본 세력권에 들어가게 되지만, 전쟁 전에 러시아는 우리 땅을 일본과 '만주' 사이의 중립지대로 두려는 계획을 가지고 있기도 했습니다.

그러나 우리 땅이 중립지대가 되면 제국주의국가로 성장을 거듭하고 있던 일본으로서는 식민지를 더 확보할 데가 없어지게 됩니다. 그 때문에 일본은 러일전쟁을 일으키게 되었고, 그 결과 우리 땅은 일본의 세력권에 들어갔으며 그후 일본이 중국을 침략하는 발판이 되었습니다.

이와 같이 '한일합방' 전에 이미 우리 땅은 중세시대처럼 대륙세력권에 들어간 채 그대로 있거나, 아니면 남북으로 분단되거나, 아니면 대륙세력과 해양세력 사이의 중립지대가 되거나, 그도 아니면 해양세력권에 들어가거나 할 몇 가지 상황에 놓여 있었다고 할 수 있습니다. 대륙세력과 해양세력 사이에서 중립지대가 되어야 독립을 유지할 수 있었겠지만, 이는 결코 쉽지 않은 일이었습니다.

그러다가 청나라와 러시아 등 대륙세력과 미국·영국을 등에 업은 해양세력 일본 사이에 일어난 두 차례의 전쟁 끝에, 마침내 우리 땅은 해양세력권에 포함되고 말았습니다. 19세기 말과 20세기 전반기 제국주의시대의 우리 땅은 이처럼 독립을 유지하기가 대단히 어려웠습니다.

그로부터 약 반세기가 흘러서 제2차 세계대전이 끝날 무렵 우리 땅은 남북으로 분단되어 한쪽은 대륙세력권에 또 한쪽은 해양세력권에 포함되어 서로 싸우고 대립했습니다. 20세기 후반기 동서 냉전시대 역시 통일된 하나의 민족사회를 이루기가 어려웠던 것입니다.

일본에 강제로 지배당하게 된 일차적인 원인은 대한제국의 국력이 쇠잔했던 데 있고, 해방되면서 남북으로 분단된 일차적 원인은 우리만의 힘으로 해방되지 못했기 때문이기도 합니다. 그렇지만 한편으로는 강대국들에 둘러싸인 우리 땅의 지정학적 위치 때문이기도 했습니다.

약육강식의 제국주의시대에 우리 땅이 독립을 유지하는 방법으로 영세국외중립화 방안이 제기되어왔습니다. 그러나 제국주의 열강 세력이 맞부딪치는 요충지대에 있는 약소민족사회가 국외중립으로 독립을 유지하려면 몇 가지 조건이 갖추어져야 했습니다.

첫째, 그 지역을 둘러싼 열강들의 이해관계가 중립화에 합의될 수 있어야 합니다. 러일전쟁이 일어나기 직전에, 대한제국은 중립을 선언했지만 일본이 이를 무시함으로써 아무런 효과가 없었습니다.

둘째, 그 땅의 주민들이 높은 수준의 국제감각을 가져야 했습니다. 그렇지 못할 경우에는 결국 강자 중의 강자, 마지막 강자의 세력권에 들어가게 마련이지요.

앞에서 말한 독일 부영사 부들러가 청일전쟁을 예상하고 외교문서로 중립화를 권했을 때, 당시 조선의 외무대신이던 김윤식은 청나라와 일본이 우리 땅에서 전쟁할 이유가 없다면서 중립화 권유를 일축해버렸습니다. 외무대신의 이러한 국제감각으로는 국외중립으로 독립을 유지하기가 당연히 어려울 수밖에요.

이 책의 첫머리에서 조금 언급했지만, 해방되었을 때 우리 땅은 전쟁에 승리한 미국의 세력권에 송두리째 다 들어갈 수도 있었고, 아니면 또 다른 전승국이던 소련의 세력권에 다 들어갈 수도 있는 상황이었습니다. 이같은 조건을 극복하면서 분단이 되지 않고 통일민족국가를 수립하려면, 대외적으로는 영세국외중립지대가 되는 것이 바람직했습니다.

그러나 이 땅을 분할점령한 미국과 소련 두 강대국이 이데올로기적으로 대립했고, 민족해방운동 세력 역시 좌익과 우익으로 분열해 있었습니다. 그뿐 아니라 동서냉전이 갈수록 심화해가는데다, 남북을 막론한 우리 민족구성원들의 근대적 정치훈련은 이와 같은 분단 가능 조건들을 극복할 정도의 수준에 이르지 못했다고 하겠습니다. 그러다 보니 이때도 영세국외중립화 통일민족국가 수립은 제대로 시도조차 되지 못하고 말았습니다.

4·19민중운동 후의 자유로운 분위기 속에서 평화통일운동이 고조되었을 때 일각에서 영세국외중립화 운동이 일어났지만, 5·16군사쿠데타로 압살되었습니다.

하지만 지금도 해외동포 학계에서는 영세국외중립화로 통일해야 한다는 주장을 펴는 사람들이 있습니다. 그리고 북녘에서 나온 연방제 통일안도 통일국가는 대외적으로 영세국외중립화하도록 되어 있습니다.

그러나 다음에서 다시 상세하게 말하겠지만, 영세국외중립화 방안은 제국주의시대의 산물이라고 할 수 있습니다. 약육강식시대의 약소민족 사회가 국제적인 힘의 관계를 이용하여 스스로 채택하는 독립 유지책이거나 혹은 강대국들 사이의 이해관계에 의해 타율적으로 채택되는 소극적인 정책이라 할 수 있습니다.

제국주의가 청산되고 지역공동체가 발달해가는 21세기에, 강대국들에 둘러싸인 지역이라 해서 반드시 영세국외중립 정책으로만 독립이 유지되거나 통일될 수 있다고 말하기는 어렵습니다. 비록 작은 나라라 해도 지역공동체의 당당한 성원이 될 수 있어야 하니까요.

## 2. 한·미·일 공조체제로도 통일될 수 있을까요

여러 번 한 말을 또다시 하게 됩니다. 우리가 살고 있는 이 땅은 지정학적으로 대륙과 해양 사이에 걸쳐 있는 반도이기 때문에, 특히 근대의 제국주의시대에 들어와서는 전쟁마당이 되거나 아니면 다른 나라의 강제지배를 받거나 분단이 되었습니다.

부끄러운 역사이지만 사실인 것을 어찌하겠습니까. 문제는 앞으로는 이와 같은 수모를 당하지 않게 할 수 있는가, 그러기 위해서는 무엇을 어떻게 해야 하는가일 터입니다.

청일전쟁은 청나라와 일본이 싸운 전쟁이었는데도 정작 전쟁터는 우리 땅이었고, 러일전쟁의 경우도 비슷했습니다. 그뿐만이 아닙니다. 통일하기 위한 민족내전으로 시작된 6·25전쟁도 곧바로 국제전으로 확대됨에 따라, 북녘에도 또 남녘에도 통일전쟁이 되지 못했습니다. 그 엄청난 희생을 치르고도 민족분단은 지금까지도 계속되고 있지 않습니까.

해방과 함께 38도선이 그어지면서 한·미·일 공조체제가 성립할 가능성이 열렸고, 6·25전쟁과 한일협정 체결을 거치면서 한·미·일 공조체제는 자리를 잡게 되었습니다. 그리고 이 한·미·일 공조체제에 대응하기 위해 조·중·소 공조체제가 형성되었습니다. 그리하여 우리 땅의 분단은 곧 이어 동아시아의 분단으로 확대되었던 것입니다.

그후 중·소 분쟁과 소련의 붕괴로 조·중·소 공조체제는 일단 깨어졌습니다. 그렇지만 한·미·일 공조체제가 유지되면 될수록, 또 굳어지면 질수록 그것에 대응하기 위해 다시 새로운 조·중·러 공조체제가 성립할 가능성이 높아집니다. 중·러 관계와 조·러 관계가 이미 회복되어가고 있지 않습니까.

과거 한·미·일 공조체제와 조·중·소 공조체제가 대립했을 때 우리의 통일이 거의 무망했던 것처럼, 앞으로 한·미·일 공조체제와 조·중·러 공조체제가 대립한다면, 전쟁 등의 방법을 써서 한쪽 공조체제가 다른 쪽 공조체제를 결정적으로 무너뜨리지 않는 이상 역시 우리 민족의 통일은 어려워질 것입니다.

6·15공동선언 이후 우리 땅에 평화통일의 기운이 조금씩 일어나고 있습니다. 그러나 미국은 우리 땅 전체가 자신들의 세력권에 들면서 통일되기를 바랄 것이며, 중국이나 러시아는 그런 우리 땅의 통일을 용납하기 어려울 것입니다. 우리 땅 전체가 대륙 쪽과 해양 쪽의 어느 한쪽에 포함되는 통일이 가능할 수 있었다면 6·25전쟁 때 이미 이루어졌겠지요.

이 글을 쓰고 있는 지금에도 미국은 핵무기 보유문제를 가지고 북녘을 압박하고 있습니다. 이는 6·15공동선언 후 겨우 열리기 시작한 우리 민족사회의 남북 화해·협력 및 남북 공조의 기운이 미국의 세력권을 벗어나는 통일로 연결될까 우려한 결과라고 할 수도 있습니다. 따라서 핵무기 문제를 가지고 북녘을 압박하는 것은 곧 남녘에 대한 압박이기도 하다고 볼 수 있습니다.

그나마 다행히 '북핵' 문제가 6자회담으로 풀릴 조짐이 나타나고 있지만, 우리 땅의 경우 남북을 막론하고 '무핵' 지대가 되어야 평화로운 '협상통일'이 가능합니다. 남북 중 어느 한쪽이 핵무기를 가지게 된다면, 남과 북의 평화로운 '협상통일'의 길도 당연히 험난해질 것입니다. 게다가 핵무기가 있는 우리 땅의 남과 북이 통일되어 더 큰 나라가 되는 것을 이웃 나라들이 좋아할 리 없기 때문이기도 합니다.

그러나 정확하게 말한다면, 가공할 대량살상 무기인 핵무기를 이 지구상에서 없애는 지름길은 핵무기를 많이 가진 나라에서부터 없애가는 길입니다. 많이 가진 나라는 기득권이 보장되고, 적게나마 자위책으로 가지고자 하는 나라의 핵무장만이 크게 문제가 되는 것은 근본적인 문제해결의 길이 아닙니다.

이 점에 대해 걸프전 당시 미국 공군사령관이었던 찰스 호너는 이렇게 말했습니다. "핵무기는 과연 필요한 것인가? 실제로 미국에 핵무기는 심각한 정치적 약점으로 작용하기도 한다. 그 때문에 우리는 북한에 이렇게 말하기가 곤란해진다. '당신들이 핵무기를 개발하고 있다니 끔찍한 사람들이다.' 미국은 수천 개의 핵무기를 보유하고 있으면서 말이다."

그리고 앞에서 인용한 해리슨의 『코리안 엔드게임』에서는 "미국은 스스로가 핵무기에 의존하면서도 북한에 핵무기를 개발해서는 안 된다고 요구하고 이를 전혀 이상하다고 생각하지 않는다. 전세계에 걸쳐 전략적 차원의 지배력을 행사할 수 있는 '유일 초강대국'이라는 자만심으로 아무런 도덕적 가책 없이 어느 곳에서든 자신의 불공정한 비확산 정책을 관철시키려 한다"고 했습니다. 미국의 오만이 어디까지 갈지 두고 볼 일입니다.

그건 그렇다 하고, 우리 땅의 평화로운 '협상통일'은 미국과 일본 및 우리 남녘 정부 등 주변의 자본주의 나라들이 북녘의 체제를 인정해줄 때 비로소 가능해질 수 있습니다. 북녘 체제를 인정하지 않고 통일하려 든다면 북녘을 남녘 체제에 넣기 위한 전쟁통일이나 흡수통일이 되어야 하겠지요.

따라서 '북핵' 문제를 평화롭게 해결하고 우리 땅의 평화로운 '협상통일'을 이루어가기 위해서는 우선 미국이나 남녘 정부가 북녘의 체제를 인정하는 일이 선행되어야 합니다. 어느 권력도 자신의 권력을 스스로 포기하면서 흡수통일이 되려고 하지는 않을 테니까요.

다음으로, 한·미 공조체제 문제는 바로 주한미군 문제와 연결됩니다.

여기에서는 크게 두 가지 문제를 들 수 있습니다. 하나는, 주한미군을 두고도 우리 땅의 평화로운 '협상통일'이 가능한가 하는 것입니다. 그리고 또 하나는 평화로운 '협상통일'이 되고 난 뒤에도 우리 땅에 미군이 주둔해야 하는가 하는 문제입니다.

지금 우리 땅 남녘과 일본에 미군이 주둔하고 있는데, 그 명분은 미군이 주둔해야 동아시아의 평화가 유지된다는 것입니다. 20세기는 그랬을지 모르겠습니다. 하지만 21세기에도 미군이 주둔해야만 동아시아의 평화가 보장되고, 그러지 않은 경우 동아시아가 평화롭지 못하게 된다면, 그것은 다름아니라 동아시아 사람들의 자존심 문제라고 할 수 있습니다.

그리고 지금의 세계사는 민족국가들간의 대립으로 나아가기보다 지역공동체를 이루어 평화롭게 살아가려는 방향으로 더 많이 가고 있습니다. 따라서 일본이나 우리 땅 남녘에 미군이 주둔해 있어도, 과연 중국과 우리 땅과 일본을 중심으로 하는 동아시아 공동체가 형성될 수 있을 것인가 하는 문제도 있습니다.

무엇보다 미군이 주둔하고 있어도 우리 땅의 남녘과 북녘이 평화로운 '협상통일'을 해나갈 수 있는가를 한번 생각해볼 필요가 있습니다. 필자는 2000년 6월 남북정상회담에 참가하고 돌아오는 비행기 안에서 이런 생각이 들었습니다. 만약 북녘 정권이 전과 같이 미군철수를 남북문제 및 통일문제 진전의 전제조건으로 삼았다면, 6·15공동선언은 합의되기 어려웠을 것이라고 말입니다.

북녘에서 먼저 미군이 철수해야 남북문제나 통일문제를 논의할 수 있다고 고집했다면, 6·15공동선언과 같은 합의가 언제나 가능할지 짐작하기 어려웠을 것입니다. 그만큼 '협상통일'의 진전이 늦어지는 것이지요. 북녘은 남북문제와 통일문제를 풀어나가면서 그와 더불어 주한

미군 문제도 해결해감으로써, 민족문제와 통일문제의 해결에 시간을 벌자는 쪽으로 방향전환을 하지 않았나 하는 생각이 듭니다.

필자의 이와 같은 판단이 얼마나 정확한지는 모르겠지만, 아무튼 6·15공동선언이 일단 주한미군 문제의 영향을 받지 않고 합의된 것은 사실입니다. 따라서 '협상통일'의 큰 문이 열리게 된 것입니다.

두 여중생의 죽음을 계기로 일어난 촛불행진을 두고 일각에서는 반미운동 운운하며 우려를 금치 못했습니다. 또 이 촛불행진 때문에 우리 사회의 이른바 보수세력과 미국 쪽의 신경이 날카로워진 것도 사실입니다. 그러나 그 많은 사람들이 모였어도 돌 하나 던지지 않았고, 목말 태운 어린이에게 촛불을 들려 걷는 평화행진은 몇 사람이 미국문화원에 불을 지른 반미운동과는 전혀 다릅니다.

필자는 촛불행진을 미국과의 특수관계에서 벗어나려는 탈미운동으로 봐야 한다는 생각입니다. 누가 뭐라 해도 해방 후 반세기 이상 지속되어온 한·미 관계는 정상적이고 대등한 국제관계라기보다, 너무 밀착되고 비정상적인 특수관계였습니다. 이런 한·미 관계로는 북녘과의 평화로운 '협상통일'을 하기 어렵습니다.

우리 땅이 평화적으로 '협상통일'이 되려면 무엇보다도 한·미 관계가 비정상적인 관계에서 벗어나, 한·일 관계나 한·중 관계나 한·영 관계와 마찬가지로 정상적인 국제관계로 바뀌어야 합니다.

지금과 같은 특수관계인 상태로 통일이 된다면, 우리 땅이 송두리째 미국 세력권에 들어가는 통일이 되기 십상입니다. 그렇게 되면 결코 '협상통일'이 될 수 없겠지요. 미국과의 특수관계 아래서는 우리 땅 전체가 통일되기는 어렵습니다. 또 그렇게 되어서도 안 될 것입니다.

우리 역사상 처음으로 일어났다고 해도 과언이 아닌 촛불행진과 같은 탈미운동은, 남과 북을 막론하고 우리 땅 전체 주민들 사이에 평화적이고 주체적인 '협상통일'의 기운이 일어나고 있음을 보여주는 확실한 증거이기도 합니다.

미국뿐만 아닙니다. 일본의 경우도 마찬가지입니다. 6·15공동선언이 발표되고 얼마 안 되어서라고 기억됩니다. 필자는 한·일 문화교류 관계로 토오쿄오에서 일본 지식인들과 회의를 하고 저녁식사를 하게 되었습니다. 그 자리에서 일본 쪽의 한 위원이 우리 땅이 통일되면 일본과 연합해서 중국을 견제해야 할 것이라고 말하더군요.

일본인들 중에도 아직 제국주의시대의 역사인식이 남아 있는 사람들은 우리 땅에서 일어나고 있는 통일기운을 불안해하고, 통일되어도 일본 쪽에 가깝게 통일되어야 한다고 생각하는 것입니다. 그 일본 쪽 위원의 말을 듣고 필자는 이렇게 답해주었습니다.

"앞으로 21세기는 민족국가들끼리 편을 갈라서 견제하는 시대가 되어서는 안 되며, 서로 협력하며 평화롭게 사는 시대가 되어야 할 것입니다. 일본인들이 만약 통일된 우리 땅이 일본과 협력해서 중국을 견제해야 한다는 식의 생각을 가진다면, 지난 20세기의 동아시아 역사에 비추어볼 때 통일된 우리 땅은 오히려 중국과 협력하여 일본을 견제하게 될지도 모릅니다."

국제회의에 함께 참석한 사람에게 던지는 대답치고는 좀 심하지 않은가 하는 생각도 없지 않았지만, 필자의 솔직한 심경을 밝히지 않을 수 없었습니다. 미국인이나 일본인뿐만 아닙니다. 우리 남녘 사람들 가운데서도, 통일이 된다면 미국과 일본 쪽에 가깝게 통일이 되어야 한다고 생각하는 사람들이 꽤 많을 것으로 짐작됩니다.

그러나 북녘 사람들은 그렇게 생각하지 않을 것입니다. 오히려 중국과 러시아 쪽에 가깝게 통일되어야 한다고 생각하는 사람들이 많지 않을까 싶습니다.

하지만 전쟁통일이나 흡수통일이 아닌 이상, 결국 어느 쪽과 가깝게도 또 어느 쪽과 멀게도 통일이 될 수 없다는 결론에 이르지 않을까요. 거듭 말하지만 우리 땅이 전쟁통일도 안 되고 흡수통일도 안 된 데는 민족 내적 원인도 있지만, 민족 외적인 국제관계 차원의 원인이 더 크다고 할 수 있습니다. 한마디로, 전쟁통일이건 흡수통일이건 '협상통일'이건 해양 쪽의 미국과 일본에 가깝게도, 반대로 대륙 쪽의 중국과 러시아에 가깝게도 통일이 되기 어렵다는 것입니다.

6·25전쟁으로도 어느 한쪽으로 통일되지 않았고, 흡수통일 또한 한쪽으로 치우치는 통일일 수밖에 없기 때문에 이루어지지 않았다고 할 수 있습니다. 그래서 어느 한쪽에 치우치지 않게 하기 위한 '협상통일'이 추구되고 있으며, 그 앞단계인 평화정착의 과정이 지금 진행되고 있는 것입니다.

지난 20세기의 동아시아 역사가 바로 그러했지만, 패권주의적 국제관계 아래서는 앞으로도 우리 땅이 미국과 일본 쪽 해양세력권에 포함되면서 통일되게 되면 대륙 쪽이 불안하다 하여 용납하지 않을 것이며, 반대로 중국과 러시아 등 대륙세력권에 포함되면서 통일되면 해양 쪽 특히 일본이 불안하다 하여 용납하지 않을 것입니다. 일본 혼자 힘으로 어려우면 또 미국의 도움을 받을 터이지요.

이렇게 복잡하게 얽힌 문제를 풀면서 우리 땅이 통일되는 길은, 그것도 평화로운 '협상통일'을 할 수 있는 길은, 첫째 21세기의 동아시아 정세와 나아가서 세계정세가 패권주의적 국제관계를 청산해야 하고, 둘째는 우리 땅 전체가 대륙세력권에도 또 해양세력권에도 포함되지 않고 통일하는 길이라 하겠습니다. 다음에서 다시 말하겠지만 그렇다고 해서 영세국외중립화 통일을 말하는 것은 아닙니다.

우리 땅을 둘러싼 이같이 복잡한 국제관계를 염두에 둔다면, 우리가 흔히 강화해야 한다고 쉽게 말하는 한·미 공조 혹은 한·미·일 공조가 평화로운 '협상통일'을 위해서도 결코 없어서는 안 되는 것인가 하는 점을 냉철하게 생각해볼 필요가 있습니다.

여러 번 말했지만, 지난날 한·미·일 공조체제와 조·중·소 공조체제의 대립은 우리 땅의 통일을 불가능하게 했습니다. 앞으로도 한·미·일 공조체제가 굳어지면, 그에 대응하기 위해 조·중·러 공조체제가 만들어지지 말라는 법은 없을 것입니다.

물론 그렇다고 해서 남녘의 경우 수십 년 동안 유지되어 오면서 정치·외교·경제·문화적으로 긴밀할 대로 긴밀해진 한·미·일 공조체제를 곧바로 깨트릴 수는 없을 것입니다. 그렇지만 평화로운 '협상통일'을 이룩하기 위해서는 반드시 남북공조를 이루어가야 합니다.

미국 부시 정부의 대북 강경정책 아래서 노무현정부가 출범 초기에 겪었던 것처럼, 한·미·일 공조 내지 한·미 공조체제와 남북공조는 그 이해관계가 아직까지는 상반되는 점이 많습니다. 특히 미국의 패권주의가 없어지지 않는 한, 양자 사이의 상반 정도는 더 커질 것입니다.

미국이나 일본이 우리 땅 전체가 자신들의 세력권에 들어가는 그런 통일을 추구하는 한, 이러한 상반관계는 결코 해결될 수가 없습니다. 한·미·일 공조체제가 엄연히 존재하는 조건 아래서도 우리 땅이 평화롭게 '협상통일'을 이루어가기 위해서는, 지금까지와 같은 공조체제를 조금씩이나마 약화시켜가는 한편으로 남북공조를 강화해나가야 할 것입니다.

지금까지와 같은 국제감각이나 역사인식으로는 대단히 어려운 일임에 틀림없습니다. 그런 만큼, 남과 북을 막론하고 우리 땅의 정권 담당자들과 주민들이 더욱더 현명해지고 역사인식이 바뀌어야 하겠습니다. 일본의 강제지배를 받게 되었을 때, 그리고 해방 후 남과 북으로 분단될 때 발휘되지 못했던 민족적 혜지(慧智)가 '협상통일' 과정에서는 반드시 발휘되어야 할 것입니다.


## 3. 21세기 역사발전이 '협상통일'을 가능하게 할 것입니다

19세기와 20세기에 우리 땅을 둘러싼 동아시아의 국제정세가 21세기에도 그대로 이어진다면, 우리 땅의 평화로운 '협상통일'은 불가능할 것입니다. 그러나 역사는 기어이 변하게 마련입니다. 그렇기 때문에 우리 모두는 '협상통일'의 가능성을 내다볼 수 있는 것입니다.

일본은 러시아 세력이 우리 땅으로 남하할 가능성이 커지고 우리 땅이 송두리째 대륙세력권 안에 들어갈 위험이 높다는 핑계를 들어 영국과 미국의 지원을 받아서 러일전쟁을 일으켰습니다. 과거의 이러한 상황과 일본의 강점으로 우리 땅 전체가 해양세력권에 포함되었기 때문에 '만주'와 중국대륙이 일본의 침략을 받게 되었던 당시 우리의 주변관계가 21세기에도 그대로 지속된다면, 우리 민족의 평화로운 '협상통일'은 앞으로도 불가능할 것입니다.

역사 자체가 변화·전진하지 않고 순환하기만 하면 그렇다는 말입니다. 그러나 역사는 누가 무엇으로 막아도 기어이 변하고 말기 때문에 역사 그 자체가 존재하는 것입니다. 또 그렇기 때문에 전체 인류사회에는 희망이란 것이 있게 마련입니다. 인류의 역사는 20세기를 넘기면서 그 어느 때보다도 크게 변하고 있습니다.

지난 20세기 후반기에 식민지가 모두 해방되었고 냉전체제가 무너진 것도 큰 세계사적 변화이지만 그뿐만이 아닙니다. 또 한편으로는 근대로 넘어오면서 계속 강화되기만 했던 국민국가 혹은 민족국가의 권력이 서서히 약화되기 시작하는 징조가 보입니다. 따라서 국민국가 혹은 민족국가의 벽이 낮아져가고 있다고 할 수 있습니다.

국가의 권력이 강화되면 개인의 권력은 약화되게 마련입니다. 특히 근대사회에서는 국민국가라는 이름으로 또 국민을 보호한다는 이유로 국가의 권력이 전에 없이 강화된 결과, 오히려 국민을 억압하는 면이 없지 않았습니다. 국가권력의 횡포로 오히려 국가의 주인인 국민이 억압을 당하는 일이 벌어진 것입니다.

의무납세제를 통해 강제로 징수한 세금과 국방의 의무를 내세워 강제 징집한 군대를 동원하여, 국가권력 자체의 온갖 욕심을 채우기 위해, 또 패권주의를 강화하기 위해 더러운 제국주의전쟁을 감행하기도 했습니다. 20세기만 보더라도, 제국주의국가들이 일으킨 두 차례의 세계대전과 뒤이어 전체 세계를 둘로 쪼개어놓았던 냉전체제 아래서 국가권력의 횡포는 절정에 이르렀다고 할 수 있을 것입니다.

이와 같은 국가권력의 횡포 속에서도, 20세기를 넘어가는 과정에서 전체 인류사회의 평화의지는 높아만 갔습니다. 제2차 세계대전이 끝난 후 제3차대전이 곧 일어날 것이라는 예상이 많았지만 국지전쟁들만 일어났을 뿐, 제3차 세계대전은 일어나지 않고 20세기는 지나갔습니다.

제3차 세계대전이 일어나지 않은 중요한 원인은 제2차 세계대전 말기에 가공할 대량살상 핵무기가 개발되었기 때문이기도 합니다. 그러나 제3차 세계대전이 일어나지 않은 원인이 그것만은 아니라고 생각합니다. 무엇보다도 한 세기 동안에 두 차례의 처절한 세계대전을 겪은 인류사회의 평화의지가 높아진 결과라고 할 수 있습니다.

국민국가 혹은 민족국가의 절대권력을 뒷받침해주던 이른바 국민의 3대 의무 가운데 하나인 국방의 의무를 지탱하는 징병제가 적극적인 평화주의자들에 의해 허물어질 징조를 보이고 있는 일도 주목할 만합니다. 어디 그뿐이겠습니까. 베트남전쟁과 이라크 침공을 계기로, 반전운동이 전세계로 퍼져나간 일도 국가권력에 의해 자행되는 횡포에 대한 저항물결이 거세어진 결과라 할 수 있습니다.

지난 20세기 후반기에 국민국가 혹은 민족국가의 벽은 낮아지면서 인류사회의 평화의지는 높아져가는 또 하나의 증거로는, 교통과 통신의 발달에 힘입어서 '지구 단위의 거주이동의 자유'가 크게 확대된 점을 들 수 있습니다.

20세기 전반기까지만 해도 그렇지 않았지만 후반기에는, 냉전체제라는 악조건 속에서도 자신이 태어나지 않은 땅에 가서 사는 사람들이 굉장히 많아졌습니다. 철옹성 같기만 하던 오스트레일리아의 이른바 백호주의가 무너지고, 모든 나라의 사람들이 입국사증 없이 갈 수 있는 나라가 점점 많아지는 것도 그 좋은 증거가 될 수 있습니다.

여러가지 면에서 생활조건이 불리한 지구촌의 남쪽 아프리카 같은 데서는 1년에 몇십 만 명의 어린이들이 굶어죽어가는데, 생활조건이 좀더 나은 지구촌의 북쪽에서는 사람을 죽이기 위한 무기를 만드는 데 드는 비용이 연간 1조 달러에 이른다고 합니다.

그런가 하면 전체 인류를 위해 자연이 만들어놓은 한정적인 자원의 대부분을 일부의 이른바 선진국들이 독점적으로 차지하고 또 낭비하고 있습니다. 그뿐만 아니라 생활조건이 나쁜 지구의 '남촌'에서 많은 아이들이 굶어죽어가도 눈길 한번 제대로 주지 않는 지구의 '북촌'에서는 애완견을 위한 호텔이 있고 미장원이 있는 세상입니다.

이런 비인간적인 세상은 결코 평화로울 수 없습니다. 21세기에는 '지구 단위의 거주이동의 자유'가 훨씬 더 확대되어 생활조건이 나쁜 지역 사람들이 조건이 좀더 나은 지역으로 더 많이 이동할 수 있어야 할 것입니다. 그것은 곧 세계평화를 강화하는 원동력이 될 것입니다.

세계사가 20세기를 넘기면서 국민국가 혹은 민족국가의 벽을 낮추면서 지역공동체를 발전시켜가고 있습니다. 유럽에서는 EC(유럽공동체)가 EU(유럽연합)로 발전해서 유럽의회가 형성되고 또 같은 화폐를 쓰고 있습니다. 다른 지역에서도 ASEAN(동남아시아국가연합), NAFTA(북대서양자유무역지역) 등이 발달하더니 아프리카에서도 AU(아프리카연합)가 성립했습니다. 라틴아메리카 대륙에서도 머지않아 공동체가 형성될 것으로 전망되고 있습니다.

국민국가 혹은 민족국가가 대립하여 국경의 담을 높이 쌓고 살던 때보다, 지역공동체가 발달해서 사람과 물건의 내왕이 국경을 넘어 자유롭게 이루어지는 때가 더 평화로울 것임은 말할 나위가 없습니다.

우리 땅과 중국과 일본을 중심으로 하는 동아시아 지역은 세계 어느 지역보다도 역사가 오래되었고 또 기나긴 역사시대 동안에 하나의 문화권을 이루어 살아온 지역입니다. 그런데도 아직 민족국가의 울타리를 뛰어넘는 지역공동체를 이루지 못하고 있습니다. 그 원인은 지난 20세기의 동아시아 역사가 불행했던 데 있으며, 그 장본은 일본이었습니다.

지금도 이 지역과 ASEAN을 함께 일컬어야 할 때는 ASEAN과 '동아시아 공동체'라 하지 못하고 ASEAN과 3국이라 부르고 있습니다. 문화수준이 높은 동아시아 지역이 아직도 세계사적 발전에 발맞추지 못하고 있기 때문이라 하겠습니다. 앞에서 말한 미군주둔 문제와 함께 이 지역 주민으로서는 부끄러운 일이 아닐 수 없습니다.

지난 20세기의 동아시아는 일본이 유럽을 배워 제국주의 침략을 감행했기 때문에 평화롭지 못하게 출발했습니다. 21세기의 동아시아가 평화롭기 위해서는 이 지역도 세계사적 흐름에 맞추어서 민족국가의 벽을 낮추고 지역공동체를 이룰 수 있어야 할 것입니다.

앞으로 동아시아 공동체가 형성되어 남과 북의 우리 땅 주민들과 중국인 및 일본인들이, 민족국가끼리 대립하고 침략하고 강제로 지배했던 20세기 역사를 청산하고 평화롭게 살기 위해서는, '동양 3국'이 각각 먼저 갖추어야 할 조건들이 있습니다.

중국은 새 강대국으로 발전하면서도 패권주의 국가가 되지 않아야 할 것입니다. 일본이나 우리보다 영토도 너무 넓고 인구도 월등 많은 중국이 경제적으로 급속히 발전하면서 무력을 강화하고 패권주의로 가게 되면, 동아시아 공동체는 성립되기 어려울 것입니다.

중국이 패권주의로 가게 될 경우, 앞에서 말했던 일본의 어느 지식인의 생각처럼 장차 통일된 우리 땅과 일본이 연합하여 패권주의 중국을 견제해야 할 것입니다. 이렇게 되면 동아시아 공동체의 성립은 무망해질 것임은 불을 보듯 뻔합니다.

중국과 일본의 중간에 위치해 있는 통일된 우리 땅이 어느 쪽에 치우치게 되면, 동아시아 공동체는 성립하기 어려운 것이지요. 우리 땅 주민들의 처지가 그만큼 중요한 것입니다.

다음은 일본이 탈아입구주의, 다시 말해 아시아를 벗어나 유럽 국가들을 따르려는 생각 및 정책을 버리고 아시아 국가로 돌아와야 할 것입니다. 지금의 일본은 탈아입구가 아니라 탈아입미, 즉 아시아를 벗어나 미국을 따르려는 나라로 되었습니다. 일본이 이와 같은 입장을 고집하는 한 중국과의 대립이 불가피해질 가능성이 크며, 그렇게 되면 동아시아 공동체의 성립은 또한 물거품이 되기 십상입니다.

그리고 우리 땅의 문제입니다. 우리 땅이 통일되지 않고 남과 북이 대립해 있으면 역시 동아시아 공동체는 성립할 수 없습니다. 또 통일이 되더라도 전쟁통일이나 흡수통일되어 미국과 일본에 가깝게 되거나 반대로 중국과 러시아에 가깝게 되면, 동아시아 공동체의 성립은 역시 어려울 것입니다.

동아시아 공동체 문제를 생각하지 않더라도, 우리 땅이 해양세력권에 포함되면서 통일되거나 대륙세력권에 포함되면서 통일되면 동아시아 전체의 힘의 균형이 깨어져서 평화롭기 어렵습니다.

이데올로기 문제가 해소된 지금도 '북핵' 문제를 두고 6자회담이 거론되고 있습니다. 이는 한·미·일 관계와 조·중·러 관계가 대치하고 있는 증거라 할 수 있겠지요.

우리 땅이 평화롭게 '협상통일'을 해서 일본을 비롯하여 그 배후인 미국과, 중국 및 그 동조세력이 될 가능성이 높은 러시아 사이에서 세력균형을 이루는 역할을 다할 수 있을 때, 동아시아 공동체의 성립은 순조로워질 것입니다. 우리 땅의 평화로운 '협상통일'이 동아시아 공동체 성립의 가장 중요한 요건이라 할 수 있습니다.

다시 한번 정리해 봅시다. 21세기의 동아시아가 20세기와 같은 불행한 역사를 극복하고 평화로운 지역이 되려면, 새 강대국으로 성장하고 있는 중국이 패권주의 국가가 되지 말아야 하고, 일본이 탈아입미주의를 청산하고 아시아 국가로 돌아와야 하며, 우리 땅이 전쟁통일이나 흡수통일이 아닌 평화로운 '협상통일'로 되어야 합니다.

이렇게 생각해보면 우리 땅의 통일은 우리 민족만의 문제가 아닙니다. 동북아시아 사람들 전체의 평화로운 삶의 문제와 연결되어 있습니다. 따라서 중국인이건 일본인이건 그들이 제국주의자나 패권주의자가 아니고 평화주의자라면, 우리 땅의 통일을 싫어하거나 방해할 이유가 없습니다. 오히려 적극적으로 돕는 것이 옳은 평화주의자의 길입니다.

# 이제 이야기를 마무리하려 합니다

## 1. 역사적 안목으로 우리의 통일문제를 봅시다

이 지구 위에 살고 있는 모든 인간은 개개인이 나름의 일정한 목적을 가지고 살아갑니다. 예를 들어 돈을 많을 벌어 기필코 부자가 되어야겠다든가, 공부를 많이 해서 큰 학자나 사상가가 되겠다든가, 인류생활을 크게 개선할 발명가나 기술자가 되겠다든가 하는 목적들 말입니다.

아무런 목적 없이 사는 사람을 흔히 취생몽사(醉生夢死)한다고 하지요. 물론 취생몽사하지 않는 사람이라 할지라도 자신이 세운 목적을 제대로 혹은 어느정도 달성하는 경우도 있겠거니와, 결국 목적으로만 끝나는 경우도 있게 마련입니다.

이렇듯 인간들 개개인마다 삶의 목적이 있다면, 전체 인간들이 모여 이룬 인류사회 자체에도 일정한 목적이 없을 수 없겠습니다. 인류사회가, 그리고 전체 인간들의 생활이, 어제보다는 오늘이 오늘보다는 내일이 더 나아지게 하려는 것이 그 목적이라 할 수 있겠습니다. 그것을 역사적 안목에서 좀더 구체적으로 말해보면 이렇게 표현할 수 있을 것입니다.

정치적으로는 모든 사람이 권력의 속박에서 해방되는 세상을 만들고자 하는 목적이라 할 수 있겠습니다. 또 경제적으로는 생산력이 발전하여 더 풍요로운 사회를 만들되, 그 혜택이 소수의 사람들에게 집중되지 않고 골고루 퍼지게 하려는 목적이 있겠고요.

사회적으로는 신분과 계급의 차이가 완전히 없어지고 만민평등의 사회를 이룩하려는 목적, 그리고 사상·문화적으로는 사람의 위대한 속성인 생각하고 말하는 자유를 무한으로 누리게 하려는 목적 등으로 말할 수 있을 것입니다.

역사시대 5천 년을 지나오면서, 이와 같은 큰 목적을 이루어내기 위해 인류사회는 끈질기게 노력해왔고 또 많은 희생도 치렀으며, 성공도 했지만 한편으로는 시행착오도 많이 겪었습니다. 성공사례는 그만두고 시행착오를 한 예 한 가지를 들어보지요.

경제적 목적을 이루는 과정에서 근대 이후 성립한 자본주의체제는 생산력을 높이는 데는 획기적인 성과를 일구어냈습니다. 그러나 그 결과 얻어진 재부(財富)가 소수의 개인이나 계급에 지나치게 편중되어 그것을 해결하려는 사회주의체제가 성립하여 투쟁하게 되었습니다.

사회주의체제는 공평한 분배에 치우쳐 사적 소유를 부인하는 방향으로 나아갔으며, 그 결과 생산력을 높이는 데는 효과적이지 못했습니다. 그래서 아직까지는 자본주의체제를 극복하는 데 실패했다고 하겠습니다.

생산력을 제대로 높이면서도 공평한 분배를 실현할 수 있는 새로운 체제가 21세기에는 반드시 구현되어야 하겠지요. 우리 민족의 '협상통일'이 가져올 체제도 이런 세계사적 맥락에서 추구되어야 할 것입니다.

이처럼 인류사회가 정치·경제·사회·문화적인 면에서 그 역사적 목적을 달성해가려는 이유는, 전체 인간의 삶의 터전인 이 지구덩어리를 하나의 평화공동체로 만들어가고자 하기 때문입니다.

앞에서 말한 인류사회가 지향하는 정치·경제·사회·문화 면에서의 역사적 목적도 세계평화의 실현과 함께 추구될 때 앞당겨지기 쉬울 것입니다. 그리고 세계평화가 이루어져가는 정도에 따라 이 인류사회의 역사적 목적도 더 빨리 달성될 수 있을 것입니다.

우리 민족의 통일과제도 이러한 인류사의 흐름을 거스르지 않을 때 높은 정당성을 가지며, 또 순조롭게 한시라도 빨리 달성될 수 있을 것입니다. 그렇다면 전쟁통일은 말할 것 없고 진정한 의미의 평화통일이라 할 수 없는, 대외적으로나 민족 내적으로나 한쪽으로 기울어지는 통일이 될 수밖에 없는 흡수통일보다는, 균형을 유지하며 이루어지는 남북 '대등통일' '협상통일'이야말로 세계사적 흐름에 그리고 인류사적 당위성에 맞는 통일이라 할 수 있습니다.

지난 20세기에 두 번씩이나 역사실패를 경험했던 우리 땅의 주민들이지만, 이제 막 시작된 21세기에는 평화로운 '협상통일'을 이루어갈 만큼 정치적·경제적·사회적·문화적으로 능력을 갖추어가고 있다고 확신합니다. 다만 그 구체적인 방법론을 이해하고, 그런 통일을 이룰 만한 역사의식을 스스로 갖추는 일이 중요하다고 생각합니다.


## 2. 우리 모두 분단시대적 고정관념에서 벗어나야 합니다

필자는 6·15남북공동선언의 발표를 전후해서 2년 동안 시민단체 협의체인 민족화해협력범국민협의회의 상임공동의장을 맡은 적이 있습니다. 이 단체가 발족한 목적은 민간 차원에서 북녘과의 대화와 협력을 강화하자는 데 있었습니다.

그러나 이른바 보수와 진보 단체들이 함께 모인 협의체인 '민화협'을 운영하면서 겪은 어려움은, 북녘과의 대화나 관계개선 이전에 남녘 단체들 사이의 합의를 이루는 일이었습니다. 흔히 남북대화보다 남남대화가 더 어렵다는 말이 바로 이런 것입니다.

30년 동안의 군사독재정권 아래서 민주화운동이 일어나면서부터라 생각되지만, 우리 사회는 군사정권의 주체세력 및 그에 동조하는 반(反)민주세력과 군사정권에 반대하여 그것을 청산하려 한 민주세력으로 크게 양분되기 시작했습니다. 반민주세력 속에는 과거의 친일세력과 그 후신들도 일부 포함되어 있었지요.

게다가 30년간의 군사독재 후에 온 우리의 민주화 과정은 불행하게도 개혁적이지 못했습니다. 일부 보수성향의 민주세력이 군사독재정권 세력과 타협하여 민간정권을 성립시키면서, 민주화가 진행되기 시작한 것입니다. 그랬기 때문에 군사독재정권 세력까지도 반민주세력이면서 보수세력 행세를 하게 되었습니다. 지난날 친일세력과 반공세력이 거의 같아진 것처럼, 이번에는 반민주세력과 보수세력이 같아져버린 것이라고나 할까요.

민간정권이 거듭되면서 과거의 반민주세력이 보수세력으로 행세하고, 개혁적인 민주세력은 진보세력으로 일컬어지게 되었다고 할 수 있습니다. 이렇게 갈라지게 된 보수세력과 진보세력 사이의 차이는 민주화 과정에서도 나타났지만, 특히 대북관계와 통일문제에서 뚜렷한 차이를 보이게 되었습니다.

보수세력은 북녘과의 화해·협력에 소극적이거나 대북교섭에서 상호주의를 강조하고, 진보세력은 북녘과의 화해·협력에 적극적이라 할 수 있습니다. 보수세력의 경우에는 겉으로는 드러내지 않지만 아직도 흡수통일을 바라는 사람이 많다고 하겠으며, 진보세력의 경우 옳은 의미의 평화통일을 지향하는 사람이 많다고 할 수 있을 것입니다.

민주화문제나 통일문제를 바라보는 시각을 볼 때, 일반적으로 젊은 세대는 진보적이고— 물론 젊은 세대에도 기성세대 뺨치는 보수주의자가 없지 않습니다—기성세대는 보수적이게 마련입니다. 그리고 분단시대 동안 동족상잔의 아픔을 겪은 우리 사회는 보수적인 기성세대와 진보적인 젊은 세대 사이의 민족관 및 역사관의 차이가 매우 크다고 생각합니다.

특히 6·25전쟁을 직접 겪은 세대와 그렇지 않은 세대 간에는 민족문제와 통일문제에 대한 견해 차이가 큽니다. 동족상잔을 겪은 세대는 북녘을 아직도 적으로 생각하는 경향이 있고, 6·25를 직접 겪지 않은 세대는 끈질긴 반공교육과 반북교육에도 불구하고 북녘을 적이 아닌 동족으로 인식하는 편이라 하겠습니다.

기성세대는 젊은 세대의 이와 같은 대북관을 심히 우려하는 바이지만, 그러나 어느 시대 어느 민족사회를 막론하고 기성세대와 젊은 세대의 민족관이나 역사관은 다르게 마련입니다. 다르지 않고 같으면 대체로 모든 기득권을 가진 기성세대 쪽으로 같아질 가능성이 높은데, 그렇게 되면 그 민족사회는 발전하지 못하고 정체될 수밖에 없습니다.

젊은 세대의 생각이 기성세대와 같을 수 없고 같아서도 안 되는데 같아야 한다고 기성세대가 고집하면, 두 세대 사이가 파탄에 이르게 마련입니다. 그러나 기성세대가 젊은 세대의 생각이 자신들의 생각과 다를 수밖에 없으며 달라야 함을 알게 되면, 두 세대 사이에는 자연스럽게 타협과 조화가 이루어지게 됩니다.

민족통일 문제에서도 보수세력과 진보세력, 기성세대와 젊은 세대 사이의 생각의 차이를 극복해나가는 일이 무엇보다도 중요합니다. 앞에서 누누이 말했지만, 우리 땅의 경우 지정학적 위치 문제를 비롯하여 여러

가지 조건 때문에 전쟁통일은 말할 것 없고 흡수통일도 불가능합니다. 평화로운 '협상통일' 이외에 선택의 여지가 없다고 할 수 있습니다.

설령 흡수통일이 가능하다 해도 그 후유증을 감당할 수가 없습니다. 전쟁통일과 흡수통일 방법밖에 없었던 20세기적 통일인식 및 역사인식을 뛰어넘어 21세기적 통일방안을 창조하고 실천해가야만, 비로소 우리 민족의 새로운 역사가 열릴 것입니다. 기성세대와 젊은 세대를 막론하고 우리 모두 대국적인 견지에서 민족사의 앞날을 바라봐야 합니다.

이쯤에서 이야기를 끝맺을까 합니다. 길기도 하고 지루할 수도 있었을 이야기를 끝까지 읽어주어 감사합니다. 남북관계와 통일문제에서 중요한 문건을 부록으로 넣었습니다. 참고해주십시오.

# 부록

# 7·4남북공동성명

최근 평양과 서울에서 남북관계를 개선하며 갈라진 조국을 통일하는 문제를 협의하기 위한 회담이 있었다.

서울의 이후락 중앙정보부장이 1972년 5월 2일부터 5월 5일까지 평양을 방문하여 평양의 김영주 조직지도부장과 회담을 진행하였으며, 김영주 부장을 대신한 박성철 제2부수상이 1972년 5월 29일부터 6월 1일까지 서울을 방문하여 이후락 부장과 회담을 진행하였다.

이 회담들에서 쌍방은 조국의 평화적 통일을 하루빨리 가져와야 한다는 공통된 염원을 안고 허심탄회하게 의견을 교환하였으며, 서로의 이해를 증진시키는 데서 큰 성과를 거두었다. 이 과정에서 쌍방은 오랫동안 서로 만나보지 못한 결과로 생긴 남북 사이의 오해와 불신을 풀고 긴장의 고조를 완화시키며 나아가서 조국통일을 촉진시키기 위하여, 다음과 같은 문제들에 완전한 견해의 일치를 보았다.

1. 쌍방은 다음과 같은 조국통일원칙들에 합의를 보았다.

첫째, 통일은 외세에 의존하거나 외세의 간섭을 받음이 없이 자주적으로 해결하여야 한다.

둘째, 통일은 서로 상대방을 반대하는 무력행사에 의거하지 않고 평화적 방법으로 실현하여야 한다.

셋째, 사상과 이념, 제도의 차이를 초월하여 우선 하나의 민족으로서 민족적 대단결을 도모하여야 한다.

2. 쌍방은 남북 사이의 긴장상태를 완화하고 신뢰의 분위기를 조성하기 위하여 서로 상대방을 중상비방하지 않으며, 크고 작은 것을 막론하고 무장도발을 하지 않으며, 불의의 군사적 충돌사건을 방지하기 위한 적극적인 조치를 취하기로 합의하였다.

3. 쌍방은 끊어졌던 민족적 연계를 회복하며 서로 이해를 증진시키고 자주적 평화통일을 촉진시키기 위하여 남북 사이에 다방면적인 제반 교류를 실시하기로 합의하였다.

4. 쌍방은 지금 온 민족의 거대한 기대 속에 진행되고 있는 남북적십자회담이 하루빨리 성사되도록 적극 협조하는 데 합의하였다.

5. 쌍방은 돌발적 군사사고를 방지하고 남북 사이에 제기되는 문제들을 직접, 신속 정확히 처리하기 위하여 평양과 서울 사이에 상설 직통전화를 놓기로 합의하였다.

6. 쌍방은 이러한 합의사항을 추진시킴과 함께 남북 사이의 제반 문제를 개선 해결하며 또 합의된 조국통일원칙에 기초하여 나라의 통일문제를 해결할 목적으로 김영주 부장과 이후락 부장을 공동위원장으로 하는 남북조절위원회를 구성운영하기로 합의하였다.

7. 쌍방은 이상의 합의사항이 조국통일을 일일천추로 갈망하는 온 겨레의 한 결같은 염원에 부합된다고 확신하면서 이 합의사항을 성실히 이행할 것을 온 민 족 앞에 엄숙히 약속한다.

1972년 7월 4일

서로 상부의 뜻을 받들어

이후락      김영주

# 고려민주련방공화국 창립방안

조선로동당 제6차대회 보고 – 1980년 10월 10일

(…)

우리는 나라의 통일이 반드시 자주, 평화통일, 민족대단결의 3대원칙에 기초하여 실현되어야 한다고 주장합니다.

조선의 통일문제는 외세의 지배와 간섭을 종식시키고 조선민족의 자주권을 완전히 실현하며 북과 남 사이의 불신과 대립을 없애고 민족적 단합을 이룩하는 문제입니다. 우리나라의 통일은 그 어떤 외세의 간섭도 없이 우리 민족 자체의 힘에 의하여 자주적으로 실현되어야 하며 북과 남 사이의 무력행사에 의해서가 아니라 접촉과 대화를 통하여 평화적으로 실현되어야 하며 북과 남, 해외에 있는 모든 조선동포들이 사상과 제도의 차이를 초월하여 한민족으로서 대단결을 이룩하는 원칙에서 실현되어야 합니다.

우리는 7·4북남공동성명에서 북과 남이 공동으로 천명한 숭고한 리념과 원칙에 기초하여 그리고 나라의 북과 남에 서로 다른 사상과 제도가 있는 우리나라의 구체적 현실로부터 출발하여 가장 빠르고 확신성 있는 조국통일방도를 찾아야 하며 적극적인 노력으로써 그것을 실현하여야 합니다.

우리 당은 조국을 자주적으로, 평화적으로, 민족대단결의 원칙에서 통일하는 가장 현실적이며 합리적인 방도는 북과 남에 있는 사상과 제도를 그대로 두고 북과 남이 련합하여 하나의 련방국가를 형성하는 것이라고 인정합니다.

해방 후 오늘까지 북과 남에는 오랜 기간 서로 다른 제도가 존재하여 왔으며 거기에서는 서로 다른 사상이 지배하고 있습니다. 이러한 조건에서 민족적 단합을 이룩하고 조국통일을 실현하려면 어느 한쪽의 사상과 제도를 절대화하지 말아야 합니다. 만일 북과 남이 제각기 자기의 사상과 제도를 절대화하거나 그것을 상대방에 강요하려 한다면 불가피적으로 대결과 충돌을 가져오게 되며 그렇게 되면 도리어 분렬을 심화시키는 결과를 낳게 될 것입니다. 전민족이 한결같이 조국통일을 지상의 과제로 인정하고 있는 이상 사상과 제도의 차이가 통일을 불가능하게 하는 조건으로는 될 수 없습니다. 한 나라 안에서 서로 다른 사상을 가진 사람들이 같이 살 수 있으며 하나의 통일국가 안에 서로 다른 사회제도가 함께 존재할 수 있습니다. 우리는 우리의 사상과 제도를 결코 남조선에 강요하지 않을 것이며 오직 민족의 단합과 조국통일을 위하여 모든 것을 복종시킬 것입니다.

우리 당은 북과 남이 서로 상대방에 존재하는 사상과 제도를 그대로 인정하고 용납하는 기초 위에서 북과 남이 동등하게 참가하는 민족통일정부를 내오고 그 밑에서 북과 남이 같은 권한과 의무를 지니고 각각 지역자치제를 실시하는 련방공화국을 창립하여 조국을 통일할 것을 주장합니다.

련방형식의 통일국가에서는 북과 남의 같은 수의 대표들과 적당한 수의 해외동포 대표들로 최고민족련방회의를 구성하고 거기에서 련방상설위원회를 조직하여 북과 남의 지역정부들을 지도하며 련방국가의 전반적인 사업을 관할하도록 하는 것이 합리적일 것입니다.

최고민족련방회의와 그 상임기구인 련방상설위원회는 련방국가의 통일정부로서 전민족의 단결, 합작, 통일의 념원에 맞게 공정한 원칙에서 정치문제와 조국방위문제, 대외관계문제를 비롯하여 나라와 민족의 전반적 리익과 관계되는 공동의 문제들을 토의결정하며 나라와 민족의 통일적 발전을 위한 사업을 추진하고 모든 분야에서 북과 남 사이의 단결과 합작을 실현하여야 할 것입니다. 련방국가의 통일정부는 북과 남에 있는 사회제도와 행정조직들, 각당, 각파, 각계각층의 의사를 존중히 여기며 어느 한쪽이 다른 쪽에 자기 의사를 강요하지 못하도록 하여야 할 것입니다.

북과 남의 지역정부들은 련방정부의 지도 밑에 전민족의 근본 리익과 요구에 맞는 범위에서 독자적인 정책을 실시하며 모든 분야에서 북과 남 사이의 차이를 줄이고 나라와 민족의 통일적 발전을 이룩하기 위하여 노력하여야 할 것입니다.

련방국가의 국호는 이미 세계적으로 널리 알려진 우리나라 통일국가의 이름을 살리고 민주주의를 지향하는 북과 남의 공통한 정치리념을 반영하여 고려민주련방공화국으로 하는 것이 좋을 것입니다.

고려민주련방공화국은 어떠한 정치군사적 동맹이나 쁠럭에도 가담하지 않는 중립국가로 되어야 합니다. 서로 다른 사상과 제도를 가지고 있는 북과 남의 두 지역을 하나의 련방국가로 통일하는 조건에서 고려민주련방공화국이 중립국가로 되는 것은 필연적인 것이며 또 현실적으로 가장 합리적인 것입니다.

고려민주련방공화국은 우리나라의 전령토와 전민족을 포괄하는 통일국가로서 전체 조선인민의 근본 리익과 요구에 맞는 정책을 실시하여야 할 것입니다.

우리 당은 고려민주련방공화국이 다음과 같은 시정방침을 내세우고 집행하는 것이 타당하다고 인정합니다.


첫째, 고려민주련방공화국은 국가활동의 모든 분야에서 자주성을 확고히 견지하며 자주적인 정책을 실시하여야 합니다.

자주성은 독립국가의 기본 표징이며 나라와 민족의 생명입니다. 국가활동에서 확고한 자주성을 가지고 자주권을 행사하여야 민족의 존엄과 영예를 지킬 수 있으며 인민들의 념원에 맞게 나라의 부강발전을 이룩할 수 있습니다.

고려민주련방공화국은 그 어떤 나라의 위성국으로도 되지 않으며 그 어떤 외세에도 의존하지 않는 완전한 자주독립국가로, 쁠럭불가담국가로 되어야 할 것입니다.

고려민주련방공화국은 온갖 형태의 외세의 간섭과 외세의존을 반대하고 대내외 활동에서 완전한 자주권을 행사하며 국가정치에서 나서는 모든 문제를 조선민족의 근본 리익과 우리나라의 실정에 맞게 자주적으로 풀어나가야 할 것입니다.

둘째, 고려민주련방공화국은 나라의 전지역과 사회의 모든 분야에 걸쳐 민주주의를 실시하며 민족의 대단결을 도모하여야 합니다.

민주주의는 각이한 사상과 정견을 가진 사람들이 다같이 공감하고 받아들일 수 있는 공통한 정치리념이며 각계각층의 광범한 인민들이 국가와 사회의 주인으로서 마땅히 누려야 할 신성한 권리입니다.

고려민주련방공화국은 독재정치와 정보정치를 반대하고 인민들의 자유와 권리를 철저히 옹호·보장하는 민주주의적인 사회정치제도를 전면적으로 발전시켜 나가야 합니다.

련방국가는 정당·사회단체의 조직과 활동의 자유, 신앙의 자유, 언론·출판·집회·시위의 자유를 보장하여야 하며 북과 남에 살고 있는 인민들이 나라의 모든 지역을 자유로이 오고가며 임의의 지역에서 정치·경제·문화 활동을 자유롭게 할 수 있는 권리를 보장하여야 합니다.

련방정부는 북과 남의 어느 한쪽에도 치우치지 않고 나라 안의 두 지역과 두 제도, 여러 당파와 계급, 계층의 리익을 다같이 보장하는 공정한 정책을 실시하여야 합니다. 련방정부가 실시하는 모든 정책은 민족대단결의 원칙으로부터 출발하여야 하며 민족의 단결과 합작을 강화하여 나라의 통일적인 발전과 번영을 이룩하기 위한 것으로 되어야 합니다.

련방정부는 통일국가의 발전을 위하여 노력하는 북과 남의 어떠한 단체나 개별적 인사에 대하여서도 과거를 묻지 않고 단결하여 나가며 어떤 형태의 정치적 보복이나 박해도 허용하지 말아야 할 것입니다.

셋째, 고려민주련방공화국은 북과 남 사이의 경제적 합작과 교류를 실시하며 민족경제의 자립적 발전을 보장하여야 합니다.

우리나라의 북과 남에는 앞으로 계속 개발리용할 수 있는 풍부한 자연부원이 있으며 지난 기간 마련하여 놓은 경제토대가 있습니다. 나라가 통일된 조건에서 북과 남이 서로 협조하고 합작하여 자연부원을 공동으로 개발하고 이미 마련하여 놓은 경제토대를 효과적으로 리용한다면 우리나라의 민족경제는 매우 빨리 발전할 수 있을 것이며 우리 인민들은 모두 다 남부럽지 않게 잘살 수 있을 것입니다.

북과 남 사이의 경제적 합작과 교류는 북과 남의 서로 다른 경제제도와 기업체들의 다양한 경제활동을 인정하는 기초 위에서 실현되어야 합니다. 련방정부는 북과 남에 있는 국가 소유와 협동단체 소유, 사적 소유와 개인 소유를 다같이 인정하고 보호하여야 하며 자본가들의 소유와 기업활동에 대해서도 독점과 매판행위를 추구하지 않고 민족경제의 발전에 이바지하는 한에서는 그것을 제한하거나 침해하지 말아야 할 것입니다.

련방국가는 여러 계급과 계층의 리익에 맞게 모든 생산단위와 기업체들의 경제활동을 잘 조절하면서 북과 남이 지하자원과 바다자원을 비롯한 자연부원을 공동으로 개발하고 리용하며 호상 협력과 유무상통의 원칙에서 분업과 통상을 널리 발전시켜 나가도록 하여야 합니다. 북과 남의 당국 또는 기업체들 사이에 공동회사, 공동시장 같은 것을 합리적으로 조직하여 운영하는 것도 좋을 것입니다.

련방국가는 북과 남 사이의 광범한 합작과 교류를 통하여 북과 남의 경제를 서로 련결되고 유기적으로 결합된 자립적인 민족경제로 발전시켜 나가야 할 것입니다.

넷째, 고려민주련방공화국은 과학·문화·교육 분야에서 북과 남 사이의 교류와 협조를 실현하며 나라의 과학기술과 민족문화예술, 민족교육을 통일적으로 발전시켜야 합니다.

우리 인민은 유구하고 찬란한 민족문화의 전통을 가지고 있습니다. 슬기롭고 재능 있는 우리 민족은 오랜 옛날부터 과학기술과 문화예술을 훌륭히 발전시켜 왔습니다. 해방 후 우리나라의 북과 남에서는 유능한 과학자, 기술자들과 재능 있는 문화예술인들이 많이 자라났습니다. 북과 남 사이에 교류와 협조를 실현하여 북과 남의 과학자, 기술자들과 문화예술인들이 힘과 지혜를 합친다면 우리나라의 과학기술과 민족문화예술을 더욱 찬란히 개화발전시킬 수 있을 것입니다.

련방국가는 북과 남의 과학자, 기술자들이 과학연구사업을 공동으로 진행하며 과학기술 분야의 성과와 경험을 널리 교환하도록 하여 우리나라의 과학기술을 빨리 발전시켜야 합니다.

련방국가는 북과 남의 예술인들과 체육인들 사이의 교류와 합작을 적극 장려하며 북과 남의 과학자들이 공동으로 민족문화유산을 발굴하고 보호관리하며 고유한 우리말과 글을 연구발전시키도록 하여야 합니다. 그리하여 우리의 민족문화예술을 더욱 찬란히 꽃피우고 단일민족으로서의 우리 민족의 고유성을 계속 살려나가도록 하여야 할 것입니다.

교육은 민족의 장래운명을 좌우하는 매우 중요한 사업입니다. 련방정부는 인민적인 교육제도를 발전시키고 교육사업을 국가적으로, 사회적으로 적극 지원하도록 함으로써 우수한 민족기술인재를 많이 양성하며 전체 인민의 문화지식수준을 끊임없이 높여 나가야 할 것입니다.


다섯째, 고려민주련방공화국은 북과 남 사이에 끊어졌던 교통과 체신을 련결하며 전국적 범위에서 교통·체신 수단의 자유로운 리용을 보장하여야 합니다.

교통과 체신은 나라의 동맥이며 신경입니다. 국토가 량단되고 교통과 체신이 끊어짐으로써 우리 민족은 가족, 친척들을 가까이 두고도 서로 만나지 못하고 소식조차 나누지 못하는 커다란 불행을 겪게 되었습니다. 북과 남 사이에 끊어졌던 교통과 체신을 다시 련결하여야 민족의 이러한 불행을 끝장낼 수 있으며 북과 남 사이의 정치·경제·문화적 교류와 합작을 원만히 실현할 수 있습니다.

련방국가는 북과 남을 련결하는 철길과 자동차길을 복구하고 뱃길과 비행기길을 개설하여 땅과 바다, 하늘을 통한 북과 남 사이의 자유로운 래왕이 이루어지도록 하여야 합니다. 또한 북과 남의 전지역에 걸쳐 전신·전화가 통하고, 우편물이 자유로이 오고가도록 하여야 합니다.

련방정부는 북과 남이 교통수단과 체신시설을 공동으로 리용할 뿐아니라 그 관리운영도 점차 공동으로 하여 앞으로는 온 나라의 교통과 체신을 일원화하도록 하여야 할 것입니다.


여섯째, 고려민주련방공화국은 로동자, 농민을 비롯한 근로대중과 전체 인민들의 생활안정을 도모하며 그들의 복리를 계통적으로 증진시켜야 합니다.

근로대중은 국가와 사회의 주인이며 모든 물질적 부의 창조자입니다. 근로자들에게 안정된 생활을 보장하여 주며 그들의 복리를 끊임없이 높이는 것은 인민을 위하여 복무하는 민주주의 국가의 활동에서 가장 중요한 원칙으로 되어야 하며 또한 그렇게 하는 것은 통일정부가 마땅히 리행하여야 할 민족적 의무이기도 합니다.

련방국가는 모든 활동에서 로동자, 농민을 비롯한 근로자들과 각계각층 인민들의 생활안정과 복리증진을 위한 사업에 우선권을 부여하여야 합니다. 모든 근로자들에게 먹고 입고 쓰고 살 수 있는 기본적인 생활조건을 보장하여 주며 가난한 사람들의 생활을 중산층의 생활수준으로 끌어올려 전체 인민이 다 잘살도록 하여야 할 것입니다.

련방국가는 로동능력 있는 모든 사람들에게 직업을 알선해 주고 로동조건과 휴식조건을 마련해 주며 근로자들의 안정된 생활을 보장할 수 있는 임금제도와 가격정책, 공정한 세금제도를 실시하여야 합니다. 중소기업을 비롯한 여러가지

형태의 기업체들에서 정상적으로 생산활동을 진행하고 근로자들의 생활을 보장하도록 대책을 세우며 특히 령세농어민들과 소상인, 수공업자들의 경리를 국가적으로 적극 지원하여야 할 것입니다.

련방국가는 근로자들의 교육과 건강증진에 깊은 관심을 돌리고 국가적인 보장대책을 세워 모든 근로자들과 그 가족들이 누구나 다 교육을 받을 수 있고 병을 치료받을 수 있도록 하여야 합니다.

일곱째, 고려민주련방공화국은 북과 남 사이의 군사적 대치상태를 해소하고 민족련합군을 조직하며 외래침략으로부터 민족을 보위하여야 합니다.

북과 남이 방대한 무력을 가지고 군사적으로 대치하여 있는 것은 호상간에 오해와 불신을 조성하고 불화를 가져오며 평화를 위협하는 근원으로 됩니다.

련방국가는 북과 남 사이의 군사적 대치상태를 끝장내고 동족상쟁을 영원히 종식시키기 위하여 쌍방의 군대를 각각 10만~15만 명으로 줄여야 합니다. 이와 함께 북과 남을 갈라놓고 있는 군사분계선을 없애고 그 일대의 모든 군사시설을 제거하며 북과 남에 있는 민간군사조직들을 해산하고 민간군사훈련을 금지하여야 합니다.

련방국가는 조선인민군과 남조선 '국군'을 통합하여 단일한 민족련합군을 조직하여야 합니다. 민족련합군은 북과 남의 어느 쪽에도 속하지 않는 통일국가의 민족군대로서 련방정부의 통일적인 지휘 밑에 조국보위임무를 수행하여야 합니다. 민족련합군을 유지하며 조국을 보위하는 데 필요한 모든 부담은 북과 남이 공동으로 져야 할 것입니다.

여덟째, 고려민주련방공화국은 해외에 있는 모든 조선동포들의 민족적 권리와 리익을 옹호하고 보호하여야 합니다.

오늘 수많은 우리 조선동포들이 해외에서 살고 있습니다. 고려민주련방공화국은 해외에 있는 조선동포들의 조국으로서 마땅히 그들의 민족적 권리와 리익을 옹호하고 보호할 책임과 의무를 지녀야 합니다.

고려민주련방공화국은 해외에 있는 모든 조선동포들이 국제적으로 공인된 합법적 권리와 자유를 누리도록 하기 위하여 적극 노력하며 민주주의적 민족권리를 위한 그들의 투쟁을 견결히 지지성원하여야 합니다.

련방정부는 모든 해외동포들이 조국으로 자유로이 래왕하며 조국에 돌아와 임의의 지역에서 자유롭게 살며 활동할 수 있는 권리를 보장하여야 합니다.

아홉째, 고려민주련방공화국은 북과 남이 통일 이전에 다른 나라들과 맺은 대외관계를 올바로 처리하며 두 지역정부의 대외활동을 통일적으로 조절하여야 합니다.

나라의 통일이 실현되기 전에 북과 남이 다른 나라들과 맺은 대외관계를 올바로 처리하여야 통일국가 안에서 전민족적 리익과 두 지역의 리익이 다같이 적절히 보장될 수 있으며 련방국가가 세계 여러 나라들과 공정한 립장에서 친선관계를 발전시켜 나갈 수 있습니다. 또한 통일이 된 다음에도 북과 남이 일정한 범위에서 각각 다른 나라들과 독자적인 대외관계를 가지게 되는 조건에서 련방정부가 두 지역정부의 대외활동을 통일적으로 잘 조절하는 것이 필요합니다.

고려민주련방공화국은 북과 남이 통일 이전에 다른 나라들과 일방적으로 맺은 군사조약을 비롯하여 민족적 단합에 배치되는 모든 조약과 협정들을 폐기하여야 합니다. 북과 남이 다른 나라들과 맺은 대외관계 가운데서 경제관계를 비롯하여 민족공동의 리익에 어긋나지 않는 대외관계는 계속 유지하여야 할 것입니다.

련방국가는 북과 남이 사회제도에 관계없이 다른 나라들과 경제적으로 합작하는 것을 허용하여야 합니다. 련방국가는 나라가 통일되기 전에 남조선에 투자한 다른 나라의 자본을 다치지 말며 그 리권을 계속 보장하여야 할 것입니다.

고려민주련방공화국은 북과 남의 지역정부들이 다른 나라들과 쌍무적 관계를 가지는 것을 허용하여야 합니다. 련방국가는 북과 남의 대외관계를 잘 조절하여 두 지역정부가 대외활동에서 공동보조를 취하도록 하여야 할 것입니다.

열째, 고려민주련방공화국은 전민족을 대표하는 통일국가로서 세계 모든 나라들과 우호관계를 발전시키며 평화애호적인 대외정책을 실시하여야 합니다.

고려민주련방공화국은 대외관계에서 전체 조선민족을 유일적으로 대표하여야 합니다. 련방국가는 유엔을 비롯한 국제기구들에 전 조선민족을 대표하여 참가하며 전민족을 대표하여야 할 모든 국제적인 행사들에 유일대표단을 보내야 할 것입니다.

고려민주련방공화국은 중립로선을 확고히 견지하고 쁠럭불가담정책을 실시하며 자주성과 내정불간섭, 평등과 호혜, 평화공존의 원칙에서 세계 모든 나라들과 우호관계를 발전시켜 나가야 합니다. 특히 고려민주련방공화국은 린접한 나라들과의 선린관계를 적극 발전시켜 나가야 할 것입니다.

고려민주련방공화국은 평화를 사랑하는 나라로 되어야 하며 평화애호적인 대외정책을 실시하여야 합니다. 통일된 조선은 주변나라들과 세계 어느 나라에도 침략위협으로 되지 않을 것이며 국제적인 그 어떤 침략행위에도 가담하거나 협력하지 않을 것입니다. 련방국가는 우리나라 령토에 다른 나라 군대의 주둔과 다른 나라 군사기지의 설치를 허용하지 말며 핵무기의 생산과 반입, 그 사용을 금지함으로써 조선반도를 영원한 평화지대로, 비핵지대로 만들어야 할 것입니다.

고려민주련방공화국이 실행하여야 할 10대 시정방침은 전체 조선민족의 공통된 지향과 요구를 정확히 반영하고 있으며 통일된 조선이 나아갈 앞길을 뚜렷이 밝혀주고 있습니다.

우리 당이 이번에 새롭게 제기하는 조국통일방안과 통일국가의 10대 정강은 전체 조선인민의 적극적인 지지와 찬동을 받을 것이며 세계인민들로부터 열렬한 환영을 받을 것입니다.

우리 당은 새로운 조국통일방안을 하루빨리 실천에 옮기고 통일된 조국에서 행복하게 살려는 5천만 겨레의 절절한 념원을 실현하기 위하여 모든 것을 다하여 적극 투쟁할 것입니다.

우리 당의 방안대로 련방공화국을 창립하고 조국통일을 실현하기 위하여서는 북과 남, 해외에 있는 모든 조선동포들이 사상과 제도, 당파와 정견의 차이를 가리지 말고 조국통일의 기치 아래 하나의 민족대통일전선에 굳게 뭉쳐 투쟁하여야 합니다.

조국의 자주적 평화통일을 위한 우리 당과 우리 인민의 투쟁의 앞길에는 아직도 많은 장애와 난관이 가로놓여 있습니다. 그러나 우리는 모든 장애와 난관을 반드시 뚫고 나갈 것이며 전민족의 단합된 힘으로 조국통일의 력사적 위업을 기어코 성취하고야 말 것입니다.

온 민족이 단결하고 북과 남이 합작하여 고려민주련방공화국을 창립하고 조국을 통일하면 우리나라는 5천만의 인구와 찬란한 민족문화와 위력한 민족경제를 가진 자주독립국가로서 당당한 존엄과 권위를 가지고 세계무대에 등장할 것이며 삼천리 강토 위에 더욱 부강하고 번영하는 인민의 락원을 건설하게 될 것입니다.

# 민족화합 민주통일방안

전두환 대통령 국정연설 - 1982년 1월 22일

그동안 펼쳐진 역사의 교훈에 비추어볼 때 남북한 쌍방 중 어느 일방이 자기의 사상·이념·제도를 앞세워 자기가 원하는 방식의 통일만을 고집하는 한 통일은 결코 이루어질 수 없을 것입니다. 통일은 장구한 세월에 걸쳐 한 핏줄, 한 역사, 같은 문화와 같은 전통을 이어온 하나의 민족이라는 입장에 서서 이를 해결하려 할 때라야 비로소 이루어질 수 있는 것입니다.

또한 통일은 어느 특정 계층이나 집단에 의하여 독점적·배타적으로 주도되어서도 안 되고, 무력 또는 폭력의 방법으로 추구되어서도 안 될 것입니다.

통일은 어디까지나 민족자결의 원칙에 의거하여 겨레 전체의 자유의사가 반영되는 민주적 절차와 평화적 방법으로 성취되어야 한다고 본인은 믿어 의심치 않는 바입니다.

본인이 지난해 1월 12일과 6월 5일 두 차례에 걸쳐 남북한 당국 최고책임자의 상호방문과 직접회담을 제의했던 것도 바로 민주적 절차와 평화적 방법에 의한 통일의 길을 허심탄회하게 찾아보자는 데 그 뜻이 있었던 것입니다.

이 제의가 실현되도록 지금까지 기울여온 노력을 앞으로도 꾸준히 계속할 것을 분명히 하면서 오늘 본인은 남북한 당국 최고책임자회담이 실현될 경우 제시하려고 구상했던 통일방안을 밝힘으로써 북한당국과 전세계에 대하여 우리의 참뜻을 이해하는 기회를 부여하고자 합니다.

평화통일을 성취하는 가장 합리적인 길은 남북한간에 민족적 화합을 이룩하여 민족 전체의 통일의지를 한데 모아 통일헌법을 채택하고 그 헌법에 따라 통일국가를 완성시키는 것이라고 본인은 확신하는 바입니다.

통일헌법을 마련함에 있어서는 쌍방 주민의 뜻을 대변하는 남북대표로 가칭 '민족통일협의회의'를 구성하고 그 기구에서 민족·민주·자유·복지의 이상을 추구하는 통일민주공화국을 실현하기 위한 통일헌법을 기초하도록 하는 것이 좋을 것입니다.

통일헌법 초안이 마련되면 쌍방은 남북한 전역에 걸쳐 민주방식에 의한 자유로운 국민투표를 실시하여 통일헌법을 확정·공포하고 그 헌법이 정하는 바에 따라 총선거를 실시, 통일국회와 통일정부를 구성함으로써 대망의 통일국가를 완성할 수 있을 것입니다.

통일조국의 정치이념과 국호, 대내외정책의 기본방향, 정부형태와 국회구성을 위한 총선거의 방법과 시기 및 절차 등은 '민족통일협의회의'가 구성되어 쌍방이 통일헌법을 기초하는 과정에서 토의 합의할 문제들입니다.

우리가 구상하는 통일헌법 초안은 '민족통일협의회의'에서 제시될 것입니다.

북한 측이 진정 조국의 자주적 평화통일을 바란다면 그들도 우리와 마찬가지로 '민족통일협의회의'에서 그들이 구상하는 통일헌법 초안을 정정당당하게 내어놓고 우리 측의 초안과 비교·검토하는 가운데 하나의 단일안을 만드는 절차에 동의하여야 할 것입니다.

남북 쌍방간에 이같은 통일헌법의 마련을 위한 역사적인 작업이 순조롭게 추진되려면 우선 신뢰가 조성되어야 하고 민족생활의 모든 영역에서 통일을 저해하는 요인들을 착실하게 해소시켜야 할 필요가 있다고 본인은 생각하는 바입니다.

따라서 남북 쌍방은 그동안의 민족 자해적이며 비정상적인 관계에 종지부를 찍고 하루속히 민족적 화합을 실현할 수 있는 민족 자애적인 정상관계로 전환해야 할 것입니다.

이상과 같은 견지에서 본인은 남북 쌍방이 무엇보다도 상호관계를 정상화하고 이 기초 위에서 민족화합을 구체적으로 실현해 나가기를 희망하면서 통일을 이룩할 때까지의 실천조치로서 다음의 합의사항을 내용으로 하는 '남북한 기본관계에 관한 잠정협정'을 체결할 것을 제의합니다.

첫째, 쌍방은 장차 통일국가가 수립될 때까지는 호혜평등의 원칙에 입각하여 상호관계를 유지해 나간다.

둘째, 쌍방은 쌍방간 분쟁문제의 해결에 있어서 모든 형태의 무력 및 폭력의 사용 또는 위협을 완전히 지양하고 모든 문제를 상호 대화와 협상을 통해 평화적 방법으로 해결한다.

셋째, 쌍방은 상호관계에 있어서 현존하는 상이한 정치질서와 사회제도를 상호 인정하며 서로 상대방의 내부문제에 일체 간섭하지 아니한다.

넷째, 쌍방은 한반도에서의 긴장완화와 전쟁방지를 위하여 현존 휴전체제를 유지하면서 군비경쟁의 지양과 군사적 대치상태의 해소조치를 협의한다.

다섯째, 쌍방은 분단으로 인한 민족의 고통과 불편을 해소하며 민족적 신뢰와 화합의 분위기를 조성하기 위해 상호 교류와 협력을 통하여 사회적 개방을 추진해 나가기로 한다. 쌍방은 이산가족의 인도적 재회문제를 포함해서 남북간의 자유로운 인적 왕래와 다각적인 교류를 촉진할 수 있도록 교역·교통·우편·통신·체육·학술·교육·문화·보도·보건·기술·환경보전 등 제분야에서 협력하며 이를 통하여 민족의 이익을 증진시키는 구체적인 노력을 경주하기로 한다.

여섯째, 쌍방은 통일이 이루어질 때까지 사상·이념·제도의 차이에 구애됨이 없이 전세계 모든 나라들과 각기 체결한 모든 쌍무적 및 다각간 국제조약과 협정을 존중하며 민족의 이익에 관한 문제에 있어서는 서로 협의한다.

일곱째, 쌍방은 각료급 전권대표를 임명하여 각기 서울과 평양에 상주연락대표부를 설치한다. 쌍방은 상호 협의에 의하여 연락대표부의 임무를 구체적으로 정하며 자기 측 관할영역에 주재하는 상대편 연락대표부의 임무수행에 지장이 없도록 필요한 편의와 협조를 제공한다.

본인은 북한 측이 하루속히 남북한 당국 최고책임자간의 회담에 호응하여 이 자리에서 이상의 모든 문제들에 관하여 허심탄회한 협의가 이루어질 수 있게 되기를 희망합니다.

또한 본인은 조속한 시일 안에 각료급을 수석대표로 하는 남북 쌍방의 고위 대표 간에 예비회담을 개최하여 남북한 당국 최고책임자 간의 회담을 실현시키는 데 필요한 절차를 마련할 것을 북한 측에 제의하는 바입니다.

대한민국정부는 만약 북한 측이 이같은 예비회담 개최 제의에 동의한다면 이 예비회담에 소정의 대표단을 파견할 모든 준비를 이미 갖추어놓고 있다는 사실도 밝혀두고자 합니다.

# 한민족공동체 통일방안

노태우 대통령 국회특별연설 – 1989년 9월 11일

존경하는 국회의장, 그리고 국회의원 여러분, 제147회 정기국회의 개회를 축하합니다.

이번 국회는 파란과 성취가 교차한 1980년대를 마무리짓고 희망의 90년대를 여는 뜻깊은 정기국회라고 생각하며, 국민의 여망에 부응하는 많은 결실이 이번 국회에서 거두어지기를 기대합니다. 저는 오늘 국민의 대표가 한자리에 모인 이 민의의 전당에서 우리 민족사의 소망이며 우리 민족의 염원인 통일을 실현할 방안을 밝히게 된 것을 뜻깊게 생각합니다.

의원 여러분,

이제 우리는 나라를 빼앗긴 시련으로 시작된 20세기를 영광으로 마무리지어야 할 이 세기의 마지막 연대를 맞고 있습니다. 이 세기에 들어서면서 주변 정세에 능동적으로 대처할 힘이 모자라 끝내 나라를 잃고 만 우리 민족은 해방의 날을 맞았음에도 그 불운의 연장선상에서 국토분단과 동족상잔의 엄청난 비극을 겪어야 했습니다. 오늘을 사는 우리들 모두는 어떠한 어려움이 있더라도 지혜와 힘을 모아 민족분단의 장벽을 허물고 통일의 길을 열어가야 합니다. 나라와 민족을 양단한 이 분단의 아픔은 우리들 다음 세대, 다음 세기로 넘길 수 없습니다. 이제 우리는 겨레의 뜻과 열망을 한데 모아 통일의 횃불을 높이 들고 민족통일의 길을 힘차게 개척해나갈 것입니다.

저는 앞으로 다가오는 10년이야말로 우리의 넘치는 민족적 역량으로 통일의 길을 열 수 있는 역사적 시기라고 확신합니다. 정치·경제적으로, 그리고 모든 분야에서 이제 우리는 조국의 통일을 우리 스스로 이룰 수 있는 당당한 힘을 쌓았고 그것을 실천할 능력을 갖췄습니다. 북한의 전면남침으로 불바다가 되었던 잿더미 위에서 일어나 우리는 세계에서 가장 빠른 경제성장을 이룩하여 세계 10대 무역국가에 들어선 신흥산업국가를 만들었습니다.

우리는 작년 민주주의의 새로운 활력 속에 서울올림픽을 사상 가장 훌륭한 대회로 치렀습니다. 동서남북 세계 160개국의 젊은이들이 이념과 체제, 인종과 종교의 벽을 넘어 서울의 한마당에 모인 이 인류화합의 대축제는 국제질서 속에서 피동적인 존재로 비켜서 있던 우리 민족이 세계에 화해의 물결을 주도한 위업이었습니다.

통일의 여건을 조성하려는 우리의 노력은 이같은 성취에 힘입어 사회주의 국가들과 교류협력하는 적극적인 관계를 이룩함으로써 국제사회에서 새로운 지평을 열고 있습니다.

세계는 지금 커다란 변화의 소용돌이 속에 있습니다. 소련과 중국, 동구 사회주의 국가 안에서 일고 있는 개방과 개혁의 물결은 그들 내부체제와 정책의 변화는 물론, 국제질서에 새로운 변화를 몰아오고 있습니다. 우리에게 분단을 안겨주었고 그것을 40여 년 고착시켰던 세계의 질서와 힘의 구조 자체에 근본적인 변화가 일고 있습니다.

저는 이같은 거대한 안팎의 변화를 주체적으로 수용하여 통일의 길을 열어나가기 위해 주도적인 노력을 기울여왔습니다. 저는 작년 7월 남북한이 더 이상 적대·대결하는 상대가 아니라 공동의 번영을 향해 협력해 가는 동반자의 관계로 발전시켜 나가기 위한 정책을 선언했습니다.

또한, 작년 10월 유엔총회 연설을 통해 남북한간의 화해와 협력을 바탕으로 한반도와 동북아시아에 평화의 구조를 정착시키기 위한 구상을 전세계에 밝혔습니다. 북한을 폐쇄와 고립으로부터 개방으로 이끌어 한반도에 화해와 평화를 이룩하고 통일의 여건을 조성하려는 우리의 정책은 동서 세계로부터 지지와 호응을 받고 있습니다.


의원 여러분,

40여 년의 세월 동안 우리 스스로와 세계를 바꾸어놓은 변화에도 불구하고, 변화를 거부하는 장애가 통일의 길목에 가로놓여 있습니다. 한반도를 가르는 휴전선을 사이에 두고 세계에서 가장 밀집된 군사력이 대치하고 있으며 긴장과 대결은 늦추어지지 않고 있습니다.

산천도 변한다는 10년의 세월이 네 번을 거듭하여도 북한을 지배해온 경직된 체제는 변하지 않았을 뿐만 아니라 오히려 변화의 거대한 물결을 거부하고 있습니다. 남쪽을 공산화함으로써 적화통일을 이루겠다는 기본전략이나, 모든 것이 통제된 북한사회 내부도 아직은 바뀐 것이 없습니다. 통일을 향해 나아가는 우리의 열정은 뜨겁지만 우리가 맞고 있는 분단현실은 이처럼 냉엄합니다.

저는 이러한 상황을 직시하면서 북한은 도도한 세계적 변화의 물결이 도달하는 마지막 해안이 될지는 모르나, 결코 이 물결을 끝내 거역할 수 없을 것이라고 확신합니다. 폐쇄노선에 한계상황을 맞고 있는 북한은 변화의 물결에 순응하여 끝내는 개방과 협력의 길로 나올 것입니다. 우리는 그것이 앞당겨지도록 돕고 이끌 것입니다.

여기에 얼마나 많은 우리의 땀과 인내, 겨레의 슬기와 뭉친 힘이 들어가야 할지라도 우리는 이 모든 것을 쏟아 그들이 통일의 길로 나오도록 할 것입니다.

의원 여러분,

작년 10월 4일 저는 이 자리에서 우리 겨레의 뜻을 모아 새로운 정세변화에 부응하여 실현 가능하고 타당한 조국의 평화적 통일방안을 밝히겠다고 약속드렸습니다. 그동안 정부는 전문가를 포함한 각계 국민들의 광범한 의견과 지혜를 모으고, 국회공청회를 거쳐 겨레의 소망을 실현할 새로운 통일방안을 마련하였습니다. 헌법이 대통령에게 부과하고 있는 엄숙한 의무에 따라 저는 남북이 자주·평화·민주의 3원칙을 바탕으로 남북연합의 중간과정을 거쳐 통일민주공화국을 실현하는 '한민족공동체 통일방안'을 밝히고자 합니다.

의원 여러분, 그리고 내외동포 여러분,

통일된 우리의 조국은 민족성원 모두가 주인이 되는 하나의 민족공동체로서 각자의 자유와 인권과 행복이 보장되는 민주국가여야 합니다. 민족성원 모두의 참여와 기회균등이 보장되고 다양한 주의·주장이 자유로이 표현되고 대변되는 민주공화체제는 온 겨레의 오랜 소망이며 민족의 대단결을 도모할 수 있는 통일된 나라의 유일한 선택일 것입니다.

이에 따라 통일된 조국에서는 어느 특정인이나 어느 집단, 어느 계급도 특권이나 주도적인 지위를 누리거나 독재로 전횡하는 일은 용인될 수 없을 것입니다. 통일된 조국은 민족성원 모두의 복지를 증진하며 민족의 항구적인 안전을 보장하면서 모든 나라와 선린우호관계를 이루어 세계의 평화와 인류의 복리에 기여하는 나라가 되어야 합니다.

우리 민족은 하나입니다. 따라서 통일된 우리나라는 단일국가여야 하며, 이것이 민족의 소망입니다. 이념과 체제가 다른 두 개의 나라를 영속시키는 형태는 온전한 통일이라 할 수 없을 것입니다. 통일을 이루는 원칙은 어디까지나 민족자결의 정신에 따라 자주적으로, 무력행사에 의거하지 않고 평화적으로, 그리고 민족대단결을 도모하고 민주적으로 실현되어야 합니다.

의원 여러분,

통일은 하루빨리 실현되어야 합니다. 그러나 서로 다른 이념과 체제를 가진 남과 북이 분단 40여 년간 누적된 깊은 불신과 오랜 대결 적대의 관계를 그대로 두고 하루아침에 통일을 이룰 수 없는 것이 우리의 현실입니다.

우리는 분단이 있기까지 5천 년의 긴 역사를 통해 한 핏줄, 같은 언어, 같은 문화전통, 그리고 같은 삶의 터전 위에서 하나의 민족공동체를 이루어 살아왔습니다. 이 민족공동체야말로 현재도 남북으로 갈라진 민족을 하나로 묶고 있는 바탕이며 우리 민족의 통합을 이루어야 하는 당위이자 이를 보장하는 근본인 것입니다.

우리나라의 국토분단은 좌우익간의 유혈투쟁과 6·25 남침으로 인한 동족간의 처절한 전쟁을 겪으면서 민족의 분열로 심화되었습니다. 적대하는 두 체제로 나뉘어 반세기 가까이 서로 다른 삶을 살아온 남북의 겨레는 생활양식과 가치관마저 달라지고 있습니다. 이렇게 갈라지고 이질화된 민족사회를 그대로 두고 하나의 국가를 만들 수는 없습니다. 민족공동체를 올바로 회복·발전시키는 일이야말로 통일을 앞당기는 길입니다.

통일로 가는 중간단계로서 먼저 남과 북은 서로 다른 두 체제가 존재하고 있다는 현실을 바탕으로 서로가 서로를 인정하고 공존공영하면서 민족사회의 동질화와 통합을 촉진해나가야 합니다. 남북간에 개방과 교류·협력을 넓혀 신뢰를 심어 민족국가로 통합할 수 있는 바탕을 만들어가야 합니다.

이와 같이 하여 사회·문화·경제적 공동체를 이루어나가면서 남북간에 존재하는 각종 문제를 해결해간다면 정치적 통합의 여건은 성숙될 것입니다. 통일을 촉진할 이 과정을 제도화하기 위해 쌍방이 합의하는 헌장에 따라 남북이 연합하는 기구를 설치하는 것이 필요합니다. 이러한 연합체제 아래에서 남과 북은 민족공동생활권을 형성하여 공동의 번영을 이룩하고, 민족동질성을 회복토록 하여 민족공동체의 발전을 보다 가속화시켜나가야 할 것입니다.

이것은 완전한 통일국가로 가는 중간과정의 과도적 통일체제라 할 수 있습니다.

남북연합은 최고결정기구로 '남북정상회의'를 두고, 쌍방 정부대표로 구성되는 '남북각료회의'와 남북 국회의원으로 구성되는 '남북평의회'를 설치하는 것이 바람직합니다. 남북은 각료회의와 평의회의 업무를 지원하고 합의사항 이행 등 실무를 위해 공동사무처를 두고 서울과 평양에 상주연락대표를 파견할 수 있을 것입니다. 공동사무처를 비롯한 남북연합의 기구와 시설을 비무장지대 안에 평화구역을 만들어 설치할 수 있을 것입니다. 평화구역은 점차 '통일평화시'로 발전시켜나가는 것이 바람직할 것입니다.

남북각료회의는 남북의 총리를 공동의장으로 하여 각각 10명 내외의 각료급 위원으로 구성하고, 그 안에 인도, 정치·외교, 경제, 군사, 사회·문화 분야 등의 상임위원회를 둘 수 있을 것입니다. 남북각료회의는 남북간의 모든 현안과 민족문제를 협의·조정하고 그 실행을 보장하되 구체적으로는 각 상임위원회별로 다음과 같은 업무를 수행할 수 있습니다.

인도적으로는 1천만 이산가족의 재결합 문제를 해결해나가야 할 것입니다.

정치·외교 분야에서는 남북간의 정치적 대결상황을 완화시키고 국제사회에서 민족역량의 쓸모 없는 낭비를 막으며 해외동포의 권익은 물론 민족적 이익을 함께 신장시킬 것입니다.

경제 및 사회·문화 분야에서는 우선 남북사회의 개방과 다각적인 교류·교역·협력을 추진하고 민족문화를 함께 창달시켜야 할 것입니다. 특히 공동번영의 경제권을 형성하면 남북 모두의 발전을 이루고 민족성원 모두의 삶의 질을 향상시킬 수 있을 것입니다.

군사분야에서는 과도한 군비경쟁을 지양하고 무력대치 상태를 해소하기 위하여 군사적 신뢰구축과 군비통제를 실현해나갈 수 있을 것입니다. 또한 현재의 휴전협정체제를 평화체제로 바꿔나가는 것도 가능할 것입니다.

'남북평의회'는 100명 내외로 쌍방을 대표하는 동수의 남북 국회의원으로 구성하되, 통일헌법의 기초와 통일을 실현할 방법과 그 구체적 절차를 마련하고,

남북각료회의의 자문에 응할 수 있을 것입니다. '남북평의회'는 통일헌법의 기초과정에서 통일국가의 정치이념·국호·국가형태 등을 논의하고, 대내외정책의 기본방향이나 정부형태는 물론 국회구성을 위한 총선거의 방법·시기·절차 등을 토의하여 합의해야 할 것입니다. 남북은 각기 구상하는 통일헌법 초안을 '남북평의회'에 내놓고 합리적인 단일안을 만드는 데 노력해야 할 것입니다.

통일헌법안이 마련되면, 민주적 방법과 절차를 거쳐 확정·공포하고, 이 헌법이 정하는 바에 따라 총선거를 실시하여 통일국회와 통일정부를 구성할 수 있습니다.

통일조국의 국회는 지역대표성에 입각한 상원과 국민대표성에 입각한 하원으로 구성되는 양원제로 할 수도 있을 것입니다. 이렇게 함으로써 우리는 마침내 통일민주공화국을 수립하여 통일의 대업을 완수할 수 있을 것입니다.


의원 여러분,

저는 이 '한민족공동체 통일방안'이 우리 겨레의 이상과 의사에 맞고, 남북의 현실에 부합하는 가장 합리적이고 현실적인 방안이라고 확신합니다. 새 공화국 출범 이후 저는 남북간에 화해와 통일의 전기를 마련하는 데 가장 실효성 있는 방법이 남북의 정상이 서로 만나는 것임을 여러 차례 강조한 바 있습니다.

저는 남북정상회담이 가능한 한 빨리 열려 본격적인 남북협력과 통일의 시대를 열 헌장에 합의하는 노력이 이루어지기를 희망합니다. 이 헌장에서는 평화와 통일을 위한 기본방안, 상호불가침에 관한 사항, 통일의 중간단계로서 남북이 연합하는 기구의 설치와 운영에 관한 포괄적인 합의가 담겨질 수 있을 것입니다.

저는 하루속히 이같은 민족공동체 헌장이 마련되어 온 겨레 앞에 공포되기를 기대합니다. 분단 45년이 되는 내년 8월 15일까지는 남북이 평화와 통일로 나아가는 돌파구를 열어야겠습니다. 그리하여 민족사에 통일을 이룩하는 새로운 장을 펼쳐 우리 세대에게 부여된 역사의 소임을 다해야 할 것입니다.

의원 여러분, 그리고 내외동포 여러분,

두 차례 세계대전에서 치열한 전쟁을 치렀던 유럽의 여러 민족과 국가들은 지금 하나의 공동체를 성공적으로 이루어 함께 번영을 일구는 시대를 만들어가고 있습니다. 영국·프랑스·서독·이탈리아를 포함한 유럽공동체 국가들은 지난날의 적대와 대결을 동반자의 관계로 바꾸어 1992년 완전한 경제통합체를 이루며 정치적 통합으로 나아가고 있습니다. 다른 민족의 지배 아래서도 하나의 민족공동체를 지켜왔던 우리가 분단의 벽을 넘어 수천년 이어온 공동체의 삶을 회복하지 못할 이유는 없습니다.

의원 여러분,

오늘날 사회주의 국가들도 자유와 인권의 폭을 넓히며 다양한 의사를 대표하는 복수정당제를 인정하는 방향으로 나아가고 있습니다. 자유와 인간의 존엄성을 존중하는 것은 이념과 체제를 떠난 보편적 가치입니다.

나는 민족의 화해를 실현하기 위해 북한이 우리의 북한동포에게 자유와 인권을 보장하도록 강력히 촉구합니다. 그들이 이같은 조처를 취하지 않고는 개방의 길로 나설 수도 없고, 우리와 교류·협력·연합하여 민족공동체에 합류하기도 현실적으로 어려울 것입니다. 북한은 말로만 평화통일을 외칠 것이 아니라 적화통일 노선을 실질적으로 포기해야 합니다. 그것 없이 자주·평화·민주적 통일의 길은 열릴 수 없습니다.

나는 지난 광복절 경축사에서 밝힌 바와 같이 북한이 평화통일의 여건을 조성할 이같은 일을 실천할 경우 남북한 관계에 새로운 기원을 여는 조치를 취할 것입니다.

의원 여러분, 그리고 내외동포 여러분,

분단의 장벽이 높고 두터운 만큼 통일의 길은 험난합니다. 분단의 고통과 비극이 큰 만큼, 그것을 가시게 하는 데는 우리의 더 큰 역량과 지혜, 무한한 참을 성과 피땀을 쏟아야 합니다. 이 모든 준엄한 현실을 외면한 안일한 환상이 우리에게 가져다줄 것은 조국의 통일이 아니라 겨레의 더 큰 시련일 뿐입니다.

민족문제를 해결할 통일에 관한 한, 우리의 내부적인 이견과 갈등, 반목과 분열을 민주주의의 거대한 용광로 속에 녹여 무쇠와 같은 민족의 통일의지를 창조해 내어야 합니다. 민주번영으로 우리의 통일역량이 더한층 커질 때 분단의 벽은 무너질 것이며, 겨레의 단합된 힘이 통일의 날을 앞당길 것입니다. 온갖 고난을 이겨내 오늘의 발전을 이룩한 겨레의 보람 위에 아무도 생각지 못했던 가장 훌륭한 올림픽이 이 땅에서 열렸듯이, 온 민족의 지성이 응집되어 통일의 날은 반드시 다가올 것입니다.

오늘 온 겨레의 염원을 담은 통일방안을 밝히면서 통일의 빛나는 그날을 여러분과 함께, 7천만 동포 모두와 함께 힘차게 열어갈 것을 다짐합니다.

감사합니다.

# 남북 사이의 화해와 불가침 및 교류·협력에 관한 합의서

남과 북은 분단된 조국의 평화적 통일을 염원하는 온 겨레의 뜻에 따라, 7·4 남북공동성명에서 천명된 조국통일 3대원칙을 재확인하고, 정치 군사적 대결상태를 해소하여 민족적 화해를 이룩하고, 무력에 의한 침략과 충돌을 막고 긴장완화와 평화를 보장하며, 다각적인 교류·협력을 실현하여 민족 공동의 이익과 번영을 도모하며, 쌍방 사이의 관계가 나라와 나라 사이의 관계가 아닌 통일을 지향하는 과정에서 잠정적으로 형성되는 특수관계라는 것을 인정하고, 평화통일을 성취하기 위한 공동의 노력을 경주할 것을 다짐하면서, 다음과 같이 합의하였다.

제1장 남북화해

제1조 남과 북은 서로 상대방의 체제를 인정하고 존중한다.

제2조 남과 북은 상대방의 내부문제에 간섭하지 아니한다.

제3조 남과 북은 상대방에 대한 비방·중상을 하지 아니한다.

제4조 남과 북은 상대방을 파괴·전복하려는 일체 행위를 하지 아니한다.

제5조 남과 북은 현 정전상태를 남북 사이의 공고한 평화상태로 전환시키기

위하여 공동으로 노력하며 이러한 평화상태가 이룩될 때까지 현 군사정전협정을 준수한다.

제6조 남과 북은 국제무대에서 대결과 경쟁을 중지하고 서로 협력하며 민족의 존엄과 이익을 위하여 공동으로 노력한다.

제7조 남과 북은 서로의 긴밀한 연락과 협의를 위하여 이 합의서 발효 후 3개월 안에 판문점에 남북연락사무소를 설치·운영한다.

제8조 남과 북은 이 합의서 발효 후 1개월 안에 본회담 테두리 안에서 남북정치분과위원회를 구성하여 남북화해에 관한 합의의 이행과 준수를 위한 구체적 대책을 협의한다.


제2장 남북불가침


제9조 남과 북은 상대방에 대하여 무력을 사용하지 않으며 상대방을 무력으로 침략하지 아니한다.

제10조 남과 북은 의견대립과 분쟁문제들을 대화와 협상을 통하여 평화적으로 해결한다.

제11조 남과 북의 불가침 경계선과 구역은 1953년 7월 27일자 군사정전에 관한 협정에 규정된 군사분계선과 지금까지 쌍방이 관할하여온 구역으로 한다.

제12조 남과 북은 불가침의 이행과 보장을 위하여 이 합의서 발효 후 3개월 안에 남북군사공동위원회를 구성·운영한다. 남북군사공동위원회에서는 대규모 부대이동과 군사연습의 통보 및 통제 문제, 비무장지대의 평화적 이용 문제, 군인사 교류 및 정보교환 문제, 대량살상무기와 공격능력의 제거를 비롯한 단계적 군축실현 문제, 검증문제 등 군사적 신뢰조성과 군축을 실현하기 위한 문제를 협의·추진한다.

제13조 남과 북은 우발적인 무력충돌과 그 확대를 방지하기 위하여 쌍방 군사당국자 사이에 직통전화를 설치·운영한다.

제14조 남과 북은 이 합의서 발효 후 1개월 안에 본회담 테두리 안에서 남북 군사분과위원회를 구성하여 불가침에 관한 합의의 이행과 준수 및 군사적 대결 상태를 해소하기 위한 구체적 대책을 협의한다.

제3장 남북교류협력

제15조 남과 북은 민족경제의 통일적이며 균형적인 발전과 민족 전체의 복리 향상을 도모하기 위하여 자원의 공동개발, 민족내부교류로서의 물자교류, 합작 투자 등 경제교류와 협력을 실시한다.

제16조 남과 북은 과학·기술, 교육, 문학·예술, 보건, 체육, 환경과 신문, 라디 오, 텔레비전 및 출판물을 비롯한 출판·보도 등 여러 분야에서 교류와 협력을 실 시한다.

제17조 남과 북은 민족구성원들의 자유로운 왕래와 접촉을 실현한다.

제18조 남과 북은 흩어진 가족·친척들의 자유로운 서신거래와 왕래와 상봉 및 방문을 실시하고 자유의사에 의한 재결합을 실현하며, 기타 인도적으로 해결 할 문제에 대한 대책을 강구한다.

제19조 남과 북은 끊어진 철도와 도로를 연결하고 해로, 항로를 개설한다.

제20조 남과 북은 우편과 전기통신 교류에 필요한 시설을 설치·연결하며, 우 편·전기통신 교류의 비밀을 보장한다.

제21조 남과 북은 국제무대에서 경제와 문화 등 여러 분야에서 서로 협력하 며 대외에 공동으로 진출한다.

제22조 남과 북은 경제와 문화 등 각 분야의 교류와 협력을 실현하기 위한 합 의의 이행을 위하여 이 합의서 발효 후 3개월 안에 남북경제교류·협력공동위원 회를 비롯한 부문별 공동위원회들을 구성·운영한다.

제23조 남과 북은 이 합의서 발효 후 1개월 안에 본회담 테두리 안에서 남북 교류·협력분과위원회를 구성하여 남북 교류·협력에 관한 합의의 이행과 준수

를 위한 구체적 대책을 협의한다.

  제4장 수정 및 발효

  제24조 이 합의서는 쌍방의 합의에 의하여 수정 보충할 수 있다.
  제25조 이 합의서는 남과 북이 각기 발효에 필요한 절차를 거쳐 그 문본을 서
로 교환한 날부터 효력을 발생한다.

1991년 12월 13일

남북고위급회담 남측대표단 수석대표          북남고위급회담 북측대표단 단장
대한민국 국무총리 정원식              조선민주주의인민공화국 정무원 총리 연형묵

# 6·15남북공동선언

조국의 평화적 통일을 염원하는 온 겨레의 숭고한 뜻에 따라 대한민국 김대중 대통령과 조선민주주의인민공화국 김정일 국방위원장은 2000년 6월 13일부터 6월 15일까지 평양에서 역사적인 상봉을 하였으며 정상회담을 가졌다.

남북 정상들은 분단역사상 처음으로 열린 이번 상봉과 회담이 서로 이해를 증진시키고 남북관계를 발전시키며 평화통일을 실현하는 데 중대한 의의를 가진다고 평가하고 다음과 같이 선언한다.

1. 남과 북은 나라의 통일문제를 그 주인인 우리 민족끼리 서로 힘을 합쳐 자주적으로 해결해 나가기로 하였다.

2. 남과 북은 나라의 통일을 위한 남측의 연합제와 북측의 낮은 단계의 연방제안이 서로 공통성이 있다고 인정하고 앞으로 이 방향에서 통일을 지향시켜 나가기로 하였다.

3. 남과 북은 올해 8·15에 즈음하여 흩어진 가족·친척 방문단을 교환하며 비전향 장기수 문제를 해결하는 등 인도적 문제를 조속히 풀어나가기로 하였다.

4. 남과 북은 경제협력을 통하여 민족경제를 균형적으로 발전시키고, 사회·문화·체육·보건·환경 등 제반 분야의 협력과 교류를 활성화하여 서로의 신뢰를 다

져나가기로 하였다.

5. 남과 북은 이상과 같은 합의사항을 조속히 실천에 옮기기 위하여 빠른 시일 안에 당국간의 대화를 개최하기로 하였다.

김대중 대통령은 김정일 국방위원장이 서울을 방문하도록 정중히 초청하였으며 김정일 국방위원장은 적절한 시기에 서울을 방문하기로 하였다.

2000년 6월 15일

대한민국                     조선민주주의인민공화국
대통령 김대중                 국방위원장 김정일

# 20세기 분단인식과 21세기 통일비전

이주철 KBS 연구위원

## 1. 책 발간의 계기

『우리 통일, 어떻게 할까요』(당대 2003)는 강만길 선생이 오랫동안 가져온 통일문제에 대한 본인의 생각을 2000년 6·15남북정상회담을 계기로 정리한 것이다. 대부분의 내용은 분단시대를 천착한 역사학자로서 오랫동안 연구해온 생각과 평양 남북정상회담 참석 이후에 가지게된 통일에 대한 비전을 대중강연을 통해 전달한 것을 정리한 것이다.

2000년 6월 14일 평양 백화원초대소 연회장에서 열린 남북정상회담 공동선언 발표 현장에 있었던 유일한 역사학자로서의 감회가 이 책 전반에 깔려 있다(민족화해협력범국민협의회 상임공동의장 자격으로 참가). 따라서 이 책은 6·15남북정상회담이 진행된 후 1~2년 사이의 한반도 정세와 인식이 바탕이 된 것이라는 점을 독자들이 이해할 필요가 있다.

수십 년간 통일문제를 천착해온 저자는 이 책에서 '통일을 왜 해야 하는가' '분단의 원인은 무엇인가' '6·25전쟁의 교훈 ─ 전쟁통일 불가능' '평화통일론의 정착' '흡수통일 불가능' '6·15공동선언의 의미'와 '협상통일' '4대강국 관계와 협상통일법'을 주된 내용으로 설명하고 있다.


## 2. 강만길 선생의 통일생각

### 통일을 왜 해야 하는가

오랫동안 하나의 역사 아래 살아온 하나의 민족이 하나의 국가를 이루어 살아야 한다는 말은 전혀 잘못된 것이 아니다. 하지만 같은 민족이라는 점이 통일을 해야 할 당위성의 전부는 아니다. 이미 하나의 민족이 여러 개의 국가를 이루고 있는 경우도 있고, 여러 민족이 하나의 국가를 이루는 경우도 있다. 전세계로 거주이동의 자유가 확대되고 있는 지금 핏줄이 같고 말이 같고 문화가 같다는 사실만을 통일의 가장 중요한 당위성으로 삼는 것은 적당하지 않다. 또 남북 군사대결로 인한 분단비용을 해결하기 위해 통일을 해야 한다는 인식도 통일을 해야 하는 불가피성으로 설명하기에는 충분하지 않다.

민족통일을 해야 하는 이유를 같은 핏줄이나 분단비용에 두기보다는, 7천만 남과 북의 우리 민족구성원 모두가 21세기에 평화롭게 살기 위해, 또 세계시민의 일원으로서 떳떳하고 사람답게 살기 위해, 나아가서 동아시아의 평화와 세계평화에 기여하기 위해 통일을 해야 한다는 것이다.


### 분단의 원인은 무엇인가

통일문제를 풀려면 분단원인을 제대로 알아야 한다. 분단원인은 내적 요인과 외적 요인으로 나누어 인식될 수 있다. 분단의 원인을 모두 지정학적 문제에 떠넘기는 것도 잘못이지만, 지정학적 문제를 전혀 무시하고 우리 역사를 다루는 일 또한 잘못이다. 따라서 분단의 원인이 민족 외적인 부분에 더 크게 있었다 해도, 민족 내적 요인에 더 초점을 맞추어 분단문제를 해결하려는 역사인식을 가져야 한다.

구체적으로 정리하면, 모스끄바3상회의 결정에 대해 좌익세력과 우익세력의 역량과 대응에 부족한 점이 많았다. 결과적으로 5년간의 신탁통치를 받지 않으려다가, 완전독립을 5년 늦추지 않으려다가, 결국 좌익과 우익이 각각 단독정부 분단국가를 만들고 말았다. 분단된 한반도에서 중도파 세력이 정부를 세울 가능성이 실현되지 않은 점이 아쉬운 일이다.

더불어 한반도가 분단된 데는 일본의 책임이 크다는 점이고, 분단에 책임을 가지고 있는 일본은 앞으로 한반도의 평화적인 통일을 방해해서는 안 된다는 점을 반드시 짚어야 한다.

### 6·25전쟁의 교훈 — 전쟁통일 불가능

비참했던 동족상잔 6·25전쟁에서 우리는 통일방법에 대한 교훈을 얻어야 한다. 북한이 전쟁통일을 시도했을 때는 미군을 중심으로 하는 유엔군이 참전해 통일이 안 되었고, 남한이 유엔군의 참전으로 반격을 하였을 때는 중국군의 참전(소련군 포함)으로 통일이 안 되었다. 정전 이후 수십 년이 지난 지금도 휴전선은 여전히 굳건한 한·미·일 공조체제와 조·중·러 공조체제의 경계선이 될 가능성이 있다. 6·25전쟁은 우리 땅이 전쟁의 방법으로는 통일될 수 없다는 사실을 우리에게 가르쳐주었으며, 이후 평화통일론이 점차 자리를 잡게 되었다.

### 평화통일론의 정착

분단국가 성립 이후, 남한정부의 통일방안은 언제나 '유엔 감시'가 붙는, 말하자면 유엔 의존의 통일방안이었다. 그런데 4·19공간에서 제기된 민간 통일방안은 유엔을 배제하고, 남북당국의 협상에 의한 자주적·평화적 통일방안으로 전환하였다. 7·4공동성명에서 제시된 평화적·자주적 통일방안은 4·19공간에서 나온 통일방안이었다.

7·4공동성명은 우리 민족의 평화통일의 길에 길이 남을 몇 가지 의미를 가지고 있다. 한편으로는 두 분단정권의 상호 안전보장책이었다는 견해와 또 한편으로는 두 분단정권이 처음으로 평화적·자주적 통일방안에 공식적인 합의를 한 역사적 성명이라는 견해가 있다. 여하튼 7·4공동성명에서 남과 북의 두 분단세력 권력이 처음으로 평화통일안에 합의했다는 사실 자체가 중요하다. 4·19공간의 민간 차원 평화통일론이 정부 차원 평화통일론으로 변화하게 되었다는 점에서, 7·4공동성명이 평화통일론을 정착시킨 역사적 의의는 높이 평가되어야 한다.

### 흡수통일 불가능

1980년대에 들어서면서 남북한 국가권력은 평화적으로 통일할 구체적인 방법들을 제시하였다. 북한은 1980년에 '고려민주연방공화국 창립방안'을 발표하였고, 남한은 1982년에 '민족화합 민주통일방안'을 제시했다. 남과 북이 모두 다 구체적으로 통일을 해나가려고 노력한 것이라기보다, 상대방이 응하든 응하지 않든 각자 일방적인 통일방안을 제의하는 일 자체에서 우위를 확보하려는 데 더 큰 목적이 있었다. 하지만 남과 북 쌍방이 제시한 통일방안이 서로 다르기는 했지만, 어찌되었든 전쟁통일이 아니고 평화적·자주적 통일을 위한 구체적인 방안들이 남과 북에서 제시되었다는 의미가 있었다.

1989년에 서독의 우세한 경제력에 동독이 통일을 당했다. 김일성 주석이 1994년에 갑자기 사망한 뒤, 북한은 극심한 경제위기를 겪었지만,

동독과 같이 무너지지는 않았다. 북한정권이 앞으로 무너질 가능성은 거의 없을 것으로 보이고, 설령 북한이 무너진다고 해도 남한의 경제력이나 인심이 그 뒷감당을 할 수 있는가 하는 심각한 문제가 또 따로 있다. 한반도의 경우는 여러가지 조건이 달라서 독일처럼 흡수통일이 되기도 어렵지만, 민족의 앞날을 위해서도 후유증이 큰 흡수통일이 되어서는 안 된다.

1991년에 체결된 「남북 사이의 화해와 불가침 및 교류·협력에 관한 합의서」는 남과 북 쌍방이 일단 흡수통일을 부인한 결과라고 할 수 있다. 설령 흡수통일을 할 속셈을 가졌다 해도, 이 '합의서'를 통해서 상호불가침과 평화공존이 일단 약속된 것은 민족문제를 해결해나가는 데 있어서 하나의 큰 진전이었다.

### 6·15공동선언의 의미와 협상통일

김대중정부가 햇볕정책을 내세우며 금강산관광사업을 허가하여 북한에 경제적 도움을 주고, 북한이 미국이나 일본과 국교를 맺는 것을 권장하는 등 큰 변화가 있었기에 2000년 남북정상회담은 가능했다. 역사적인 안목에서 본다면, 남과 북 두 정권 당국자들이 한반도에서는 지정학적 위치 때문에 베트남과 같은 전쟁통일이나 독일과 같은 흡수통일이 불가능하다는 사실을 제대로 이해하게 되었기 때문에 정상회담이 성사되었다고 할 수 있다. 6·15공동선언 현장에서 한반도의 통일은 '대등통일'이 되어야 하며, 구체적인 방법으로 '협상통일'을 생각하였다.

'협상통일'은 상호주의만 강조되어서는 어렵고, 상대방의 처지를 이해하고 양보하는 데 방법이 있다. 그리고 반드시 그 앞 단계로서 평화공존의 과정을 거쳐야 하고, 그런 후에야 본격적인 통일과정으로 들어가야 한다. 철도가 연결되고 관광길이 열리는 정도가 아니라 정전협정이 평화협정으로 바뀌고 남과 북 군부 사이의 신뢰가 상당히 쌓여서 함께 믿고 안심하며 군사력을 감축할 수 있는 정도는 되어야 비로소 협상해서 통일할 수 있는 단계에 이르렀다고 말할 수 있다.

6·15공동선언이 남북관계를 크게 바꾸어놓은 것은 사실이지만, 통일 그 자체를 위한 선언이기에 앞서, 통일의 앞 단계인 평화정착을 위한 선언이라고 볼 수 있다. 6·15공동선언 이후 남북문제와 통일문제가 너무 급진전하는 것이 아닌가 하고 불안해할 이유도 없다.

21세기에 통일이 이루어진다면, 세계체제가 어떻게 형성되건 그것은 20세기보다는 정치·경제·사회·문화 면에서 민주주의가 질적으로 더 발달한 체제가 될 것이다. 20세기의 통일방안으로 제시된 연합제와 연방제를 넘어선 21세기적 상황에 걸맞은 통일방안이 나와야 한다.

### 4대강국 관계와 협상통일

앞으로 한·미·일 공조체제와 조·중·러 공조체제가 대립한다면 우리 민족의 통일은 어려워질 것이다. 또 우리 땅의 경우 남북을 막론하고 '무핵'지대가 되어야 평화로운 '협상통일'이 가능하다. 남북 중 어느 한 쪽이 핵무기를 가지게 된다면, 남과 북의 '협상통일'의 길도 당연히 험난해질 것이다. 게다가 핵무기가 있는 우리 땅의 남과 북이 통일되어 더 큰 나라가 되는 것을 이웃나라들이 좋아할 리가 없다. 따라서 '북핵'문제를 평화롭게 해결하고 평화로운 '협상통일'을 이루어가기 위해서는 우선 미국이나 남한 정부가 북한의 체제를 인정하는 일이 선행되어야 한다. 어느 권력도 자신의 권력을 스스로 포기하면서 흡수통일이 되려고 하지는 않을 것이기 때문이다.

또 '협상통일'이 되기 위해서는 무엇보다도 한미관계가 한일관계나 한중관계, 한영관계와 마찬가지로 정상적인 국제관계가 되어야 한다.

물론 그렇다고 해서 남한의 경우 수십 년 동안 유지되어오면서 긴밀할 대로 긴밀해진 한·미·일 공조체제를 곧바로 깨트릴 수는 없을 것이다. 하지만 평화로운 '협상통일'을 이루기 위해서는 반드시 남북공조를 이루어가야 한다.


## 3. 2018년 북미정상회담 시대에 보는
## 『우리 통일, 어떻게 할까요』

2000년 남북정상회담 이후 2002년에 북한 핵문제가 재발되었다. 그리고 2006년 북한의 1차 핵실험이 있었고, 2007년 남북정상회담에서는 남북 사이의 구체적인 경제협력이 포함된 '10·4선언'이 발표되었다. 그러나 이후 북한의 핵실험은 김정일정권에서 김정은정권으로 이어져 2017년까지 6차례 계속되었다. 북한의 핵실험에 대해 미국을 중심으로 한 국제사회의 대북경제제재가 이어지고, 남북한의 화해와 협력은 부분적으로 중단되었다.

다시 2018년에 남북정상회담과 더불어 첫번째 북미정상회담이 진행되었다. 한반도의 비핵화 논의가 어렵고 복잡하게 진행되고 있는 지금 시점에도 강만길 선생의 통일비전과 역사인식은 여전히 우리에게 많은 시사점과 교훈을 준다. 결국에는 반드시 평화적으로 한반도문제를 해결해야 하고, 남북한 주민 모두가 '민주주의가 질적으로 더 발전된 세상'에서 살 수 있어야 한다. 이런 세상이 『우리 통일, 어떻게 할까요』에서 강만길 선생이 말하는 통일된 한반도라고 생각된다.

역사는 변하고 만다

# 만년(晚年)의 일기를 쓰듯……

한스 콘의 『역사가와 세계혁명』으로 기억되는 책을 읽고, 역사학 전공자가 평생 동안 쓴 일기를 근거로 하여 제가 살아온 세월과 같은 시대의 민족사 및 세계사를 연관시켜 역사책을 쓸 수 있다면 그보다 더한 보람이 없겠다고 생각한 적이 있다. 그러나 언제 연구실과 서재를 검색 당할지 몰라 마음 놓고 일기를 쓸 수 없었던 불행한 분단민족사회의 역사학 전공자로서 그것은 바랄 수 없는 일이었다.

그런 불행한 역사학 전공자도 다행히 하나의 세기가 지고 새는 순간을, 그리고 하나의 천년이 가고 새 천년이 오는 엄청난 역사적 순간을 겪게 되었으니, 생각하기에 따라서는 사람의 행과 불행은 그다지 거리가 멀지 않은 것인지도 모른다. 더구나 민족사적으로는 그 세기의 교체 및 천년의 바뀜이 곧 군사독재시대에서 민주주의시대로 넘어가는 고비이기도 했으니 역사학 전공자에게는 둘도 없는 실험장이었던 셈이다. 그런데도 명색 역사학자라면서 시대상을 괜찮게 담은 글을 쓸 수 없다면 그것이야말로 불행한 일일 것이다.

세기말인 1999년에 대학교단에서 정년이란 것을 맞게 되었는데, 그

때를 전후해서 신문사들로부터 정기적으로 칼럼 글을 써달라는 요청을 받았다. 망설이다가 평생을 두고 일기를 못 썼는데 이같은 세기적 전환기에 공인된 언론지면을 통해 만년의 일기 쓰는 셈치고 칼럼 글을 쓰자는 심정으로 응낙하게 되었다. 특히 한겨레신문에 쓴 글이 많은데 의식 있는 독자들과 글을 통해 의기투합할 수 있었던 일은 다행이었다.

신문에 쓰는 글들은 그때마다 시사성을 띠게 마련인데, 몇 년에 걸쳐 쓴 글을 모아 책으로 만들 만한가 하고 망설여지기도 했다. 그러나 글들을 되짚어보니 아직도 '유효'하다고 생각되는 글들이 많았고, 설령 시효가 지난 글이라 해도 글마다 쓴 날짜가 밝혀져 있어서 지난날의 일기처럼 읽을 만하지 않을까 해서 모두 싣기로 했다.

역사학을 전공하며 살아온 전반부는 학술논문만을 쓰다가 그 후반부는 학술논문보다 사론이라 할 글들을 많이 썼고, 최근 몇 년은 신문칼럼문까지 쓰게 되었다. 한 세대 앞 역사학자들은 말할 것 없고 같은 세대 학자들에게도 '이단자'로 취급될지 모르지만, 나름대로 시대의 요구에 충실하려 노력하며 살았다고 스스로 변명하면서 자위한다. 그러나 늙으면 말이 적어져야 한다는 점도 명심하려 한다.

일정한 체계 없이 그때마다의 생각에 따라 썼던 글들을 모아 하나의 책이 되게 하기 위해 애쓴 당대출판사 여러 분의 노고에 감사한다.

2003년 4월 10일
강만길

# 1
# 지식인을
# 생각한다

# 늙은 역사학자의 고백

6·25전쟁이 한창이던 1952년에 대학의 역사학과에 입학했으니 역사학을 전공한 지 50년이 넘었다. 역사학을 공부하고 가르치는 사람의 최대 과제는 자기가 사는 시대의 역사진행의 방향과 정도를 가능한 한 미리 알아내고 열심히 말해주면서 스스로 굳건히 역사의 길을 걷는 일이라 생각한다. 그렇게 생각해보면, 평생을 두고 역사학을 전공하고 가르치며 살아온 사람으로서 실수를 고백하고 반성해야 할 일들도 많다. 특히 이번 16대 대통령선거를 겪으면서 그런 생각이 더 절실해졌다.

이승만정권의 독재체제가 4·19항쟁으로 무너지는 것을 보고 환희에 젖었던 것은, 군대를 다녀와서 학부를 졸업하고 직업을 가진 한편 대학원에 다니던 20대 후반의 젊을 때였다.

4·19항쟁이 터졌을 때 그 역사적 정당성은 인식할 수 있었지만, 이승만정권의 붕괴까지를 내다볼 만큼 항쟁의 역사적 필연성을 인식하지는 못했다. 그 때문에 4·19 후 1년간의 '혼란'을 언론이나 여론 일반이 말하는 것처럼 혼란 그것으로 봤고, 민주화과정에서의 불가피성으로 보는 데는 인색했음을 고백하지 않을 수 없다.

그 때문에 5·16쿠데타로 군사정권이 성립된 초기에는 그 반역사성을 제대로 보지 못했다. 군사정권의 선전에 속아 혼란종식, 질서회복, 국정 안정 정도의 인식에 머물렀다고 솔직히 고백할 수밖에 없다. 박정희 군사정권의 3선개헌 때는 30대 중반의 나이로 대학의 전임교원이 되어 있었는데, 그때쯤에야 군사독재정권의 반역사성을 제대로 보기 시작했다고 말할 수 있다. 이승만정권의 3선개헌이 무엇이며 어떤 결과를 가져왔는지를 경험했기 때문인지 모른다.

그런데도 박정희정권이 7·4공동성명을 발표했을 때는 그것이 '유신' 체제로 가기 위한 '멍석 깔기'였음을 알지 못하고, 군사독재정권 아래에서도 평화통일의 길이 열릴 수 있을 것처럼 오판했다. 한때나마 덩달아서 흥분했고, 심지어는 강의시간에까지 그 기대감을 드러내기도 했으니, 지금 생각해도 역사를 잘못 본 부끄러움에 얼굴이 붉어진다. 7·4공동성명 자체야 역사성을 가진다 해도, 그것이 잘못 이용된 것을 당시에는 까맣게 몰랐으니 할 말이 없다.

40대에 들어서서 겪은 저 암울했던 유신체제 아래에서도 역사를 잘못 본 일을 고백하지 않을 수 없다. 유신 말기에 박정희씨의 나이가 60대에 들어섰다고 기억되는데, 그가 스페인의 프랑꼬같이 종신집권하리라 내다보면서 유신체제가 앞으로도 10년 이상 지속되는 것이 아닌가 오판하고 걱정했다. 7년여 계속된 유신체제가 더이상 지속될 수 없을 만큼 이미 한계점에 온 것을, 역사가 그만큼 진전한 것을 내다보지 못하고 독재자의 자연수명을 근거로 역사를 전망하는 오류를 범한 것이다.

유신 때에는 대통령이 국회의원 1/3을 지명했는데, 일부 교수들이 유정회 국회의원이 되고 싶어 발표 때가 되면 전화기 앞을 떠나지 못한다는 말이 교수 휴게실의 화제가 되기도 했다. 역사학을 전공한 덕택으로 유신체제의 반역사성을 알고 전화 기다리는 '바보'들 속에는 들지 않았다 해도, 명색이 역사학 전공자가 유신체제가 이미 한계점에 다다른 것을 미리 알지 못한 것은 역시 부끄러운 일이 아닐 수 없다.

전두환 군사정권 성립과 5·18광주항쟁 때는 이미 50대를 눈앞에 두고 있었다. 유신체제의 한계를 잘못 본 것 같은 부끄러운 경험들이 쌓여서인지, 역사 보는 눈이 조금은 덜 흐리게 되었다.

군사독재정권은 이른바 해직교수가 된 사람들에게 본래 있던 대학이 아닌 다른 대학으로 가는 것은 허가하겠다 했고, 실제로 어느 대학에서 사람이 와서 그 학교로 오라 하였다. 해직교수 생활 4년으로 인한 궁핍이 여러 면에서 심각하게 나타나고 있었지만 두말없이 거절하고 계속 버틸 수 있었다.

노태우 군사정권이 끝날 무렵에는 어느새 60대의 늙은 교수가 되어 있었다. 노태우정권 후에는 더이상 군사정권이 성립할 수 없을 만큼 우리 역사가 전진하였다는 것은 역사학 전공자가 아니라도 충분히 알 수 있었다. 그리고 불행하게도 민주정권으로 넘어가는 과정, 즉 김영삼정권 성립과정이 혁명적이지 못하고 '신군부' 중심세력과의 타협으로 가능해진 데서 오는 역사적 제약성이 있음을 파악할 수 있었다.

하지만 뒤이은 김대중정권의 성립 때는 해방 후 최초의 정권교체라 보는 데 동의하면서 '구군부' 중심세력과의 연합에서 빚어진 제약성을 제대로 내다보지 못했다.

이제 70대 늙은이가 되어 맞은 16대 대통령선거에서도 역사 보는 눈이 또 한번 흐렸음을 고백하지 않을 수 없다. 투표한 날 몇몇 친구들과 저녁식사를 하는 자리에서 자연스레 선거결과를 전망하였는데, 노무현 후보의 당선 가능성을 반으로밖에 보지 못했다. 9시경 집에 돌아와서 텔레비전을 켰더니, 이미 노후보가 앞서가고 있었으며 이후 한번도 뒤처지지 않고 당선되었다. 한마디로 우리 사회의 민주주의 발달 정도를 제대로 모르고 있었던 것이라 할 수밖에 없다.

1990년대부터 일어나기 시작한 시민운동과 뒤이은 고속인터넷의 발달로 우리 사회의 참여민주주의가 얼마나 발달했는가를, 젊은 층의 정치의식 및 역사의식이 얼마나 앞서가고 있는가를 잘 모르고 있었던 것이다. 인터넷에는 거의 들어가보지 못하고 겨우 노트북으로 원고는 쓰되 이메일로 보내는 일조차 남의 손을 빌리기 일쑤인 70대 노인으로서는 빨리 가는 역사를 제대로 따라가기조차 어렵게 되어버렸다.

역사학자에게는 역사진행의 방향을 누구보다도 먼저 알아내어야 할 의무가 있다. 역사의 대열이 잘못 간다고 판단될 때 혁명가나 정치가처럼 대열 앞에 나서서 그 방향을 바꾸려 하지는 못한다 해도, 대열을 뒤따라가면서 잘못 감을 열심히 지적해주어야 할 의무가 있다. 역사진행의 방향과 속도를 잘못 보는 역사학자, 역사의 대열을 뒤따라가기에도 힘겨운 역사학자가 되어버리면 십년공부 도로아미타불이 되고 만다.

(2003. 1. 26)

# 우리 근현대 지성사를 엮기 위하여

어느 민족사인들 그렇지 않을까만, 특히 우리 민족의 근현대사는 흔히 파란만장함으로 표현된다. 세계사에서 우리 정도의 문화수준에 있었던 민족사회가 20세기 초에 타민족에 강제지배당한 예는 많지 않다. 중세까지의 아시아문화권에서 비교적 선진지역에 속했던 우리 민족사회가 근대로 오면서 유럽문화권이 아닌 같은 아시아문화권 일본민족에 강제점령당하면서부터 우리 지성사도 고난을 피할 수 없었다.

19세기 후반기부터 형성되기 시작한 우리의 근대적 지식인사회는 이후 전체 근현대사회를 통해 지성사적 노선과 역할이 크게 나뉘게 되었다.

19세기 후반기의 경우, 근대화는 주권독립과 함께 이루어질 때만 역사성을 가진다고 생각한 지식인들이 있었던 한편, 근대화를 주권독립보다 더 앞세우는 이른바 근대화 지상주의자 지식인들이 있었고, 후자들이 외세와 결탁하여 민족사를 불행 속으로 몰아넣고 말았다.

우리 근대 지성사의 최대 고난기였던 20세기 전반기 일제강점시대역시 자신들의 역사적 존재가치를 민족의 해방과 독립에서 구해야 한다고 생각한 지식인들이 있었던 반면, 사회정의 구현이나 민족사적 과제의 해결보다 개인적 안전과 이익을 추구하는 데서 지식의 가치를 구하려 한 반민족행위자들이 있었다.

뒤이어 해방 후의 민족국가 건설과정에서도 통일민족국가 건설이 역사의 올바른 노정이라 인식하고 그것을 위해 최선을 다한 지식인들이 있었는가 하면, 제가 속한 계급과 개인적 이익을 위해 분단국가 성립에 앞장서거나 그것을 이론적으로 뒷받침한 지식인들 또한 있었다.

1960년대 이후도 공업화 및 경제발전에 국가운영의 최고 가치를 두고 정치적·사회적·문화적 그리고 경제적 민주주의 발전과 평화적 민족통일 문제를 뒷전으로 돌리는 지식인들이 있었는가 하면, 정치적·사회적·문화적 민주주의의 고른 발전과 평화통일의 진전에 역사발전 가치를 더 둘 뿐 아니라, 특히 경제적으로도 생산력의 성장과 함께 경제민주주의의 발전에 역사적 가치를 두어야 한다고 확신한 지식인들이 있었다.

19세기 후반기와 20세기에 걸친 이같은 고난기를 넘기고 우리 지성사도 이제 21세기의 출발점에 들어섰다. 지성세계가 추구하는 올바른 과제가 그 민족사적 과제와 다를 수 없으니, 21세기에 들어선 우리의 민족사 및 지성사의 과제는 역시 정치·경제·사회·문화적 민주주의의 고른 발전과 이제 겨우 일정한 궤도에 올라섰다고 생각되는 평화통일의 달성이라 하겠다.

민주주의 발전 문제는 19세기 후반기와 20세기 전시기를 통해서, 그리고 평화통일 문제는 20세기 후반기를 통해서 지성사적 면에서도 긍정적 역할이 없었던 것은 물론 아니다. 그러나 한편으로 많은 시행착오를 겪은 것도 사실이다.

21세기 우리 민족사는 20세기의 식민지시대적 잔재를 청산하고 분단시대적 갈등을 해소하면서 민주주의의 획기적 발전과 평화통일 달성을 최대 과제로 삼고 있으며, 우리 지성사가 그것을 위해 최선을 다해야 함은 더 말할 나위가 없다. 그러기 위해서 일제강점시대와 분단시대로 이어진 지난 1세기 동안의 우리 지성사가 역사적으로 어떤 역할을 다해왔는가를 되돌아보고, 더 북돋워야 할 부분과 반성해야 할 점을 선명히 구분할 수 있어야 할 것이다.

우리 민족사회의 경우도 이제 지식인들의 생각만이 정리된 사상사의 범위를 넘어서 그들의 생각과 행동이 함께 다루어진 지성사가 엮어질 만한 때가 되었다고 생각한다. 일제강점시대에 민족해방운동에 몸바친 그 행동을 뒷받침한 사상과, '해방공간'에서 통일민족국가 건설운동의 현장에 있었던 지식인들의 사상 그리고 이승만정권과 그후 군사독재정권 시기의 반독재 민주주의운동과 평화통일운동에 헌신했던 지식인들의 행동과 사상 등을 함께 정리해 '근현대 우리 지성사' 같은 것이 엮어져야 한다고 생각한다. (2001. 1. 5)

# 20세기 한국 지성사의 인물 10인

『한겨레21』에서 창간 5돌 기념기획으로 전국의 인문·사회계 대학교수 300명에게 설문하여 20세기 우리 사회 지성사의 대표적 인물 10명을 선정했는데, 그들은 유길준·신채호·이광수·백남운·홍명희·안재홍·김창숙·박종홍·장준하와 1980년대의 불특정 다수의 지식인이라고 한다.

우리의 근대 지성사가 아직 제대로 연구되고 정리되지 못한 상황이라서 이들 10인의 선정기준 및 타당성 여부 같은 것에 대해 무어라 한 마디로 말하기는 어렵다. 그러나 어느 민족사회를 막론하고 한 시대의 지성사적 흐름은 당연히 그 민족사회의 역사적 흐름과 연결되게 마련이다. 가령 천재적인 인물에 의해 특출하고 특별한 생각이나 이론이 나왔다 해도 그것이 시대 및 역사의 흐름과 동떨어진 것이라면, 사실 그렇게 되기도 어려운 일이지만, 지성사적 평가를 받을 수는 없을 것이다.

20세기 우리 민족사는 전반기는 일제의 강제지배를 받은 시대였고, 후반기는 민족분단의 시대였다. 인물로 본 우리의 20세기 지성사는 쉽게 말해서 그 시기를 산 어느 한 사상가의 생각과 실천노선이 그 시기 민족사적 과제인 민족해방과 평화통일에 얼마나 부합하고 이바지하는 것이었는가, 그리고 인류사적 과제인 정치·경제·사회·문화적 민주주의 발전에 얼마나 부합하고 공헌하는 것이었는가 하는 기준에 의해 다루어져야 할 것이다.

20세기로 들어서는 시점에서 세계사적 발전과 연결되는 우리의 민족사적 과제는 국민주권주의를 이루고, 국가적 독립을 유지하며, 자본주의 경제체제를 이루는 일이었다고 할 수 있다. 이같은 역사적 과제를 이루기 위한 방법론을 제시한 사상가들 중 누구를 대표적으로 꼽을 수 있는가 하는 문제가 있다.

20세기 우리의 역사적 현실에서 보면 그것은 개화파의 노선이면서도 국가적 독립론을 철저히 견지한 사상가에게서 찾을 수 있을 것이다. 유길준이 그 대표적 인물로 선정된 셈인데, 타당한 선정인가 생각해볼 만하다.

20세기 전반기 일제강점기의 지성사적 흐름은 반봉건 노선이면서 민족해방 노선에 선 사상가를 중심으로 이어져야 할 것임은 말할 나위가 없다. 신채호와 이광수는 우리 문화의 사대주의와 봉건주의를 신랄하게 비판한 반봉건 노선에 선 대표적 이론가라 할 수 있다.

그러나 신채호는 민족해방운동 노선에 일관하다가 목숨을 바친 사상가인 데 반해, 이광수는 민족해방운동전선에서 이탈했다가 결국 반민족적 노선으로 돌아서고 말았다. 이광수가 우리 민족사회의 20세기를 대표하는 10인의 지성사적 인물에 들어야 하는 이유를 역사학적 관점에서는 설명하기 어려울 것이라 생각된다.

일제강점시대의 민족해방운동 노선에는 또 지주나 자본가계급 중심 노선 이외에 노동자·농민 중심 노선이 성립하였으며, 이 노선에서도 많은 실천가와 이론가가 배출되었다. 최초로 유물사관적 처지에서 우리 역사를 엮으려 한 백남운과 피지배계급을 역사의 중심 축에 두고 작품을 쓴 대표적 작가 홍명희가 선정된 것은 타당성이 높다고 할 것이다.

해방 후에 이들은 모두 학자 및 작가의 처지를 떠나서 정치가로 변신했는데, 그들의 지성사적 위치는 일제강점시대의 활동에 근거한 것이라 할 것이다. 그럼에도 불구하고 아직도 민족분단이 계속되고 있는 상황 아래서, 이들이 20세기의 10대 지성사적 인물로 선정된 사실은, 그것 자체로 시대의 변화를 실감하게 하고도 남는다.

일제강점시대의 민족해방운동 과정과 '해방공간'의 통일민족국가 수립운동 과정을 통해 양립했던 좌익세력과 우익세력을 한데 묶어 좌우익 통일전선을 구축하기 위한 방법론을 제시하고 또 실천했던 안재홍이 선정된 것도 타당하다고 생각된다.

다만 좌우익 통일전선론을 제시한 좌익 쪽 이론가가 제대로 발굴되지 못해 선정되지 못한 점이 아쉬움으로 남는다. 해방 후의 민족분단 상황이 일제강점시대의 지성사적 자산도 갈라놓은 결과라 할 것이다.

우리 사회에서는 또 근대로 오면서 중세시대 지성계를 독점하고 있던 성리학 중심 유교계가 어떻게 변모해야 하는가 하는 점, 특히 일제강점시대의 민족해방운동 노선에서 유교적 지성계가 어떻게 작용해야 하는가 하는 문제를 이론화하는 일이 중요했다. 그런 만큼 일종의 유교개신론을 제시했고 민족운동 전선에서도 활동한 박은식 같은 사상가도 주목되어야 한다고 생각하지만, 이번 선정에 참가한 사람들은 전체 민족해방운동 과정에서 유교계를 대표하다시피 한 김창숙을 택했다. 그의 경우 해방 후 반이승만 독재정권론에서도 일정한 위치를 가진다고 할 수 있다.

한때 잡지 『사상계』가 해방 후의 우리 지성계를 대표하다시피 한 적이 있었다. 일제강점시대의 우리 학문과 지성에 대해 그 독립성과 주체성을 인정하기 어렵다는 견해가 성립한다면, 우리의 민족적이며 주체적인 근대 학문과 지성은 어쩌면 해방 후 특히 6·25전쟁 후부터 뿌리내린다고 볼 수도 있다. 그 경우 『사상계』가 차지하는 비중은 더욱 커질 수 있을 것이며, 그것을 주도한 장준하의 지성사적 비중도 그만큼 커질 것이다.

더욱이 장준하의 경우 박정희정권 아래서의 반유신체제 운동에서도 뚜렷한 위치를 가진다고 할 수 있다. 유신체제의 반역사성을 지적하고 그 종식을 위해 치열하게 행동하기도 했지만, 특히 박정희정권의 7·4공동성명 발표 후에는 누구보다도 먼저 평화통일론을 적극적으로 폄으로써, 평화통일론이 이적론(利敵論)으로 인식되거나 다루어지던 당시 상황을 바꾸어놓는 역할을 다했다고 할 수 있다. 평화통일론이 정착하는데 큰 몫을 다한 것이라 할 것이다.

박종홍이 20세기 지성사의 인물 10인 안에 든 것은 조금 의외다. 그러나 한편으로 생각해보면, 식민지배에서 벗어난 후의 민족사회에 인문과학의 뿌리가 내리게 하는 데 일정하게 기여한 대표적인 학자 및 지성인으로 간주된 결과가 아닌가 싶다.

그렇다 하더라도 박정희 군사독재정권의 보좌역을 담당한 경력과 20세기 우리 사회 지성사의 한몫을 차지하는 문제는 전혀 별개의 것인지 생각해봐야 할 일일 것이다. 현실적으로 독재정권에 가담한 사실과 그 학문적 업적이 따로따로 평가될 수 있는 것인가라는 문제에 관한 역사학적 관점에 대해서는 이미 이 글의 앞머리에서 말한 바 있다.

특정인이 아닌 1980년대 지식인 일반을 20세기 10대 지성사적 존재로 둔 것은 대표적 특정인 한 사람을 가려내기 어려워서가 아닌가 한다. 역사의 흐름에 발맞춘 사람이면서도 한 사람으로 압축하기는 어려운 80년대 지성인이란 결국 반군사독재론과 평화통일론에 철저했던 사람이라 할 수밖에 없을 것이다.

그런 점에서는 80년대 지성인보다 시기적으로 약간 앞선 사람들이라 할 수 있지만 박종홍이 선정되고 함석헌·안병무 같은 사람이 빠진 것을 의외로 보는 시각도 있을 수 있을 터이다.

대학교수의 수가 2만~3만 명에 이르고 인문·사회과학계 교수도 원체 많은데, 그중 300명이 선정한 20세기 지성사의 인물 10인이 반드시 이 시기 우리 민족사회의 지성사를 대표할 만한 사상가들이라 할 수 있는가 할 때, 장담하기 어려운 면이 없지는 않다. 더구나 우리의 근대 사상사 및 지성사가 거의 연구·정리되지 않은 시점에서는 더욱 그렇다고 하겠다.

이번 선정에서는 8·15 후 분단시대의 경우 남쪽 학자들만이 그 고려 대상이 되었을 것이다. 남북 사이 학문적 성과의 교류가 완전히 단절되다시피 한 지금으로서는 어쩔 수 없는 일이기도 하다. 그러나 20세기 후반기의 우리 지성사는 남쪽의 학문적 성과만으로 성립하여서는 안 되며 반드시 남북을 통합한 지성사가 엮어져야 할 것이다. 이 경우 남북 학계 모두가 상대방 학문의 역사성을 인정하는 일이 먼저 이루어져야 함은 말할 나위가 없다. (1999. 3. 13)

# 외국인 아닌 외국인 서재필의 비극

전라도 동복에서 1863년에 태어난 서재필은 안동 김씨 세도집안이던 서울의 양외가에서 자라 18세 때 과거에 급제함으로써 평탄하고 화려한 장래를 보장받았었다. 그러나 그의 운명은 외가에 출입하던 김옥균을 만나면서 그 방향이 바뀌기 시작했다. 김옥균의 개화사상과 지도력에 감화되고 그의 주선으로 일본에 가서 2년간 근대적 군사교육을 받은 서재필은 당연히 갑신정변에 참가했고 정변이 성공하자 20세의 약관으로 병조참판에 발탁되었으나 '3일천하'로 끝남으로써 전혀 기약 없는 미국 망명의 길에 올랐다.

미국 땅에서 품팔이로 전전한 끝에 의사가 되어 일단 생활의 안정을 얻었으나 청일전쟁 후 국내정세가 바뀌자 그는 천신만고 끝에 개업한 병원의 문을 닫고 다시 조국에 돌아왔다. 귀국한 그에게 몇 가지 벼슬자리가 권해졌으나 모두 거절하고 약 2년간 조국의 낙후한 민주주의의 기초를 닦고 독립정신을 고취하기 위해 민간인 자격으로 최초의 민간신문이라 할 수 있을 『독립신문』을 발행하는 한편 독립협회를 조직하고 독립문을 세웠다.

3·1운동 후에 발간된 우리말 신문들이 국한문 혼용으로 나온 것에 비하면, 1890년대에 발행된 『독립신문』이 한글 전용이었던 것은, 갑신정변의 실패가 일반민중의 성원이 박약했던 데 있었다고 회고한 서재필이 민중의 계몽만이 국가발전의 지름길이라 믿은 결과가 아닌가 한다. 그러나 아직도 보수세력의 압력은 완강했고 이를 견디지 못한 그는 결국 다시 미국으로 돌아갈 수밖에 없었다.

귀국해서 활약한 3년간의 공백 때문에 의사생활로 돌아가기 어렵게 된 그는 친구와 함께 인쇄업을 하여 상당한 돈을 벌 수 있었다. 그러나 일본의 식민지가 된 조국에서 3·1운동이 폭발하자 다시 제자이기도 한 이승만을 도와 미국에서의 독립운동에 헌신했다. 뒷날 그는 3·1운동 후 3년간의 독립운동에 시간과 재산을 모조리 바치고 사실상 파산상태가 되고 말았다고 회고하였는데, 이 점에서 그는 이승만의 경우와는 좋은 대조가 된다.

임시정부 대통령이란 명분과 위치를 가진 이승만의 경우 그 활동자금의 대부분이 구한말에 미국의 노동시장으로 팔려간 교포들의 성금으로 조달되었지만, 서재필은 각고 끝에 이룬 자신의 재산을 독립운동에 모두 바치고 심지어 가족의 부양이 어려울 만큼 무일푼이 된 것이다.

일본의 패전으로 조국이 해방되었을 때 그는 82세의 고령이었다. 미군정청의 요청이 있자 그는 조국에 대한 마지막 봉사를 결심하고 1947년에 귀국하여 1년 2개월간 미군정의 특별 의정관으로 있었다. 그러나 갑신정변, 독립협회, 3·1운동을 통해 민족사의 핵심부에 위치했던 그는 정작 해방된 조국에서 외국인으로서의 처지를 실감하고 영영 외국인인 채 파란 많은 생애를 마치게 된다. 서재필의 비극은 갑신정변의 실패나 독립협회 및 3·1운동 후의 좌절보다 해방 후의 조국에서 더 크게 드러난 것이다.

1948년의 남북협상이 실패한 후 남한 단독선거로 제헌국회가 성립하고 이승만세력에 의한 단독정부 수립이 추진되자 반이승만세력의 일부가 서재필을 대통령으로 추대하려는 움직임을 보이게 된다. 이들이 서재필에게 수락을 요청하는 간원문(懇願文)을 보내고 '추대연합준비위원회'를 조직하자 이승만 지지세력은 반대운동을 일으켰다. 이에 서재필은 "설혹 나에게 그 지위가 제공된다 하더라도 나는 그것을 수락하지 않을 것이다. 나는 미국시민이며 또한 미국시민으로 머무를 생각이다"라는 수락거부 소견을 발표하고 특별 의정관을 사임했다.

그가 미국으로 돌아갈 차비를 하자 개원한 제헌국회에서 그의 출국을 만류하는 움직임이 있었고, 정부수립 후 떠나기로 마음먹은 그는 단독정부일지라도 이승만과 김구, 김규식 세력 등이 연합한 정부가 되게 하려는 노력의 일단을 보였다. 그러나 김구, 김규식이 단독정부에의 참가를 거부했을 뿐만 아니라 이승만도 이를 반대하여 성사될 수 없었다.

제헌국회에서 초대 대통령을 선출할 때 본인의 의도와는 상관없이 서재필에게 투표한 의원이 있었고, 그가 외국인이라는 이유로 이 표가 무효로 처리되었다는 소식을 전해들은 그는 "대한민국 국회가 나를 외국인으로 규정한 것은 당연한 일이라고 생각한다. 나는 조금도 섭섭하게 생각하지 않는다"고 했지만, 평생을 두고 조국의 개혁과 민주주의 발전 및 독립을 위해 헌신한 그의 속마음이 어떠했을까 짐작할 만하다.

이승만정권이 성립한 후, 어느 기자가 미국으로의 귀환을 만류하면 조국에 남을 생각이 있는가 하고 질문하자 서재필은 "국민이 나의 귀미(歸美) 중지를 원한다면 국민의 의사를 배반하는 것을 원치 않는다"고 대답함으로써 속마음의 일단을 드러내 보이기도 했다. 이후 국회가 그를 대한민국 국민으로 환영한다는 결의안을 가결하여 대한민국 국민임을 확인했으나 그는 결국 1948년 9월 인천항에서 미국 군용선을 타고 미국으로 돌아갔고, 그의 조국이 민족상잔의 전쟁 속에 빠져 있던 1951년에 미국에서 파란 많은 생애를 마쳤다.

그후 독립유공자 포상이라는 것이 있었고 수많은 사람들이 포상되었지만, 외국인이란 이유로 그는 여기에서도 제외되었다. 설령 포상되었다 해도 외국인으로서의 포상일 수밖에 없었을 것이다. 웬만큼 쓴 한국 근대사라면 서재필의 이름이 빠질 수는 없으리라 생각되지만, 망명생활에서 취득한 국적 하나 때문에 그의 조국에서 영원한 외국인이 될 수밖에 없다면 역시 비극이 아닐 수 없다.

# 늙은 역사학자의 눈물

8·15 57주년을 맞아 서울에서 열린 민족통일대회에 참가한 북녘 역사학자 허박사는 남녘의 웬만한 역사학자라면 그 이름을 알며, 그의 논문 몇 편을 읽었을 사람도 많다. 필자도 70년대에 일본에 갔을 때 그의 논문을 처음 읽은 것으로 기억된다. 일본에나 가야 북녘 학자들의 연구업적을 읽을 수 있었던 때가 어제 같은데, 지금은 평양에 가서 그들을 직접 만나기도 하고 또 서울에서도 만날 수 있게 되었으니 엄청난 격세지감이다.

6·15공동선언 때 처음 평양에 갔지만 그때는 허박사를 만나지 못했고, 그해 11월에 다시 가면서 만나고 싶은 학자명단에 당연히 그를 넣었다.

평양의 보통강여관에서 처음 만난 그는, 논문을 읽고 상상했던 그대로 깐깐하면서도 소탈하고 인간미 넘치는 전형적인 학자였다. 평생 같은 학문의 길을 걸은 동년배라 그런지, 오랫동안 서로가 다른 체제 아래서 살아온 처지인데도 그리고 처음 만남인데도 오랜 지기처럼 전혀 스스럽지 않았다.

작년 3월에도 평양에 가서 만나고, 6월에는 금강산 6·15공동선언 1주년 기념식에 가서 혹시 왔을까 하고 기대했다가 다시 만났을 때는 얼싸 안지 않을 수 없었다. 헤어지면서 언제 또 만날 수 있을까 했는데, 서울서 열린 2002년 민족통일대회에 허박사가 참가하여 독도 영유권 문제를 두고 함께 주제발표까지 했으니, 이젠 우정을 넘어 민족문제를 위한 학문적 동지가 되었다고 할 수 있겠다.

시민운동 차원에서 이루어지는 민족통일대회에 주제발표를 하러 왔지만, 허박사가 정작 만나고 싶어 하는 사람은 역시 남녘 역사학자들이겠기에 급히 몇 사람을 대회장에 오게 하여 만나게 했다. 그중에서도 평양에서 처음 만났을 때 허박사가 안부를 물었던, 이름을 말하면 모두 알 만한 남녘 김박사와의 만남은 정말 인상적이었다.

지금 남북 역사학계의 대표적 학자들이라 해도 괜찮을 김박사와 허박사는 전공분야와 나이가 비슷하고, 깐깐한 전형적 학자풍인 점도 같으며, 심지어는 키까지도 비슷하다. 아마 민족이 분단되지 않았으면 그들은 평생을 두고 둘도 없는 학문적 동료이자 동지요, 지기가 되어 함께 활동했을 것이다. 정년 후에도 연구실에만 묻혀 사는 김박사가 모처럼 어려운 나들이를 한 것은, 한번도 못 만나고 연구논문을 통해서만 알고 있었지만 누구보다도 가까운 동학(同學)일 수밖에 없는 허박사를 만나기 위해서였다.

젊은 시절 민족사의 현장에 섰다가 호된 시련을 겪고 연구실에 파묻혀 오로지 학문에만 정열을 쏟았던 김박사가 허박사를 만난 것이 2002년 민족통일대회 현장이었고, 그 때문에 그도 잠시나마 대회 참가자가 되고 말았다.

남북 젊은이들이 함께 어울려 주먹을 휘두르며 "조국통일"을 외치는 현장을 보고 세상이 얼마나 변하고 있는가를, 민족문제가 얼마나 진전되고 있는가를 실감했을 것이다.

직접 보지 못했지만, 김박사는 눈시울을 적셨다고 한다. 열띤 민족사의 현장에서 흘리는 늙은 역사학자의 눈물이야말로 진실이요, 감격 그것일 수밖에 없을 것이다.

전체 분단시대를 통해 서울에서는 처음 이루어진 남북 역사학자들의 단출한 만남은 안타깝게도 두어 시간밖에 허용되지 않았다. 허박사를 아쉽게 보내고 자리에 앉은 김박사의 눈에서는, 대부분 제자 뻘인 남녘 학자들의 시선에 개의치 않고 다시 눈물이 흘렀다. 피붙이도 아니고 한 사람의 동학일 뿐인데도, 그에게는 북녘 허박사와의 이별이 그만큼 절절한 것이었다. 고희를 넘긴 노학자들의 기약 없는 이별은 눈물이 될 수밖에 없었는지 모른다.

그러나 결코 그것만이 아니다. 역사학자 김박사의 눈물에는 어느 분야의 연구자들보다 정확하게, 그리고 절실하게 인식되어 있는 분단민족의 한과 아픔이 배어 있다. 역사학이야말로 어느 학문보다도 분단민족의 상처를 속속들이, 그리고 아프게 체득할 수 있는 학문이다. 그 때문에 역사학 전공자들의 평화통일 염원은 그만큼 간절하게 마련이다. 김박사와 헤어져 북으로 간 허박사의 눈시울도 분명 젖었을 것이다. (2002. 8. 23)

# 정재각 선생님과 나

　남사(藍史) 정재각 선생님을 처음 만나뵌 것은 6·25전쟁 중이던 1952년 대구에서였다. 그해에 고려대학교 사학과에 입학해서 선생님을 만나 뵙게 되었는데, 당시 고려대학교는 대구로 피란을 가서 원대동에 가교사를 마련해 있었다.

　니무 오래된 일이라 선생님에 대한 첫인상은 그다지 분명하지 않지만 그때 39세이던 선생님은, 그때뿐 아니라 평생을 두고 그랬지만 무뚝뚝하고 말수가 대단히 적은 전형적인 경상도 선비타입이셨다.

　선생님은 중국 고대사 전공이셨고 나는 한국 근대사 전공이라 직접 지도교수로 모실 수는 없었지만, 선생님의 25사 『식화지(食貨志)』 강독에서는 사료해석의 진수를 배울 수 있었고, 비트포겔의 『동양적 전제주의』 강독은 역사 보는 눈을 넓히는 데 크게 도움이 되었다. 『식화지』 강독시간에 준비해 온 학생이 없으면 강의를 안 하고 그냥 나가시는 경우가 있어서 학생들이 전전긍긍했다. 내가 선생이 된 후 그같은 권학법을 써보려 했으나 잘 되지 않았다.

　나는 운좋게도 고려대학교 사학과 졸업생으로는 처음으로 모교의 전임교원이 되었다. 모두 나의 선생님인 현직교수님들이 신임 제자교수의 환영회를 열어주는 자리에서 나를 빼면 최연소 교수이던 김준엽 선생님이 권하는 술을 모두 받아 마시고 잔뜩 취해서 거의 인사불성이 되어버렸다. 어떤 실수를 했는지 기억조차 전혀 할 수 없었다.

다음날 정재각 선생님이 부르셔서 갔더니 본래 말수가 적은 분이라 두말하시지 않고 "우리가 사람 잘못 선택한 것 같아" 하시는 것이었다. 정말 쥐구멍에라도 들어가고 싶은 심정이었다. 고대 교수로 30여 년 근무하고 정년이 될 무렵에야 안 일이지만, 내가 졸업생 중 최초로 모교의 전임이 된 데는 정선생님의 도움이 컸던 것 같은데, 초임에 그런 꼴을 보여드렸으니 얼마나 실망하셨을까. 지금 생각해도 모골이 송연해진다.

정재각 선생님은 사학과 교수 중에서도 김학엽 선생님과 특별히 친하셨다. 두 분이 당시로서는 꽤 '저속'하다고 일컬어지던 국산영화를 자주 함께 즐기시는 일은 교내의 공공연한 비밀이었다. 그 무렵은 구제 박사학위제도가 없어지고 신제 박사학위제도로 넘어가는 과정이었고, 신제 박사의 지도요건을 갖추기 위해 기성 교수들에게 가능하면 구제 학위를 받도록 했다. 그러나 어학시험은 말할 것 없고 학위심사도 대단히 엄격했다.

정재각 선생님이 대학원장이실 때 김학엽 선생님이 박사학위를 취득하기 위해 독일어를 제2외국어로 택하고 시험을 치셨다. 출제자는 사학과 출신으로 김학엽 선생님에게 독일어 강독을 수강했던 제자이면서 전공을 바꾸어 독문학과 교수가 된 허발 교수였다. 신식 출제방법으로 낸 독일어 시험에서 김학엽 선생님이 낙방하셨고, 사후에 알고 놀란 허발 교수가 대학원장 정재각 선생님을 찾아가서 채점을 다시 하겠다고 사정을 했다.

그러나 정선생님은 채점을 다시 하겠다는 허교수를 야단치고 들어주지 않으셨다. 김학엽 선생님의 박사학위 취득은 늦어질 수밖에 없었고, 두 분 사이는 자연 서먹해지게 되었다. 두 분 사이가 멀어지는 것이 안타까워서 화해하시게 나도 여러모로 노력했으나 잘되지 않았다.

내가 정선생님께 "그렇게 친하시던 두 분 사이가 서먹서먹하게 되셨는데, 거의 유일하던 친구를 잃고 외로워서 어찌 하시렵니까" 했더니 예의 무뚝뚝한 말솜씨로 "사람은 본래 외로운 존재야" 하셨다.

전두환 군사독재정권이 들어서는 과정에서 나는 이른바 해직교수가 되었고, 정년 후 정선생님은 동국대학 총장을 거쳐 정신문화연구원장이 되셨다. 어느날 실업자가 된 나를 부르시기에 갔더니 연구비를 마련해놓았으니 받아서 생활에 도움이 되게 하라는 말씀이셨다. 그 생래의 무뚝뚝함 속에 숨어 있는 자상함을 또 한번 느끼고 감사하지 않을 수 없었으나 거절할 수밖에 없었다.

대단히 죄송한 일이지만, 선생은 어려운 처지에 있는 제자를 위해 특별한 배려를 할 수 있고, 그것이 받아들일 수 없는 것일 때 제자는 서슴없이 거절할 수 있음으로써 오히려 진정한 사제관계 및 인간관계가 성립할 수 있는 것이라 자위했다.

군사정권 아래서 정신문화연구원장 하신 일이 마음에 걸리셨던지 언젠가 무슨 말씀 끝에 "나야 권력과 타협한 허물이 있지 않은가" 하신 말씀을 들은 기억이 남아 있다.

정선생님을 50년 동안이나 곁에서 지켜보아오면서 나름대로 생각해보면, 선생님은 만년의 몇 년을 빼고는 가정적으로 좀 '불행한' 분이셨다. 지방의 이름있는 반가(班家)에서 태어나 집안사정에 따라 어릴 때 연상의 사모님과 조혼하셨는데, 당시 조혼한 지식인들 중에는 초혼 부인을 버리고 이른바 신식여성과 재혼하는 사람들이 많았지만, 선생님은 그렇게 할 수 없는 분이셨다고 할 수 있다. 그래서 평생 병약하셨던 사모님이 돌아가실 때까지 해로하셨다. 언젠가 한번 가정문제가 잠깐 화제가 되었을 때 "운명이니까" 하고 체념하시는 말씀을 들은 기억이 있다. 아마 평생 그렇게 생각하고 사신 것이 아닌가 한다.

선생님이 동국대학교 총장으로 계실 때의 어느날이다. 무슨 일 때문에 성북동 댁에 갔다가 선생님 내외분과 총장 차를 함께 타고 나오게 되었다. 총장 부부동반 연회에 참석하기 위해 사모님과 함께 가시는 길이었는데, 아마 조금 불안하신 것 같았다. 사모님께 "연회에 가서 될 수 있으면 말을 많이 하지 말고, 잘 모르는 말이 나오면 그저 웃고만 있으면 된다"고 말씀하셨다. 일제시대 조선 유일의 최고학부였던 경성제국대학 출신으로 대학총장이 되었으면서도 '구식' 부인과 해로하시는 선생님의 고충 같은 것을 느낄 수 있었다.

다른 곳에서도 몇 번 말했지만, 선생님은 내가 만나본 사람 중에서는, 이런 말이 있는지 모르지만 '자기통제력'이 가장 높은 분이었다고 생각한다. 그런 사람이면 대체로 깊은 정이 그다지 느껴지지 않게 마련인데, 그렇지 않은 점이 또한 정선생님의 특징이 아니었던가 한다. 선생님이 모든 공직에서 은퇴하신 후 친구 두엇과 함께 선생님을 모시고 여행을 몇 번 했다. 당신의 여비를 우리가 부담하는 것이 마음에 걸려서 돌아올 때는 반드시 작은 물건이라도 사서 나누어주시는 그런 분이었다.

선생님과의 마지막 여행은 돌아가시기 3개월 전에 했던 전라도 지방의 거문도와 백도 여행이다. 전에 없이 노쇠해 보여서 안타까워하면서도 다음 여행은 선생님이 못 가보셨다는 홍도로 가기로 정했으나, 결국 홍도여행은 못 하고 돌아가셨다. 입원하셨다는 소식을 듣고 병원으로 달려갔더니 마침 휠체어를 타고 여러 사람의 전송을 받으면서 퇴원하시는 길이었는데, "내가 스타가 된 것 같군" 하고 농담하신 것이 마지막 들은 선생님의 음성이 아니었던가 한다. 위독하시다는 연락을 받고 다시 갔을 때는 이미 말문을 닫은 후였다. 몇 년 전부터 암을 앓으셨는데도 전혀 내색하지 않으셨던 것이다.

정선생님은 즉석연설을 잘하시기로 이름났고, 문장 역시 간결하면서도 명문이었다. 환갑을 맞으셨을 때 신근재 형과 함께 문집을 만들어드렸던 기억이 난다. 평소 가깝게 지내시던 이홍직 선생님이 돌아가셨을 때 정선생님이 쓰신 추도문을 읽고 "선생님은 그런 명추도문을 받으실 수 없을 것 같으니 손해십니다" 했더니 추도문 운운이 듣기 싫으셨는지 "안 죽으면 될 것 아닌가" 하셨다.

결국 선생님의 추도문을 글 짧은 내가 쓰게 되었으니 죄송한 마음 금할 길 없다. 저승 가시는 길에 들으시고 "겨우 그 정도냐" 하시면서도 흔쾌히 받지 않으셨을까 생각하면서, 선생님의 명복을 다시 빌어 마지않는다. (2002. 10. 31)

# 러시아 지식인의 고민

1970년으로 기억된다. 일본 토오꾜오대학에 들렀다가 그 식당 벽에 붙은 시베리아 경유 모스끄바행 관광단 모집광고를 보고, 우리로서는 생각조차 할 수 없는 전혀 다른 세상의 일로만 여겼다. 그러나 역사는 변해서 그로부터 26년이 지난 후, 모스끄바와 지금은 이름이 바뀐 레닌그라드와 그 근교의 뿌슈낀시 등지를 다녀올 수 있었다.

이제 겨우 5년을 남겨놓은 20세기는 인류사상 최초로 혁명에 의해 사회주의 국가를 성립시킨 세기였다. 그후 2차 세계대전을 겪으면서 사회주의 국가체제는 동유럽 지역과 중국·베트남·북한 등지로 확대되었고, 이같은 추세에 따라 반드시 유물사관적 입장에 서지 않은 역사가라 해도 20세기가 자본주의체제가 사회주의체제로 교체되는 시발점이 되리라 전망하는 경우가 많았다.

그런데 그 국가사회주의체제가 불과 70여 년 만에 동유럽 지역에서부터 와해하기 시작하여 종주국 쏘비에뜨연방이 무너지고 중국도 겉틀만 유지된 채 속은 변해가고 있다.

20세기를 산 역사학 연구자로서 쏘비에뜨연방이 무너진 뒷자리를 가

보고 싶은 마음 간절했으나, 웬일인지 좀처럼 기회가 오지 않았다. 한때는 출발 날짜까지 정했다가 러시아의 의회건물이 포격되는 '내전'이 벌어지는 바람에 포기하기도 했다. 이번에는 만사를 제치고 가보았더니, 우리 유학생만도 벌써 1천 명이 넘는다 하고 모스끄바나 옛 레닌그라드의 호텔에서는 서로 쑥스러울 정도로 한국인 관광객을 자주 만날 수 있었다.

남보다 늦은 불과 10일간의 짧고도 사사로운 여행이었으나, 다행히도 맑스·레닌 관계 문서와 우리 민족해방운동과 깊은 관계가 있는 코민테른 문서가 잘 보관되어 있는, 지금은 러시아 현대사 문서보관 및 연구센터로 이름이 바뀐, 옛 소련공산당 중앙위원회 문서보관소를 볼 수 있었다. 그리고 그곳 소장을 비롯한 두 부소장과 어울려 서울 맛과 전혀 다르지 않은 한국음식점에서 하루 저녁 보드까 술잔을 나누면서 방담하는 기회도 가졌다.

모스끄바대학에서 철학강의도 한다는 40대 후반의 호탕한 성격의 소장은 러시아가 당면한 처지를 말하면서 "낡은 집을 수리하면서 못 쓰게 된 부분부터 차근차근 수리하지 않고 한꺼번에 집 전체를 허문 후, 새로운 자재가 아닌 허문 집의 헌 자재로 다시 집을 지으려 하지만, 집은 짓지 못하고 사람들만 길거리에 나서게 된 상태"라고 자조적인 비유를 했다.

자부심을 가졌던 하나의 체제가 어이없이 무너진 후의 허탈감과 반성 같은 것이 적절히 그리고 재치있게 표현된 비유라 생각되었다. 그의 말을 받아서 지금의 대안이 결국 자본주의밖에 없다고 확신하는가 또 그것이 성공할 수 있다고 믿는가 물어보고 싶었으나, 어쩐지 잔인한 질문 같아서 망설이고 있는데, 우리 동행 가운데 한 사람이 사회주의는 이제 완전히 끝났다고 생각하는가 하고 직설적인 질문을 했다. 그는 약간 어눌해지면서 사회민주주의의 가능성을 생각하는 것 같은 대답을 했다.

쏘비에뜨연방이 무너진 지 5년이 지난 지금의 러시아에는 레닌그라드가 다시 뻬제르부르끄로 되는 변화가 있은 것은 사실이지만, 스딸린은 철저히 '숙청'된 데 비해 레닌은 아직 '건재'한 것으로 보였다. 그의 묘소는 여전히 위병들이 자아내는 엄숙한 분위기 속에서 관람객을 맞고 있었으며, 있을 만한 곳의 동상도 그대로 서 있었다. 레닌배지도 20~30종류는 쉽게 수집할 수 있을 정도로 많았고 또 인기도 있었다. 나팔소리와 함께 진행되는 혁명의 군함 '오로라호'의 하기식도 볼 수 있었고, 레닌역이나 레닌동산의 이름도 그대로 있었다.

역사를 앞장서 가는 '사회주의 조국'이라 자부하면서 세계 양대 강국의 하나로 실재했던 나라가 하루아침에 그 모든 것을 잃고 뒤늦게 서툰 자본주의를 배워야 하게 되었으니, 의식있는 지식인은 물론 국민 개개인이 허탈감에 빠질 만도 했다.

술잔을 들고 러시아가 하루빨리 부강한 나라가 되기를 기원한다는 건배사를 했지만, 러시아의 고민은 혁명으로 수립한 국가사회주의 체제가 무너졌다는 사실 못지않게 그 확실한 대안이 무엇인가를 찾지 못하는 데 있는 것이 아닌가 생각되었다.

# 대학을 살리는 길


　세계사가 20세기의 마지막 10년대에 접어들고 있는 시점에서 한국은 바야흐로 선진국으로 진입한다는 희망에 부풀어 있는 것 같다. 그러나 우리가 몸담고 있는 대학문제에 초점을 맞추어보면 이 희망은, 좀 지나친 표현이 될지 모르지만, 아무래도 허망이라 말할 수밖에 없지 않을까 한다.

　유수한 대학의 총장들이 "개인적 치부가 아닌" 학교재정 확보를 위해 부정입학을 감행했다가 추상같은 검찰권에 의해 구속되는 장면이 만천하에 공개되는, 세계 대학사에 유례없을 일이 몇 번씩 벌어지는 나라가, 그래도 선진국으로 진입할 희망에 부풀어 있다니 놀랍다 못해 한심하기 짝이 없다고 말하면 심한 표현일까.

　더구나 이런 상황에서도 정부당국은 실효성 있는 방안을 강구하지 못하고 총장 구속으로 그 위신을 세우면서 상대적으로 대학의 위신만을 땅에 떨어뜨리는데도 대학에 몸담고 있는 그 많은 두뇌들은 자구책 하나 강구하지 못한 채 묵묵부답 속수무책이니, 대학을 이 지경으로 만들어놓고도 나라가 선진국으로 진입할 수 있는 것인지 우리의 상식으로는 아무래도 이해하기 어렵다.

너무 원론적인 말이 될지 모르지만, 진리를 추구하고 미래의 일꾼을 양성하는 대학은 그 사회의 어느 부분보다 허위가 없는 진실한 곳이어야 한다. 그렇기 때문에 비록 재정확보책이란 명분이 있다 해도 한치의 부정한 처사도 있을 수 없는 곳이 대학이며, 이 때문에 부정입학에 대한 국민적 지탄도 거세지 않을 수 없었다. 그러나 각 대학들, 특히 사립대학들이 현실적으로 재정적 곤란을 받고 있는 것 또한 사실로 알려져 있으며, 한때 기부금입학 등이 논의되기도 했으나 실현되지 않았고 현재로서는 묘책이 없는 것도 사실이다.

예정했던 액수보다 10% 이상의 세금이 더 걷히고 지구상의 몇 나라밖에 가지지 못한 고속전철을 착공하려는 나라에서, 호화생활 과소비에 들뜬 인간들이 판을 치는 나라에서, 대학들이 재정확보를 위해 공정해야 할 학생선발에 부정을 저지르고 그 때문에 총장과 보직교수들이 구속되고 형을 살아야 하는 이런 상황 속에서, 대학을 살릴 수 있는 길은 무엇이겠는가. 진지하게 생각해보지 않을 수 없다.

그러나 결코 상식 이하일 수도 그 이상일 수도 없는 것이 바로 대학문제라는 인식이 중요하며, 사립대학의 경우 무엇보다도 재단들이 재원을 더 마련해야 한다는 것이 상식이다.

사회가 교육기관 설립자를 존경하는 이유는 다른 곳에 있지 않다. 그들이 근검절약하며 깨끗하게 번 돈을 교육기관 설립을 통해 지속적으로 사회에 환원하기 때문이다. 따라서 사립교육기관이라 해도 그것은 결코 사유물일 수 없으며, 그 때문에 어느 재단이 제 힘으로 대학을 제대로 운영할 수 없게 되면 그 운영권을 능력있는 다른 재단에 흔쾌히 넘겨야 함도 상식일 수밖에 없다. 부정입학의 원천적 책임이 대학재정을 파탄에 빠트린 재단에 있음 또한 상식이다.

어느 재단이 대학을 원만히 운영할 능력이 없어졌는데도 대신 맡을 만한 재단이 없는 경우, 결국 정부가 운영을 전담하는 수밖에 없다. 사립대학이 국립으로 전환되는 경우 그 간섭 때문에 대학자율성의 상실이 우려되기도 하지만, 지금 우리 사립대학에 대한 정부간섭이 선진국 국립대학들의 그것보다 덜하지 않음도 상식이다.

문제는 국립 여부에 있는 것이 아니라, 정치문화와 대학문화의 수준과 대학인의 자세이다. 우리의 통념으로는 재정이 부실한 사립대학의 국립화가 엄청난 변혁으로 여겨질지 모르지만, 재정확보를 위해 총장이 구속되어도 이런 수준의 변혁이 논의되지 않는다는 점에 오히려 우리 대학사회의 불행이 있다고 생각할 수는 없을까.

한편 우리의 생각을 조금 누그러뜨려보면, 재정이 부실한 대학의 국립화만이 능사가 아니며, 사립대학 재단들 중에는 그 재정을 당장 획기적으로 회복할 재력과 능력은 없다 해도 본래의 건학정신만은 건전했고 그 건학정신을 계속 발전시킴으로써 오히려 대학문화의 다양화와 활성화에 이바지할 만한 경우도 전혀 없는 것은 아니다. 이런 경우 사립대학으로서의 위치를 지키면서 정부보조를 더 받거나, 같은 교육이념을 가진 다른 유산자의 투자를 유도하여 절대 부족한 교원수를 늘리고 연구시설과 기자재를 더 갖추어 연구와 교육의 질을 높일 수도 있다.

그러나 여기에는 반드시 전제되어야 할 것이 있다. 제가 운영하는 대학의 재정상태가 어려우면 어려울수록, 정부나 다른 유산자의 보조와 투자가 절실하면 할수록, 그 곤란한 재정상태를 명명백백히 공개하는 일이 앞서야 한다는 사실이다. 지금도 우리 학생들 중에는 등록금 마련을 위해 은행융자를 받는 이들이 많고, 심지어 방학을 이용하여 토목공사장에서 서툰 노동을 하다가 목숨을 잃는 처절한 실례도 있다.

이런 등록금으로 운영되는 대학들이 그 재정을 떳떳하게 공개하지 않은 채 재정확보를 이유로 부정입학을 자행했다가 총장들이 구속되고, 논의되는 대책이라는 것이 고작 기부금입학제 운운 정도라면 그것이야말로 자가당착이 아닐 수 없다. 재정운영에 어두운 부분이 있고 없음이 문제가 아니라, 진리탐구의 마당으로서의 대학은, 교육기관으로서의 대학은, 공개되지 않는 부분이 없어야 한다는 점이 중요하다. 대학 재정난 타개의 출발점은 바로 그 재정을 떳떳하게 공개하는 데서 시작되어야 함을 강조하지 않을 수 없다. (2000. 11. 9)

# 대학총장 자리를 다시 생각한다

일제식민지시대에는 남북을 합친 전체 한반도에서 대학이라고는 경성제국대학 하나밖에 없었고, 이 대학에는 조선인 교수는 한 사람도 없었던 것으로 알고 있다. 해방 직전의 어느 신문에 지금은 북에 가 있는 이승기 공학박사가 조선사람으로는 처음으로 일본 쿄오또(京都)제국대학의 정교수가 되었다는 기사가 실린 것을 보면 조선사람 대학교수도 몇 사람에 불과했던 것 같고, 대학총장은 물론 한 사람도 없었다. 이렇듯 일제시대에 고등교육이 부진했던 것은 식민지 우민정책의 결과였다.

8·15해방은 이같은 우민정책을 청산하고 고등교육의 문을 활짝 여는 계기가 되었지만, 대신 단시일에 대학이 급증함으로써 교육의 질이 떨어진 것도 사실이다. 물론 일제시대에도 인격적으로나 학문적으로 대학교수나 대학총장이 될 만한 사람들이 상당수 있었다. 그러나 식민지적 상황 때문에 되지 못하였다가, 이들이 남북을 막론하고 해방 후 상당 기간 대학교수와 대학총장의 자리를 감당해나갔다고 할 수 있다.

해방 후 1세대 대학교수들은 박사학위는 물론 석사학위도 못 가진 분들이 많았으나, 학문적·교육적 성실성이나 특히 인격 면에서 나름대로의 특징을 가지고 그 위치를 확실히 지키면서 학생들로부터 존경받는 분들이 많았다. 특히 대학총장 자리를 맡은 분들은 분단체제라는 제한된 조건에서나마 당시의 사회 일반이 모두 잘 알고 존경할 만큼 일정한 학문적·사회적 위치를 가진 분들이 많았다.

지금은 대체로 해방 후에 배출된 2세 내지 3세 학자들이 교수가 되고 총장이 되어 있지만, 우리나라의 경우 대학 교수나 총장은 단순한 월급쟁이가 아니라, 극히 일부분에서나마 민족문제 해결에 이바지하고 사회정의를 실현하려는 일종의 지사적(志士的) 냄새가 아직은 조금 남아 있어서 그것이 부담이 되기도 하고 또 약간의 긍지가 되기도 한다고 할 수 있다.

대학의 역사가 깊은 유럽의 경우 이름있는 대학의 총장취임사는 그 나라의 교육정책과 문화정책을 좌우할 만큼 영향력이 크다고 하는데, 우리의 경우도 중요한 대학의 총장취임사는 신문들이 거의 전문을 소개할 만큼 대우해주고 있다.

그런데도 최근에 와서 우리 사회의 대학총장이 갖추어야 할 조건은 학문적 권위나 인격적 완성도가 아니라, 대학 경영상의 기술적 능력이나 운영기금 확보능력 등이 필수적인 것으로 급격히 변해가고 있음을 볼 수 있다. 특히 사립대학의 경우 경영이 어렵다는 이유로 그런 경향이 두드러지고 있다. 조금 극단적으로 말하면 설령 총장취임사를 제 능력으로 쓸 수 없어 남의 손을 빌릴지라도 운영자금만 많이 확보할 수 있다면 얼마든지 총장이 될 수 있다는 생각이 일반화하고 있는 것이 아닌가 걱정된다.

작금에 와서 대학총장이 선출제로 된 것은 대학의 민주주의를 활성화하자는 데 그 본의가 있었다. 그러나 선출제로 바뀐 이후 총장 곧 '자금마련꾼'의 경향이 더 두드러지고 있다면, 이거야말로 본말전도가 아닐 수 없다. "자본주의사회에서 대학재정이 어려운 경우 그럴 수밖에 없다. 선진국 미국의 경우를 보라. 우리도 뒤늦게나마 그렇게 되어가는 것이 다행이다. 돈이 있어야 학문도 있고 인격도야도 있다"고 말할 수 있을지 모르겠다. 그러나 사립대학의 경우 운영자금을 마련해야 할 책임은 당연히 재단에 있다. 세상이 왜 대학설립자들을 존경하는가. 그들이 육영사업을 위해 재산을 바치고 그 운영자금을 조달하기 때문이다. 그럴 능력이 없어지면 재단은 당연히 다른 능력자에게 넘겨져야 하고 능력자가 더 없다면 결국에는 국가가 운영을 맡아야 한다.

재단이나 정부는 뒷전에 앉아 있고 총장만이 '자금마련꾼'이 되어 장사꾼처럼 갈 곳 못 갈 곳, 만날 사람 안 만날 사람 가리지 않고 헤매다가 졸업식장에서만은 점잖게 가운을 입고 석·박사학위를 수여한다면, 아무리 자본주의사회라 해도 꼴사나운 일이 아닐까. '자금마련꾼' 총장이 각종 학위를 주는 최고책임자라면, 그 학위의 권위를 위해서도 불행한 일이 아닐 수 없다.

최근 어느 대학의 총장이 국적이 어떻다 하여 신문지상에 오르내리더니 일부 교수들과 맞고소를 했다는 말이 있었다. 또 검찰이나 전문 수사기관에서도 거론하지 않고 있는 문제를 어느 대학총장이 국내외로 다니면서 포설하여 세상을 떠들썩하게 하는가 하면, 유수한 대학의 총장들이 또 줄줄이 그것을 지지했다는 사실이 언론매체를 통해 크게 보도되었다. 그런가 하면 검찰은 그 말이 확실한 증거가 없는 것이라 발표했고, 그 총장이 속한 교단에서는 금언령인가 소환령인가를 내렸다고 한다.

아무리 세상이 바뀌고 대학교수도 하나의 월급쟁이가 될 수밖에 없다 해도, 교수들의 대표라 할 수 있을 대학총장이 할 일이 이런 일들일까. 개탄하지 않을 수 없다. 평생을 대학에 몸담아온 한 사람으로서 무

거운 책임감을 느끼면서도, 대학총장이란 자리가 왜 이렇게 되어버렸
는지 그 원인을 한마디로 말할 수 없는 것이 더욱 안타깝다. 혹시 인격
이나 학문보다 '자금마련꾼'이 되어야 한다는 요즈음의 대학총장관이
가져온 하나의 결과가 아닐까 생각해본다.

# 지식대중화에서 정보대중화로

널리 알려진 말이지만, 헤겔은 역사라는 것은 자유의 확대과정이라 했다. 그는 정치적 자유에 더 무게를 두고 말한 것 같으나, 그 말을 요즈음 사정에 맞게 좀더 구체적으로 해보면 역사란 정치·경제·사회·문화적 자유의 확대과정이라 할 수 있으며, 그것은 또한 민주주의의 확대과정이라 말할 수 있을 것이다.

역사가 자유의 확대과정이라면, 그에 앞서 무엇이 인간을 자유롭게 하는가를 아는 일이 중요하다. 인간의 자유를 확대시켜나가는 원동력의 하나는 지식이라 말할 수 있다. 지식의 확대과정이 자유의 확대과정과 연결되고, 그것이 바로 역사를 발전시키는 원동력의 하나가 된다고 할 수 있는 것이다.

인간역사의 전근대시대까지는 지식의 습득이나 전달이 전체 인구의 10%에도 훨씬 못 미치는 극소수의 지배층에만 한정되어 있었다. 따라서 그들만이 정치·경제·사회·문화적으로 자유로웠고, 지식을 가지지 못한 나머지 대다수 인간들은 총체적으로 부자유스러웠다.

인간의 역사가 중세를 벗어나서 근대로 온다는 것은, 헤겔이 말하는 모든 사람이 자유로워진다는 것은, 지식이 모든 사람의 소유물이 되었음을, 즉 지식의 제한 없는 대중화가 이루어졌음을 말한다고 할 수 있다. 그리고 그것을 가능하게 한 것은 지식전달의 수단으로서의 서책의 대량생산을 가능하게 한 인쇄술의 발달에 있었음은 다 아는 일이다.

지식의 자유화·대중화가 이루어진 근대사회에서 모든 사람이 정치·경제·사회·문화적으로는 자유로워졌는가 하면, 그렇지는 않은 것 같다. 일부 인간집단의 권력독점에 의한 독재체제가 유지되기도 했기 때문이다.

전제군주제도가 무너진 근대사회에서도 일부 독재체제가 유지된 원인은 여러가지로 말할 수 있겠으나, 근대사회로 오면서 지식의 자유화·대중화는 상당히 이루어졌다 해도 그것에 수반되어야 할 정보의 자유화·대중화가 덜 되었기 때문이라고 할 수 있다.

20세기 전반기까지의 역사시대 5천 년 동안 사람들은 손의 기능을 확대시키기 위해 각종 도구를 만들어냈고, 발의 기능을 확대시키기 위해 기차나 자동차, 비행기를 만들어냈다. 그리고 20세기 후반기에는 두뇌의 기능을 확대시키는 컴퓨터를 만들어내기에 이르렀고, 그것이 발명된 지 불과 몇십 년 만에 엄청난 속도로 그 기능이 향상되고 있다.

컴퓨터의 발달에 의한 두뇌기능의 확대는 컴퓨터통신의 발달로 연결되어 획기적인 정보의 자유화 및 대중화를 이루어가고 있다. 정보의 자유화 및 대중화 과정이 곧 지식의 자유화·대중화를 위한 또 하나의 과정이라 할 수 있겠지만, 어떻든 한 사람의 이른바 해커가 마음만 먹으면 특수기관의 깊숙한 곳에 숨겨져 있는 비밀스런 정보에 쉽게 접근해갈 수 있는 시대가 되어가고 있는 것이다.

컴퓨터의 발명은 인쇄술의 발명과 함께 인류문명 발달사에 또 하나의 큰 획을 그었음이 틀림없다. 역사학의 시대구분이 인류역사를 컴퓨터 이전 시대와 이후 시대로 양분할 수 있을 정도는 안 된다 해도, 컴퓨터의 발달과 그로 인한 통신의 발달이, 지금까지의 지식의 자유화·대중화 단계에 머물고 있던 인간의 역사를 정보의 자유화·대중화 단계로 높여놓을 것임에 틀림없다.

근대사회 이후 지식의 자유화·대중화가 인간자유의 확대 및 민주주의 발전을 진전시킨 것같이, 21세기에 들어가면 정보가 급격히 개방되고 자유화하고 대중화함으로써, 인간의 정치·경제·사회·문화적 자유를 더욱 확대시키고, 나아가서 그 민주주의를 획기적으로 발전시킬 것임에 틀림없다. 그리고 어느 누구도 이 도도한 역사의 흐름을 막을 수 없을 것이라는 점이 중요하다. (2000. 11. 9)

# 대학다워지는 최소한의 조건

　우리 민족사회의 오랜 역사와 문화수준에 비해서 근대 대학의 역사는 너무 짧다. 일제강점시대에는 2천만 인구에 이른바 제국대학이라는 것 하나밖에 없었고 나머지 고등교육기관은 모두 전문학교였다. 일본 제국주의의 우민정책으로 고등교육이 극히 제한되었다가 해방이 되자 그야말로 우후죽순처럼 대학이 설립되었다.

　엄격한 의미에서 우리 대학의 역사는 해방 후부터이지만, 1950년대는 전쟁과 그 후유증으로 대학이 제구실을 할 수 없었고, 결국 60년대부터 대학의 본격적인 역사가 시작되었다 할 수 있지 않을까 한다.

　오랫동안 타민족에 수탈당한 민족사회가 대학다운 대학을 설립할 만한 재력을 가졌을 리 없고, 자격을 갖춘 교수요원이 제대로 있었을 리 없었다. 그런 조건 아래서 해방 후 반세기 동안 그럭저럭 대학의 수만 불어났을 뿐, 그 질을 높이기 위한 획기적인 정책이 세워진 일은 없었다고 해도 과언이 아니다. 그래서 그런지 아직도 국립과 사립을 막론하고 세계적 수준의 근처에라도 간 대학이 없는 실정이다. 우리 대학졸업생의 국제경쟁력은 거론조차 하기 어려우며, 젊은이들은 형편만 되면 외국에 유학하려 하고 있다.

앞서가는 나라들의 대학생들은 강의 외에도 밤을 새워가며 여러 권의 책을 읽거나 실험을 하고 몇 편의 보고서를 써야 학점을 취득할 수 있는데, 우리 학생들은 대부분의 경우 필기노트를 외워서 중간시험과 기말시험 치르는 것만으로 학점을 취득하고 있으니 그 질이 떨어질 것은 너무도 당연하다. 한 과목의 학점을 취득하기 위해 여러 권의 책을 읽고 몇 편의 내실 있는 보고서를 쓰게 하려면, 최소한 몇 가지 요건이 갖추어져야 한다.

우선 교수들의 강의부담이 하루 6시간 정도로 줄어 연구하고 강의 준비하는 시간이 더 많아져야 하고, 대학 도서관과 실험실 시설이 지금보다 훨씬 충실해져야 한다. 도서관은 같은 종류의 참고서적이 더 많이 비치됨으로써 '공부방'이 아닌 참고열람실 구실을 제대로 할 수 있게 되어야 하고, 학생들의 보고서를 제대로 점검하기 위해 1교수 1조교 제도 정도는 갖추어져야 한다. 우리 대학의 대부분을 차지하는 사립대학 특히 지방 사립대학은 아직 어림없는 일이지만, 이는 대학이 대학다워지는 최소한의 요건이다.

대학이 대학답게 되려면 들어오기도 어렵고 나가기도 어려운 대학이 되거나 아니면 들어오기 쉬워도 나가기는 어려운 대학이 되어야 하는데, 우리 대학은 반대로 들어오기는 다소 어렵다 해도 나가기는 아주 쉬운 대학이 되어 있다. 그런 대학졸업생이 외국에 비해 경쟁력이 높을 수 없음은 말할 나위가 없다. 그러나 들어오기 쉬워도 나가기 어려운 대학이 되려면, 앞에서 말한 것과 같이 도서관과 실험시설과 조교제도를 비롯하여 학생들에게 그만큼 공부를 시킬 수 있는 요건이 갖추어져야 한다. 그러기 위해서는 돈이 더 많이 들어가야 한다.

지방의 작은 사립대학들이 외국대학과의 경쟁력은 그만두고 우선 국립대학이나 중앙의 큰 대학들과의 경쟁력이라도 갖추려면, 일단 예산이 지금의 2배는 되어야 한다. 우리나라 사립대학의 등록금 의존율이 80%가 넘는다고 알고 있는데, 그것이 전체 대학예산의 50%를 넘지 않아야 하고 나머지 25%는 국고지원으로 또 나머지 25%는 일반 사립대학의 경우 재단전입금으로, 재단에 문제가 있어 관선이사가 나가 있는 대학의 경우 국고지원으로 충당되어야 한다.

전체 예산의 25%를 전입시키지 못하는 사립대학 재단은 그 자격을 인정하지 말아야 하며, 사립대학에 대한 국고지원은 국립대학과 차이를 두어야 할 이유가 없다는 인식이 바탕이 되어야 한다. 그리고 그것은 국립대학과 사립대학의 등록금 차이가 있어야 할 이유도 없어졌다는 사실을 근거로 해야 한다. 가난하면서 우수한 학생을 위해 국립대학 등록금이 저렴해야 한다고 하겠지만, 지금은 우수한 학생이라 해도 가난하면 국립대학에 들어가기 어려울 만큼 국립대학 들어가기 위한 교육비가 많이 드는 세상이 되었다.

한 번 더 강조하지만 대학이 당장 대학답게는 못 되어도 대학'스럽게'라도 되게 하려면, 특히 사립대학은 예산을 지금의 2배 정도 늘리는 일이 우선이다. 그 방법은 현재 수준의 사립대학 등록금 수입이 전체 예산의 50%를 넘지 않아야 하고, 재단전입금이 등록금 수입의 25%는 되게 의무화되어야 하며, 국고지원도 등록금 수입의 25% 정도는 되어야 한다.

설립 때 출연했다 해서 추가 전입금이 없다시피 해도 '교주'의 권리가 자손대대로 지속된다면, 대학은 공익성을 잃은 사유물이 되고 만다. 따라서 사립대학 재단의 자격은 어떤 형태로건 전입금 액수와 연동되어야 한다. 그리고 대학에 대한 국고지원은 국립과 사립의 차이가 없어져야 한다. 대학의 경쟁력을 조금이라도 높이는 길은 무엇보다도 대학을 대학스럽게라도 만드는 일이다. (2002. 9. 9)

# 고등교육 개혁의 방향

　노무현정부의 첫 교육부총리 인선이 난항을 거듭하다가 뒤늦게 결정되었다. 인선이 난항이었다는 사실 자체가 교육의 현 실정과 그 개혁의 어려움을 말하는 것이라 해도 좋을 것이다. 우리 교육, 특히 고등교육은 해방 후 거의 황무지에서 시작되었다. 그러면서도 반세기가 지나도록 근본적인 개혁을 한번도 못하고 그저 땜질만 해왔다 해도 틀린 말이 아니다.

　중세시대까지 우리 민족사회는 높은 문화수준을 가졌으나 근대로 들어오는 길목에서 불행하게도 남의 강제지배를 받게 되었고, 그 기간 우민정책이 강행되었기 때문에 해방 후에는 고등교육에 대한 열의가 대단히 높을 수밖에 없었다. 높은 교육열이 민족사회 발전에 도움이 된 것도 사실이지만, 한편 어려운 문제들을 낳기도 했다. 지금은 공교육이 무너져가고 대학교육도 경쟁력이 떨어진다는 우려가 심각하다. 대대적인 교육개혁을 미룰 수 없는 상황이 되었음을 말하는데, 40년 가까운 현장경험을 근거로 몇 가지 개혁방향을 짚어볼까 한다.

　첫째, 국립대학과 사립대학의 등록금 차이를 없애고 국고보조금도 국립·사립 구분 없이 학생수에 따라 지급해야 한다. 가난한 학생들을 위해 국립대학 등록금을 싸게 했지만, 지금은 가난한 학생이 거의 국립대학에 들어갈 수 없는 세상이 되었다. 많은 사교육비를 들여 국립대학에 들어가는 넉넉한 사람들을 혈세로 도와주는 상황이 되었다 해도 잘못된 말이 아니다. 국립대학과 사립대학의 등록금을 같게 하고, 국고보조 역시 국립·사립 차이 없이 학생수대로 해야 한다. 국립대학생도 사립대학생도 국민이기는 마찬가지다.

둘째, 대학 정원과 모집방법을 전적으로 대학의 자율에 맡겨야 한다. 박정희 군사독재정권 때 대학통제를 위해 시작한 대입시험은 대학을 완전히 서열화해서 심각한 대학 불균등과 교육 불균형을 가져왔다. 정원과 모집방법을 자율화하고 국립·사립 대학 등록금을 같게 하고 국고보조를 학생수대로 해야 대학 서열화가 깨어진다. 또 경쟁률이 심한 대학과 학생 확보가 어려운 대학의 차이도 없어지게 된다. 일부 악덕 '교주'들이 마구 뽑아 치부하던 시절에는 공권력의 간섭이 필요했지만, 지금은 교수와 학생과 시민단체 등 사회일반의 감시기능이 높아져서 그럴 염려가 거의 없어지고 있다.

셋째, 대학의 모집방법을 자율화하고 다양화해서 고등학교를 대학입시 준비기관의 성격에서 벗어나게 해야 한다. 대학입시야 공교육기관보다 전문학원이 더 잘할 수 있지 않겠는가. 그러다 보면 공교육이 무너지게 마련이다. 수능시험 같은 것이 없어지고, 예를 들어 수학은 좀 약해도 문학적 재능을 가진 학생이면 문과에 입학할 수 있게 하는 대학자율의 입시제도가 되면, 고등학교가 대학입시 준비기관으로만 되는 폐단이 줄어들게 된다.

넷째, 고등학교 교사와 대학교수의 대우 차이를 줄여야 한다. 수업시간을 비슷하게 하고 보수 차이도 가능한 한 좁혀야 한다. 그래서 박사학위를 가지고 자연스럽게 고등학교 교사로 가게 해야 한다. 그래야만 고등학교 교육의 질이 높아지고 대학입시 준비기관의 기능에서 벗어나게 되며, 따라서 공교육 붕괴를 막을 수 있다. 모르긴 해도 대학교수와 고등학교 교사의 대우 차이가 이렇게 심한 나라도 아마 드물 것이다.

다섯째, 대학 정원과 모집방법까지 쥐고 있는 교육부의 간섭이 너무 심하다. 작은 예를 들어보자. 사립대학에 대한 정부의 보조가 대학 전체 예산의 1%에도 못 미치면서 대학교육협의회란 데를 시켜 대학평가를 하는데, 장학금 지급액이 등록금 수입의 10% 이상 되고 또 받는 학생이 30% 이상이 되어야 좋은 평가를 해준다. 장학금액만 높이라 하면 되지, 받는 학생수까지 높이라 하면 한 사람에게 주어지는 금액이 적어져서 효력이 감소하게 마련이다. 세상에 이런 시시콜콜한 간섭까지 하는 정부가 또 있을까? 그래서 교육부 폐지론이 나오는 것 같지만, 어떻든 노무현정부의 개혁의지에 거는 기대가 크다. (2003. 3. 18)

# 2
# 사회 속의 우리

# 평생 잊지 못할 일

평생 역사를 배우고 가르치며 살아오면서 제대로 이름짓기조차 어려운 8·15, 6·25, 4·19, 5·16, 12·12, 5·18 등을 겪어왔으니 개인적으로나 민족사적으로 잊지 못할 일이 누구 못지않게 많다고 할 수 있다. 그러나 마침 광주민중항쟁 20주년을 맞는 5월인데다, 80년대에 '잠수'하다 잡혀 18년인가를 감옥에 있었던 주인공의 이야기인 황석영의 『오래된 정원』을 읽고 있는 중이라, 20년 전 5월 어느 1주일의 '잠수' 이야기로 원고청탁에 답할까 한다.

어느날 창작과비평사에 갔다가 광주에서 계엄군과 시민군 사이에 '전쟁'이 벌어졌다는 소식을 듣고 흥분해 있는데, 한 친구가 광주항쟁을 탄압하고 나면 서울에도 검거선풍이 불 것 같다면서 피하라고 권했다. 나야 어쩌랴 싶었으나 남산 지하실에 끌려가 곤욕을 치른 일도 있고, 이른바 신군부라는 것이 어찌나 설치던지 혹시나 하고 일단 피하기로 했다.

일단 부산 처가에 가서 하루 지내고 생각하니, 만약 검거대상이라면 연고지를 먼저 덮치겠다는 생각이 들어 서울로 올라오고 말았다. 낮에는 다방 같은 데를 순회하며 지낸다 해도 통행금지가 있고, 계엄령이 내린 때라 밤 12시만 넘으면 여관마다 임검(臨檢)을 하는 통에 밤을 지낼 데가 없어서 제일 괴로웠다.

교수라는 직업이 대부분 집과 연구실을 왔다갔다하는 생활인지라, 여관 말고 따로 잠잘 곳이 있을 리 없었다. 자주 다니던 술집에 가서 사정을 말했더니, 어느 조그마한 여관집의 고교생 아들 방에 같이 자도록 주선해주어서 이틀 밤을 잤다. 하지만 사정 모르는 고교생이 어찌나 노골적으로 불편해하던지 더는 갈 수 없었다.

돈암동 어느 다방에 앉아 오늘 밤은 어디서 지내나 궁리 중인데, 마침 친하게 지내던 같은 처지의 서울대학 교수를 만났다. 그는 비교적 안전한 피신처를 구해서 나도 잘 아는 다른 교수와 함께 걱정없이 지낸다고 했다. 같이 갈 수 있겠다 싶어 잠잘 곳도 마땅치 않은 나의 어려운 사정을 말했지만, 그는 신군부세력을 가리키면서 "그들과는 같은 하늘을 쓰고 살 수 없다" 하고 분개만 했지 같이 가자는 말 한마디 없이 그냥 가버리는 것이었다. 어찌나 섭섭했던지 지금도 그때 일을 말하면서 농담 삼아 더러 원망을 한다.

노숙하다시피 1주일을 지내고 나니 더는 견딜 수가 없었다. 집에 전화를 했더니 아무 일 없다는 답이었다. 될 대로 되라는 심정으로 집으로 들어가서 막 옷을 갈아입으려는데, 초인종이 울리고 건장한 사내 셋이 들어섰다. 그들은 사흘 밤낮을 잠복해 기다렸다면서 함께 가자는 것이었다. 계엄령이 내린 때라 영장을 요구하며 버틸 수도 없고, 결국 옷만 갈아입고 끌려갈 수밖에 없었다.

이후 경찰서 유치장도 아닌 무더운 보호실에서 같은 날 끌려온 같은 대학의 이상신 교수와 그밖의 학생 약 30명과 함께 꼬박 한 달을 갇혀 있었다. 지금은 유명한 시인이요, 대학교수가 된 황지우의 고문 뒤치다꺼리를 하는 일이 괴로워서 그렇지, '잠행'할 때보다는 오히려 덜 괴로

윘던 것 같다.

1970년대 80년대의 험한 세월 속에서 황석영 소설의 주인공처럼 몇 년씩 '잠수'했던 사람들에 비하면 아무것도 아니지만, 당시 40대 후반의 백면서생이던 나에게는 1주일의 '잠수'가 어찌나 어려웠던지 지금도 잊을 수가 없다. (2000. 5. 25)

# 개보다야 사람이지

사람이 사람보다 개 같은 짐승을 더 사랑한다면 분명 비인간적인 일이라 하지 않을 수 없다. 지구촌의 남쪽, 특히 아프리카와 같이 자연조건이 나쁜 곳에서는 지금도 해마다 몇십만 명의 어린아이들이 굶어죽어가는데, 자연조건이 그보다 좋은 지구촌 북쪽에는 그런 사실에 아랑곳없이 애완견이란 이름의 개를 위한 호텔이 있는가 하면 개를 치장하기 위한 미용원이 있는 등, 인간적이라 해야 할지 동물적이라 해야 할지 모를 일들이 벌어지고 있다.

200만~300만 년으로 추정되던 인류의 역사가 얼마 전 한 '인골'의 발굴로 일약 700만 년으로 껑충 뛰어오를 상황이 되었다. 그러나 그중 5천여 년에 불과한 역사시대를 제외한 인류생활의 대부분은 동굴 속에 살면서 들판을 헤매며 열매를 따먹고 산 채집생활이거나 산에서 들짐승을 잡아먹고 산 수렵생활이었다.

먹고 동굴 앞에 버린 열매씨에서 싹이 트고 그것이 커서 지난해 따먹은 것과 똑같은 열매를 맺는 것을 보고부터 인간은 농업생산을 알게 되었으며, 새끼짐승을 산 채로 잡아와서 동굴 밖에 울을 치고 가두어두었다가 필요한 때 잡아먹는 지혜를 갖게 된 때부터 인간은 가축이란 것을 가지게 되었고, 나아가 목축을 알게 되었다고 할 수 있다.

인간이 최초로 기르기 시작한 가축은 아마 개일 가능성이 높고 다음은 염소 아니면 돼지 혹은 소가 아닐까 하지만, 개건 염소건 돼지건 가축은 당초 사람이 잡아먹기 위해 기르게 된 것임은 말할 나위가 없다. 그것은 또 인간의 역사시대 전체를 통해서 지극히 자연스러운 일이다.

잡아먹기 위해 기르기 시작한 가축 중에도 개나 고양이같이 비교적 순하고 영리한 동물이 있어서, 도둑을 지키거나 쥐를 잡음으로써 인간의 사랑을 받게 된 것도 꽤 오래된 일이 아닌가 한다.

그러다 보니 고양이처럼 언제부터인가 사람과 한방에서 잘 만큼 '신분상승'이 된 놈도 생겼다. 그러나 개는 최근까지도 감히 방에서 잘 수는 없었고 기껏해야 마루 밑이 그 보금자리였는데, 일부 동물애호가의 애견에 한하긴 하지만 어느새 방에서 잘 만큼 '신분상승'을 했다.

지금 세상에 동물애호가쯤 되려면 무엇보다도 경제적으로 상당한 여유가 있어야 한다. 우선 잡아먹는 개보다 엄청 비싼 애완견을 살 수 있어야 할 뿐 아니라, 휴가 갈 때는 '개호텔'에 맡길 정도가 되어야 하며 자주 목욕시키고 '개미용원'에 다니면서 치장을 해줄 수 있어야 한다. 심지어는 '개유치원'에도 보낼 수 있을 정도는 되어야 한다.

이런 동물애호가들 중 얼마만큼의 사람들이 아프리카에서 굶어죽어가는 어린아이들을 위해 애견에 들이는 돈의 몇 분의 일이라도 기부한 경험이 있는지 궁금하다. 아프리카까지 갈 것 없이 우리 주변의 고아원이나 양로원에 대해 얼마나 관심을 가져봤을까. 고아원이나 양로원에 관심을 가질 만큼 사람을 사랑하는 사람이라면 비싼 애완견이라도 팔아서 고달픈 인간, 외로운 인간들을 위해 쓸 수 있지 않을까 생각되기도 한다.

확실한 증거를 제시할 수는 없지만, 고대나 중세에는 사람보다 동물을 더 사랑한 사람이 지금처럼 많지는 않았을 것 같다. 동물애호가라는 사람들이 생겨난 것은 자본주의사회, 즉 근대사회에 들어와서 아닌가 싶다. 현대사회로 오면서 그 수도 많아지는 한편, 잡아먹으려고 키우는 가축인데도 먹는 사람을 야만인 취급할 만큼 더 극성스러워진 것이 아닌가 한다.

왜 현대인들 중에는 사람보다 짐승을 더 사랑하는 사람이 늘어갈까. 이 심각한 문제를 곱씹어보지 않을 수 없다. 한마디로 말해서 현대인이란 사람들이, 고대인은 말할 것 없고 중세인이나 근대인보다도 더 이기적인 인간이 되어버렸기 때문이라 할 수 있지 않을까 한다.

이기적인 인간일수록 남과 사귀기 어렵게 마련이다. 사람과 사람의 사귐은 남을 이해하고 양보하는 마음이 있어야 원만히 이루어질 수 있는데, 이기적이고 자기중심적인 인간은 그 점이 결여되었거나 약하기 때문이다.

의견이 맞지 않으면 틀어질 수도 있고 마음에 들지 않으면 기부할 수도 있으며 때리면 반항할 수도 있는 인간들과의 사귐에 부적합하거나 실패한 사람일수록 의견대립 같은 것이 있을 수 없음은 물론이거니와, 길들기만 하면 때려도 반항할 줄 모르고 약간 성이 났다 해도 고기 한 조각만 던져주면 바로 꼬리칠 만큼 한없이 순종적이고 마음대로 쓰다듬어도 싫어하거나 지겨워할 줄 모르는 동물과의 '사귐'에서 만족을 얻는 건 아닌지, 그런 사람들이 혹시 사람보다 애완동물을 더 사랑하는 것이 아닌지 한번쯤 생각해볼 만하다.

현대인의 최대 약점으로 흔히 인간성의 상실을 든다. 인간성이란 물론 사람다운 성품을 말하며, 그중 가장 중요한 요건은 곧 사람에 대한 신뢰요 사랑이라 할 수 있다.

사람보다 짐승을 더 좋아하는 사람들이 늘어가는 세상이 얼마나 계속되어야 다시 짐승보다 사람을 더 사랑하는 사람이 늘어나는, 인간 본성이 되살아나는 시대로 돌아설는지 걱정이다. (2002. 8. 28)

# 월드컵과 민족적 환희

월드컵 경기에서 우리 선수들이 예상을 뛰어넘은 성적을 내자, 나라 안은 말할 것 없고 해외 동포사회까지 환희에 넘치고 있다. 그야말로 민족적 축제가 벌어진 것 같다. 흔히 단군 이래 어쩌고 하지만, 우리 역사시대를 통해서 전체 민족사회가 이렇게 환희에 젖어본 적이 몇 번이나 있었을까 생각해보게 된다.

우리 역사 위에서 근대적 의미의 민족이 언제부터 형성되었는가에 대한 정설(定說)은 아직 없는 것이 아닌가 한다. 그러나 양반과 상사람의 신분을 넘어서 전체 민족구성원이 같은 목적으로 함께 정열을 쏟아본 것은 아마 3·1운동 때가 처음이 아니었을까. 그런 의미에서 이때를 근대적 의미의 민족형성기로 보려는 관점도 있다.

그러나 3·1운동 때도 아주 일부이기는 했지만, 친일세력은 이 거족적 운동에 참가하지 않았다. 그후에 온 거족적 환희의 시간은 8·15해방이었지만, 그때도 친일세력은 이 환희에 동참하지 않고 도망갈 구멍 찾기에 바빴다. 3·1운동의 열정이나 8·15의 환희에는 못 미친다 해도 4·19 역시 길이 남을 역사적 환희의 한순간이었다. 그러나 이때도 이승만 독재정권의 하수인들은 동참할 수 없었다.

월드컵 경기의 환희는 물론 이같이 큼직큼직한 민족사적 순간의 그 것과는 다르다. 그런데도 월드컵 환희는 국내외를 막론하고, 조금 더 상황이 좋았더라면 북녘동포까지 포함해서 민족구성원 어느 누구도 동참하지 못할 사람이 없는 환희라는 점에서, 그 값어치가 높은 것이 아닌가 한다. 남녀와 노소와 계층과 친소를 가리지 않고 한 덩어리가 되어 너무 지나치다고 우려할 정도로 밤새도록 춤추고 노래해본 일이 우리 민족사에 몇 번이나 있었을까.

20세기를 넘긴 세계사는 지구화시대가 되면서 국민국가의 벽이 낮아지고 지역공동체가 발달하고 있다. 따라서 국민국가의 성립 필요성에 의해 문화적 기반보다 정치적 목적을 중심으로 조성되어 결국 국민과 같아져버린 '정치적 민족'(nation)의 결속력은 차차 약해지고 있다. 대신 '정치적 민족'이 조성되기 이전에 언어나 생활양식, 문화적 공통성 등을 중심으로 자연적으로 형성된 '문화적 민족'(ethnicity)이 되살아나는 시대가 되어가고 있다.

'정치적 민족' 중심의 시대에는 제국주의 침략전쟁이 빈번했고, 따라서 가해민족과 피해민족 사이의 원한이 쌓이기만 했다. 그러나 앞으로의 세계사에서 '문화적 민족'이 되살아나는 경우, 전체 인류사회는 '정치적 민족' 중심의 시대보다 한층 더 평화주의로 나아갈 수 있으리라 전망되기도 한다.

우리 민족은 불행하게도 근대사회로 들어서는 길목에서 국민국가를 이루지 못한 채 타민족의 지배를 받았고, 그로부터 해방되면서 하나의 '문화적 민족'이면서도 사실상 두 개의 '정치적 민족'으로 분립하는 상황이 되었다. 둘로 나누어진 '정치적 민족'을 하나로 묶어내는 건 참으로 어려운 일이지만, 그런 조건 아래서도 다행히 문화적 동질성은 크게 훼손되지 않았다.

2년 전 평양의 백화원초대소에서 있었던 6·15공동선언 축하 만찬장은 정상회담 후의 연회장이라기보다 '동네 잔치마당'을 연상케 했다. 두 나라 요인(要人)들이 자리를 함께했지만 통역이 필요할 리 없었고 술을 스스럼없이 권할 수 있었으며, 흥에 겨워 번역자 없이도 축시를 낭송할 수 있는 자리였다. '정치적 민족'의 처지를 떠나 '문화적 민족'으로 되돌아간 것이다.

정치적 민족의 처지에서는 월드컵 경기의 환희를 남북이 내놓고 함께하지 못했다 해도, 문화적 민족의 차원에서는 충분히 공감했으리라 믿어 마지않는다. 앞으로 민족통일문제를 풀어가는 방법도 이미 지난 세기의 유물이 되어가고 있는 '정치적 민족'을 바탕으로 할 것이 아니라, 세계사적 새 흐름에 맞추어 '문화적 민족'의 힘을 되살리는 데서 찾아야 할 것이다. (2002. 6. 21)

# 언론은 항상 역사 앞에 서야

잘 아는 일이지만 조선왕조와 같은 전제군주시대에도 왕을 공격하거나 충고하는 일 중에 가장 흔한 것 하나가 언로(言路)가 막혔다는 말이었다. 여기에서 말하는 언로는 지금 말로 '하의상달(下意上達)의 길'이라 할 수 있겠지만, 아마 넓은 의미의 언론의 자유에 속한다고 할 수 있지 않을까 한다.

민주주의사회에서 언론의 자유는 물론 상식이지만, 그 못지않게 언론의 책임 역시 끊임없이 물어지는 상식이다. 원고청탁서에 "언론의 문제점을 비판적 시각으로 분석하고 가능하면 발전적 방향까지 제시하라"했으니 기탄없이 말하려 한다. 이런 내용의 원고청탁서를 받기가 쉽지 않을 것 같으니 말이다.

지금 한국 언론의 거의 대부분은 지난 30년간 군사독재정권과 유착했던 경험을 가지고 있다. 유착을 거부한 언론사가 있었는지는 기억나지 않고 다만 유착을 거부한 언론인들은 모두 쫓겨났다.

한국 언론들이 유착했던 군사독재정권의 반역사성을 간단히 지적하면, 하나는 정치·경제·사회·문화 면의 민주주의 발전을 저해한 일이며,

또 하나는 계속 반북주의를 고취·견지함으로써 민족화해 및 평화통일의 길을 봉쇄해온 일이라 할 수 있다.

해방 후 우리 역사의 큰길은 누가 뭐라 해도 민주주의 발전과 평화통일의 길이라 하겠으며, 그렇게 보면 군사독재정권의 반역사성이 자명해진다고 하겠다.

지난 1970년대와 80년대의 반독재 민주화투쟁의 결과 군사독재시대는 물러갔으며, 그것은 분명 우리 역사의 발전이었다. 그런데 30년 동안 반역사적 군사독재권력과 유착했던 언론들은 지난날의 제 행적에 대해 제대로 반성하거나 사과하거나 체질개선하는 일 없이 그대로 민주정권시대의 언론으로 슬그머니 탈바꿈하려 했다.

그러나 독재정권에 길들여지고 그것이 체질화된 언론이 민주정권시대의 언론으로 그냥 탈바꿈할 리 없다. 세상이 그렇게 제 편할 대로 되는 것이 아니라는 말이다. 그래서 어떤 언론의 경우는 이러지도 저러지도 못하고 엉거주춤하는가 하면, 어떤 경우는 아예 군사독재정권시대의 체질을 유지·강화하는 데서 오히려 살길을 찾으려는 것 같기도 하다.

그러나 역사는 변하게 마련이며, 이 세상에 존재하는 모든 것은 그 변화에 적응해가거나 아니면 탈락해서 소멸하게 마련이다. 무관(無冠)의 제왕이니 하는 말이 있지만, 어느 제왕도 이 역사의 원리를 거스른 경우는 없으며, 언론이라 해서 결코 예외일 수 없음은 말할 나위가 없다.

독재정권과 유착하여 체질적으로 길들여진 언론이 택할 수 있는 길은 두 가지밖에 없는 것이 아닌가 한다. 그 하나는, 결국 역사의 장에서 내려가는 길이다. 이 경우 설령 그 언론매체는 유지된다 해도 그 기능은 이미 죽은 것이나 다름없다. 왜냐하면 시대와 역사를 뒷걸음치게 하려는 언론은 이미 죽은 언론이며, 그 기사나 논평은 뒷날 역사자료로 채택되지 않을 것이기 때문이다. 군사독재체제와 유착했던 언론이 민주정권시대에 택할 수 있는 또 다른 길은 그야말로 환골탈태하여 새로운 시대에 맞는 언론으로 다시 탄생하는 길이다.

프랑스혁명을 선도한 세력 중에 언론인이 큰 몫을 차지한 일과, 나치 통치에서 해방된 프랑스가 친나치세력을 숙청하면서 지식인, 특히 언론인 숙청이 가혹했다는 사실을 우리는 알고 있다. 역사 변혁 및 발전 과정에서 언론이 어떤 역할을 해야 하며, 그 역할이 잘못되었을 때는 어떤 처지에 빠지는가를 잘 말해주고 있는 것이다.

우리의 군사독재 청산과 민주화과정이 조금만 더 혁명적으로 왔더라도 독재권력과 유착했던 언론이 민주화시대에도 체질개선 없이 그대로 제자리를 유지할 수는 없었을 것이다.

군사독재권력과 유착했던 언론들이 민주정권시대에 와서 약간 '따돌림' 받는다 해도, 정권이 바뀌면 다시 전성기를 구가할 수 있으리라 희망할 수도 있다. 그러나 언론의 위상이 정권에 따라 양지도 되고 음지도될 수 있다고 생각하는 일 자체가 큰 잘못이라는 것은 상식이다.

언론행위는 곧 역사서술 행위와 같다고 생각한다. 사실을 사실대로 보도하면서도 그것이 귀걸이 코걸이가 되지 않게 하기 위해 역사발전의 옳은 방향을 제대로 파악하고 지향해가는 일이 중요하다고 생각한다.

제국주의와 냉전주의가 판을 쳤던 20세기를 넘기고 평화주의와 문화주의를 지향하는 21세기로 들어서는 지금의 시점에서, 우리 역사발전의 옳은 방향은 정치·경제·사회·문화 면의 민주주의를 순조롭게 발전시키는 일과 민족의 평화적·화해적 통일을 적극적으로 지향하는 일이라 할 수 있다.

그것에 역행하는 언론행위는 독재정권이 아니고 적어도 민주적 정권인 이상 어느 정권에서도 용납될 수 없을 것이다. 언론이 민족사회의 현실적 조건을 무시하고 너무 앞서가는 것도 문제지만, 잘못되거나 뒤처진 역사인식과 시대인식을 고집하면서 민족사회의 전진적 발전요소를 봉쇄하거나 무찌르려 한다면 결국 냉혹한 역사의 심판을 받지 않을 수 없을 것이다. (2000. 7. 22)

# 가르치는 일의 어려움

역사 이래로 사람이 해온 일에 값지고 귀중한 일들이 많지만, 그중 하나가 남을 가르치는 일이라 할 수 있다. 원시시대의 돌도끼 만드는 일에서 현대사회의 컴퓨터 만드는 일까지, 미개사회의 공동생활 방법을 가르치는 일에서 현대사회의 민족사회와 인류사회가 평화롭게 되는 방법을 가르치는 일까지 인간사회에서는 수천 년을 두고 많은 가르침들이 이루어졌고, 그것이 인간의 문화를 그리고 그 역사를 지금까지 오게 한 원동력이었다고 할 수 있다.

인간사회에 끊임없이 일어나고 있는 이같은 가르침에는 하나의 큰 원칙이 있다고 생각한다. 그것이 무엇이냐 하면, 가르치는 사람은 언제나 배우는 사람이 저보다 더 나아지게 해야 할 의무가 있다는 것이다. 배우는 사람의 기술이 가르치는 사람의 수준에 머물지 않고 한걸음이라도 더 나아가야 하며, 배우는 사람의 생각이 가르치는 사람과 같아서는 안 되며 더 나은 쪽으로 달라져야 한다는 사실을, 가르치는 사람들이 철저히 인식할 때 비로소 그들의 의무를 다하게 된다고 생각한다.

가르치는 사람으로서는 내가 가진 기술이나 생각을 배우는 사람에게 그대로 넘겨주면 그만이다 하고 생각할 수도 있다. 그러나 제가 가진 기술이나 생각을 그대로 넘겨주기만 하면 된다 생각하고 가르치는 경우와, 배우는 사람이 그것을 받아서 제가 가졌던 기술이나 생각보다 더 나아질 수 있게 해야 한다는 의무감 같은 것을 가지고 가르치는 경우는 그 결과가 달라지게 마련이다.

역사 이래로 많은 가르침이 있어왔지만, 배우는 사람이 저보다 더 나아지게 해야 한다는 생각을 가지고 행한 가르침만이 인류역사를 발전시킨 원동력이 되었다고 말할 수도 있다.

우리 민족사회에서 지금 가르치는 처지에 있는 사람들은 대체로 전쟁통일이나 흡수통일을 지향했던 시대를 살아오면서 민족의 다른 한쪽을 적으로 보고 정복해야 할 대상으로 생각하거나, 그렇지는 않다 해도 경계해야 할 대상으로 생각하며 남쪽 본위로 흡수해야 할 대상으로 보고 살아왔다고 할 수 있다.

그런데 역사가 발전하고 세상이 바뀌어서, 앞으로는 북쪽과 상당 기간 공존하면서 협상을 통해 통일해갈 수밖에 없는 상황이 되었다. 전쟁통일이나 흡수통일밖에 몰랐다 해도 그것이 옳은 방법이 아니라고 생각한 사람이면, 앞으로 평화공존하면서 협상통일을 해나가야 할 사람들을 가르치는 방법을 터득해갈 수 있을 것이다. (2000. 9. 16)

# 민족문화와 국제화

진정한 국제화란 어떤 것인가? 지금의 국제화 내지 세계화는 모든 지역 및 민족 사회의 문화를 자본주의 선진국 문화와 닮은꼴이 되게 만들어가는 경우가 많은 것 같다. 자본주의시대 이후 아시아문화, 아프리카문화, 라틴아메리카문화가 모두 유럽과 미국 중심의 선진자본주의문화로 획일화되어가는 경향이 높다. 이렇게 되면 다음 세기에는 세계문화가 획일화되어 발전지표가 없어질 것이며, 세계문화는 곧 침체하게 될 것이다.

진정한 국제화, 세계화란 모든 지역문화 및 민족문화가 그 특징을 그대로 가지고 세계문화의 일부가 될 수 있게 갈고 닦이는 것을 말한다고 생각한다. 그래야만 세계문화가 다양해질 것이며, 따라서 발전의 소지를 가지게 될 것이다.

정치적으로 최강국이 된 미국이 전세계를 지배하고 다른 모든 민족 사회가 그 기반 속으로 들어가는 세계화나, 경제적으로 초국적 자본이 세계를 마음대로 휩쓸고 다니는 세계화가 그대로 계속되면, 문화적으로도 전세계의 문화가 자본주의 선진국 문화에 동화되고 마는 현상이 일어날 것이다.

각 민족문화 내지 지역문화가 그 특징을 유지하면서도 배타적이거나 폐쇄적이 아니어서 다른 민족사회에서도 그 좋은 점을 공유할 수 있게 되는, 다시 말하면 민족적 특징을 철저히 유지하면서도 다른 민족문화와 공존할 수 있는 세계화가 되어야 나아가서 초강대국의 정치적 세계 지배나 초국적자본의 세계경제 지배를 저지하는 원동력이 될 수 있을 것이다.

민족문화를 세계적인 주류문화로 만드는 문제와 세계적인 주류문화를 적극 수용하는 문제의 어느 쪽에 중점을 둘 것인가?

어떤 민족문화나 지역문화가 세계적인 주류문화가 되고 다른 지역 내지 민족문화가 그것을 일방적으로 받아들임으로써 문화적으로 그 주류문화에 동화되어가던 현상은 특히 자본주의시대, 제국주의시대에 들어와서 문화적 제국주의가 성행하면서 생긴 문화적 상황이라 할 수 있다.

하나의 민족문화 내지 지역문화가 다른 문화를 수용함으로써 그 수준을 높여가는 것은 당연하지만, 앞으로는 세계문화에서 주류문화와 비주류문화의 구분이 있어서는 안 된다고 생각한다. 이상적으로 말하면, 제국주의시대가 지나고 나면 모든 민족문화 및 지역문화가 동등한 처지에서 고유의 특징을 살리면서 다른 민족문화 및 지역문화와 교류함으로써 서로 각기 제 문화의 수준을 높여가는 그런 상황이 되어야 할 것이다.

다음 세기에는 지금까지와 같이 모든 민족문화 내지 지역문화를 선진자본주의 문화로 획일화함으로써 세계문화 자체를 획일화하는 그런 상황이 되어서는 안 될 것이다.

세계적으로 통용될 만한 우리 민족문화란 무엇인가? 우리 문화의 특징을 살리면서 한편으로 다른 문화를 수용하여 우리 문화의 수준을 높이면, 우리 민족의 문화적 특징을 살리면서도 세계의 다른 사람들에게 호감을 살 수 있는 그런 문화를 가지게 된다. 예를 들어 사물놀이는 우리 민족음악의 특징을 가지면서도 현대문화에 맞게 다듬었기 때문에 세계인들의 호감을 사게 되었고, 김치도 우리 고유음식이지만 조미료 등을 바꾸면서 그 맛을 계속 개량해왔기 때문에 이웃 민족사회에서도 환영을 받게 되었다.

우리 문화 중 어떤 부분이 세계문화의 주류에 들어가야 한다는 생각은 역시 문화제국주의적 발상이다. 우리는 근대사회로 오면서 서구자본주의 문화의 세례를 받으면서 입성도 거의 완전히 양복으로 바뀌었다.

그러나 20세기를 넘기면서 각 민족사회가 자본주의 문화의 획일성을 반성하면서 다시 제 고유문화를 찾고 발전시키려는 쪽으로 노력하고 있다. 우리가 국악을 현대인의 기호에 맞게 발전시켜가는 일이나 우리 입성을 현대인의 생활에 불편하지 않게 개량해가는 것 모두 그런 노력의 일환이라 할 수 있다.

우리 문화의 특징을 살리면서 꾸준히 개량해가면 그중 어떤 부분이 세계인의 기호와 맞아 통용되게 마련이지, 억지로 혹은 의식적으로 세계에 통용될 수 있는 우리 문화를 만들어야 하는 것은 아니다. 그것 역시 문화제국주의적 발상이라 할 수 있다.

# 친일파 발표와 역사정화

   3·1절 83주기에 '민족정기를 세우는 국회의원 모임'이 일제강점시대의 친일파, 즉 반민족행위자의 명단을 발표한 것은 어떤 의미에서는 이승만정권의 '반민특위' 해체를 뒤집어놓은 일이라 할 수 있다. 일제강점에서 벗어난 지 반세기가 지난 지금, 친일행위를 한 당사자 대부분이 이미 죽은 지금, 왜 국회의원들이 친일파의 명단을 발표하게 되었는가. 그것이 가지는 역사적 의미는 무엇인가를 생각해봐야 한다.

   친일파는 크게 세 단계에 걸쳐 형성되었다고 할 수 있다. 그 첫번째 부류는 대한제국 말기 일본에 나라를 팔아먹고 보상을 받은 귀족·관료 들이다. 두번째 부류는 3·1운동 폭발에 당황한 일본이 그 수습을 위해 민족분열정책을 쓰면서 적극적으로 포섭한 자산계급·지식인·종교인 들이다. 세번째 부류는 일본이 중일전쟁과 태평양전쟁을 도발하고 우리 민족에게 전쟁협력을 요구했을 때, 그에 적극 부응한 문인·지식인 그리고 이 무렵에 급격히 늘어난 조선총독부의 조선인 행정관료·경찰·군인 들이다.

   좌·우익을 막론하고 우리 독립운동전선은 민족해방을 혁명으로 인식했고, 혁명공약이라 할 수 있을 독립운동 정당·단체 들의 강령에는 반드시 친일파 숙청 항목이 들어 있었다.

식민지배에서 해방된 민족사회에 처음으로 세워지는 정권은 대개 민족해방운동 세력이 집권하게 마련이며, 그 경우 반민족행위자에 대한 숙청이 반드시 뒤따른다. 그러나 다 아는 일이지만 남한의 경우 그렇지 못했다.

미군정이 일제시대의 행정관료와 경찰 및 직업군인을 고스란히 그 자리에 두었다 해도, 이승만정권이 아닌 김구나 김규식 정권이 섰다면 친일파 숙청은 단행되었을 것이다. 그러나 양김세력은 분단정권에의 참여를 거부했으며, 이승만정권은 말할 것 없고 4·19로 성립한 장면정권까지도 친일세력을 숙청할 의지는 없었다.

장면정권을 뒤엎고 선 박정희 군사정권은 일제시대의 직업군인 및 지원병 출신들이 그 핵심이었다. 일제의 괴뢰 만주국 군관학교에 혈서로 지원했다는 박정희를 중심으로 한 정권이 친일 약점을 감추기 위해 민족주체성 운운했으니 기막힐 일이었다.

친일세력이 해방 후에도 정치·경제·사회·문화의 모든 부문에서 그 자리를 유지할 수 있었던 것은, 냉전체제 및 분단체제의 성립과 강화, 극심한 이데올로기적 대립, 민족상잔, 문민독재·군사독재의 연속을 통해 반공주의·반북주의가 계속 강화되었기 때문이다.

친일세력을 규탄하면 불순분자·좌익분자로 몰아 처단했던 어두운 세월이 반세기 이상 계속되었고, 그것이 곧 우리 현대사가 되었다. 이런 역사 속에서 반민족세력 친일파는 일제시대와 다름없이, 아무 제약도 받지 않고 대통령이 되고 장관이 되고 장군이 되고 또 판검사가 되었다가 이제 대부분 저승으로 갔다.

그런데 지금에 와서 친일파 명단을 발표한들 무슨 의미가 있는가, 하고 반문할 수도 있겠지만 그렇지 않다. 친일파가 분단주의자가 되고 그 분단주의자가 냉전주의자를 낳고 그것이 또 반북주의자·반통일주의자·반평화주의자가 되었다면 문제가 달라진다. 20세기 후반기의 우리 역사는 냉전주의·분단주의·반북주의·대결주의로 얼룩진 시대였지만, 21세기는 화해와 협력과 평화를 지향하는 시대가 되어야 하기 때문이다.

친일파의 명단을 발표한다 해서 그들의 반역행위가 실정법으로 다스려질 수는 물론 없다. 그러나 그 죄상을 역사적으로 다스릴 수는 있으며, 역사적 다스림이 실정법의 다스림보다 더 효과적일 수도 있다. 역사적 징벌을 통해 친일파를 모체로 한 냉전주의자·반평화주의자·반통일주의자·반북주의자가 더이상 생산되지 않게 하기 위해, 다시 말하면 모체로서의 친일파의 반역사적 생산능력을 봉쇄하기 위해 좀 늦었지만 그 명단은 발표되어야 할 것이다.

지금 우리 사회 일각에서 '친일파 인명사전'을 만들려는 움직임이 일고 있다. 이것은 한마디로 우리 역사의 정화작업이다. 혹시라도 친일파로 지목된 사람들의 후예가 이 역사적 작업에 동참할 수 있다면, 우리의 역사 정화작업은 한층 더 빛날 것이다. (2002. 3. 16)

# 우리 역사교육은 어떤가

국가사회주의체제가 무너지면서 전세계가 보수우경화하고 있고, 일본도 예외가 아니다. 태평양전쟁에서 패한 후, 일본사회는 한때 제국주의 침략에 대한 반성도가 높았고 평화주의 교육에 대한 열의도 상당했다. 그러나 동서 냉전체제가 강화되면서 일본은 미국세력권으로 깊숙이 들어갔고, 6·25전쟁을 계기로 보수정권 아래에서도 경제가 빠르게 회복되고 발전함으로써 보수우경화의 길을 계속 걷게 되었다. 특히 국가사회주의체제 붕괴 이후 급속도로 우경화하고 있다.

지금의 일본은 수상급까지도 전쟁참화를 겪지 않은 세대여서 정치적으로 획기적 변화가 없는 한 침략전쟁에 대한 반성 같은 것을 기대하기는 어려운 것이 아닌가 한다. 이런 상황에서 한층 더 심해지고 있는 역사왜곡에 대해 우리로서는 정부 차원에서 강력한 수정요구가 계속되어야 할 것이지만, 민간에서도 시민운동 등을 통해 꾸준히 규탄해야 하며, 나아가 중국 및 동남아시아의 피해국가들과 연대해서 계속 압력을 가해야 할 것이다.

일본의 역사왜곡에 대한 시정요구의 강도를 높이면 높일수록, 우리 역사교육 문제도 재고되어야 한다. 우리 교과서의 한일관계사 부분을 가능한 한 객관성 높게 쓰고 가르치는 일이 중요하다. 특히 근대사 이후 부분에서 일본의 한반도 침략사를 철저히 가르치되, 그 객관성을 최대한으로 높여야 한다. 그리고 일본의 한반도 침략에 대한 책임을 묻는 쪽에 무게를 두기보다, 앞으로의 아시아세계를 평화롭게 하기 위해 지난 침략의 역사를 철저히 가르쳐야 한다는 쪽에 더 의미를 두는 교육이 되어야 한다.

일본제국주의의 한반도 침략사를 가르치면서 반드시 친일파의 역사적 행적도 함께 가르쳐야 한다. 그것도 반민족행위의 사실만을 가르칠 것이 아니라, 그들이 어떤 상황에서 무슨 생각으로 어떻게 민족을 배반하게 되었는가를 분석적으로 가르침으로써 역사교육의 효과를 높일 수 있어야 한다. 나아가서 해방 후에도 왜 그 세력이 숙청되지 못했는지, 그 후유증이 역사 위에 어떻게 남았는지 하는 문제까지 이해할 수 있게 하는 교육이 되어야 한다.

또 하나 반드시 시정되어야 할 문제가 있다. 지금 우리 중·고등학교 국사교과서가 국정으로 되어 있는데, 종래 검인정이던 것을 박정희 군사독재정권이 이른바 유신을 하면서 국정으로 바꾼 것이다. 따라서 국정 국사교과서를 검인정으로 되돌리는 일은 '유신 청산'의 일환이라 할 수 있다. 그런데 군사정권시대가 끝나고 민간정부가 두 번이나 들어섰는데도 '유신 잔재'로서의 국정 국사교과서는 그대로 쓰이고 있다.

내년부터 실시될 7차교육과정에서도 국정 국사교과서가 없어지지 않을 뿐만 아니라, 고등학교 국사과목이 중세사까지만 필수과목이 되고 근현대사는 선택과목으로 된다고 한다. 부득이해서 국사과목 전체를 필수과목으로 할 수 없다면, 근현대사를 필수과목으로 해야 한다. 고·중세사를 필수과목으로 하고 근현대사를 선택과목으로 한 것은 잘못된 역사교육의 한 본보기가 될 만한 것이다.

무엇보다도 시급한 것은 국사교과서 국정제도를 청산하는 일이다. 중세 왕조시대에는 정부가 역사를 편찬했고, 독재체제 아래서나 정부가 쓴 역사책으로 가르쳤다. 민주주의시대에는 정부가 역사를 편찬해서는 안 되며, 또 정부기관이 만든 역사책만으로 가르치는 일은 더더욱 안 된다.

지금이 어느 시댄데 정부기관이 만든 하나의 국사교과서로 전체 학생을 획일적으로 가르친단 말인가. 우리 역사교육의 잘못된 점을 과감하게 시정하지 않으면, 일본의 역사왜곡에 대한 시정요구가 정당성을 가지기 어려울 것이다. (2001. 5. 3)

# 민주영령에게 안식처를

　어느 민족사회인들 그 민주주의의 역사가 순탄했을까만 우리 민족의 경우 참으로 험난했다. 우리 정도의 문화수준을 가진 민족사회가 20세기 초엽에 같은 문화권 안에 있는 이웃민족의 강제지배를 받게 된 일 자체가 세계사에 유례가 없는 '억울한' 일이었다.

　우리 역사에서 민주주의를 정착시켜야 했을 중요한 시기인 20세기 전반기에 제 역사 운영권 자체를 송두리째 남에게 빼앗겼고, 그 결과 해방 후의 공화주의시대에도 10년 넘은 문민독재와 30년간의 군사독재를 겪었다.

　문화적·역사적 저력을 바탕으로 독재정권들을 물리칠 수 있었으나, 이승만 독재정권이 무너진 뒷자리에 4·19묘지가 남았고, 군사독재정권 특히 전두환정권의 성립을 막으려다 5·18묘지가 생겼다. 지금 우리가 누리고 있는 이 정도의 민주주의를 쟁취하기 위해서도 얼마나 많은 희생이 바쳐졌는지, 이들 민주묘지들이 잘 말해주고 있다. 그러나 민주주의 쟁취를 위한 희생은 그것만이 아니었다.

　군사독재정권 아래서 비인간적 노동조건을 고발하며 스스로 몸을 불사른 젊은이가 있었고, 민주주의를 외치며 투신자살하거나 최루탄이 난무하는 시위현장에서 희생된 대학생이 있었으며, 야수들이 날뛰는 취조실에서 무참히 죽어간 대학교수도 있었다. 그뿐만이 아니다. '의문사진상규명특별법'이 제정되어야 할 만큼 원인조차 밝혀지지 않은 억울한 죽음이 허다했다. 이같은 엄연한 사실들이 바로 우리 민주주의의 역사 그것이다.

역사 건망증이 심한 민족은 역사실패를 거듭하게 마련이다. 그 때문에 문화민족일수록 영광스러운 역사는 말할 것 없고 가슴 무너지는 역사, 치욕스러운 역사까지도 정확하게 재생해 가르치는 것 아니겠는가. '의문사'의 진실은 철저히 밝혀져야 하며, 독재정권의 마수에 희생된 모든 민주영령들은 4·19나 5·16 영령들과 같이 그 안식처가 따로 마련되어야 한다.

민주묘지공원을 마련하는 일은 결코 희생자들의 영혼을 달래기 위해서만이 아니다. 역사교육의 가장 효과적인 방법은 유적을 남겨 후세 사람들이 직접 그 앞에 서보게 하는 일이다. 4·19나 5·18 묘지와 함께 새로 조성되어야 할 민주묘지공원 역시 처절하고 한 많은 우리 민주주의 역사의 생생한 교육장이 될 것이다. 그 묘지 앞에 선 사람들의 숙연한 마음, 그것은 곧 우리 민주주의를 키워나갈 힘의 원천이 될 것이다.

조성되어야 할 민주묘지공원이 이같은 의미를 가지기 위해서는 반드시 짚고 넘어가야 할 몇 가지 문제가 있다. 그 하나는, 민주묘지공원 조성은 결코 보상 차원의 의미를 가져서는 안 된다는 점이다. 일제강점시대 민족해방운동전선의 선열들이 보상받기 위해 목숨 바친 것이 아닌 것과 같이, 해방 후의 민주주의운동에서 희생된 열사들도 보상받기 위해 몸바친 것이 결코 아니다. 따라서 민주묘지공원을 조성하여 그들 영령을 모시는 일은 보상 차원이 아니라, 어디까지나 앞으로 우리 민주주의 발전을 위한 교육현장이 되게 하는 데, 그리고 민주주의운동의 성지가 되게 하는 데 그 목적이 두어져야 한다.

또 하나는, 기성의 민주묘지 조성사업에서 일부 드러났지만 이 신성한 사업에 정권이나 특정 부처의 업적 과시 목적이 조금이라도 들어가서는 안 된다는 점이다. 민주묘지공원 조성사업이 언제 확정되고 또 착공될지 모르지만, 그 사업은 민주적 정권만이 할 자격이 있으며 또 할 수 있는 일이다. 따라서 처음부터 끝까지 제사 모시듯 엄숙한 마음으로, 그리고 역사 바로 세우기 차원에서 이루어져야 할 일이지 결코 정치적·행정적 목적이 들어가는 사업이 되어서는 안 된다.

효창공원과 수유리의 광복군묘지, 4·19묘지와 5·18묘지 그리고 장차 조성되어야 할 민주묘지공원 등 선열들의 안식처는 파란만장했던 우리 근현대사의 정직한 증거다. 그것이 아픈 상처로만 남겨질 것인가 아니면 영광스러운 상처가 되게 할 것인가는, 같은 시대를 겪고 살아남은 우리에게 주어진 엄숙한 역사적 과제다. (2001. 12. 28)

# 16대 대선과 영남의 선택

영남지방은 '조선 8도' 중 인구가 가장 많은 곳이었다. 지금이야 서울
이나 경기도 인구가 부산이나 대구, 경남이나 경북 인구보다 많지만, 수
도권 인구 가운데도 한 세대만 올라가면 다른 어느 지방보다 영남 출신
이 많지 않을까 한다. 박정희정권에서 김영삼정권까지 근 40년간 영남
정권이 계속된 기회에, 영남지방의 많은 사람들이 정치·경제 중심지 서
울로 왔기 때문이다.

영남은 공자·맹자의 고장이라 할 만큼 유교적 전통이 강했다. 그러
나 조선왕조의 통치권력은 기호지방 즉 경기·충청도 사람에게 독점되
다시피 했고, 영남은 요샛말로 하면 준여당적 위치에 있었다고 하겠다.
조선왕조 500년을 통해 영남인으로서 군주제도 아래에서의 대권을 잡
아본 사람은, 아마 임진왜란 중 정계를 주도했다 해도 좋을 서애 류성룡
정도가 아닌가 한다.

그런 영남이 일제강점시대에 일본과 서울을 잇는 경부선이 통과함으
로써 크게 '발전'한 한편, 항일운동도 어느 지방 못지않게 치열했다. 그
여파로 해방공간의 1946년에는 미군정에 저항하는 대규모 폭동이 일어

낳고, 그 중심지 대구는 한때 '한국의 모스끄바'로 불릴 정도였다. 그후 2·28학생데모, 3·15부정선거 반대투쟁 등 이승만 독재정권 타도투쟁이 먼저 일어난 곳도 영남지방이었다. 역사의 바른 노정에 앞장서온 고장이었다고 할 것이다.

1960년대 들어와서 친일경력과 좌익경력을 가진 박정희 소장이 쿠데타로 집권함으로써 신라시대 이후 처음으로 영남정권이 섰다. 박정권과 전두환·노태우 정권 때 영남지방은 다른 지방에 비해 정치·경제적으로 많은 특혜를 입으면서 두 가지 면에서 크게 변했다.

그 하나는 '한국의 모스끄바'를 중심으로 한 영남지방 전체가 군사독재정권이 조장한 보수성으로 표현된 반민주성의 아성이 된 점이다. 또 하나는 박정희정권의 권력연장을 위한 지역감정 조장과 전두환·노태우 중심 '신군부'의 광주항쟁 탄압으로 특히 호남지방과의 감정적 갈등이 심해진 점이다.

군사독재정권 뒤에 영남 출신 김영삼 문민정권이 섰으나 이 두 가지 병폐를 해소하지는 못했다. 영남정권이 40년 가까이 지속된 뒤에 호남 출신 김대중정권이 서고 남북화해정책을 펴자, 영남지방의 반(反)호남 성향과 보수성으로 분발라진 반민주 성향은 한층 더 심해졌다.

그런데 16대 대통령선거전에서는 보수세력의 아성이라 할 영남지방에서 다소 진보성을 띤 노무현 후보가 나와서 돌풍을 일으키고 있다. 세상에 믿을 것이 아무것도 없어도 "역사는 변하고 만다"는 사실만은 믿고 사는 처지로서는 역사의 정직성을 또 한번 실감하게 된다.

더구나 영남 출신 노무현 후보를 호남사람들이 앞장서서 지지하고, 영남 출신이지만 호남정권의 여당후보인데도 영남사람들도 지지하고 있다. 그는 영·호남의 벽을 넘어선 대통령후보가 된 것이라 할 수 있겠다. 군사독재정권 30년 동안 지역감정에 휩싸여 뒷걸음쳤던 우리 민주주의가 이제야 제 길을 찾기 시작한 것 같아서 다행이다.

'노풍'을 잠재우려고 전두환·노태우 군사정권의 핵심 인물이며 정통 보수파를 자처하는 정치인이 영남의 보수성에 기대어 대통령 예비선거에 출마하면서 "지역주의를 이용하는 것은 옳지 않으나 현실이 그러니 어쩔 수 없다"며 또다시 지역감정을 부추기고 나온 일이 아쉽기는 하지만.

21세기 첫번째인 이번 대통령선거는 넓게는 우리 사회 전체가 냉전체제적 정치풍토에서 얼마나 벗어나느냐, 좁게는 영남지방이 군사독재정권 이후 고질이 된 보수성으로 분발라진 반민주성과, 인구수의 우세를 믿고 형세 불리할 때마다 조장해온 지역주의를 얼마나 청산하느냐 하는 가늠대가 될 것이다.

영·호남의 감정적 대립 심화는 군사독재정권의 권력 장악 및 연장을 위한 책략의 결과다. 16대 대선에서 영남의 선택은 21세기에 들어선 우리 민주주의의 성숙도를 재는 잣대가 될 것이다. (2002. 5. 10)

# 대학생 투표참가의 의의

1970년대와 80년대의 우리나라 대학생들은 거의 매일같이 수업을 전폐하다시피 하고 최루탄가스를 마시며 경찰봉에 맞으면서 정부와 싸웠고, 고귀한 희생도 많았다. 박정희·전두환·노태우 군사독재정권들이 민주주의를 질식시키고 평화통일운동을 탄압했기 때문이다. 그러나 1990년대와 2000년대, 즉 김영삼·김대중 민간정부 때의 대학에서는 1970년대, 80년대와 같은 저항과 투쟁이 없어지다시피 했다. 민간정부가 스스로 민주주의와 평화통일 문제를 어느정도 진전시켜갔기 때문이다.

그러나 두번째 민간정부인 김대중정부의 임기가 끝나가는 시점에서, 우리의 민주주의와 평화통일 문제는 중대한 고비를 맞게 되었다. 각종 여론조사에 의해 다음 정권을 담당할 가능성이 높다고 말해지고 있는 정치세력의 성격을 역사적 관점에서 보면, 그 대부분은 스스로 말하는 야당이나 보수세력이기에 앞서서 지난 1970년대와 80년대의 군사독재정권을 주도했거나 아니면 그에 협력했던 반민주세력이라 할 수 있기 때문이다.

따라서 그들의 정강·정책 역시 김영삼·김대중 정권보다 덜 민주적이고 덜 평화통일 노선일 수밖에 없다. 이같은 정권이 성립할 경우 다시 1970~80년대와 같은 대학가의 저항운동이 일어나지 않는다고 장담할 수 없다. 1990년대와 2000년대의 대학생들이 1970년대나 80년대의 대학생들보다 역사의식이나 저항의식이 약해서 조용한 것이 아니라, 민간정부들이 어느정도 민주주의 발전과 평화통일 노선에 섰기 때문에 크게 저항하지 않은 것이다.

그러나 앞으로 이들 민간정부보다 덜 민주적이고 덜 평화통일 노선인 정권이 성립하면 대학생들의 저항운동이 재발할 것임은 말할 나위가 없다.

1970~80년대와 같은 대학가의 '불행'을 미리 막는 길은 김영삼·김대중 민간정부보다 덜 민주적이며 덜 평화통일 노선인 정권이 성립하지 않게 하는 일이다. 그것을 위해 지금의 대학생들이 할 수 있는 일은 앞으로 있을 대통령선거에 적극 참여하여 지난날 군사독재정권을 주도했거나 그것에 동참했던 정치세력이 많이 포함된 정당의 집권을 저지하는 일이다. 그리하여 2000년대의 대학생들이 1970~80년대 대학생들보다 민족의식이나 역사의식이 약하다는 오해를 씻고, 우리 역사를 전진시키는 주역이 되는 일이다.

역사는 지그재그로 나아간다는 말도 있지만, 곧장 직진만 하기는 역시 어렵다. 그러나 그 주역들의 투철한 역사의식과 적극적인 참여에 의해 정체나 옆걸음질 없이 계속 전진할 수도 있다. 1970년대, 80년대 대학역사의 귀중한 유산이 2000년대 대학생들로 하여금 민족사를 한걸음 더 전진시키는 주역이 되게 할 것이다. (2002. 11. 13)

# 젊은 세대에게 희망을 건다

1997년의 새해를 맞는 감회가 사람마다 다르겠으나 우리에게는 20세기를 이제 4년밖에 남기지 않았다는 절박감 같은 것이 앞서게 된다. 돌이켜보면 20세기는 우리 민족사가 크게 두 번이나 실패한 가혹한 세기였다. 일제에 강점당한 것이 첫번째 실패요, 민족분단이 두번째 실패이다. 1990년대로 들어서면서 세계사는 세기말답게 엄청난 변화를 일으켰고, 그 와중에서 한반도지역 실패의 역사도 끝날 것 같은 조짐이 보이기도 했다. 남북합의서 교환, 문민정권 성립, 남북정상회담 합의 등이 그것이다.

그러나 한쪽 정상의 갑작스러운 죽음과 그에 따른 조문 문제를 두고 남북관계는 급격히 냉각되어갔다. 그 위에 핵문제가 겹치고 쌀 원조가 역작용을 하더니 드디어 잠수함사건이 돌발함으로써, 20세기를 4년밖에 남겨놓지 않은 지금의 시점까지 남북문제·민족문제는 좀처럼 풀리지 않고 있다. 정상회담이 성사되었더라도 금세기 내의 통일 같은 것은 물론 바랄 수 없었을 것이다. 그러나 우리의 마음이 지금보다는 덜 초조할 수도 있었을 것이다.

한 나라의 정상이라 해도 그 수명이야 마음대로 할 수 없는 일이지만, 죽음에 대한 조문은 마음먹기에 따라 할 수도 있고 안 할 수도 있는 일이다. 그러나 결국 조문은 이루어지지 않았고, 뒤이어 엄청난 회오리바람이 불었다. 사망하지 않았으면 이쪽 정상과 무릎을 맞대고 민족문제·통일문제를 의논했을 저쪽 정상이 사망하자, 하루아침에 '6·25의 원흉'으로 되돌아가서 조문은 고사하고 엄청난 규탄의 대상이 되어버렸다. 6·25전쟁이 끝난 지 40년이 지난 지금까지도 그것을 몸소 겪은 세대가 아직 우리 사회의 여론 주도층이 되어 있고, 그들이 고인이 된 한쪽 정상을 '전쟁원흉'이라 외치고 나섰기 때문이다.

6·25전쟁을 겪은 세대에게는 분단된 민족의 다른 한쪽이 동족이면서도 분명 총부리를 겨누고 싸운 적이었고, 미국 같은 나라가 오히려 혈맹의 우방이었다. 그 때문에 말로는 평화통일을 하자 흡수통일은 안 하겠다 하면서도, 막상 남북합의서에서 약속한 대등통일이 실현되려 하면 반세기 이상 싸우고 대립하고 불신해온 상대라 믿을 수 없고 두렵기까지 해서 선뜻 찬성하고 나설 수 없게 되는 것 같다.

6·25를 경험한 기성세대들도 세상이 변하고 있음을 이해하고 민족의 다른 한쪽에 대한 적개심과 불신감을 하루빨리 씻는 것이 바람직하지만, 사람의 일이라 그렇게 쉽지 않은 것 같다. 전쟁을 겪은 기성세대의 경우는 그렇다 하고, 1997년의 새해 아침에 동족상잔의 6·25를 경험하지 않은 젊은 세대에게 특히 하고 싶은 말이 있다.

무엇보다도 먼저 젊은 세대의 민족관이나 역사관이 기성세대의 그것과 같아서는 안 된다는 점을 강조하지 않을 수 없다. 만약 젊은 세대와 기성세대의 생각이 같아진다면, 모든 면에서 기득권을 가진 기성세대 쪽으로 같아질 가능성이 크다. 어느 시대, 어느 민족사회를 막론하고 젊은 세대의 동의와는 상관없이 기성세대 쪽에서 젊은 세대의 생각이 제

생각과 같아지기를 바라는 경우가 많고, 그것이 두 세대 사이의 갈등요
인이 되어왔다.

그러나 젊은 세대의 민족관이나 역사관이 기성세대의 그것과 같아진
다면, 그 민족사회의 모든 제도와 문화는 기성세대가 이루어놓은 수준
에서 제자리걸음만 하고 더 나아가지 못하게 될 것이다. 젊은 세대의 민
족관이나 역사관이 기성세대의 그것과 달라야만 그 민족사회 전체의
전진이 있고 발전이 있다는 사실을, 젊은 세대는 물론 기성세대가 아는
일이 요긴하다.

특히 기성세대 쪽에서 민족사회 전체의 발전을 위해 젊은 세대의 민
족관이나 역사관이 자기 세대의 그것과 달라야 한다는 사실을 아는 일
이 중요함을 강조하지 않을 수 없다. 모든 기득권을 가지고 있는 기성세
대가, 같을 수 없고 또 같아서는 안 되는 젊은 세대의 생각을 억지로 제
쪽으로 끌어오려 하면, 두 세대 사이에 마찰과 갈등이 생겨서 결국 그
사회 전체가 파탄에 빠질 가능성이 커진다.

반대로 두 세대의 생각이 같을 수 없고 같아서도 안 된다는 사실을 특
히 기성세대가 알고 있을 때, 두 세대 사이에는 오히려 양보와 조화와
화합이 이루어지고 사회 전체가 순조롭게 발전할 수 있는 길이 열리게
된다.

이렇게 보면 어느 민족사회든 세대간 마찰과 갈등으로 파탄에 빠질
가능성이 더 큰가, 반대로 조화와 화해를 이루어 순조롭게 발전할 가능
성이 더 큰가 하는 문제는, 기성세대와 젊은 세대의 생각에 차이가 있어
야 한다는 사실을 두 세대 모두가 알고 있는가, 특히 기성세대가 얼마만
큼 알고 있는가에 달렸다고 할 수 있다.

6·25를 경험한 우리 사회의 기성세대는 민족분단과 민족상잔 과정을
거치면서 불행하게도 민족의 다른 한쪽을 적으로 인식하는 민족관 내

지 역사관을 가지고 살아왔다. 그들은 민족의 다른 한쪽을 동족으로 알고 평화롭게 통일해서 함께 살아야 하는 당위는 안다 해도, 정작 조문 문제 같은 일이 닥치면 갑자기 뇌리에 박혀 있던 적개심이 되살아나서 열을 올려 반대하게 된다. 그뿐만 아니라 젊은 세대의 대북관이나 민족관이 제 것과 한치도 달라서는 안 된다는 식의 '억지'주장을 펴게 된다. 처절했던 동족상잔 과정을 통해 깊이 못 박힌 적개심이 고질이 되어버린 것이다.

기성세대의 고질은 고치기 어렵다 해도, 젊은 세대의 민족관과 역사관이 기성세대의 그것과 많이 달라져가고 있는 점에는 희망을 걸 만하다. 6·25 이후 지난 40여 년간 모든 제도교육이 민족의 다른 한쪽을 적으로만 여기도록 가르쳤다 해도, 6·25를 경험하지 않은 세대의 대부분은 그리고 6·25와의 시차가 먼 세대일수록 기성세대가 주관하는 제도교육의 목적과 달리 민족의 다른 한쪽을 적으로 여기지 못할 뿐만 아니라, 동족으로 여기는 마음이 점점 커지고 있다는 사실을 확인할 수 있기 때문이다.

기성세대의 처지에서 보면 총질을 하며 싸운 민족의 다른 한쪽에 대한 적개심이 그대로 젊은 세대에게 이어지도록 가르칠 필요가 절실하며, 그런 가르침을 따르지 않는 젊은 세대가 세상 무서운 줄 모르는 철부지로밖에 보이지 않아 불안하게 마련이다. 그 때문에 민족의 한쪽을 적이 아닌 동족으로 보려는 젊은 세대의 시각 자체가 기성세대에게는 못마땅하고 심지어는 불온해 보이기까지 한다.

그러나 앞을 내다보는 민족사 전체의 처지에서 보면, 남북을 막론하고 21세기 통일시대 민족사회의 주역이 될 젊은 세대가 기성세대가 끝내 버리지 못하는 적개심을 버리면 버릴수록 민족사의 앞날을 위해 다행스러운 일이 아닐 수 없다.

분단시대 반세기를 통해서 분단과정과 상잔과정의 주역이었던 지금의 기성세대는 자기들의 민족관과 역사관을 근거로 하여 민족의 다른 한쪽에 대한 적개심을 스스로 높이고 또 가르치는 데 치중해왔다 해도 과언이 아니다. 민족의 평화로운 통일과 발전을 앞당기기 위해, 이들 기성세대가 스스로 분단시대와 냉전시대적 민족관 및 역사관을 청산하고 그 적개심을 해소해가는 것이 바람직하다. 그러나 기성세대 일반으로서는 쉬운 일이 아니다. 다만 민족사의 장래를 위해 젊은 세대의 민족관과 역사관이 자신들의 그것과 달라야 한다는 사실만이라도 기성세대가 인정하기를 바라지만, 그것마저도 쉬운 일이 아닌 것 같다.

그러나 중요한 것은 젊은 세대의 민족관과 역사관의 정립이다. 기성세대의 그것과 자신들의 그것이 달라야 하며, 기성세대는 대립과 분단의 시대였던 20세기 민족사의 주역이었지만, 자신들은 화해와 통일의 시대가 될 21세기의 주역이 되어야 하는 그 차이점을 절실하게 인식하는 일이 중요하다. 우리 근현대사에서 식민지화의 실패와 민족분단의 실패를 딛고 평화통일의 성공을 이루어가야 할 민족사적 책임과 영광이 젊은 세대 자신들의 것임을 아는 일이 중요하다.

그것을 알게 되면 우리의 젊은 세대가 기성세대와 그 제도 쪽에서 가해지는 끈질긴 저해와 억압에서 오는 좌절과, 그들 내부에서 싹트기 시작한 일정한 경제적 발달에 따른 향락주의에의 유혹 등을 모두 극복하고 21세기 민족사의 당당한 주역이 될 수 있으리라 믿어 마지않는다.

(2000. 11. 9)

# 3
# 역사는
# 변하고 만다

# 역사는 변하고 만다

대학의 사학과에 입학해서 역사학을 전공하기 시작한 지 올해로 꼭 50년이 되었다. 50년을 역사학과 씨름해서 얻은 것이 무어냐고 혹시 묻는다면, 이렇게 대답할 수 있지 않을까 한다. 세상에 아무것도 믿을 것이 없다 해도, 역사가 변한다는 사실만은 믿어도 좋다는 진리를 터득했다고.

반백 년 공부해서 얻은 것치고는 너무 평범하지 않느냐고 말할지 모르지만, 그것으로 만족하고도 남는다. 왜냐면 그 진리를 안 일이야말로 험난한 세상을 큰 잘못 없이, 또 큰 후회 없이 살아온 원동력이었다고 생각되기 때문이다. 역사변화의 필연성을 말하려니, 옛일 하나가 생각난다.

1970년에 처음 일본에 가서 반년 있었을 때의 일이다. 잠깐씩 와 있는 사람들을 위해 마련된 어느 숙소에 들었는데, 그곳에 우리 연배 사람이면 대부분 그 이름을 알 만한 유명한 대중가요 작곡가가 머물고 있었다. 당시 크게 유행한 그의 노래에 반한 어느 일본 국회의원이 초청해서 일본에 온 것이다. 나보다 열 살쯤 연장이었다고 기억되는 그 작곡가는 대단히 온화하고 교양 높은 신사였다.

마침 체코슬로바키아 국립교향악단의 일본 공연이 있었고, 일본 국회의원이 그와 함께 가기를 청했다. 당시의 체코슬로바키아는 사회주의 국가여서 우리에게는 이른바 적성국(敵性國)이었다. 일본에 올 때 이름만 들어도 소름끼치는 무서운 기관에 가서 반공교육을 단단히 받은 이 대중가요 작곡가는 후환이 두려워 우리 대사관에 가서 적성국 음악회에 가도 좋으냐고 묻지 않을 수 없었다.

대사관에서는 가지 말라 했다가 일본 국회의원의 동행 초청이라 듣고, 그렇다면 음악회에 가되 사후에 감상문을 제출하라고 했다. 음악회에 갔다 온 대중가요 작곡가는 감상문 제출할 생각에 짓눌려 음악이 전혀 들리지 않았다 했고, 그 말을 들은 우리는 무어라 위로할 말을 찾지 못했다. 중국 대학생들이 일본에 유학하기 시작하던 때여서, 유학생회관에서 그들과 함께 생활해야 할 우리 유학생들이 중국 학생들과 인사하거나 대화해도 좋으냐고 물어와서 대사관이 대답에 궁하던 그런 때였다.

수많은 젊은이들이 중국에 유학하는 지금에는 무슨 호랑이 담배 피우던 시절의 이야기냐고 웃을지 모르지만, 불과 30년 전의 일이다. 30년이 결코 짧은 세월이 아니라 해도, 만약 역사변화의 필연성이 거짓이라면 30년 아니라 300년이 되어도 이런 이야기가 호랑이 담배 피우던 시절의 일이 되지는 않을 것이다.

이같이 황당하던 시절의 이야기를 다시 꺼내는 까닭도, 못된 권력자들이 별 짓을 다해 막으려 해도 역사는 기어이 변하고 만다는 진리는 믿어도 좋다는 사실을 한번 더 강조하기 위해서다.

그런데 이 만고의 진리가 통하지 않는 곳이 있으니, 바로 우리 사회의 일각이 아닌가 한다. 6·25민족상잔을 겪은 세대에게는 북쪽은 분명 총부리를 맞대고 싸운 적이었다. 그러나 그 세대가 반공교육·반북교육을 통해 아무리 강조해도 민족상잔을 몸소 겪지 않은 세대에게는 북쪽이 적으로 인식되지 않고 동족으로 인식될 수밖에 없다. 왜냐면 그들은 본래 동족이니까. 지금의 젊은이에게 북쪽을 동족이 아닌 적으로 여기라고 강요하는 일은, 체코슬로바키아 음악회에 갔다 온 젊은이에게 적성국 음악을 들은 감상문을 요구하는 것과 다를 바 없다.

요즈음 신문광고란에서 친북파 명단을 공개하겠다는 '협박성' 광고를 더러 보게 된다. 북쪽과 친한 인사의 명단을 공개하겠다는 것은, 남쪽 사람은 북쪽과 친해서는 안 된다는 뜻이 들어 있고, 북쪽은 친해서는 안 될 적성지역이란 말이 되겠다. 그러면서도 어리둥절하게 하는 것은 그들도 차마 전쟁통일이나 흡수통일은 주장하지 못하고 평화통일을 말하고 있다는 사실이다.

북쪽을 적으로 간주하면서 전쟁이나 흡수가 아닌 평화통일을 내세우는 것은 어불성설이며, 이같이 말이 안 되는 소리가 지금의 젊은이들에게 납득될 리 없다. 그런데도 역사는 변하고 만다는 진리를 터득하지 못한 사람들에게는 지금이 반백 년 전 6·25전쟁 때와 같은 때로 인식되고 있는 것이다. 그들 개인의 어리석음인지, 우리 역사교육의 죄인지 분간하기 어렵다. (2002. 5. 12)

# 20세기를 되돌아보며

　해를 넘기고 새해 첫날을 맞으면 설날이라 하여 특별히 마음을 가다듬게 마련인데, 그 새로운 가다듬음이 곧 더 나은 새해가 되게 했고 그것들이 쌓여 인간의 전체 역사를 발전시켜왔다고 할 수 있다.

　사람이 새로운 1년을 맞는 것은 어려운 일이 아니지만, 아직은 100년을 살기 어렵기 때문에 철이 든 후 100년을, 즉 세기가 바뀌는 것을 경험하기란 그리 쉬운 일이 아니다. 그런데 지금 우리는 천년이 새로 시작되는 순간을 경험하게 되었으니 행운이라면 굉장한 행운이라 하지 않을 수 없다. 그러나 달리 생각해보면 행운이 큰 만큼 앞으로 올 새로운 백년과 천년을 지나간 백년이나 천년보다 더 나은 시대로 만들어야 할 책임이 따름을 알 수 있다.

　천년을 회고할 겨를이야 없지만, 지난 20세기는 한마디로 세계사적으로는 다사다난한 세기였고 민족사적으로는 고난의 세기 그것이었다. 세계사적으로는 역사상 처음으로 사회주의국가가 성립하였다가 한 세기가 다 가기 전에 거의 무너지다시피 했고, 처절한 제국주의 세계대전이 두 차례나 일어난 세기이기도 했다. 다행히 3차 세계대전은 일어나지 않았지만 6·25전쟁을 비롯한 크고 작은 지역전쟁은 20세기 후반기에도 지구 곳곳에서 계속되었다.

우리 민족사에 한정해서 생각해보면 20세기 전반기는 제국주의 일본에 강제지배당한 '억울한' 시기였다. 근대 이전까지도 문화적으로 일본보다 앞섰던 한반도지역이 근대로 오는 길목에서 일본의 강제지배를 받게 된 원인은 무엇인가. 이를 철저히 규명하고 가르쳐야 하겠지만, 그보다 더 중요한 것은 강제지배에서 해방되는 과정이다. 세계사적으로도 식민지로 전락한 민족사회치고 독자적 능력으로 해방된 경우가 거의 없지만 한반도의 경우도 마찬가지였다. 35년간이나 민족해방운동을 펼쳤지만 독자적 능력으로 해방될 수 없었던 것이다.

식민지배에서 제 힘으로만 해방될 수 없게 된 결과는 두 가지 역사적 후유증을 가져왔다. 그 하나는 일제 강제지배의 역사를 제대로 청산하지 못한 것이며, 또 하나는 민족사회가 남북으로 분단된 것이다. 좌우익을 막론한 민족해방운동전선이 독자적으로 민족해방을 전취했을 경우 일제 강제지배 시대를 통해 조성된 반민족세력에 대한 철저하고도 가혹한 숙청이 단행되었을 것은 당연한 일이었다.

그러나 특히 미국 군대가 점령한 38도선 이남의 경우 반민족세력에 대한 숙청은 전혀 이루어지지 않았을 뿐 아니라, 이후의 모든 통치기구에 그 세력들이 온존함으로써 근 반세기에 걸친 식민지배에 대한 청산이 단행될 수 없었다. 그 때문에 이후의 역사전개에 엄청난 부작용과 반작용을 가져왔다.

그뿐만 아니다. 민족해방운동 과정에서 독자적 능력으로 제국주의 일본군의 항복을 받지 못하고 연합국에 의해 해방된 결과, 전승국들의 결정에 의해 즉시 독립이 아닌 유보 독립으로서의 신탁통치가 결정되었다. 그러나 신탁통치 문제를 두고 민족 내부가 찬반으로 엇갈린 결과,

통일민족국가 수립에 실패하고 결국 분단국가가 성립하였다.

결과적으로 말하면 5년간 신탁통치 받는 문제를 두고 좌우익의 의견이 엇갈림으로써 민족이 분단되고 처절한 전쟁을 겪고도 20세기를 넘기는 이 시점까지 50년 이상 분단상태가 계속되고 있는 것이다.

20세기 후반기 민족분단시대 최고의 역사적 과제는 물론 민족의 재통일이었다. 1950년대까지는 무력통일이 고집되다가 4·19 후의 평화통일운동, 70년대의 7·4공동성명, 90년대의 남북합의서 교환 등을 거치면서 이제 평화통일, 그것도 비흡수·평화통일론이 어느정도 정착해가고 있다. 특히 90년대 말에 와서는 서해교전 같은 악조건이 있었는데도 금강산관광이 계속되는 등 남북화해정책이 자리잡아가고 있다.

급작스러운 흡수통일이 아닌 타협통일·협상통일을 확실하게 지향하는 경우, 통일은 이미 시작되었다고 봐도 좋을 것이다.

한반도지역은 전쟁을 겪고 또 분단된 상태이면서도, 남북이 함께 개최하지 못한 것이 유감이지만 제2차 세계대전 후 독립된 민족사회로서는 유일하게 올림픽을 개최했고, 또 정치·경제·문화적으로 비교적 선두그룹에 들었다고 할 수 있다.

그럼에도 그 전반기를 식민지시대로 보내고 후반기를 분단시대로 보냈으며 분단상태가 아직도 지속되고 있다는 점에서, 한반도의 20세기사는 한마디로 불행한 역사였다고 할 수밖에 없다.

20세기에는 한반도 그 자체가 평화롭지 못했을 뿐만 아니라 전체 동아시아의 평화에도 기여하지 못한 시대였다. 이제 다가오는 21세기에는 한반도 지역이 평화롭게 통일되어 민족 내적 평화의 실현뿐만 아니라 동아시아 전체를 평화로운 지대로 만드는 데 적극적으로 기여할 수 있어야 할 것이다. (1999. 11. 12)

# 내가 소망하는 21세기

많은 사람들이 새로운 백년 및 천년의 시작을 앞두고 여러가지 소망을 말하고 있지만, 한반도에 사는 7천만 주민들의 경우 지구상에 유일하게 남은 분단민족 신세를 21세기에는 면하는 일이 가장 절실한 소망이 아닐까 한다. 한반도 주민으로서 생각이 있는 사람이면, 21세기에 거는 최대의 소망은 역시 민족의 통일이라 해도 좋을 것이다. 통일을 소망한다 하여 특별히 역사의식이 높거나 애족심이 강한 사람이라 말할 필요는 없다. 전체 한반도 주민 개개인이 20세기보다는 21세기를 더 낫게 살기 위해 혹은 더 평화롭게 살기 위해, 좀더 떳떳하게 살기 위해 가지는 소박한 소망이라 할 수 있다.

왜 분단문제가 해결되어야 하는가라고 물으면, 나는 수천 년을 함께 살아온 동족이니까 다시 통일해서 함께 살아야 한다고 말한다. 아니면 남북이 대결상태로 있으면 군사비를 비롯한 엄청난 분단경비·대치경비가 들 뿐만 아니라 우리 젊은이들이 의무병제 때문에 직업군인제인 이웃 경쟁상대국 젊은이보다 불리하다는 이유를 들기도 한다. 그러나 그런 불이익도 반세기 동안이나 감수해왔기 때문에, 이제 예사롭게 되었다 해도 과언이 아니다. 그것보다 더 중요한 이유가 있다.

21세기에 한반도가 평화적으로 통일되어야 할 이유나 당위성은, 그것이 한반도 주민만의 문제가 아니라 동아시아 전체의 문제라는 점에 있다.

20세기 후반기의 동아시아가 미소 대립구도에 맡겨졌다면, 21세기 동아시아는 이제 동아시아인의 동아시아가 될 가능성이 크며 또 그렇게 되어야 할 것이다. 일본이 경제대국에서 군사대국으로 변하고 중국이 새로운 강대국으로 되어가고 있는데, 한반도는 아직 분단된 채 그 북반부는 정치·경제·문화적으로 어쩔 수 없이 중국 쪽에 기울고 있으며 그 남반부는 미국을 배경으로 한 일본 쪽에 기울고 있다.

한반도지역은 병자호란 후 청국의 속국이 되었다가 근대로 오면서 청일전쟁·러일전쟁의 원인이 되었고, 두 전쟁에 이긴 일본의 지배를 받았다. 그로부터 벗어나면서 남북으로 분단되어 북쪽은 대륙세력권에 남쪽은 해양세력권에 들어갔고, 통일전쟁 6·25전쟁을 겪고도 분단상태로 20세기를 넘기게 되었다.

중국과 일본 사이에 다리처럼 길게 놓인 한반도는 중세시대 이후 중국에 예속되었다가 일본에 지배되고 남북으로 분단되었을 뿐, 한번도 독자적 위치를 확보해보지 못했다. 또한 몇 차례 전쟁의 원인지역이 되었거나 전쟁터가 되었다.

한반도의 통일문제를 두고 특히 남쪽에서는 흔히 아전인수로 한·미·일 동맹세력이 북한을 흡수 혹은 포섭하는 통일을 전망하는 경우가 많지만, 이 전망은 중국·러시아 등 대륙세력이 허용하기 어려운 것이라 할 수 있다. 그것은 북한·중국·러시아의 동맹세력이 남한을 흡수 혹은 포섭하는 한반도 통일을 일본과 미국이 허용하기 어려운 것과 전혀 다르지 않다. 한반도의 통일이 그 지정학적 위치 문제와 깊이 연관되어 있기 때문이다.

중국의 속국이 되고 일본의 지배를 받고 남북으로 분단된 때와는 달리 지금은 약육강식시대가 아니며, 한반도지역은 남북을 합쳐 인구가 7천만 명이나 되고, 당장은 남북이 경제적 어려움을 겪고 있다 해도 제2차 세계대전 후 독립한 민족사회 중에서는 정치·경제·사회·문화적으로 선두그룹에 든 지역이라 할 수 있다.

이같은 한반도지역이 21세기에 들어서 미국·일본에도, 중국·러시아에도 치우치지 않고 동아시아에서 제3의 위치를 확보하면서 평화롭게 통일되기만 하면 한반도 주민들의 평화와 발전을 가져올 뿐만 아니라 중국·러시아 등 대륙세력과 일본·미국 등 해양세력 사이에서 두 세력의 대립과 맞부딪침을 해소하고 중화시킴으로써 동아시아의 평화를 담보하는 지역이 될 수 있을 것이다. 한반도에 사는 사람으로서 21세기에 거는 소망 중 이보다 더한 것이 있겠는가. (1999. 12. 19)

# 20세기 한국사의 반성과 21세기의 전망

## 20세기 전반기 우리 역사의 반성

20세기 전반기의 우리 역사가 가야 할 길은 정치적으로는 국민국가를 수립하는 일이었고, 경제적으로는 국민경제체제를 수립하는 일이었다고 할 수 있다. 그러나 일본의 강제지배를 받게 됨으로써 이 두 가지 역사적 과제는 모두 이루어지지 못했다. 일제강점시대 전체를 통해 일본총독에 의한 전제주의적 통치체제가 계속되었고 근대적 민족경제체제의 수립은 불가능했다.

일제의 강제지배에서 벗어나는 최선의 길은 민족해방운동 자체의 투쟁으로 독립하는 길이었다. 그렇게 되면 해방 후 전승국에 의한 신탁통치도 또 남북분단도 있을 수 없는 일이었다. 그러나 좌우익을 막론하고 우리 민족해방운동 세력의 독자적 군사력만으로 일본과 싸워 해방하기는 실제로 불가능에 가까운 일이었다. 해방의 차선의 방법은 좌우익을 막론한 우리 민족해방운동 군사력이 일본제국주의를 패망시킬 연합군의 일원으로 싸워서 그 항복조인에 합석하는 일이었다.

그러나 불행하게도 상해에 있다가 중경으로 옮겨간 대한민국 임시정부를 비롯해서 조선독립동맹 등 어떤 민족해방운동 단체도 연합국의 승인을 받지 못했고, 따라서 우익의 한국광복군이나 좌익의 조선의용군 등 우리 민족해방운동의 군사력이 일본제국주의를 패망시킬 연합군의 일원이 되지 못한 채 일제의 패망이 왔다. 그리하여 미국을 중심으로 하는 연합국이 해방 후 한반도를 신탁통치하기로 결정된 상태에서 일본이 패망하게 된 것이다.

## 20세기 후반기 우리 역사의 반성

한반도는 미국 군대가 독점적으로 점령한 상태에서 해방되지도 못했고, 반대로 소련 군대가 독점적으로 점령한 상태에서 해방되지도 못했다. 늦게 참전한 소련군이 한반도의 북쪽에서 진격해오고 미군의 최전방부대가 겨우 오끼나와를 점령한 상태에서, 소련군이 한반도 전체를 점령할 것을 우려한 미국에 의해 38도선이 제의되었다. 이어 소련이 이를 수락함으로써 38도선이 획정되고, 미군이 그 남쪽에서 소련이 그 북쪽에서 일본군의 항복을 받는 조건 아래서 해방되었다.

38도선을 경계로 미·소 양군이 분할 점령했다 해도, 모스끄바3상회의 결정에 따라 미소공동위원회가 각 정당·단체 중심으로 남북한을 아우르는 통일임시정부를 수립하고, 그 정부가 5년간 미·영·중·소 등 4개국의 신탁통치를 받으면서 전체 한반도를 다스린 후 다시 총선거를 실시하여 가장 득표를 많이 한 정치세력이 여당이 되면서 정부를 수립하고 완전 독립하는 길이 있었다.

그러나 한독당·한민당 등 우익세력이 신탁통치를 반대하면서 즉시 독립을 주장하고 나섰다. 반대로, 공산당·인민당 등 좌익세력은 신탁통치 5년 후 총선거 실시에 의한 완전독립 방안을 수락했다.

한편 미소공동위원회에 참가하는 정당·사회단체 선정 문제를 두고 미국과 소련 사이에 이견이 있었던 것도 미소공동위원회를 통한 남북 통일임시정부 수립이 이뤄질 수 없었던 원인의 하나가 되기도 했다.

38도선이 획정되고 미·소 양군이 분할 통치하고 있는 상황에서 친미 우익세력에 의한 남북 통일정부 수립도, 또 친소 좌익세력에 의한 남북 통일정부 수립도 현실적으로 불가능한 일이었다. 친미 우익세력 중심의 남북 통일정부 수립을 소련과 좌익세력이 용납하기 어려웠고, 반대로 친소 좌익세력 중심의 통일정부 수립을 미국과 우익세력이 용납하기 어려웠기 때문이었다.

결국 통일민족국가를 수립하는 경우, 대외적으로는 친미·반소도 아니고 친소·반미도 아닌 국가, 대내적으로는 순수 자본주의체제도 아니고 순수 사회주의체제도 아닌 성격의 국가가 되어야 할 터인데, 당시의 정치적 상황에서는 불가능한 일이었다.

이후 6·25전쟁으로 처음에는 북쪽의 사회주의세력에 의해 통일될 뻔했으나 유엔군의 참전으로 불가능했고, 다음에는 남쪽의 자본주의 세력에 의해 통일될 뻔했으나 중국군의 참전으로 불가능했다. 그리고 분단은 계속되었다.


## 21세기 우리 역사에 대한 전망

21세기 동아시아는 중국과, 미국을 배경으로 한 일본이 대립하는 구도로 갈 가능성이 크다. 그런 상황에서 한반도가 분단된 채로 있다면,

좀 심하게 말해서 그 북반부는 중국의 부속지역, 남반부는 미국을 배경으로 한 일본의 부속지역으로 될 가능성이 크다고 할 수 있다.

반대로 한반도가 통일되어 제3의 위치를 확보한다면 중일 대립을 완충하고 동아시아의 평화를 담보할 수 있을 것이다. 또 세계사의 추세에 따라 혹시 동북아시아 공동체가 성립하는 경우도, 한반도지역이 평화롭게 통일될 때 가능해질 것이다.

한반도의 남북 분단국가는 1990년대 이후 모두 무력통일은 말할 것 없고 독일식 흡수통일도 반대하면서 불가침조약을 체결했다. 북한이 동독과 달라서 쉽게 무너지지 않는다는 점, 설령 쉽게 무너진다 해도 남한이 그 뒷감당을 하기 어렵다는 점 등이 고려된 것이라 하겠다.

무력통일과 흡수통일이 아닌 비흡수·평화통일은 곧 타협통일·협상통일을 말한다고 할 수 있다. 타협통일·협상통일에는 인내와 시간과 양보가 따를 수밖에 없다. 21세기 들어 남북 쌍방이 긴 시간을 두고 인내와 양보를 통해 통일문제를 해결해나갈 수밖에 없을 것이다. (1999. 10. 20)

# 이완용도 어쩔 수 없었다니

최근에 와서 우리 사회의 복고주의·상대주의·상황주의가 심해지고 그 때문에 역사적으로 옳고 그름의 판단이 흐려지는 일종의 몰가치론적 문화현상이 심화되고 있음을 걱정하지 않을 수 없다. 옛것이고 우리 것이면 모두 좋다는 식의 복고주의나, 어떤 역사적 사실을 두고 옳고 그름을 가리지 못하는 상대주의나, 그 상황에서는 그럴 수밖에 없었다는 식의 상황주의적 인식에 빠져버리면, 그 사회는 역사실패를 되풀이할 위험이 크다.

이완용이 아니더라도 별도리가 없었지 않았느냐, 일본이 국권을 강탈한 것이지 왕실이 무슨 죄가 있느냐는 식의 역사인식이 나타나는가 하면, 4·19묘소를 국립묘지로 승격시키면서도 한편에서는 이승만찬양론이 나오고 있다. 이렇게 가다가는 광주 5·18묘지를 성역화하고도 전두환·노태우 찬양론이 나오지 말라는 법이 없지 않을까 걱정이다.

재론하는 일조차 구차스럽지만, 우리의 건망증 문화가 너무 심해서 다시 한번 '진상규명'을 하지 않을 수 없다. 승산 없는 전쟁인 줄 알면서도 싸우다 죽는 의병이 4만 명이 넘을 때, 내각총리대신 이완용은 경쟁자 송병준에게 공을 빼앗기지 않으려고 일본과의 '합방'을 서둘렀고 그 결과 일본의 귀족이 되었다. 독립군 전사들이 만주벌판에서 죽어갈 때 이완용은 호의호식하고 와석종신했다. 일본인들조차 이완용이 제명에 죽은 것은 조선사람들에게 천추의 한이 되리라 안타까워했다 한다. 의병과 독립군의 죽음도 의로웠고, 이완용의 매국도 부득이했다는 논리가 성립할 수 있을까.

왕실이 국권을 스스로 내어주지는 않았고 빼앗긴 것이 사실이다 하자. 그러나 왕족들이 35년간 일본귀족이 되어 우대받고 살 때, 그 백성이었던 민중들은 민족해방운동전선에서 목숨을 초개같이 버렸다. 왕족은 겨우 한 사람이 국외로 탈출하려다가 잡혔을 뿐이다. 국권회복을 위해 풍찬노숙하다 죽은 독립군도 역사적으로 옳고 일본귀족이 되어 영화를 누린 왕족도 우리 왕족이니까 옳게 보자는 말인가.

총독부 건물을 헐고 그 자리에 왕궁을 복원한다는데, 그것을 관광자원 복원으로만 볼 수 있을까. 우리 것이라면 반역사적인 것이라도 모두 가치있는 것으로 보고 또 복원해야 할까. 우리말도 제대로 못하는 왕족이란 사람이 민주공화국시대에 황손을 자칭하면서 "비정치적 차원에서의 황실 복위" 운운하는 것도, 혹시 국민의 혈세로 왕궁이 복원되는 데 힘입은 것은 아닐까.

역사적 인물이라 경칭은 생략하고, 이승만이 대한민국 초대 대통령인 것도 사실이지만 단선·단정론자, 즉 분단국가 수립론자요 독재자인 것도 사실이다. 그 이승만도 역사적으로 옳고, 민족분단을 반대하고 통일국가 수립을 고집하다가 더러운 하수인의 손에 암살된 김구도 역사적으로 옳단 말인가. 국립묘지에 묻힐 만큼 이승만도 역사적으로 정당하고, 장소는 다르지만 역시 국립묘지에 묻혔으니 4·19영령들도 정당하다는 것이 우리식 역사인식이다. 중·고등학교 역사선생님들이 어떻게 가르칠까 정말 걱정스럽다.

이승만찬양론이 나왔으니 곧 박정희찬양론도 나올 법하다. 정치·사회·문화 부문에 엄청난 군사문화의 악폐를 끼치고도 재벌중심의 경제발전이 성과가 있었다 해서 그 정권의 역사성을 긍정하고 또 그 독재와 싸운 민주화운동의 역사성도 높이 평가하는 식이라면, 전두환·노태우정권의 성립도 옳았고 5·18영령들의 저항도 옳았다는 해석이 나올 법도 하다.

역사적으로 상반되는 두 가지 사실의 가치를 모두 인정하는 것은 가치있는 것이 없다는 것과 같으며, 몰가치적 역사인식은 씨 없는 열매와 같다. 몰가치성의 문화 바탕에서는 일본의 식민지배 긍정론에 반대할 이유가 없어지지 않을까 걱정이다. (2000. 11. 9)

# 3·1절이 돌아오면

3·1절은 해마다 돌아오게 마련이며 그것을 맞을 때마다 되새김이 다르게 마련이다. 일제강점시대의 3·1절은 당연히 조국해방의 결의를 고취시키는 계기가 되었고, 해방 후라 해도 3·1절이 오면 우리 민족사회는 어쩔 수 없이 일본과의 역사적 '악연'을 되새기게 된다. 일본의 강제지배에서 벗어난 지 57년이 되는 올해에는 월드컵인가 하는 세계적인 행사를 역사상 처음으로 일본과 공동개최하기 위해 분주한 속에서 3·1절을 맞게 되었다.

전세계인의 관심거리인 행사를 공동개최하려면 당연히 두 나라 사이의 격의없는 우호관계와 협력이 필요하다. 일본의 강제지배에서 벗어난 지도 반세기가 지난 시점이요 또 새로운 세기에 들어선 시점이기도 해서, 그 침략을 받았던 민족 중 유난히 높다던 우리 민족의 반일감정도 남한에 한정된 상황이긴 하지만 어느정도 수그러드는 듯했다. 그리고 21세기 파트너십 운운하고 대중문화 개방 등이 기도되면서, 얼마 전만 해도 한일 간의 화해분위기가 어느 때보다 높아가기도 했다.

그런데 이런 때면 대개 일본 쪽에서 뒤통수를 치게 마련인데, 이번에도 교과서 문제니 그 수상의 신사참배 문제니 해서 화해분위기에 찬물을 끼얹는 일들이 벌어지더니, 신사참배를 한 장본인이 와서 또 무어라 적당히 얼버무리고 돌아갔다. 그러면서 일본인들은 흔히 똑같이 강제지배를 받은 지역인데도, 예를 들면 대만 같은 데는 반일감정이 그렇게 강하지는 않은데, 한국은 왜 지금까지도 계속 반성하라 사죄하라 하면서 걸핏하면 반일시위인가 하고 '짜증'을 내기도 한다.

대만의 반일감정이 실제로 그렇게 높지 않은지 아니면 일본인들의 일방적 판단인지 모르지만, 대만은 일본의 강제지배를 받았을 때 한국과 같은 독립국이 아니라 중국의 한 지방에 지나지 않았다. 또 한국과 같이 역사적으로 일본에 선진문화를 전달해주는 위치에 있지도 않아서, 대만을 한국과 같은 위상에 두고 강제지배에 대한 뒤처리를 하려는 것은 잘못된 것이다.

그런 문제는 덮어두고라도 아시아에서는 처음 열리고 또 공동개최도 처음인 이번 월드컵대회가 원만하게 추진되기를 바라면서도, 한국인의 배일감정이 수그러들지 않는 원인의 하나가 오히려 일본 쪽에 있지 않은가를, 한국인들의 배일감정이 수그러들 만하면 일본의 어느 부문에선가 다시 불을 질러 긴장관계가 유지되게 하는 것이 아닌가를 의심하게 되는 것이다. 월드컵 공동개최를 통해 이 의심이 얼마나 가실지 두고 볼 일이다.

3·1절이 돌아오면 일본을 생각하게 되는 한편, 또 어쩔 수 없이 민족이란 것을 생각하지 않을 수 없게 된다. 민족이란 무엇인가, 그것은 언제부터 성립하였는가 하는 문제를 말할 때, 동·서양 사이에 어느정도 차이가 있게 마련이다. 그렇지만 대체로 말해서 민족이란 혈통·언어·문화·역사와 함께, 요즈음 특히 강조되는 소속감을 같이하면서 뭉친 일종의 운명공동체로 인식되는 집단이라 할 수 있다.

우리의 경우 근대적 민족은 외세침략에 저항하면서 성립하였다고 할 수 있다. 예를 들면 항일운동의 경우 가령 그것이 양반계급에만 이익이 되고 상민들에게 해가 되거나, 남자에게만 이익이 되고 여자에게는 불이익이라면, 상민들이나 여자들이 그 운동에 가담할 리 없거니와, 그런 것은 민족운동이 될 수 없다.

3·1운동은 전국 방방곡곡에서 양반도 상민도 남자도 여자도, 그야말로 각계각층이 참가한 거족적 운동이었으니 명실공히 항일민족운동이었다.

그로부터 80년이 지난 지금, 우리의 거족적 민족운동의 대상은 무어라 해도 민족통일일 수밖에 없다. 남북을 막론하고 남녀를 막론하고 노동자도 농민도 지식근로자도 빈민도 자산계급도 한반도 주민인 이상, 모두 이 운동을 지지하고 또 참가하면서 평화통일을 희원하고 있다. 평화통일운동이 3·1운동처럼 전체 민족구성원이 참가한 거족적 민족운동이 되고 있는 것이다.

항일민족운동 노선에서 탈락했던 부분이 있었던 것과 같이 평화통일운동 노선에 동참하지 못하는 부분이 있을 수 있게 마련이지만, 1919년 3·1운동에서 시작되었다고도 할 수 있을 우리의 근대 민족운동이 지금에는 평화통일운동의 큰길로 이어지고 있다.

이제 일본과의 '악연'에 시달리게 하는 3·1절에서 벗어나 민족의 통일을 더 생각하는 3·1절로 그 인식이 바뀔 때가 된 것이다. (2002. 2. 28)

# 8·15는 무엇이었나

　일본 총리 코이즈미가 8·15 당일을 살짝 피해서 전쟁범죄자들의 위패가 있는 야스꾸니 신사를 참배해서 말썽거리가 되었지만, 그 8·15가 어느새 쉰여섯 번이나 지났다. 지금의 우리 인구 중 8·15를 겪은 사람이 몇 퍼센트나 되는지 모르나, 56년 전 8·15는 한마디로 환희 그것이었다. 일본 국기를 가지고 변조한 태극기를 흔들며 미친 듯이 환호한, 무슨 말로도 대신할 수 없는 해방 그것이었다. 그러나 그 감격이 조금씩 잦아들면서 8·15는 어쩔 수 없는 민족분단의 출발점이 되어갔다.

　일제강점시대의 민족해방운동에 우익전선도 있고 좌익전선도 있었으며, 그 위에 38도선이 그어지고 미·소 양군이 분할 점령한 상태에서 8·15를 맞게 되었으니 그것은 분명 민족분단의 계기가 될 만했다. 그렇다 해도 분단을 막고 통일된 민족국가를 건설하려는 방안들이 강구되지 않은 것은 아니었다. 민족사회 안에서 좌우익이 대립하고 자본주의 미국과 사회주의 소련이 분할점령한 조건 아래서 통일민족국가를 수립하려면, 좌우익 연립정부 아니면 극좌와 극우를 배제한 중도파 정권을 세우는 길이 있었다.

8·15 전 민족해방운동전선의 좌우익세력도 해방 후 하나의 민족국가를 건설해야 했기 때문에 임시정부 건국강령에서 보는 것과 같이 자본주의체제와 사회주의체제를 혼합한 건국방안들을 강구했다. 그러나 20세기 전반기를 통해 국토가 강점당함으로써 민족구성원 전체가 근대적 정치경험을 전혀 쌓을 수 없었던 조건과, 38선을 경계로 미·소 양군이 분할점령한 상황에서 8·15를 맞게 됨으로써 통일민족국가 건설에 실패하고 말았다. 결국 우익은 38도선 이남에 친미 자본주의 국가를 만들고, 좌익은 그 이북에 친소 사회주의국가를 만들게 된 것이다.

근대 이후 우리 민족은 크게 두 번이나 실패했다. 20세기 들어서면서 타민족에 국토 전체를 강점당하고 그 지배를 받게 된 것이 첫번째 실패요, 20세기 후반기로 들어서면서 민족사회가 남북으로 분단되어 서로 싸우고 대립한 것이 두번째 실패다. 이제 21세기로 들어서면서 앞선 두 번의 실패를 만회할 세번째 기회가 오고 있다. 평화통일의 길로 들어선 것이 그것이다.

어떤 의미에서는 지금 우리 민족사는 다시 8·15의 원점에 섰다고도 할 수 있다. '8·15공간'에서도 민족사회의 내외적 조건이 남북 어느 한쪽 권력이나 체제가 일방적으로 다른 쪽을 지배하는 식의 통일민족국가 건설은 불가능했다.

그로부터 반세기가 지난 지금도 한반도의 경우 통일문제는 별다를 것이 없다고 할 수 있다. 한쪽 권력 및 체제가 일방적으로 주도하는 통일, 즉 베트남식 전쟁통일도 독일식 흡수통일도 불가능하다는 사실을 아는 일이, 우리 통일문제를 옳게 해결해가는 전제조건이라 할 수 있다.

'8·15공간'에서는 통일민족국가 수립방안으로 좌우 연립정부안 및 중도파 정부안 등이 논의되거나 기도되었으나 결국 실패했다. 이후 남북 분단국가가 성립해 반세기가 지난 지금 다시 통일, 그것도 평화통일이

기도되면서 연합제니 낮은 단계 연방제니 하는 방안들이 제시되고 있다. '8·15공간'의 실패를 되풀이하지 않고 평화통일을 이루기 위해서는 무엇을 해야 할 것인가. 무엇보다도 우리 사회에 끈질기게 남아 있는 '8·15공간' 분단책동세력의 후신이라 할 반통일세력을 청산해가야 한다.

건망증이 심한 민족사회는 역사 실패를 거듭하게 마련이다. 그동안 '8·15공간'의 객관성 있는 역사가 어느정도 밝혀졌고, 해마다 돌아오는 8·15가 어느새 쉰여섯번째가 되었다. 그렇지만 '8·15공간'의 우리 역사가 무엇이 잘못되어 해방이 아닌 분단의 출발점이 되고 말았는가를 제대로 아는 사람이 얼마나 될까 의문스럽다. '8·15공간'의 역사적 진실을 이해하는 민족구성원의 수를 늘려가는 일이, 곧 앞으로의 민족사 실패를 방지하는 지름길이 될 것이다. 8·15가 돌아올 때마다 그 역사에서 무엇을 배울 것인가 냉철히 생각해봐야 한다. (2001.8.17)

# 백범과 군더더기 우익

역사적 진실은 반드시 밝혀지게 마련이지만, 우리 현대사 최대 의문점의 하나인 백범 암살의 배후가 미국 쪽 자료공개에 따라 밝혀지고 있다. 구체적인 배후가 극우세력이었건 이승만정권이었건 미국이었건 백범 암살의 원인을 간추려보면, 북쪽의 좌익세력과 협상하여 통일민족국가를 건설하려 했기 때문이라 할 수 있다.

좌우익 대립이 극심했던 해방공간에서 좌익과 손잡고 통일국가를 건설하는 데 결과적으로 목숨을 건 것이 되었지만, 민족해방운동전선에서나 해방공간에서의 백범은 누가 뭐라 해도 우익 중에서도 골수 우익이었다.

명성황후의 원수를 갚는다고 일본군 장교를 죽일 때의 백범은 왕당파였다고 할 수 있겠고, 그런 백범이 공화주의자가 되어 상해임시정부에 참가한 것은 기독교로의 개종이 계기가 되었다고 할 수 있을 것이다. 이후 백범은 골수 우익으로서 임시정부 고수파로 일관했다. 중국 관내지역의 우리 민족해방운동전선이 기존의 모든 단체와 임시정부까지도 해체하기로 하고 좌우익 통일전선정당 조선민족혁명당을 발족시킬 때도 백범은 이에 참가하지 않고, 각료회의가 성원될 수 없을 만큼 고단해진 임정을 고수했다.

그런 백범도 일제의 패망이 가까워지자 바뀌어갔다. 민족해방운동전선에는 우익도 있고 좌익도 있었지만, 해방 후 귀국하여 하나의 민족국가를 건설해야 했기 때문에 골수 우익 백범도 좌익과의 통일전선에 발 벗고 나선 것이다. 임시정부를 좌우익 연립정부로 만들었고, 중국공산군 근거지 연안에 있던 조선독립동맹과의 통일전선을 기도한 일 등이 그것이다.

해방 이후 38도선이 그어지고 미·소 양군이 분할점령하는 조건에서 신탁통치 문제로 좌우익이 극한적 대립을 하게 되었을 때, 백범은 반탁노선을 고집하면서 임정 안의 좌익계와 결별했다. 그러나 이승만과 한민당의 반탁운동이 단선·단정, 즉 분단국가 수립 노선으로 가게 되자 다시 그들과 결별하고 좌익과 협상해서 통일민족국가를 수립하는 노선으로 나아갔다. 그것이 실패하고 남북에 두 분단국가가 성립한 후에도 그는 유엔을 상대로 계속 통일민족국가 수립운동을 벌이다가 결국 목숨을 잃었다.

백범은 해방공간의 우리 사회에 군더더기 우익이 있다고 했다. 점잖은 표현을 썼지만, 일제강점시대의 민족해방운동전선에 참가하지 않았으면서도 해방 후에는 우익으로 자처하면서 민족문제에 나름대로 발언권을 가지려 하거나, 미국에 기대어 분단국가를 만들고 그 권력 속에서 안주하려 하거나, 친일 반민족행위자였으면서 시치미를 떼고 우익행세를 하는 가짜 우익을 두고 한 말일 것이다.

역사는 우회할 수는 있을지언정 결국 가야 할 방향으로 가게 마련이다. 백범이 좌익과의 협상을 통한 통일민족국가 수립 노선을 고집하다가 목숨을 잃은 때로부터 반세기가 지난 지금, 6·15공동선언이 나오고 모처럼 협상통일의 길이 다시 열렸다. 그러나 지금도 우익과 보수를 자처하는 세력에 의해 다시 열린 그 길이 가시밭길이 되어가고 있다.

백범이 통일민족국가 건설을 가로막고 단선·단정의 길로 치닫는 군더더기 우익과, 험난했던 민족해방운동전선의 골수 우익이면서도 해방 후에는 민족분단을 막고 통일된 국가를 건설하기 위해 좌익과 협상할 수 있는 참 우익을 구분했던 것처럼, 지금의 우익과 보수를 자처하는 사람들을 두고 백범과 같은 참 우익과 군더더기 우익으로 구분할 수 있지 않을까 하는 생각이다.

뚜렷한 현실적 대안을 갖지 못했으면서도 북과의 화해나 협상을 발작적으로 반대함으로써 제 존재이유를 찾으려 하는 현대판 군더더기 우익이 아니라, 한반도의 경우 베트남식 전쟁통일은 물론 독일식 흡수통일도 불가능하며 설령 가능하다 해도 해서는 안 됨을 알고 북과의 협상에서 통일의 길을 찾으려 하는 백범과 같은 참 우익이 많지 못한 원인은 어디에 있는가.

현대판 참 우익이 있어 제 목소리를 낸다 해도 백범처럼 희생되고 말 만큼 우리 평화통일의 역사는 아직도 설익었는가. 군더더기 우익을 경계한 백범의 암살 배후가 드러나면 날수록 역사학 전공자의 책임이 태산처럼 무겁게 느껴진다. (2001.9.7)

# 현대사 연구의 객관성과 김구 암살사건

역사는 현재를 비추는 거울이라 한다. 오늘을 사는 우리의 차림새나 걸어가는 방향이 올바른가 그렇지 못한가를 비추어보는 거울이라는 말이다. 그렇다면 만약 우리의 모습을 좀더 세밀하게 비추어보기 위해 고대나 중세를 비추는 거울과 근대나 현대를 비추는 거울을 따로 두고 본다면, 앞의 거울에서보다 두번째 거울에서 지금의 우리 모습을 더 선명하게 볼 수 있을 것임을 쉽게 짐작할 수 있다.

흔히 고대나 중세를 바르게 비추는 거울보다 근대나 현대를 바르게 비추는 거울을 마련하기가 더 어렵다고 생각하는 경우가 있다. 고대나 중세는 지금의 우리와는 거리가 더 멀기 때문에 비교적 객관적으로 볼 수 있지만, 근대와 현대는 지금의 우리와 거리가 너무 가까워서 객관적으로 보기 어렵다고 생각하는 것이다.

정 그렇다면 역사의 거울을 보는 사람이 모두 늙어 원시안이 되었다는 말이 되겠는데 반드시 그런 것만은 아니다. 정상적인 눈은 먼 곳이나 가까운 곳을 모두 바로 볼 수 있어야 하며, 그중에서도 가까운 곳이 더 잘 보이는 것이 일반적이다.

그러나 식민지시대를 겪은 우리 민족의 역사학은 근대나 현대를 객관적으로 바로 보기에는 많은 어려움이 있었다. 식민지시대를 산 사람들에게는 민족사의 근대는 식민지가 되어가는 과정이었고, 현대사는 식민지배의 질곡 속에 빠져 있던 때의 그것이었다. 식민지시대를 산 사람들이 근대나 현대사의 거울을 보는 목적은 무엇이 잘못되어 식민지로 되었는가, 어떻게 하면 식민지배에서 해방될 수 있는가를 알아내는 데 있었다. 그러나 그것을 알아내려고 하는 일 자체가 바로 식민지화의 원인을 추구하고 또 탈식민지 방법을 추구하는 일이었으므로, 식민지배 구조가 허용하지 않았던 것이 사실이다.

이 때문에 무엇이 잘못되어 식민지가 되었는지, 어떻게 하면 식민지배에서 벗어날 수 있는지를 비추어주는 역사의 거울은 박은식이나 신채호와 같이 직접 민족해방운동에 참가해 활동하던 사람들이나 마련할 수 있었다.

국내의 식민지배체제 아래서 역사학을 하던 사람들은 위험부담이 없는 역사, 예를 들면 고대사회의 어느 부족들이 모여 산 지역이 어디쯤이었는가를 밝히는 일에 전념하거나 근대사를 말한다 해도 대원군과 민비가 어떻게 싸웠는가를 밝히는 정도에 머물 수밖에 없었다. 그러면서 역사란 것은 먼 시대를 볼 때만 더 정확하게 보이고 가까운 시대는 정확하게 보기 어렵다, 가까운 시대의 역사를 바로 볼 수 있는 것은 상당한 시간이 흐른 후라야 가능하다고 '변명'했다.

이같은 식민지시대 국내 역사학의 '변명'을 부득이한 것이었다고 이해한다 하더라도, 문제는 일본의 식민지배가 일단락된 후에도 이런 '변명'이 그대로 유지되었다는 점에 있다.

불행하게도 일제 식민지배의 종식은 바로 민족분단으로 연결되었고 이제 분단시대사가 현대사가 되었다. 따라서 우리 현대사는 분단의 원인은 무엇이며 그 과정은 어떠했는가, 민족문제 해결의 올바른 길은 어디에 있으며 그것을 저해하는 정치·경제·사회·문화적 요인은 무엇인가, 그것을 극복하는 길은 어디에 있는가 하는 문제 등을 정확하게 객관적으로 밝히는 데 있으며, 이것이야말로 우리 시대 역사학의 최대 과제의 하나가 아닐 수 없다.

그러나 이 경우에도 우리 역사학은 분단체제의 덫에 걸려 식민지시대와 꼭 같이 현대사를 연구하고 가르치는 일 자체를 "객관성을 가지기 어렵다"고 '변명'하면서 아예 기피하거나, 아니면 분단체제를 정당화하면서 그것에 봉사하는 현대사를 쓰고 가르치는 일을 계속해왔다. 그 결과의 하나가 김구 암살범 안두희의 배후고백 문제에서 잘 드러난다고 할 수 있다.

김구 살해범 안두희가 암살사건의 배후라는 것을 밝힘으로써 세상을 떠들썩하게 하고 있지만, 우리 역사를, 그것도 근현대사를 전공하는 사람의 처지에서 보면 신문을 비롯하여 모든 사람들의 관심이 안두희가 털어놓은 배후가 맞느냐 아니냐 하는 데 집중되면서 또 한번 한때의 이야깃거리가 되어버리고 말 것 같은 느낌이 들어 안타깝다.

김구 암살사건을 특별히 과대평가할 생각이 없다 해도, 그것은 분명히 하나의 역사적 사건이었다. 따라서 이 사건의 동기나 배후도 어디까지나 역사적으로 설명되어야 하며, 그것은 이른바 '해방공간'과 분단국가 성립 초기의 우리 역사에 대한 정확하고도 객관성 있는 규명과 이해가 있을 때 가능하다.

그러나 불행하게도 이 역사적 사건에 대한 우리 학계의 객관성 있는 연구는 거의 백지상태이며, 이 때문에 이 사건은 아직도 하나의 이야깃거리 수준에 머물고 있는 실정이다.

김구 암살사건의 원인은 한마디로 그가 분단국가의 정당성을 인정하지 않으려 한 데 있었다고 할 수 있다. 남한 단독선거로 국회가 개원된 후 어느 신문기자가 "국회 개회식 때 이승만 박사가 대한민국임시정부 법통 계승을 언명하였는데 이에 대한 주석의 견해"를 물었다. 이에 대해 김구는 "현재 국회의 형태로서는 대한민국임시정부의 법통을 계승하는 아무 조건도 없다고 본다"며 이승만정권의 임정법통 계승을 정면으로 부인했다.

이후에도 김구·김규식 등 이른바 중도파세력은 "민족문제의 자주적 해결을 기함" "민족강토의 일체 분열공작을 방지함" 등을 강령으로 하는 통일독립촉진회를 결성하여 유엔에 대해 "통일과 독립과 평화의 조국을 건립하기 위하여 남북을 통한 진정한 민주주의 정부를 조직하려는 다수 한인의 대표적 의사를 귀회에 충분히 진술하기 위하여 본회는 대표를 귀회에 참석시킬 것을 요청을 한다"는 서신을 보내고, 그해 파리에서 개최되는 유엔총회에 이승만정권과 별도의 대표로 김규식을 파견하려 했으나 실현되지 않았다.

그러나 남북한을 통한 통일국가를 수립한다 하고 한국문제를 떠맡았다가 결국 분단국가를 만들고 만 유엔에 대한 김구세력의 항의와 추궁, 그리고 그의 분단국가에 대한 정당성 부인은 해를 넘겨 1949년에도 계속되었고 그것이 결국 그의 죽음으로 연결되었다. 이렇게 보면 김구 암살범의 입을 통해 몇 사람의 배후가 거명된다 해서 이 사건의 진실이 밝혀지는 것은 아니며, 이 사건이 가지는 역사적 의미를 이해할 수 있는 것은 더더욱 아니다.

같은 나라 안에서 같은 시대에 암살범이 국군에 복귀하여 고급장교가 되는 한편, 암살당한 사람은 독립유공자로 표창되어 민족지도자로 추앙되고 거대한 동상까지 세워지는 이 이율배반을 우리 현대사는 전혀 설명하지 못하고 있다. 그뿐만 아니다. 평화통일을 국가정책으로 정한 지 수십 년이 되었으면서, 김구 등이 참가했던 평화통일운동으로서의 1948년 남북협상은 그 역사적 정당성이 거부되어 전혀 가르쳐지지 않고 있다. 그리고 이런 일이 학계나 교육계의 어느 쪽에서도 지적조차 되지 않고 있다.

분단체제나 분단국가 권력의 입장을 떠나 우리 현대사에 대한 객관적 이해를 가질 때 비로소 김구 암살사건의 진실을 알 수 있게 되며, 우리 현대사에 대한 이같은 이해가 성립하기 위해서는 현대사 연구를 위한 학문의 자유가 철저히 보장되고 제도교육권 안에서도 분단국가주의 차원의 역사교육이 지양되고 민족적 차원의 교육이 이루어져야 함은 더 말할 나위가 없다. 그리고 우리 역사학계의 객관성을 핑계한 현대사 연구기피증도 말끔히 가셔져야 할 것이다. (2000. 11. 9)

# 민족분단사를 통해 본 6·25전쟁의 의미

지금까지 민족분단사에서 6·25전쟁의 의미는 대체로 다음과 같은 몇 가지로 요약된 것이 아닌가 한다.

첫째, 이 전쟁을 어느 쪽에서 먼저 일으켰는가를 따져서 일으킨 쪽의 호전성과 그 권력의 부당성 및 비정통성을 강조하는 데 이용되었다.

둘째, 1948년 남북 분단국가의 성립이 아직은 평화통일의 여지를 일정하게 남겨둔 제1차 분단이었다면 이 전쟁은 그 여지를 철저히 배제한 제2차 분단이었다고 보았다.

셋째, 이 전쟁으로 분단체제 자체의 정당화·고착화가 정착되어갔고, 따라서 남북 쌍방에서 조금은 남아 있던 반분단적 제3의 정치세력이 거의 제거되고 남북 집권세력의 독재화가 추진되었다고 보았다.

넷째, 이 전쟁 전의 민족분단이 정치권력상의 분단에 한정되었던 데 비해 이 전쟁 후에는 남북 쌍방의 독재체제 성립을 통해 남북이 각각 경제·사회·문화 면에서의 분단체제를 확립시켰다고 보았다.

이후의 남북 정권은 겉으로는 통일의 역사적 필연성을 내세우며, 각각 제 정권의 정당성이 한반도 전체에 미치는 것이라 표방하기에 급급

했다. 그러나 분단권력의 양립 자체가 남북에서의 권력유지책으로 되고, 분단상황 자체가 하나의 역사적·시대적 체제로 정착되어갔다. 이런 의미에서 6·25전쟁은 우리 역사에서 분단'체제'시대의 시발점이라 할 수 있다.

이러한 종래의 의미와 달리, 6·25전쟁은 분단고착적 관점이 아닌 통일지향적 관점에서 새로운 의미가 주어질 수 있다고 생각한다.

지정학적 위치 문제에 초점을 두고 보면, 이 전쟁은 동북아시아 지역에서 깜차까반도나 산둥반도와 달리 역사적으로 독립된 민족국가가 존재한 유일한 반도로서의 한반도가 근대 이후에 일단 분단되었다가, 어느 하나의 세력 및 체제에 의해 일방적으로 또 무력적으로 통일될 수 없었음을 극명하게 증명해준 전쟁이었다고 할 수 있다.

제2차 세계대전 종료 직후의 한반도 주변정세는 대륙 쪽에서는 소련에 뒤이어 중국이 사회주의혁명에 성공했고, 해양 쪽은 일본과 그 배후세력으로서의 미국에 의해 자본주의체제가 유지되었다. 한반도의 분단은 대륙세력과 해양세력에 의한 분단이었고, 자본주의세력과 사회주의세력에 의한 분단이었다.

전쟁유인설 등이 있기는 하지만, 어떻든 6·25전쟁은 대륙 쪽 사회주의세력을 배경으로 한 공산주의 김일성정권이 한반도지역 전체를 혁명적으로 통일하기 위해 일으킨 전쟁이었다.

이 전쟁은 한때 통일전쟁으로서 성공할 것 같았다. 그러나 반도로서의 한반도지역이 사회주의체제로 통일될 경우, 자본주의체제 일본의 안전이 무너질 것을 우려한 자본주의세력 미국이 유엔의 이름을 빌려 참전했다. 이후 남한군대를 포함한 유엔군이 전세를 회복하고 38선 이북으로 진격하여 자본주의세력에 의한 한반도 통일이 이루어질 것 같았다.

그러나 한반도지역이 자본주의세력에 의해 통일되는 것에 위협을 느낀 사회주의세력 중국과 소련이 이를 저지하지 않을 수 없었고 이 때문에 참전했다. 그 결과 6·25전쟁은 동아시아에서 전쟁 이전의 해양세력과 대륙세력, 자본주의세력과 사회주의세력의 판도를 유지하는 선에서 끝날 수밖에 없었다.

6·25전쟁의 국제관계뿐 아니라 민족사적 의미와 교훈도 바로 이 점에 있다고 할 수 있다. 이 전쟁이 휴전된 지 40여 년 만에 한반도지역의 남북 두 분단정권은 이 지역이 어느 한쪽 체제나 세력에 의한 통일, 예를 들면 베트남과 같이 무력통일이 되거나 독일처럼 한쪽의 경제력에 의해 흡수통일되는 것이 불가능하다는 것을 이해한 것 같다. 국가연합 및 남북연합 그리고 연방제 통일안은 이같은 이해의 소산물이라 할 수 있다.

김정일정권의 공산주의체제가 유지되고 있기는 하지만, 동유럽권과 소련체제가 무너지고 중국이 개방체제로 나아감으로써 한반도지역에서의 사회주의체제와 자본주의체제의 대립구도는 무너질 것 같기도 하다. 그러나 한반도지역이 해양세력이나 대륙세력에 의해 일방적으로 통일되는 경우, 이해관계가 걸려 있는 주변 국제세력들에 위협요인이 되는 상황은 아직 남아 있는 것 같다.

이데올로기 대립이 있기 이전의 19세기 말 내지 20세기 초에도 한반도 문제를 두고 청일전쟁과 러일전쟁이 일어났다. 이렇게 보면 6·25전쟁이 있고도 한반도가 통일이 되지 못한 것은, 이 지역이 이데올로기 문제가 아니라도 그 지정학적 위치 문제로 해양세력과 대륙세력의 어느 한쪽 권내에 일방적으로 들어가는 통일이 어렵다는 사실을 가르쳐주는 것이기도 하다.

그렇다고 해서 한반도지역이 동북아시아의 국제관계 속에서 근대사회 이후 경험한 것처럼 식민지가 되거나 분단이 될 수밖에 없으며, 6·25 전쟁이 있고도 통일되지 못한 사실이 바로 그것을 증명해준다는 식의 논리는 결코 아니다.

첨예한 국제관계 속에서 한반도지역이 완충지대 역할을 다함으로써 오히려 동북아시아의 평화를 유지하는 지렛대가 될 수 있으며, 그것은 통일문제와 관련하여 한반도지역 자체의 활로를 여는 길일 수도 있다는 말이다.

넓은 안목에서 보면 6·25전쟁은 한반도지역이 정치·군사·외교 및 경제 관계에서 해양세력과 대륙세력의 어느 한쪽에도 치우치지 않아야 한다는 점, 소극적으로는 두 세력 사이에서 그 지정학적 위치를 유리하게 살려 반도 자체의 독립성을 유지하고 국제관계에서의 실리를 취할 수 있다는 점, 적극적으로는 대륙세력과 해양세력의 두 고삐를 쥐고 동북아시아 평화를 위한 조종자 내지 그 담지자가 될 수도 있다는 점 등을 가르쳐준 전쟁이었다고 볼 수 있다. 또 그것은 한반도지역의 평화적 주체적 통일이 이루어진 후에야 가능한 일임을 가르쳐주기도 한다.

# 4·19를 어떻게 볼 것인가

　1960년에 일어난 4·19는 그동안 '의거' '혁명' '미완의 혁명' 등으로 불리다가 지금은 '혁명'으로 많이 불리고 있다. 그러나 아직 역사학계가 그 명칭을 정착시키기 위한 목적성 있는 학술회의 같은 것을 가진 적은 없는 게 아닌가 한다.

　역사적으로 보면 혁명이란 기존 정권이 바뀌는 정치혁명이 있어야 함은 물론 지배계급까지 바뀌는 사회혁명을 수반해야 한다고 할 수 있다. 혁명 후 그 주체세력이 정권을 쥐고 혁명과업을 수행했을 때 옳은 의미의 혁명이 완성되는 것이다. 그러나 4·19는 정권은 바꾸었지만 그 주체세력이 직접 정권을 쥐고 혁명과업을 수행하지는 못했다.

　4·19의 주체세력은 대학생을 중심으로 하는 지식인들과 이에 호응한 일반시민들이라고 할 수 있는데, 이들은 이승만 독재정권을 무너뜨리는 데는 성공했으나 그후 정권을 쥐지는 못했다. 정권은 이승만정권에 의해 임명된 허정 과도정부로 넘어갔다가, 야당이었을 뿐 4·19 주체세력이 아니었던 민주당에 선거를 통해서 넘어갔다. 그랬다가 그 정권은 곧 5·16군사쿠데타로 무너지고 말았다.

이승만 독재정권을 무너뜨린 4·19 주체세력이 정권을 쥐고 혁명과업을 추진해갔다면 무엇을 했을까 하고 생각해보면, 크게 두 가지를 지적할 수 있지 않을까 한다. 그 하나는 이승만 독재정권에 의해 저해된 민주주의, 구체적으로 말해서 정치적·경제적·사회적·문화적 민주주의 정책을 크게 확장시켰을 것이다. 그리고 또 하나는 역시 이승만정권의 북진통일 정책에 의해 이적론(利敵論)으로까지 취급된 평화통일정책을 적극적으로 펴나가는 일이었을 것이다.

4·19 결과 정권을 쥔 민주당의 장면정권도 의회 기능을 강화함으로써 정치적 민주주의를 어느정도 확대시켜갔고, 경제적 민주주의 면에서도 이승만정권 시기의 재벌 중심 경제체제를 약화시키고 중소기업 중심 경제체제를 수립해가려는 쪽으로 정책을 펴기 시작했다. 그리고 사회적·문화적 민주주의도 혼란이라는 말을 들을 만큼 크게 진전되었다. 1년도 못 가서 5·16군사쿠데타가 일어남으로써 모든 부문에서 민주주의가 크게 후퇴하게 되지만.

4·19 주체세력의 정권장악을 가정했을 때보다야 물론 못하겠지만, 장면정권도 민주주의 발전 면에서는 어느정도 긍정적인 역할을 했다고 할 수 있으나, 또 하나의 '혁명'과업 즉 무력통일론을 분쇄하고 평화통일정책을 펴나가는 일에서는 보수세력 장면정권은 의식 면에서나 정책시행 면에서 4·19 주체세력보다 크게 뒤져 있었다.

이승만정권은 6·25전쟁을 전후한 때는 북진통일론이었다가 전쟁 후의 제네바회담에서는 참전국들이 권유한 유엔감시하 남북한 총선거 안을 거부하고, 북한지역은 유엔 감시 아래 선거하고 남한은 남한 헌법절차에 따라 선거하자는 안을 주장했다가 회담이 결렬된 후에는 다시 유엔 감시하의 북한만의 총선거 안을 주장하였다.

4·19 결과 성립된 장면정권은 어떤 통일안을 제시할까 고심하다가,

결국 "유엔 감시하 남북 총선거를 통한 평화적 자유민주통일안"을 내어놓았다. 유엔 감시 아래 남북 총선거를 실시하되, 남한체제를 전체 국토에 확장시키는 통일이 되어야 한다는 것이었다. 이 안은 4·19 주역들의 통일안과는 차이가 큰 것이었다.

4·19 후 정치활동이 가능하게 된 혁신정치세력은 즉각적 남북협상, 민족통일건국최고위원회 구성, 통일협의를 위한 남북대표자회담 개최 등을 주장했고, 4·19의 주역 대학생들도 남북 서신왕래·인사교류, 남북 간 학술토론대회 개최, 남북 기자교류, 판문점에서의 남북학생회담 개최 등을 제안했다. 통일문제에서 유엔의 역할을 배제하고 남북 당국과 민간이 직접 교섭하고 회담할 것을 주장하고 나선 것이다. 이보다 10년 뒤 7·4공동성명에서 나올 주체적·평화적 통일방안이 이때 이미 4·19 주역들에 의해 주장된 것이라 하겠다.

이같은 4·19 주역들의 평화통일안은 남한의 보수세력과 불과 7년 전까지 북쪽과 전쟁을 했던 남한 군부 및 미국에는 크게 위협이 되었다. 그것이 곧 박정희 중심 군부세력의 쿠데타를 '성공'하게 했고, 쿠데타세력은 집권하자마자 '4·19공간'에서 활성화되었던 평화통일운동을 '간접침략'으로 규정하고 엄청난 숙청의 철퇴를 가했다.

이후 군부정권 30년간 정치·경제·사회·문화 면의 민주주의는 크게 후퇴하여 위축되고 평화통일운동도 계속 탄압되었다. 1990년대 들어와서야 모든 부문에서의 민주주의가 전진하고 전쟁통일은 물론 흡수통일이 아닌 옳은 의미의 평화통일정책이 포용정책이라는 이름으로 정착되어가고 있다.

1960년대 초에 4·19 주체세력들이 주장한 정치·경제·사회·문화적 민주주의의 급진적 확장과 평화통일 정책의 실시는 혁명정권에 의해서만 실시될 수 있는 가히 혁명적인 것이었다. 그러나 4·19 주체세력들이 정권을 쥐지 못함으로써 그 혁명정책은 실시될 수 없었고, 비혁명적 민주당 장면정권에 의해 '혼란'으로 비쳐지게 되었다. 그리고 그 '혼란'은 군사쿠데타의 구실이 되었다.

1990년대 들어와서야 민주주의 발전과 평화통일 정책이 선거에 의해 정권을 쥔 민주세력에 의해 혁명적이 아닌 방법으로 서서히나마 실시되었다.

4·19가 혁명이었고 우리 민족의 역사적 조건이 그 혁명을 그대로 정착시킬 수 있었다면, 일제강점시대를 통해 침체한 우리 역사가 30년은 앞당겨질 수 있었을 것이다. 그러나 '4·19공간적 상황'이 그대로 정착될 수 없었으며, 그 때문에 4·19는 혁명이 못 되었다. 민주주의를 확대하고 평화통일을 앞당기려는 4·19'운동'이었다고 할 수 있을 것이다.

(1999. 6. 18)

# 조봉암의 재평가를 위하여

죽산 조봉암이 처형당한 지 꼭 40년 만에 그를 재평가하려는 노력들이 나타나고 있다. 냉전체제나 분단체제에 의해 희생된 활동가나 사상가의 대부분이 그러하지만, 그들에 대한 재평가는 그 억울한 희생에 대한 신원 차원이 아니다. 그에 앞서 그들의 활동이나 사상에 대한 객관적이고도 철저한 재구성이 있고, 그것이 오늘날 가지는 의미를 추구해내는 순서로 되어야 할 것임은 더 말할 나위가 없다.

조봉암은 3·1운동 참가를 계기로 민족해방운동전선에 서게 된다. 곧 그는 사회주의 노선에 서게 되었고, 해외에서 활동할 때는 사회주의 국제당 코민테른과 비교적 관계가 깊었다. 국제당 노선이 민족부르주아지와의 통일전선을 지향했기 때문이다. 그는 또 1920년대 후반기의 민족유일당 운동에도 적극적으로 참가하는데, 이 운동에의 적극적 참가와 해방 후 그의 활동이 어떤 연관성이 있는가 하는 문제가 구명될 만하다.

일제강점시대의 민족해방운동전선에서는 우익 전선에서조차 민족해방은 곧 혁명이었으므로 좌익 전선에 비혁명노선으로서의 사회민주주의 노선이 성립되기는 어려웠다. 이후 해방이 되면서 좌익 전선에도 혁명노선과 함께 비혁명적 노선이 성립된다고 할 수 있는데, 조봉암은 박헌영 중심의 세력과 결별함으로써 비혁명적 노선, 즉 사회민주주의 노선으로 옮겨간 것이 아닌가 한다.

「친애하는 박헌영 동무에게」에서 그는 민주주의민족전선이 공산당원 중심으로 나아가서는 안 되고, 명실공히 통일전선체가 되어야 한다고 주장한다.

앞으로 더 연구되어야겠지만, 조선공산당 중앙은 통일전선체를 공산당이 장악하고 급진적·혁명적 방법에 의해 통일민족국가 건설을 이루려는 방향으로 나아간 데 반해, 조봉암 등 일부 사회주의세력은 비공산당원의 역할을 인정하는 명실공히 통일전선 노선을 지키는 처지에서 통일민족국가를 건설하려 한 것이 아닌가 싶다. 그리고 이 차이가 곧 두 노선을 갈라놓은 것이 아닌가 한다.

38도선이 획정되어 남북을 미·소 양군이 분할점령하고 있는데다, 민족해방운동 세력에 우익도 있고 좌익도 있는 '해방공간'의 상황에서 공산당이 주도하는 통일전선 노선으로 통일민족국가를 건설하기란 현실적으로 어려운 실정이었다. 통일민족국가 수립은 혁명적인 방법에 의해서만 이루어질 수 있는데, 조선공산당과 그것이 확대 개편된 남조선노동당은 그 방법을 지향했다고 할 수 있다. 그러나 미군이 38선 이남을 점령하고 군정을 펴고 있는 한, 공산당이나 노동당의 혁명적 방법에 의한 남북 통일국가 수립은 현실적으로 무망했다.

조봉암이 온건좌익 노선 혹은 좌우합작 노선을 지향한 것은 해방 후의 그가 이미 사회민주주의 노선을 택하고 있었던 결과인지도 모른다. 그러나 설령 그렇지 않다 해도 38도선을 경계로 미·소 양군이 분할점령하고 있는 현실적 조건 아래서 조선공산당 주도의 통일국가도, 한국민주당 등 우익세력 주도의 통일국가도 모두 건설되기 어려운 것이 사실이었다.

남북 통일국가 건설을 지향하는 한, 극좌와 극우 노선을 모두 배제한 온건좌익 노선 및 온건좌익과 온건우익 중심의 좌우합작 노선을 택할 수밖에 없었다. 그렇지만 온건좌익 노선 및 좌우합작 노선의 어느 경우도 현실화되지 못하고 결국 남북 분단국가가 성립하였다.

남북 분단국가 성립이 불가피해졌을 때, 남북 통일국가 건설을 지향하던 정치세력이 취할 수 있는 길은 두 가지였다. 김구·김규식 등과 같이 남북 어느 분단국가에도 참가하지 않는 길과 남북 중 어느 한쪽에 참가하는 길이었다. 조선공산당 중앙의 박헌영은 북쪽 정부 참가를 택했고, 조봉암은 남쪽 정부 참가를 택했다. 분단정권에 참가하는 과정에 대해서는 조봉암이 공산당 중앙과 결별하는 과정에 대한 진실이 더 밝혀져야 진실을 알 수 있을 것이다.

'해방공간'에서 온건좌익·사회민주주의 노선을 택하면서 남북 통일국가 건설을 지향한 조봉암이 어떤 생각과 계획을 가지고 극우 노선 이승만정권에 참가하게 되었는가 하는 점에 대해서는 연구가 더 진행되어야 하는 것이다. 그가 언제부터 온건좌익, 즉 사회민주주의 사상으로 전환하게 되었는가, 평화통일론자였던 그가 북진통일을 지향하는 이승만정권에 참가하게 된 것은 일종의 전술적 차원의 처신이었는가, 이승만정권에 참가하고부터 50년대 후반기에 진보당을 창당하기까지 그 사상적 기반에 변화나 기복이 있었는가 하는 문제들이 정밀하게 추구될 필요가 있는 것이다.

6·25전쟁을 겪고 난 후 조봉암의 평화통일론은 되살아나거나 더 강화된다고 볼 수 있다. 비록 '전향'은 했다 해도, 사회주의 운동권 출신으로서 제2대 대통령선거에 출마하여 '의외'의 지지를 받아 남한 안에 아직도 상당한 진보세력 및 평화통일론 세력이 실존함을 확인한 그는 진

보정치 세력의 규합에 의한 평화통일 가능성을 생각하게 되었다. 그리고 이에 힘입어 진보당 창당을 계획했고 또 제3대 대통령선거에 출마하게 되었다고 하겠다.

아직도 반공주의가 극성을 부리던 남한에서 사회주의 운동권 출신으로서 평화통일을 주장하면서 대통령선거에 출마하여 2위로 낙선했다는 사실은 이승만의 노쇠와 함께 분단고수 보수세력들의 위기의식을 조장하였고, 이것이 그가 목숨을 잃게 되는 중요한 원인이 되었다고 할 수 있다.

그러나 조봉암의 진보당 창당은 남한에서 6·25전쟁 후 뿌리뽑히다시피 한 사회민주주의 세력을 재결집하는 계기가 되었고, 역시 6·25전쟁으로 사실상 이적론으로 취급된 평화통일론을 다시 공론화하는 계기가 되었으며, 그것이 4·19 후 평화통일운동을 폭발하게 했고 또 70~80년대의 평화통일운동으로 연결되었다. 그리하여 90년대 이후 평화통일론이 정착하는 원천이 되었다고 할 수 있다.

결론적으로 말해서, '해방공간'에서 조봉암이 박헌영 중심의 조선공산당과 결별하고 이승만정권에 참가하게 되는 정치적·사상적 배경이 더 천착되어야 하며, 이승만정권 아래서 진보정당을 창당하고 평화통일론을 펴게 되는 정치적·사상적 기반이 더 구명되어야 할 것이다. 그리고 그가 50년대 후반기에 제시한 평화통일론이 자본주의체제와 사회주의체제를 넘어선 새로운 체제의 창출과 평화통일을 지향하고 있는 지금의 우리 민족사회에 어떤 의미로 자리하는가 하는 문제도 논의되어야 할 것이다.

# 6·10민주화운동을 되새긴다

오늘은 전두환정권의 이른바 '4·13호헌조치'를 분쇄하고 '6·29선언'을 받아내는 계기를 만든 1987년 '6·10국민대회' 6주년이 되는 날이다. 아직 그 역사적 명칭이 정해지지 않아서 '6·10민주화운동'으로 가칭할까 한다.

불과 6년 전의 일이지만 이 운동이 어떻게 일어났으며, 어떤 의미를 가지는가를 새삼스럽게 되새겨 우리의 감회가 여느 때와 다름을 확인하고자 한다.

전두환정권의 '광주민주항쟁'에 대한 폭압적 탄압으로 민주화운동은 한때 압살되는 것 같았다. 그러나 탄압이 강할수록 되살아나는 것이 우리 민족·민주 운동이다. 혹심한 탄압 아래서도 1984년에 민족·민주운동의 연대조직으로서의 민주운동협의회와 민주통일국민회의가 조직되었고, 이듬해에는 그 통합체로서의 '민통련'이 성립하여 민족·민주 운동이 다시 활성화되었다.

1987년 들어서면서 서울대생 박종철 고문치사 사건이 터져 반독재 민주화운동에 큰불이 지펴졌고, 초조해진 전두환정권이 독재체제 유지를 위한 '4·13호헌조치'를 발표하여 오히려 기름을 끼얹었다. 이에 대항하여 야당인 민주통일당과 민통련이 '민주헌법쟁취국민운동본부'를 구성하여 민주헌법 쟁취를 선언했다. 여기에 연세대생 이한열의 최루탄치사 사건이 터져 독재정권을 궁지로 몰아넣었다.

여당인 민정당이 노태우를 간선제 대통령후보로 지명한 6월 10일 서울·광주·부산·대전·인천 등 전국 18개 도시에서 4·13호헌조치 철폐, 군사독재 타도, 민주헌법 쟁취, 미국의 내정간섭 반대를 주장하는 국민대회가 열렸다. 차량은 경적으로 격려하고 시민들이 박수로 호응하는 속에서 평화적으로 시작된 시위가 경찰의 강압으로 격렬해졌다. 그 결과 시청 1개소, 파출소 15개소, 민정당 지구당사 2개소가 파손되고 시위 현장에서 3800여 명이 연행되었다.

시위는 명동성당 농성투쟁으로 이어졌다가 다시 전국 10개 도시로 확산되었고, 국민운동본부가 주최한 '6·18최루탄추방대회'에는 전국 14개 도시 247개소에서 경찰집계만으로도 20만 명이 참가했다. 6월 26일에 계속된 시위에는 다시 전국 33개 도시 370여 개소에서 100여 만 명이 참가하여 파출소 29개소가 파괴 또는 방화되고 3400여 명이 연행되면서도 기어이 '6·29선언'을 받아내었다.

6·10민주화운동은 반군사독재운동으로서의 부마항쟁과 광주민중항쟁의 연장선상에 있었다. 그러나 앞선 '항쟁'들이 일부 지역에 한정된 단기적인 것이었다면 이 '운동'은 전국에서 연인원 400만~500만 명이 참가하여 3주일간이나 가두집회·시위투쟁·농성투쟁이 계속되었다. 이 운동은 4·19운동과 같이 몇 개 주요 도시에 집중된 것이 아니라, 전국의 20~30개 도시에서 동시다발적으로 전개되어 주변 농촌지역으로 확산될 조짐을 보임으로써 결국 대통령직선제를 쟁취했다.

이 운동은 광주민중항쟁과 같은 무장항쟁으로 발전하지는 않았다.

그러나 운동을 주도한 국민운동본부가 비폭력투쟁을 행동강령으로 발표했음에도 불구하고, 전투경찰을 집단적으로 무장해제하고 경찰관서와 민정당 지구당사를 불태우는 등 전국적으로 전개된 대중운동치고는 격렬하고 공격적인 운동으로 발전하여 3·1운동 때를 방불케 했다.

6·10민주화운동은 청년학생층과 사무전문직·생산직 노동자, 도시소상인, 도시자영업자, 일부 농민 등 광범위한 사회계층으로 이루어진 '민중'이 주도한 운동이었다. 그것은 근대 이후 우리 민족사의 중요한 고비마다 폭발하여 역사적 역할을 다한 민중운동의 하나였다. 특히 이 운동은 같은 해 7~9월에 전개되는 전국적 노동운동으로 연결되었다.

(1993. 6. 10)

# 21세기와 시민운동

인류의 역사를 뒤돌아보면 18세기부터 20세기까지는 어떤 면에서는 혁명을 통해서 역사변혁을 이루려 했던 시대라 할 수 있다. 18세기 후반 부르주아 혁명이 성공한 이후 19세기와 20세기는 프롤레타리아 혁명이 기도되었고, 일부 성공하기도 했다. 그러나 20세기 말로 오면서 국가사회주의체제가 무너지기 시작하는 한편, '시민계급'이 아닌 '시민'에 의한, '혁명'이 아닌 '운동'이 활발해지는 또 하나의 현상이 일어나고 있다.

우리 사회의 경우로 좁혀서 보면, 1960년대부터 80년대까지의 군사독재시대에는 노동자·농민과 시민이 함께 벌인 반독재운동이 민중운동으로 불리더니, 90년대 와서 민간정권이 들어선 후에는 노동자·농민의 운동과 시민의 운동이 분리되기 시작했다. 그리고 1차산업 종사자와 2차산업 종사자가 급격히 줄어들고 대신 3차산업 종사자가 급증하는 상황에서, 대체로 3차산업 종사자를 중심으로 한다고 볼 수 있는 시민운동이 크게 발전하였다.

지난 20세기까지 1·2차산업 종사자 중심의 노동자·농민운동이 대체로 말해서 혁명성을 가지기 쉬웠던 데 비해, 3차산업 종사자 중심이라 할 시민운동은 개량주의운동의 성격이 짙다고 할 수 있다. 약 10년 전 시민운동을 시작하려는 사람들로부터 "우리 사회에서도 개량주의 운동이 가능한가"라는 주제의 강연요청을 받고, 우리처럼 식민지시대를 겪은 민족사회에서는 타협주의로 가기 쉬운 개량주의 운동이 성공하기 어렵다고 했다.

그러나 일제강점시대가 지난 지 반세기가 된 시점, 즉 1990년대부터는 민족사적·세계사적 조건이 개량주의 운동으로서의 시민운동이 발전할 수 있을 만해졌고, 알다시피 90년대부터의 민간정부 아래서는 민중운동이 아닌 시민운동이 활발하게 일어났다. 명색 역사학 전공자가 그 정도도 내다보지 못했으니 부끄러운 일이다.

지금의 시민운동을 일으키고 있는 시민은 부르주아혁명을 성공시킨 근대 초기의 시민계급과는 물론 다르다. 계층적 구성요인에도 차이가 있지만 특히 지금의 시민운동이 혁명주의적이지 않고 어디까지나 개량주의적이라는 점에 근본적 차이가 있다. 더욱이 지금은 시대적으로도 봉건체제의 반역사성이 절정에 다다랐던 중세 말기가 아니고, 노동자·농민 계급 중심의 혁명을 지향하던 국가사회주의체제가 무너진 후의 시점이다.

인류의 역사는 현대사회로 올수록 정치·경제·사회·문화 면의 민주주의 발전에 대한 요구가 급격히 높아져왔다. 문제는 앞으로 개량주의 시민운동 방법으로도 21세기의 인간들이 요구하는 만큼 빨리 사회를 개혁하고 역사를 변혁시켜갈 수 있을 것인가 하는 점이다. 국가사회주의가 무너지고 자본주의가 급속히 신자유주의로 가면서 시장원리를 내세우며 안하무인으로 방자해져가는데, 시민운동과 같은 개량주의 방법으로 역사를 얼마만큼 바른 방향으로 변혁시켜갈 수 있을 것인가 하는 문제가 있다.

개량주의 방법의 시민운동이 21세기의 인류사회를 효과적으로 변혁시킬 수 없고, 따라서 정치·경제·사회·문화적 민주주의 발달이 지지부진해지면, 세계사는 또다시 혁명주의시대로 전환할 것이다. 20세기의 세기말적 현상 중 특기할 일은 지난 2세기 이상 세계사를 지배했던 혁명주의가 후퇴하고 대신 약간의 강도가 있는 개량주의 시민운동이 일어나게 되었다는 사실이다. 운동의 일선에 선 사람들이 제 운동의 이같은 시대적·역사적 위상과 성격을 정확하게 파악할 수 있어야만, 시민운동이 타협주의로 가지 않고 개혁성을 가질 수 있게 될 것이다. (2001. 5. 25)

# 16대 대통령선거와 젊은 세대의 역할

해방 후 한국에서 성립된 정권들을 역사적으로 평가하는 경우 그 기준은 크게 보면 두 가지로 압축될 수 있다. 하나는 그 정권이 정치·경제·사회·문화적 민주주의를 얼마나 전진시켰는가 하는 점이며, 또 하나는 자주적 평화통일을 어느정도 진전시켰는가 하는 점이다. 그렇게 보면 이번 16대 대선후보들에 대한 유권자의 선택기준도 바로 이 두 가지 점에 있다고 하겠다.

지난 1960~80년대의 군사독재 시기에는 정부정책이 철저히 반민주적이고 반평화·반통일적이었기 때문에 대학생을 중심으로 하는 젊은 사람들이 매일같이 최루탄을 마시고 싸워서 기어이 민주주의를 쟁취해냈다. 1990년대와 2000년대는 민간정부가 들어서서 민주주의와 평화통일을 나름대로 추진해갔기 때문에 젊은 사람들이 거리로 나설 필요가 거의 없었던 반면, 정치적 관심도가 떨어진 것이 사실이다.

그러나 16대 대선을 맞은 지금의 시점은 사정이 다르다. 이번 대선을 역사적 관점에서 보면, 군사독재정권 주도자나 그 추종자가 더 많이 포함되어 있는 정치세력과 그것에 저항해서 민주주의와 자주적 평화통일

노선을 쟁취한 사람들이 더 많이 포함된 정치세력의 대결임을 쉽게 이해할 수 있다.

16대 대선이 1970년대나 80년대 같은 민주세력과 반민주세력의 첨예한 대결은 아니라 해도, 더 민주적인 세력과 덜 민주적인 세력의 대결임은 분명하다. 이 점이 제대로 파악될 수 있을 때, 16대 대선의 역사적 의의는 옳게 세워질 수 있다.

또 16대 대선을 민족사적 관점에서 보면, 평화주의 지향시대인 21세기의 시대정신에 맞게 분단민족의 한쪽을 동족으로 인식하고 화해·협력하여 자주적 평화통일을 적극적으로 이루어가려는 정치세력과, 민족의 한쪽을 아직도 대결과 대립의 대상으로 보고 설령 화해나 협력을 말한다 해도 외세의존을 견지하면서 상호주의 같은 것을 엄격히 요구하는 정치세력의 대결이라 할 수 있다. 역시 이 점을 제대로 파악할 때, 16대 대선을 민족사를 전진시키는 방향에서 치를 수 있다.

지금 우리 사회는 급격히 노령화하고 있다. 노령화 사회는 자칫 정치·경제·사회·문화적으로 정체할 가능성이 높다. 그뿐만 아니다. 대개의 경우 모든 기득권을 가진 기성세대가 젊은 세대의 역사관·세계관·민족관이 제 것과 같기를 요구하고, 그렇게 되면 그 민족사는 제자리걸음하게 마련이다. 이런 문제를 타개하고 역사를 전진시키려면 젊은 세대의 역사의식이 제대로 살아 있어야 하며 정치적 관심 및 참여가 높아야 한다.

21세기에 들어서서 최초로 맞는 대선의 결과가 세계사적으로 동서 냉전시대였고 민족사적으로 분단고착시대였던 20세기적 역사인식에 한정된 정치세력의 집권으로 귀결된다면, 민족사는 정체하고 만다. 그것을 막기 위한 최선의 길은 21세기 민족사의 주인인 젊은 세대의 적극적 선거참여다. 2000년대 젊은 세대가 1970~80년대 젊은 세대의 역사적 승리를 계승하는 길도 바로 여기에 있다. (2002. 12. 10)

# 새 대통령께 바란다

　국정의 최고지도자인 대통령은 역사 앞에 발가벗고 나서서 무한책임을 져야 하는 괴로운 사람이게 마련이다. 이같이 어려운 자리를 제대로 유지하면서 주어진 임무를 다하기 위해서는 여러가지 남다른 능력이 요구되겠지만, 그중에서도 가장 중요한 요건은 미래지향적인 투철한 역사의식의 소유자여야 한다는 점일 것이다.

　30년간의 군사정권시대와 10년간의 민간정부시대를 겪고 새로 성립하는 이번 정권은 우리 현대사 위에서 또 하나의 중요한 위치를 가진다. 앞선 두 번의 민간정권이 군사정권이 남긴 각 부문의 독소를 제거하는 데 급급했다면, 이번에 성립되는 정권은 앞선 두 민간정권의 과도기적 성격을 극복하고 우리 현대사의 올바른 노정을 정착시켜가야 할 처지에 있다고 할 수 있기 때문이다.

　이번에 성립하는 새 정권은 우선 지난날의 군사정권은 말할 것 없고, 두 번의 민간정권보다도 국민 개개인의 정치적 자유를 확대시키는 정책을 적극 펴나가야 한다. 군사독재정권 시기를 통해 크게 억압되었던 정치적 자유는 김영삼정권의 군부전횡 종식, 김대중정권의 인권위원회 및 여성부 신설, 부분적이긴 하지만 민주화운동·통일운동의 역사성 확립 등을 통해서 상당히 회복되었다고 할 수 있다. 그럼에도 개인소득 1만 달러 대에 맞게 정치적 자유가 확대되어야 할 부분은 아직도 많다.

지금의 시점에서 정치적 민주주의를 확대시키는 요체의 하나는 지방분권화 정책을 강화하는 일이다. 우리 정도의 문화수준을 가진 민족사회치고 정치·경제·문화 등 모든 부문이 이렇게 중앙 중심적인 나라는 드물다. 전체 인구의 절반이 수도권에 사는데, 그 수도권을 벗어나면 문화가 없다고 할 정도다. 권력이 분산되어야 경제력이 분산되고, 그래야 인구가 분산된다. 과감한 지방분권화 정책이야말로 새 정권이 추진해야 할 요긴하고도 시급한 과제 중의 하나다.

다음으로 경제적 민주주의를 확대시키는 길은 박정희 군사독재정권 이후 일관된 성장경제정책이 가져온 빈부격차의 심화를 줄여가는 일이 우선되어야 한다. 또 IMF체제에서 벗어나는 길을 이른바 신자유주의적 방법에서만 구한 결과, 약간의 재계개편은 있었다 해도 재벌규제는 거의 유명무실해진 상황이다. 경쟁력 높은 대기업은 있어도 대주주 중심 재벌경영은 과감히 청산되는 그런 경제체제를 수립해가는 일이 새 정권 경제정책의 큰 방향이 되어야 한다.

지난 20세기가 제국주의 전쟁과 냉전체제의 대립을 중심으로 하는 정치주의시대였다면, 제국주의가 청산되고 냉전체제가 와해한 21세기는 평화주의와 문화주의 세기가 되리라 전망되고 있다. 자본주의시대를 통해서 지역문화·민족문화의 특징은 점점 소멸하고 모든 민족문화가 일부 자본주의 선진국 문화로 획일화되어가는 잘못된 세계화가 강행되고 있다. 이러한 때 세계문화의 다양한 발전에 이바지하는 길은 각 민족사회가 제 문화의 특성을 철저히 유지하면서 갈고 다듬어가는 일이다. 그리고 우리와 같은 분단민족의 경우 시시각각 이질화되어가는 남북문화의 동질성을 회복하는 일이 요긴하다. 이제 우리 사회도 정치적 책략에 능한 대통령보다 문화적 소양이 높은 대통령을 요구하는 때가 되었다.

분단시대 반세기를 통해서 우리 사회는 민족의 다른 한쪽을 적으로, 타도 대상으로만 인식해왔다. 그러나 냉전시대를 넘기고 새 세기에 들어선 지금의 우리 사회는 민족의 다른 한쪽을 계속 타도대상 내지 대결 대상으로 봐야 할 것인지, 아니면 화해·협력과 공존의 대상으로 봐야 할 것인지를 민족구성원 개개인이 스스로 결정해야 하는 시기가 되었다고 할 수 있다. 정치지도자의 생각과 역할이 특히 중요한 시점에 이른 것이다. 이런 때의 정치지도자는 역사의식 및 시대의식이 투철해야 하며, 따라서 보수적이 아니고 미래지향적이어야 한다.

평화통일 기운이 일어나고 있는 시대의 최고 정치지도자에게는 민족문제·통일문제 해결을 위한 정략적 차원을 넘어선 철학이 요구된다. 지금이 민족문제·통일문제를 어떻게 풀어가야 하는 시대인지, 우리 민족의 통일문제는 지금 어디까지 왔는지, 앞으로 어떻게 가야 하는지를 정확하게 이해하고 선도할 수 있는 정치지도자가 절실히 요구되는 시점이다.

지금은 통일의 시대라기보다 그에 앞선 평화정착의 시기다. 철도를 연결하고 관광길을 열고 공단을 건설하는 것은 체제가 다른 두 개의 분단국가를 하나로 통일하는 과정이라기보다 그 앞단계로서의 평화정착 과정이다. 이 땅에서 전쟁위험을 완전히 없애기 위해 휴전협정을 평화협정으로 바꾸고, 상호신뢰를 바탕으로 군사력 감축까지를 해낼 수 있는 의지와 능력을 갖춘 정치지도자가 요구되는 시점이다.

우리 민족사회는 남북을 막론하고 베트남과 같은 전쟁통일도 독일과 같은 흡수통일도 모두 부인하고 있다. 전쟁통일도 흡수통일도 아닌 우리식 통일이 어떤 것이어야 하는가를 알아내고, 그 방법론을 수립해갈 만한 이론과 능력을 가진 정치지도자가 요구된다. 민족사의 큰 전환점에 선 지금에는 정략가 대통령이 아닌 진정한 의미의 정치가 대통령, 사상가 대통령이 절실히 요구된다 하겠다.

20세기 고난의 민족사를 청산하고 21세기 희망의 역사를 열어가는 출발점에서 당선된 새 대통령이 민족문제·통일문제를 슬기롭게 풀어가고 문화수준에 비해 많이 뒤처진 각 부문의 민주주의를 획기적으로 발전시켜 민족사 위에 뚜렷한 흔적을 남기는 대통령이 되기를 기대해 마지않는다. (2002. 12. 18)

# 촛불행진, 반미인가 탈미인가

　이승만정권으로 시작된 대한민국은 당시 유엔을 좌지우지하던 미국의 의지와 주선에 의해 성립하였다고 할 수 있다. 그 때문에, 나의 기억이 확실하다면 4·19 때까지도 데모군중이 서대문에 있던 이기붕의 집을 부수었을 때 성조기가 나오자 그 흥분 속에서도 신주 모시듯 고이 모셨다는 신문기사가 있었다.

　박정희 '유신'정권 때 공안당국에 잡혀간 어느 역사학자에게 검사가 당신의 이데올로기가 무어냐고 물어서 민족주의라고 했더니, 그 공안검사 말하기를 민족주의는 반미주의요 반미주의는 용공주의라고 했다는 어처구니없는 말을 들은 기억도 아직 생생하다.

　그런 대한민국에 감히 반미운동이 일어나기 시작한 것은 1980년 광주항쟁부터라고 할 수 있다. 전두환 군사독재정권의 성립을 저지하려는 시민항쟁을 계엄군이 무참하게 탄압한 사실이, 미국문화원에 불을 지르는 반미운동을 유발한 것이다.

　1940년대 말에 미국의 절대 권위와 뒷바라지로 성립된 대한민국에서 1980년에 감히 반미운동이 일어나게 되었으니, 누가 무어라 해도 역사는 역시 변하게 마련임을 실감하게 된다.

2002년의 대한민국에서 두 여중생이 미군장갑차에 치여 죽었는데도 그 운전병들은 한국법정이 아닌 미군법정에서 무죄로 되어 고스란히 귀국하는 일이 벌어졌다.

그 결과 서울을 비롯한 전국 주요 도시는 물론, 해외의 한민족사회에서까지 이루 셀 수 없는 엄청난 수의 사람들이 눈비를 맞으면서 추운 밤에도 거리에 나와 촛불시위 하는 일이 벌어졌다. 깨끗하게 차려입은 평범한 젊은 아버지가 어린 자식을 무동 태우고 그 작은 손에 촛불을 들려 행진하는 모습은 눈물겹기까지 했다.

이같은 일을 두고 국내외의 언론들은 한결같이 반미시위라 했고, 미국 언론과 국내의 이른바 보수언론들은 이 반미시위를 크게 우려하게 되었으며, 전에 없던 반미시위를 우려한 국내의 일각에서는 친미시위까지 벌이게 되었다.

그러나 돌멩이 하나 던지지 않고 무동을 태운 어린이의 작은 손에 촛불 들려 걷는 일을 미국문화원에 불지른 것과 같은 반미행위로 봐야 할지는 의문이다. 잘 생각해보면 이 촛불행진은 반미시위라기보다 지난 반세기 동안의 어쩔 수 없었던 미국의존에서 벗어나려는 한국인들의 탈미의식의 표현이라 하는 것이 옳지 않을까 한다. 촛불시위는 곧 민족적 자존심의 발로인 것이다.

대한민국이 미국의 절대적 뒷바라지로 세워졌다는 점, 6·25전쟁 초기에 거의 멸망할 뻔했다가 미군 중심 유엔군의 참전으로 소생했다는 점, 그 전쟁이 끝나고 반세기가 된 지금에도 미군이 주둔하고 있는 점, 한국군의 작전권이 아직도 주한미군에 주어져 있는 점 등등으로 보아 대한민국은 분명 미국 의존 국가였다고 할 수밖에 없다. 미국에 가보지 않은 사람이 대통령에 당선된 것이 특이한 일이 될 만큼 미국 의존 상태였던 것이다.

6·25전쟁을 겪은 세대에게는 분명 휴전선 이북 사람들은 총부리를 겨누고 싸운 적이었고, 미국은 혈맹의 우방이었다. 그러나 부끄러운 동족상잔을 겪지 않은 지금의 젊은 세대에게는 북녘사람들은 동족이며, 미국은 영국·프랑스와 다름없는 하나의 타국일 뿐이다.

6·25 동족상잔을 경험한 인구보다 그렇지 않은 인구가 절대적으로 많아진 지금의 탈미현상은 극히 자연스러운 일이며, 대통령 되려는 사람이 먼저 미국 다녀오던 전례가 청산되고, 미국 가보지 않고 대통령 되는 일도 이상하지 않게 되어간다. 어느 전직 대통령이 잘 쓰던 말이지만, 닭의 목을 비틀어도 아침은 오게 마련이며, 도도한 역사의 흐름은 아무도 막지 못하게 마련이다. (2003. 1. 22)

# 4

# 남과 북이
# 만났을 때

# 정상회담과 통일문제

이번 평양의 남북정상회담 과정에서 남북 두 정상을 포함한 참석자들이 「우리의 소원은 통일」이란 노래를 부르는 장면이 크게 보도되었다. 정상회담이 열리는 궁극적 목적은 물론 완전한 통일을 이루기 위해서이다. 그렇다면 우리가 그렇게도 바라는 통일은 지금 어디쯤 와 있는가, 완전한 통일은 언제쯤 어떤 형태로 올 것인가 하는 문제 등을 차분하게 생각해봐야만 이번에 성사된 남북정상회담이 민족통일의 역사에서 어떤 의미를 가지는가를 이해할 수 있게 될 것이다.

돌이켜보면 제2차 세계대전 후 분단된 민족사회 중에서 먼저 베트남이 전쟁방법으로 통일되었고, 다음에는 독일이 이른바 흡수통일되었다. 그렇다면 우리 한반도의 경우 이 두 가지 통일방법 중 어느 하나라도 가능할 것인가 생각해볼 필요가 있다. 우선 전쟁통일의 경우 사실은 한반도에서 먼저 기도되었다. 6·25전쟁이 그것이다. 이 전쟁을 통해 처음에는 북쪽에서 통일할 뻔했으나 미군을 중심으로 하는 유엔군의 참전으로 안 되었고, 다음에는 남쪽에서 통일할 뻔했으나 중국군의 참전으로 안 되었다.

한반도가 전쟁의 방법으로 통일될 뻔했는데 왜 처음에는 유엔군이 다음에는 중국군이 참전하여 통일이 안 되었는가 하면, 그것은 한마디로 한반도의 지정학적 위치 때문이라 할 수 있다. 한반도가 북쪽에 의해 전쟁통일이 되는 경우를 미국이 용납할 수 없었고, 반대로 남쪽과 미국 세력에 의해 통일되는 것을 중국 나아가서 소련이 용납할 수 없었던 것이다. 결국 한반도는 지정학적 위치 때문에 전쟁의 방법으로는 통일될 수 없었고, 따라서 평화적으로 통일될 수밖에 없다는 결론이 나오게 되었다. 그 때문에 7·4공동성명에서 평화통일론이 표방되었으나 후속 성과는 없었다.

그후 자본주의체제 서독에 의해 사회주의체제 동독이 흡수통일됨으로써 한반도도 같은 방법으로 통일될 것이 한때 크게 기대되었다. 그러나 자본주의체제 남쪽에 의해 사회주의체제 북쪽이 흡수되는 통일도 되지 않았고, 앞으로도 그렇게 될 상황은 아닌 것 같다.

왜 한반도에서는 전쟁통일도, 흡수통일도 안 되는가. 한반도가 미국이나 일본의 도움을 받는 남한에 의해 통일되어 해양세력권에 들어가는 것을 중국이나 러시아가 용납하지 않으려 할 것이며, 반대로 한반도가 북한에 의해 통일되어 대륙세력권에 들어가는 것을 미국이나 일본이 용납하지 않으려 할 것이기 때문이다.

그렇다면 한반도의 통일은 어떻게 이루어질 수 있을 것인가를 생각하지 않을 수 없다. 사이공 함락으로 된 베트남식 통일도 베를린 장벽이 무너져서 된 독일식 통일도 아닌 한반도식 통일방안이 고안되어야 한다고 할 수 있다. 우리는 그것을 전쟁통일도 흡수통일도 아닌 '협상통일'이라 이름짓고자 한다.

협상통일은 하루아침에 이루어지지 않고 긴 과정과 시간이 필요하며 어느 한쪽의 주도로 통일될 수 없다는 점에서 전쟁통일·흡수통일과 다르다. 그것을 알게 되면 북쪽이 저절로 무너져서 흡수통일되기를 앉아서 기다리는 어리석은 짓은 안 하게 될 것이며, 하루라도 빨리 북쪽과의 통일을 위한 협상에 나서게 될 것이다. 이번 남북정상회담은 이같은 협상통일의 첫걸음을 내딛은 일이라 할 수 있으며 우리식 통일방안을 찾아나선 첫걸음이라 할 수 있다.

남북에 두 개의 국가와 권력이 실재하는데 그것을 전쟁도 아니고 흡수도 아닌 방법으로 어떻게 하나로 만들어갈 것인가, 그동안 남쪽에서는 연합제안을 제시했고 북쪽에서는 연방제안을 제시했다. 연합제안은 당분간은 외교·군사권을 가지는 두 개의 국가를 그냥 두자는 안이고, 연방제안은 정부는 둘인 채로 두더라도 외교·군사권을 가지는 국가만은 하나로 하자는 안이다.

이 두 안을 두고 맞서온 남북이 이번 남북공동성명에서 발표한 것과 같이 연합제안과 '낮은 단계의 연방제안'이 별다를 것이 없다는 사실에 인식을 같이하게 되었다. '낮은 단계의 연방제안'이란 중앙정부는 당분간 두지 않고 외교·군사권을 각각 따로 가지는 두 개의 지방정부가 정상회담이나 각료회담 혹은 의회대표회담 등을 통해 서로 접근하면서 통일방안을 검토하고 연구하자는 수준에 머무는 것이라 생각된다.

종래 평행선을 달려온 연합제안과 연방제안이 '낮은 단계'라는 전제를 붙여 접합점을 구해보자는 방향으로 선회했다고 할 수 있을 것이다. 지난날 비록 '낮은 단계'라 할지라도 연방제 말만 나오면 북쪽 노선에 동조했다 하여 갖은 핍박을 받은 사람으로서는 억울하지만, 그래도 민족사회의 장래를 위해 이만한 진전이라도 있는 것은 기뻐하지 않을 수 없다.

통일이란 겉으로는 하자 하면서도 속으로 안 하려고 하면 아무리 좋은 방법이 있어도 소용없고, 겉이나 속이 모두 통일하려는 진실한 마음을 가지면 그것에 적합한 방법은 있게 마련이다.

우리의 통일은 전쟁통일도 흡수통일도 아닌 협상통일일 수밖에 없으며, 이번 남북협상으로 이제 겨우 그 출발점에 섰다고 할 수 있다. 분단 반세기가 넘는 동안 우리는 우리에게 맞는 통일방법조차 찾지 못하고 헤매온 셈이다. 그러나 이번 남북정상회담을 통해 이제 그 방법을 어느 정도 찾게 되었다고 하겠다. 일단 방법을 찾으면 가는 길은 순조롭고 또 빨라지게 마련이다.

우리 민족은 지난 20세기를 통해 남의 식민지가 되고 또 분단되어 싸우고 대립함으로써 민족사회 자체의 평화를 이루지 못했음은 물론, 동아시아 전체의 평화를 위해 공헌하지 못한 것이 사실이다. 21세기 동아시아의 평화를 위해서는 무엇보다도 한반도의 평화적 통일이 필수적이다. '협상통일'을 이루어 동아시아와 세계 평화에 이바지함으로써 떳떳한 국제사회의 일원이 되어야 할 것이다.

그렇게 보면 이번 남북정상회담이야말로 '협상통일'의 첫걸음이요, 우리 민족이 동아시아 및 세계 평화에 이바지하는 하나의 출발점이 될 것이다. (2000. 6. 18)

# 남북정상회담을 수행하고

　민족화해범국민협의회 상임의장 자격으로 2박3일간 평양의 남북정
상회담에 참가하고 돌아왔다. 서울의 공항을 떠날 때 함께 가는 이해찬
의원이 "이제 분단시대가 끝나는 것 같습니다" 하고 말했지만, 우리 시
대를 분단시대라 이름짓고 그것을 평화적으로 극복해야 한다는 역사의
식을 가진 지 30년이 되어가는 오늘에야 그것이 이루어져가는 뜨거운
현장에 함께했다가 돌아왔으니, 동행한 동갑내기 고은 시인과 나눈 말
그대로 지금 죽어도 여한이 없다는 생각이다.

　순안비행장에 내려 치마저고리로 곱게 단장하고 손에 붉은 조화를
든 환영인파가 기다리는 북쪽 땅을 처음 밟았을 때의 감격은 작년에 금
강산을 갔을 때와는 또 다른 것이었다. 비행기 안에서도 대통령을 영접
하러 누가 나올까 궁금해했는데, 우리 비행기가 먼저 내리고 대통령전
용기가 내린 후 환영군중들이 갑자기 환호를 해서 그쪽을 봤더니 사진
을 통해서만 보던 김정일 국방위원장이 성큼성큼 걸어서 대통령전용기
쪽으로 가고 있었다.

　"아아, 일이 잘되겠구나" 하는 말이 저절로 나왔다. 남쪽 대통령이 인

민군 의장대를 사열하고 북쪽 정상과 나란히 한 자동차를 타고 가는 것을 보면서, '내가 바로 역사 그것을 보는구나' 하는 생각을 하지 않을 수 없었다.

자동차를 타고 평양시내로 가면서 또 한 번 크게 놀랐다. 우리는 비행장에서의 환영이 전부인 줄 알았는데, 평양시내를 들어서는 경계지점에서부터 양쪽 길에 역시 붉은 조화를 들고 만세를 연호하는 인파가 끝없이 계속되는 것이었다. 곳에 따라서는 길가뿐 아니라 뒤편 언덕까지 사람들로 빼곡히 차 있었다.

손을 흔들어 답하면서 자세히 보니, 눈물을 흘리며 환호하는 사람들이 많았는데 대개가 나이 든 사람들이었다. 계속 손을 흔들다 보니 팔이 아팠지만 도저히 멈출 수가 없었다. '이렇게 많은 사람을 동원하다니' 하는 생각을 잠시 했으나, 그들의 눈물을 보고 또 진심 어린 표정들을 보고는 어쩔 수 없는 동족애가 느껴지면서 가슴이 벅차올랐다.

만수대예술극장과 만경대학생소년궁전 등에서 예술성 높은 공연을 관람한 것도 인상적이었지만, 이번 2박3일 일정의 설정은 아무래도 14일의 만찬이 아니었던가 한다. 대통령의 귀환보고에서도 언급되었지만, 남북공동선언을 작성하기 위한 14일의 회담은 난항이었던 것 같다. 그러나 일단 타결되고 남쪽이 만찬을 주최하게 되었는데, 입장절차가 상당히 까다로워 혹시 북쪽 정상이 참석하는 것이 아닌가 생각했다.

과연 김정일 위원장이 들어오면서 우리 쪽 참석자들과 일일이 악수를 하였는데, 손에 힘이 강하게 느껴졌다. 이날의 만찬장은 정말 화기애애했다. 50년 이상 막혔던 우리 역사의 체증이 한꺼번에 뚫리는 것 같은 자리가 아닐 수 없었다.

전날 밤 고은 시인이 자신이 쓴 시를 보여주어 읽었었다. 그 시를 이 만찬장에서 낭송하게 했으면 하고 한광옥 대통령비서실장에게 귀띔했고, 한 실장이 두 정상의 동의를 얻어 고은 시인이 자작시를 낭송했다. 시 낭송으로 만찬 분위기는 절정에 올랐고, 다음날 오찬자리에서까지 김정일 위원장이 고은씨에게 시 이야기를 했다.

정상회담을 수행한 한 시인이 감격에 벅차 시를 써서 낭송한다 해도, 서로 말이 통하지 않아서 시를 통역해야 할 경우라면 그런 감격이 전해질 리 만무할 것이다. 말이 같고 감정이 통하는 동족 사이라 이런 일이 가능했던 것이다. 정상회담까지 간 우리의 통일이 다시는 후퇴하지 않고 완전통일을 향해 계속 전진하기만을 바라는 마음 간절하다.

일정이 너무 빡빡해서 몇 군데밖에 못 가봤지만 인민대학습당은 인상적이었다. 우리식 건축양식으로 된 10층 건물에 3천 만 권의 책이 소장되어 있다 했으나, 그렇다고 해서 도서관만은 아니다. 도서관 기능과 교육 및 연구 기능을 합친 종합적 학술문화기관인데, 사회주의권의 다른 나라에도 이런 기관은 없다고 했다. 도서검색을 컴퓨터로 하게 되어 있었다.

또 주로 소프트웨어를 개발하는 컴퓨터연구소를 가봤는데, 시설도 좋고 많은 젊은 전문가들이 열심히 일하고 있었다. 안내자는 소프트웨어를 개발해서 일본에 많이 팔았다고 자랑했다.

자동차를 타고 다니면서 본 평양거리는 조용하고 깨끗하고 차분했다. 우리가 사진 등에서 본 것처럼 높은 아파트가 많이 서 있었지만, 그렇다고 해서 복잡한 도시는 아니었다. 주암초대소라는 데서 묵었는데 넓은 방바닥 전체에 돗자리가 깔린 것이 인상적이었고, 대동강과 능라도가 내려다보이는 숲이 우거진 곳이었다. 나무들이 잘 가꾸어져 있었고 길도 새로 잘 포장되어 있었다. 능라도는 섬 전체가 윤중제로 싸여 있고 섬 가운데 15만 명을 수용하는 5·1경기장이 있었다. 임수경씨가 갔을 때의 행사가 여기서 열렸다고 했다.

돌아오는 날의 마지막 오찬장 분위기도 참으로 좋았다. 남쪽 언론에도 많이 공개되었지만, 두 정상과 참석자들이 손을 잡고「우리의 소원은 통일」을 불렀다. 지금까지 여러 종류의 행사장에서 이 노래를 많이 불렀으나, 이날은 정말 다른 느낌이었고 목이 메어옴을 어찌할 수가 없었다. 두 정상도 수행원 각자에게 술을 권하면서 즐거워했으며, 김정일 위원장은 즉석에서 김대통령을 공항까지 전송하겠다고 스스로 발표했다.

늘 말해왔지만 우리의 통일은 사이공이 함락되거나 베를린 장벽이 무너져서 되는 베트남식 혹은 독일식이 될 수 없다. 결국 차츰차츰 단계적으로 통일이 이루어지게 마련인데, 그러기 위해서는 이번 정상회담은 통일로 가는 과정에 세워진 하나의 큰 이정표라 할 수 있을 것이다.

(2000. 6. 16)

# 정상회담 후 무엇을 할 것인가

한반도식 '협상통일'을 위해 앞으로 어떻게 할 것인가 하는 문제도 6·15남북공동선언에서 잘 말해주고 있으며, 정상회담에서 통일의 방향에 대해 쌍방이 합의했기 때문에 그 후속조처는 비교적 쉬워졌다고 할 수 있다.

우선 남북 사이에는 벌써 상호비방 방송이 중단되었고 이산가족 문제를 의논하기 위한 적십자회담이 곧 시작되게 되었다. 이산가족 문제는 종래 북에서 남으로 온 사람들의 문제에만 한정되어 논의되었으나, 이번 공동선언에서 처음으로 비전향 장기수 문제가 언급되었다. 앞으로 적십자회담이 진전됨에 따라 월북 혹은 납북 인사 문제 및 그동안 남쪽에서 북쪽에 간첩으로 투입했던 사람들의 문제까지 거론되고 해결되어야 할 것이다.

그동안 어느 부문보다 비교적 활발했다고 할 수 있는 경제협력 부문도 이제는 투자보장법 같은 것이 마련되면서 본격적으로 이루어질 수 있을 것이다. 늘 말해왔지만 김대중정부는 해방 후 남쪽에서 성립한 정부 중에서는 가장 대북 화해적인 정부라고 할 수 있다. 그러나 임기가 있는 정부이기 때문에 이 정부의 임기 안에 남북관계에서 가시적인 결과가 가능한 한 많이 나오는 것이 바람직하다고 생각한다. 적어도 김대중정부 임기 중에 남북철도를 연결하는 일, 쌍방에 연락사무소를 두고 정상회담과 각료회담 및 의회의원회담을 정례화하는 일 정도는 이루어지는 것이 바람직할 것이다.

남북 문화교류 문제에서도 지금까지는 주로 예술인이나 체육인 중심으로 어느정도 내왕이 있었지만 앞으로는 학자·문화인 등의 교류가 요긴하다는 생각이다. 특히 남북 사이의 국어문법상의 차이가 심하고 사용하는 용어도 차이가 심한데, 그동안 양쪽의 학자들이 민간 차원에서 그것도 제3국에서 만나 약간의 의견교환 정도가 있었던 것으로 알고 있다. 앞으로는 남북 정부 차원에서 이 문제를 연구하는 공동연구기관을 두어야 한다고 생각한다. 국어문법과 용어 문제를 예로 들어 말했으나, 이밖에도 역사교육 문제 등 1국가1정부1체제의 완전한 통일이 되기 전에도 미리 연구하고 조절해야 할 문제들이 많다.

남쪽 '민화협' 상임의장으로서 북쪽 '민화협' 회장에게 제의했지만, 금년부터는 7·4남북공동선언 기념행사나 8·15 기념행사를 남북이 같이하는 일도 바람직하며, 시드니올림픽에 남북 공동응원단을 보낼 수 있어야 할 것이다. 특히 8·15행사를 남북이 함께할 수 있다면, 아마 모르긴 해도 해방 후 50여 년 만에 최초로 참다운 해방기념 행사를 하는 게 될 것이다.

해방 직후에는 8·15노래가 "어둠의 쇠사슬 풀리고 자유의 종소리 울린 날"로 시작하는 노래 하나뿐이었다. 북에서 지금도 이 노래를 부르는지 모르지만, 그후 남에서는 "흙 다시 만져보자/ 바닷물도 춤을 춘다" 하는 노래로 바뀌었다. 모든 것이 둘로 된 우리의 역사를 차츰차츰 하나로 만들어가는 과정이 곧 통일과정인 것이다.

6·15남북공동선언은 완전통일의 한 과정으로서 남북화해와 평화공존의 실현을 선언한 것이라 할 수 있다. 평화공존이 통일의 출발점이 된다는 사실을 이해하지 못하면, 6·15남북공동선언의 진의를 파악하기 어렵다. 이 선언은 지난 반세기 이상 지속된 남북의 대결체제를 깨뜨리고 평화공존체제로 전환하는 계기를 마련하는 것이며, 그것이 곧 평화통일의 출발점이 되는 것이다.

6·15남북공동선언 이후의 후속조처가 물론 대내적인 문제에만 한정되는 것이 아니고, 그것 못지않게 대외적 후속조처도 중요하다. 남북 대결체제는 동아시아 전체를 한·미·일 공조체제와 조·중·소 혹은 조·중·러 공조체제의 대립장이 되게 했다. 그러나 한반도의 평화공존체제는 한·미·일 공조체제와 조·중·러 공조체제를 넘어서 한반도의 남북 공조체제를 이룸으로써 전체 동아시아의 대립체제를 해소하게 될 것이다.

남북정상회담에서 돌아온 김대중 대통령이 특별히 힘들이는 부분이 주변 4강 외교임을 아마 국민들은 눈치챘을 것이다. 7·4공동성명에서 처음 나왔고 6·15공동선언에서 다시 확인되었지만, 우리 민족의 통일 문제는 자주적으로 이루어져야 한다. 중국은 이미 한반도문제는 남북이 주역이고 중국은 조역이어야 한다고 했다. 그 말 속에는 미국도 이제 한반도 문제에서 조역이 되어야 한다는 뜻이 들어 있다고 할 수 있다.

한반도의 분단에는 외세가 크게 작용한 것이 사실이다. 그러나 그 통일은 외세가 해결할 수 있는 문제가 아니며, 어디까지나 남북이 주역이 되어 해결해야 할 문제다. 우리가 가만히 있는데 외세가 자발적으로 통일되도록 하겠는가. 한반도 전체가 미국·중국 등 어느 세력권에도 일방적으로 포함되지 않는 방향에서의 통일이 추구될 때 비로소 가능해질 것이다.

앞으로 북미관계가 정상화된다 해도, 그것은 한중관계 이상도 이하도 아닌 수준에서 이루어져야 할 것이다. 북한지역까지를 미국세력권 속에 넣기 위한 북미관계 개선은 불가능하다는 말이다.

주한미군이 계속 주둔한다 해도, 남북 대립시대가 아닌 남북 화해·공존 시대의 주한미군은 북한과 적대관계에 있는 미군이 아니라 한반도의 남북 전체와 나아가서 동아시아 전체의 안전 및 평화를 위해 봉사하는 미군이 되어야 할 것이다. 또 그것은 남북한은 물론 중국도 러시아도 인정하고 원하는 주둔군이 되어야 할 것이다. 그리고 통일된 한반도와 중국·러시아·일본 등 동아시아 여러 나라들이 협력하여 스스로 안전과 평화를 확립할 수 있는 시기가 되면, 미군은 주둔 이유를 상실하게 될 것이다. (2000. 6. 19)

# 제2차 정상회담 이루어져야 한다

여러 번 지적했지만, 김정일 위원장이 서울이나 그밖의 남녘 땅 어느 곳에 오는 일은 김대중 대통령이 평양에 간 데 대한 단순한 답방이 아니다. 그것은 민족문제·통일문제를 한층 더 진전시키기 위한 제2차 정상회담을 위한 길이며, 이후 남북 사이에 제3차 정상회담이 있게 하기 위한 필수적 과정이다. 앞으로 몇 번이 될지 모르지만 평화정착과 통일문제 타결과정을 통해 필요한 만큼의 남북정상회담이 개최되어야 할 것이며, 제2차 정상회담도 그중의 하나이기 때문이다.

제1차 정상회담의 결과 남북 사이에 장관급회담이 여러 번 열려서 철도를 연결하는 문제, 공단을 건설하는 문제, 수방대책을 공동으로 세우는 문제 등이 합의되었다. 그러나 장관급회담은 어디까지나 실무적 차원의 일을 논의하고 결정하는 회담이다. 그보다 높은 차원의 문제, 예를 들면 휴전조약을 평화조약으로 바꾸는 문제나 한반도의 평화를 정착시키기 위해 남북이 함께 평화선언을 선포하는 일 혹은 평화정착 및 통일문제를 더 적극적으로 추진하기 위해 남북 두 정부 위에 어떤 상설기구를 두는 일 등은 역시 정상회담에서 결정되어야 할 차원의 문제다.

제1차 정상회담을 성사시킨 남쪽의 김대중정부는 임기가 내년 2월로 끝나게 되어 있다. 다음에 역사가들이 정확하게 평하겠지만, 지금의 시점에서 보면 김대중정부는 해방 후 남쪽에서 성립한 정부 중에서 가장 평화통일 지향적이고 따라서 대북 화해적인 정부라 할 수 있으며 그 때문에 6·15공동선언이 나왔다고 할 수 있다. 철도가 연결되고 개성공단이 건설되고 금강산 육로관광이 열려서 휴전선을 군사대결선이 아닌 단순한 경계선으로 만들어가게 되면, 6·15공동선언이 7·4공동성명이나 남북합의서 교환과는 차원을 달리한다는 사실이 실증될 것이다. 따라서 제2차 정상회담의 성사야말로 6·15공동선언의 역사성을 더 높이는 일이다.

세상을 놀라게 한 6·15공동선언을 좀더 분석적으로 보면, 그것은 '통일선언'이라기보다 '평화정착선언'이라 보는 것이 더 정확하다고 할 수 있다. 그리고 평화정착을 더 진전시키려면 김대중정부 임기 중에 제2차 정상회담이 열려서 휴전협정을 평화협정으로 바꾸거나, 그것이 휴전협정 당사국인 미국과의 문제 때문에 쉽지 않다면 남북 두 정상이 한반도에서의 전쟁과 대결을 철저히 부인하는 평화선언을 선포할 필요가 있다.

남쪽에서는 흔히 대북 화해문제를 두고 보수적 입장이니 진보적 입장이니 하는 구분이 있으며, 김정일 위원장의 남쪽 나들이를 민족문제 해결을 위한 제2차 정상회담으로 보지 않고 단순한 답방으로 보는 경우 찬성도 있고 반대도 있을 수 있다. 우리 민족의 통일은 전쟁통일도 불가능하고 흡수통일도 불가능할 뿐만 아니라, 실제로 남북이 모두 전쟁통일은 말할 것 없고 흡수통일도 하지 않겠다고 공언하고 있다.

통일을 하지 않겠다면 몰라도 통일을 해야 한다고 생각하면, 전쟁통일이나 흡수통일이 불가능함을 안 이상, 우리 민족의 통일방법은 우리가 말하는 협상통일일 수밖에 없다. 설령 통일문제에 대한 보수적 관점이 있다 해도 그것이 전쟁통일론이나 흡수통일론이 아닌 평화통일론인 이상, 보수적 입장이나 진보적 입장 사이에 완급의 차이는 있을지언정 본질적인 차이는 있을 수 없다. 그리고 김정일 위원장의 제2차 정상회담 참가가 짧게 보면 평화정착을 위한 일이고 길게 보아 평화통일·협상통일의 길인 이상, 전쟁주의자나 반통일론자가 아닌 한 김위원장의 남쪽 나들이와 제2차 정상회담 성사를 반대할 이유가 없다.

통일문제에 대해 보수적 시각을 가진 처지에서 보면, 철도를 연결하고 북쪽에 공단을 건설하고 금강산 육로관광길을 열고 하는 일이 남북이 바로 하나로 되는 것처럼 느껴지고 이렇게 서둘다가 혹시 잘못되는 것 아닌가 하는 의구심을 가질 수 있을지도 모르겠다. 그러나 그것은 통일문제에 대한 인식이 잘못된 결과라 할 수 있다. 전쟁통일도 흡수통일도 아닌, 우리가 말하는 협상통일 방법에는 반드시 평화정착 과정이 앞서야 하며, 철도를 잇고 육로관광길을 열고 하는 것은 평화정착 과정일 뿐이다.

남북 두 개의 국가를 어떻게 하나로 만들 것인가 하는 구체적인 통일방안에 대해서는 남북 사이에 아직 전혀 합의된 바 없다. 지금은 한반도에 실재하는 두 개의 국가를 어떻게 하나로 할 것인가 하는 문제를 섣불리 논할 단계가 아니고, 그것을 논할 수 있게 될 앞단계로서 어떻게 하여 한반도에 평화를 정착시킬 것인가, 어떻게 해서 다시는 6·25전쟁과 같은 것이 일어나지 않게 할 것인가를 강구하는 단계라 할 수 있다.

김정일 위원장의 남쪽 나들이로 제2차 정상회담이 이루어지고 그 결과 휴전협정을 평화협정으로 바꾸거나 아니면 남북정상이 함께 평화선언을 할 수 있다면, 지금 실정으로는 대단히 높은 성과라 할 수 있다. 그러나 그것 역시 통일을 당장 어떻게 하자는 것이 아니라, 구체적인 통일방안을 논의할 만한 기반을 조성하기 위한 앞단계로서 평화를 정착시키려는 일에 지나지 않는다. 평화정착을 싫어하지 않는 한, 김위원장의 남쪽 나들이를 반대할 이유가 없는 것이다.

우리는 불행하게도 민족상잔의 아픈 역사를 가진 민족이다. 그것은 형언할 수 없이 처절한 전쟁이었고, 씻어내기 어려운 깊은 상처를 남겼다. 그렇지만 그것은 어디까지나 지나간 세기의 냉전체제 아래서 일어난 민족사적 불행이기도 하다. 세계사는 바야흐로 21세기로 들어서면서 냉전체제를 해소하고 평화주의를 지향해가고 있다. 세계에서 유일하게 남은 분단민족이면서 그 아픈 기억에 얽매여 민족문제를 평화롭게 풀어가지 못한다면, 21세기에도 계속 세계사적 조류에 뒤처지는 민족으로 남고 말 것이다.

그런 시각에서 보면 김위원장의 남쪽 나들이는 단순한 답방이 아닐 뿐만 아니라, 제2차 정상회담 참석 이상의 의미를 가진다고도 할 수 있다. 20세기가 마지막 가는 해에 이루어진 제1차 정상회담에서 6·15공동선언이 나옴으로써 한반도 평화정착의 큰 출발점이 마련되었다면, 김위원장의 남쪽 나들이와 제2차 정상회담은 우리 민족사에서 20세기적 불행을 청산하고 21세기의 화합과 평화와 통일의 시대를 열어가는 큰 계기가 될 수 있을 것이다.

전쟁위험을 없애고 분단문제의 평화적 해결을 당면과제로 하는 지금의 한반도 남북 주민들은, 오늘과 내일을 더 낫게 하는 데 유익한 과거만이 기억할 만한 과거임을 아는 일이 중요하다. (2002.9.10)

# 6·15공동선언과 재일동포사회

모국이 분단되면 재외동포사회도 따라서 분단되게 마련이며, 그 대표적인 경우가 재일동포사회가 아닌가 한다. 모국이 분단됨으로써 재일동포 사회도 민단과 총련으로 분열하여 대립하였고, 그 때문에 양쪽 모두 일본사회로부터 외국인 대우를 제대로 못 받았다. 그런 재일동포사회가 6·15남북공동선언 이후 변화하고 있음을 직접 확인하는 기회를 가질 수 있었다.

얼마 전 일본 효오고현의 민단과 총련이 공동으로 개최하는 6·15공동선언 2주년 기념행사에 초청을 받고 코오베에 가서 통일문제 강연을 했다. 민단과 총련의 실무자가 함께 다정하게 공항까지 마중 나왔기에, 일본에서 우리 음식이 먹고 싶어도 상호가 두만강이나 백두산이면 겁나서 못 들어갔던 지난 일을 생각하면서 두 단체 실무자들이 언제부터 이렇게 다정스러워졌느냐고 물었더니, 6·15선언 전만 해도 양쪽 실무자가 함께 행동하는 것은 상상도 못 했다고 했다.

6·15공동선언 현장에 참가했던 사람으로서의 '책임감' 때문에 지난 2년간 전국을 다니면서 통일관계 강연을 많이 했고, 작년 공동선언 1주

년에는 총련만의 초청을 받아 토오꾜오와 쿄오또에서 강연했다. 그러나 금년 2주년에는 민단과 총련의 공동초청을 받고 가서 강연하게 되었으니 진일보한 것이라 하겠다. 중요한 것은 국내에서와 똑같은 내용의 강연을 총련계를 포함한 재일동포에게 했는데도 국내에서와 전혀 다르지 않는 반응을 얻을 수 있었다는 점이다.

평양에서는 아직 통일문제 강연을 못 해봤지만, 남한에서 하는 통일문제 강연을 총련계 동포에게 그대로 해도 전혀 거부반응이 없었다면, 이제 통일에 대한 기본 인식과 방향에는 남북이 어느정도 합의해간다고 할 수 있다. 그리고 그 점이 바로 6·15공동선언의 가장 중요한 성과라고 할 수 있다.

얼마 전 재미동포들에게 통일문제 강연을 했을 때는 통역이 필요하지 않을 만큼 청중의 대부분이 중년층 이상의 1세동포들이었다. 그러나 일본에서는 통역이 필요할 만큼 우리말 듣기가 자유스럽지 못한 젊은 청중이 많았는데, 그들이 열심히 메모하는 모습이 강연하는 사람의 눈에도 보였다. 민단과 총련이 분립해 있는 일본에서의 통일문제 강연에 젊은 청중이 많은 것은 어쩌면 당연한 일인지도 모르겠다.

효오고현의 민단계와 총련계는 6·15공동선언 후부터 현의 축제행사에 함께 참가했고, 경로행사·바둑대회 등도 함께 했으며, 그 결과 동포사회의 노인복지·장애인복지 문제 등에서 일본 행정당국의 협조를 받을 수 있었다고 한다. 6·15공동선언 2주년 기념강연에는 처음으로 효오고현 지사가 와서 축사했고, 현의 국제관계 관료 몇 사람이 끝까지 듣고 메모했다며 강연자에게 와서 인사했다.

6·15공동선언은 분열되었던 재일동포사회가 하나로 되는 계기를 마련했고, 하나로 되어감에 따라 일본 쪽의 우리 동포사회에 대한 인식이 바뀌는 계기가 되었다고 할 수 있다. 강연회가 끝난 뒤 민단과 총련 간

부들이 함께 일본식으로 말하면 콘신까이, 즉 친목회를 가졌다. 코오베 땅에 같이 살면서도 서로 만나지 않았을 뿐만 아니라 지나쳐도 알은체하지 않았던 사람들이 6·15남북공동선언을 계기로 하나의 민족, 하나의 동포로 다시 뭉치게 된 것이다.

6·15공동선언 2주년을 맞으면서 국내에서는 오히려 그 의미가 퇴색해가는 면이 없지 않지만, 그 선언이 해외동포 사회를 하나로 묶어내는 중요한 역할을 해냈음을 실감할 수 있었다. 다음 대통령선거가 끝난 후 김대중정권 임기 중, 즉 내년 1월쯤에 제2차 정상회담이 이루어지고, 차기 대통령당선자와 김정일 위원장이 서울에서 만날 수 있다면 앞으로 민족문제를 풀어가기가 훨씬 쉬워질 것이다. 그리고 6·15공동선언의 역사성도 크게 높아질 것이다.

남북문제에는 언제나 의외의 돌발사건이 있게 마련이며 그 영향은 국내뿐 아니라 재외동포 사회에도 즉각 미치게 마련이다. 지난 7월에도 후꾸오까·히로시마·나고야·요꼬하마 등지에서 역시 6·15공동선언 2주년 기념강연을 했는데, 그때는 서해교전 후여서 그 영향으로 민단과 총련이 공동으로 개최하기로 되어 있던 어느 도시의 강연회가 총련만의 강연회로 되고 말았다. 그런데도 강연회 후의 식사자리는 민단 쪽이 마련했다. 이런 일도 물론 6·15공동선언 전에는 없었던 일이라 했다.

다행히 서해교전에 대한 유감표명이 있었고 남북관계가 급진전할 것 같은 상황이 되었다. 남북관계가 경직되어 있을 때는 재외동포 사회가 그런 추세에서 자유로워지기 어렵겠지만, 남북관계가 풀려갈 때는 재외동포 사회가 오히려 그것을 선도할 수도 있을 것이다. 모국에 사는 사람으로서는 다소 무책임한 생각인지 모르지만, 6·15공동선언의 효력이 휴전선이 실재하는 모국에서보다 그것이 없는 재외동포 사회에서 더 크게 나타나기를 기대해 마지않는다. (2002. 8. 30)

# 남북 교육자 여러분께

　지난 30여 년간 교육계에 종사한 사람으로서 또 역사적 남북정상회담에 수행한 사람으로서, 남북의 교육자 여러분에게 글을 드릴 수 있게 되어 기쁩니다. 타민족에 강제 지배되고 또 민족이 분단되어 서로 싸우고 대립했던 20세기가 지나가고 이제 옳은 의미의 평화통일을 지향하는 21세기가 오고 있습니다만, 그것을 실증이나 하듯 남북정상회담이 성사되고 공동선언이 발표되었습니다.

　그동안에도 각급 학교에서 모두 통일교육을 해왔으나, 그것은 대체로 남북 화해구도가 아닌 대결구도 아래서의 통일교육이었다고 할 수밖에 없습니다. 한반도의 경우 전쟁통일이 불가능함은 6·25전쟁에서 실증되었다 해도, 대신 혁명통일 혹은 흡수통일이 기대되어온 것이 사실입니다. 그러나 혁명통일이나 흡수통일이 모두 불가능해진 것 또한 사실이라 하겠습니다. 그래서 우리의 통일은 결국 협상통일일 수밖에 없다는 생각을 가지지 않을 수 없게 되었으며, 이번 남북정상회담의 성사는 이 협상통일의 시작이라 할 수 있을 것입니다.

　남과 북의 교육자 여러분, 협상통일에는 혁명통일이나 흡수통일과는 다른 역사인식과 민족인식이 필요하며 또 많은 시간과 인내가 필요합니다. 여러분들도 이 협상통일시대의 주인인 것은 틀림없습니다만, 특히 여러분이 가르치고 있는 학생들이야말로 여러분보다 더 길게 더 많이 우리 민족사회의 21세기를 담당해야 할 주인들이요, 협상통일을 완결시키고 통일 이후의 민족사회를 이끌어가야 할 주인공들입니다.

전쟁통일은 말할 것 없고 혁명통일이나 흡수통일을 지향하는 경우와 협상통일을 지향하는 역사인식과 민족인식이 달라야 한다고 앞에서 말했습니다만, 그 말은 무력통일 지향시대와 혁명통일 지향시대 및 흡수통일 지향시대를 많이 산 사람이 자신의 역사인식이나 민족인식을 협상통일시대를 주로 살아야 할 사람들에게 그대로 강요해서는 안 된다는 말도 됩니다. 남쪽의 경우에 한정해서 말하면 무력통일이나 흡수통일을 지향하던 시대의 반공의식이나 반북인식을 가지고 협상통일을 수행해나갈 수 없음은 말할 것 없고, 그런 의식으로 협상통일시대를 살아나갈 사람들을 가르치기도 어렵습니다.

모든 사람이 그렇겠습니다만 특히 남을 가르치는 사람은 그 생각이 시대의 변화, 역사의 변화에 맞추어 날로 새로워져야 한다고 생각합니다. 일신우일신(日新又日新)이란 말이 있습니다만, 그것을 위해 부단히 노력해야겠지요.

그렇다고 해서 가르치는 사람과 배우는 사람의 세상 보는 눈이나 민족사회의 장래를 보는 눈이 같아야 한다는 말은 아닙니다. 다를 수밖에 없고 또 달라야 합니다. 다를 수밖에 없고 달라야 하는 것을 같아야 한다고 우기는 경우 오히려 문제가 생깁니다. 젊은 세대의 민족관과 역사관이 기성세대의 그것과 달라야 함을 알고 나면, 같아야 한다고 우기는 일이 없어지겠지요. 그럼으로써 두 세대 사이에 이해와 조화가 이루어질 수 있겠지요.

예를 들면 6·25전쟁을 체험한 기성세대에게는 민족의 다른 한쪽이 분명 총부리를 겨누고 싸운 적이었습니다. 그러나 전쟁을 경험하지 않은 젊은 세대에게는 적이 아니고 동족일 뿐입니다. 그리고 적이 아닌 동족으로 볼 때 평화통일·협상통일이 가능합니다. 기성세대가 젊은 세대에게 교육을 통해 민족의 다른 한쪽을 적으로 간주하라고 강요한다면, 그것은 역사의 흐름을 거스르는 일이라 하지 않을 수 없습니다. 민족상잔을 경험한 자신에게는 설령 적으로 보였다 해도, 그것을 경험하지 않은 젊은 세대에게는 적이 아닌 동족으로 보일 수밖에 없다는 사실을 기성세대가 아는 일이 중요합니다.

지구상의 유일한 분단민족이요, 세계에서 마지막 남은 냉전지역이요, 동아시아의 화약고요, 전쟁위험이 가장 높은 곳의 하나로 간주되던 한반도가 이번 정상회담 성사로 그 오명을 씻고 평화적 통일을 전망할 수 있게 되었으며, 나아가서 동아시아의 평화 및 세계평화에 이바지하는 지역으로 변해가려 하고 있습니다. 제 민족의 문제를 스스로 해결할 수 있을 때, 앞으로 우리 젊은이들이 국제무대에 나가서 떳떳하게 행동할 수 있을 것입니다. 제 민족의 문제를 스스로 해결하지 못하고 세계평화주의자들의 웃음거리가 되면서, 국민소득 1만 달러면 무엇 하며 2만 달러인들 무엇 하겠습니까.

21세기를 살아갈 젊은이들에게 20세기적 민족인식 및 역사인식을 강조하지 않는 일, 전쟁통일이나 혁명통일이나 흡수통일을 지향하던 시대에 더 많이 살았던 사람의 대북인식이나 대남인식을 대등통일·협상통일을 지향하는 시대를 주로 살아야 할 사람들에게 강요하지 않는 일이 중요하다고 생각합니다. 그러기 위해 남을 가르치는 사람은 '일신우일신' 해야 함을 거듭 말씀드리고 싶습니다. (2000. 6. 30)

# 평양방문기

지난 11월 28일부터 12월 5일까지 7박8일간 사회과학원 역사연구소 초청으로 두번째로 평양을 다녀왔다. 순안비행장에 다시 내렸을 때, 바로 이곳에서 대한민국 대통령이 총칼을 든 인민군의 사열을 받는 엄청난 현실을 입을 다물지 못한 채 바라보던 4개월 전의 기억이 생생하게 되살아났다.

고려호텔에서 하룻밤 자고 나니, 안내하는 사람들이 어려워하면서 호텔을 옮길 수 없겠느냐고 물어왔다. 이산가족 북쪽 면회자들이 이 호텔에 모이게 되어 복잡할 테니 조용한 보통강호텔로 옮기자는 것이었다. 사정이 그렇다면 협조하지 않을 수 없으려니와 보통강호텔 숙박비가 다소 헐하다는 말을 듣기도 해서 주저없이 옮기기로 했다. 1층 로비로 내려갔더니, 과연 말쑥한 신사복으로 차려입은 사람들이 웅성거리고 있었다. 그중의 한 사람에게 서울에서 왔음을 말하고 가족면회 때문에 왔느냐고 물었더니 스스럼없이 대해주었다.

내 개인의 이번 여행 목적은 북쪽 역사학자들과 만나서 남북간의 역사학 교류문제를 의논하고 고적을 돌아보는 일이었다. 북측에다 미리 박시형·허종호·전형률 등 역사학자들을 만나고 싶다는 청을 했었다. 그러나 박시형 선생은 노환으로 기동을 할 수 없다 했고, 전형률 선생은 4년 전에 작고했다고 했다. 그래서 현재 역사학회 회장을 맡고 있는 허종호 선생과 전 사회과학원 근대사 실장 이종현 선생, 현 근대사 실장인 원종규 선생 등 세 분의 학자를 만날 수 있었다. 특히 허종호 선생은 그의 학문적 업적이 남쪽에도 많이 알려진 학자인데, 집필을 위해 다소 먼 곳에 가 있었으나 우리를 만나기 위해 일부러 나왔다고 했다.

허종호 선생은 단군릉 발굴 경위와 북녘 역사학회가 세계 4대 문명발상지 외에 대동강 문명을 넣어 5대 문명발상지로 선포했다는 사실을 설명했고, 1960년대 남북 역사학계가 정열을 쏟은 자본주의 맹아 문제 연구 등을 비롯한 북녘 역사학계의 최근 동향을 말해주었다. 이에 대해 나도 남녘 학계의 최근 동향과 내 개인의 학문적 관심분야 등을 말해주었다. 북녘 학자들과 대화하면서 남북 역사학계가 빨리 서로 가지지 못한 자료들을 교환해야 함을 절감하지 않을 수 없었다.

지난 6월 정상회담에 수행했을 때는 일정이 너무 꽉 짜여서 고적은 동명왕릉밖에 못 가봤다. 그러나 이번에는 평양시내의 역사기념관과 김규식·조소앙 등 독립운동가들이 묻힌 애국열사릉, 1948년 김구·김규식 등 남쪽에서 간 정치지도자들이 북쪽 지도자들과 남북협상을 했던 쑥섬에 세운 통일전선탑 등을 가보았고, 개성 및 묘향산도 가볼 수 있었다. 특히 개성은 서울을 떠나기 전에 미처 방문 대상지역에 넣지 못하고 평양에 가서 추가로 넣었기 때문에 북쪽 식으로 말해서 여행을 '조직'하기가 어려울 것 같았지만, 흔쾌히 추가시켜주어 꼭 보고 싶었던 선죽교와 공민왕릉 등을 볼 수 있었다.

남북 경제협력도 물론 중요하지만, 민족적 동질성을 회복하기 위해 각 학문분야의 교류가 빨리 이루어져야 한다는 생각이 절실했다. 북녘의 어느 고위층과 만났을 때, 좀 이상적인 생각이지만 남북 정부가 의논해서 비무장지대에 통일연구소 같은 것을 세우고 남과 북 그리고 해외동포 학자들이 함께 통일에 관한 모든 것을 연구하게 했으면 좋겠다고 말했더니 그는 "통일을 굉장히 멀리 잡는군요" 하고 말했다.

이 짧은 글에서는 길게 말할 수 없지만, 북녘은 왜 통일을 서두르고 남녘은 왜 그것을 비교적 길게 잡는가, 그 이유를 알 것 같은 것이 이번 여행에서 얻은 중요한 성과라 생각되기도 한다. (2000. 12. 12)

# 북한 학자들을 처음 만난 이야기

   1994년 8월 2일부터 3일간 중국 상해사범대학에서 동아연대성발전(東亞連帶性發展) 국제학술토론회가 열렸다. 2년 전 일본에서 열렸던 '제1차 세계대전 후 동아시아에서의 가능성'을 다루었던 제1차 대회에 이어 '제2차 세계대전 후 동아시아의 가능성'을 토론하기 위한 이번 제2차 학술회의에는 주최국 중국과 일본·러시아 학자들과 함께 남한 학자 10명과 북한 학자 5명이 참석했다.

   2년 전 일본에서 열린 제1차 대회에도 북한 학자들이 참석할 예정이 었으나 결국 오지 않고, 대신 총련에서 사람이 나와 인사만 했었다. 이 번에 중국에서 열린 제2차 회의에도 김일성 주석의 급서(急逝)로 북한 학자들이 참석하지 못하리라는 예상이 강했으나, 뜻밖에도 김주석 사 망발표가 있은 불과 나흘 뒤에 일본 쪽을 통해 참석의사를 밝혀옴으로 써 관계자들을 놀라게 했다.

   30년간 대학선생 노릇을 하면서 국제학술회의라는 것에 더러 참가해 봤지만, 미리 허가를 받아야 하는 북한 학자들과의 만남은 이번이 처음 이었다. 남한 쪽 참가자 중 비교적 연장자에 속한다는 '책임감' 같은 것이 있어서, 떠나기 전부터 어떤 경우라도 외국학자들 앞에서 남북학자가 다투는 일이 있어서는 안 된다는 생각을 가지고 있었다. 그러나 조문 문제 등으로 남북관계가 날카로워진 상황이라 이런 생각이 얼마나 지켜질지 걱정되기도 했다.

우리 일행의 도착이 좀 늦어서 개회 만찬장에 들어가자 만찬은 이미 시작되어 있었다. 중국·일본·러시아 학자들이 호기심을 가지고 지켜보는 앞에서 생전 처음 김일성 배지를 단 북한 학자들과 인사를 나누었다. 그러나 너무도 당연한 일이지만, 영어도 중국어도 일본어도 아닌 우리 말로 여느 국내학자들과의 첫 대면처럼 다정하게 인사할 수 있었다.

남북의 주요 참석자들이 대부분 50대 이상의 지긋한 학자들이기도 했지만, 학술회의가 진행되는 동안 남북 참석자들이 모두 남들 앞에서 동족끼리 다투어서는 안 된다는 생각을 가진 점은 같았다. 남쪽의 주체 사상 비판에 북쪽이 강하게 역비판할 태세를 보였으나 역시 남들 앞에서 우리끼리 싸워서는 안 된다는 생각과 사전협의 때문에 가벼운 언급으로 넘어갈 수 있었고, 북쪽의 변함없는 지루한 논리전개에도 남쪽 참석자들이 조용히 귀기울일 수 있었다.

토론과정에서는 동아시아의 평화를 위해 일본의 군국주의 부활이 경고되고 경제적 성장에 따르는 중국의 패권주의가 논의되기도 했으나, 역시 관심의 초점은 한반도의 평화적·자주적 통일 문제였다. 그리고 지난 반세기 동안 동아시아는 한반도의 분단을 희생으로 하여 '냉전적 평화'를 유지했지만, 21세기의 동아시아는 한반도의 평화적·자주적·대등적·호혜적 통일을 바탕으로 하여 진정한 의미의 평화가 수립되어야 한다는 점이 남북학자들 공통의 논리였다고 할 수 있다.

그러나 일본이나 중국 학자들이 동아시아의 평화를 위해 한반도 지역의 평화적 통일이 중요하다고 강조하면 할수록 통일문제를 스스로 해결하지 못하고 중국이나 일본이 걱정해주어야 한다니 "너희들 아직도 그 모양이냐" 하는 비아냥으로 들리고, 반세기가 되도록 분단상태에 있는 "너희들 정말 딱하다"는 동정으로 들리기도 하여 견디기 힘들었다. 모르긴 해도 북쪽 사람들 중에도 같은 느낌을 받은 사람이 반드시 있었을 것이다.

사흘간의 회의기간 중 하루 저녁을 내어 남북에서 각각 준비한 술로 회포를 푸는 자리를 마련했다. 김주석을 애도하는 마음으로 아직은 노래를 부를 수 없다고 하던 그들도 남쪽 학자들이 그들도 알 만한 「반달」「따오기」 같은 옛 동요를 골라 부르자 조용히 따라 불렀다. 몇 년 전 텔레비전을 통해 본 남북 예술단 내왕공연 때와 같은 감격은 아니었다 해도 '이렇게 되는 것이 바로 통일인데' 하는 생각이 절로 나면서 눈시울이 젖어듦은 어쩔 수 없었다.

회의를 끝내고 마지막 하루는 주최 쪽의 주선으로 소주(蘇州) 관광을 했다. 그동안 서로가 꽤 친숙해져서 이 정도의 질문은 무난하리라 생각하고 그중의 한 사람에게 앞으로 김일성 배지가 김정일 배지로 바뀔 것인가를 물어봤다. "친애하는 김정일 동지께서 못 달게 할지도 모르죠" 하는 대답이었다. 김일성체제와 김정일체제 사이의 차이점이 어떻게 나타날 것인가가 남쪽 학자들의 관심의 초점이었는데, 어쩌면 이 대답이 그것을 대신해주고 있는지도 모르겠다는 생각이 들었다.

우리보다 먼저 떠나게 된 그들과의 이별장면을 잊을 수 없다. 서로 손잡고 혹은 포옹하면서 뜨거운 목소리로 "또 만납시다" 하고 인사했으나, 다시 싸늘해져가는 남북관계를 생각하면 언제 또 만날 수 있을지 아무도 장담할 수 없었다.

처음 만나면서도 여러 번 만났던 일본이나 중국 학자들보다 너무도 친숙하게 느껴졌던 그들, 불편한 점은 없는지 혹시 여비는 넉넉한지 차마 물어보지 못하면서도 괜히 마음 쓰이던 그들, 나이 아래라고 알았을 때 곧 말을 놓고 싶어지던 그들을 다시 만날 기약을 할 수 없는 이 민족의 비극이 언제까지 계속될 것인지. 돌아오는 여정이 우울하기만 했다.

# 평양의 주선생님께

　주선생님, 그동안 안녕하십니까. 두번째 만나보고 온 지 벌써 4개월이 지났군요. 6·15남북공동선언 발표가 어느새 1주년이 되었습니다. 그것을 기념해서 이번 논단은 주선생님과 함께했던 사업을 뒤돌아볼까 합니다. 앞으로 남북이 뜻을 모아 함께하는 일이 더 많아지고 또 모두 잘되기를 빌면서 말입니다.

　남북정상회담의 수행원으로 처음 평양에 갔을 때는 직접 만날 기회가 없었습니다만, 그후 일제강점 자료전시회를 위해 평양에 두 번 갔을 때 북측 실무책임을 진 선생님과 자주 만났지요. 분단 반세기의 역사가 멍에처럼 지워져 있다 해도, 순안비행장까지 마중 나온 주선생님은 초면이면서도 구면처럼 편안하게 대할 수 있었습니다.

　남북 학계가 협력해서 구체적인 자료를 전시함으로써 일제의 강제점령 사실을 실증한 일은, 역사학계에 한정해서 보면 민족분단 이래 초유의 일이었다고 하겠습니다. 분단 50년이 넘어서 남북 학계가 평양에서 처음으로 함께 여는 전시회라 준비과정에 여러가지 어려움이 있었습니다만, 그런데도 우리 사업은 생각보다 순조롭게 추진되었습니다.

50년 이상 떨어져 살았다 해도 어쩔 수 없는 동족임을 실감할 수 있어서 가슴 뿌듯했고, 남쪽 역사학자로서 처음 북쪽 청중 앞에서 강연한 것도 평생 잊지 못할 일이었습니다. 특히 인민대학습당 넓은 방에서 남북 역사학자들이 함께 일본교과서 왜곡을 소리 높여 규탄한 일은 지금 생각해도 속이 후련합니다.

꼭 말해두고 싶은 일이 있습니다. 주선생님을 비롯한 북쪽 분들이 전시회를 원만히 치르기 위해 헌신하는 모습은 참으로 대단했습니다. 실무진은 밤을 새워가며 일했다고 들었는데, 정말 직무에 충실하고 책임감 강한 분들이더군요. 개인적·물질적 이익을 넘어 공동체 전체를 위해 충심으로 헌신하는 순수한 인간형을 발견할 수 있었습니다.

북쪽 노학자들이 자료검증에 골몰할 때, 남에서 간 우리는 고적과 박물관 관람 기회를 조금이라도 더 가지려 애썼으니 미안한 일이었습니다. 남쪽 사람으로서는 북에 갈 기회는 쉽지 않고, 그러면서도 보고 싶은 곳은 많으니 어쩌겠습니까.

앞으로 북의 고적을 남쪽 사람들이 볼 수 있는 기회가 더 열리기를 기대해 마지않습니다. 남쪽 젊은이들에게 찬란한 신라·백제 문화만이 아니라 웅장한 고구려문화를 보여주어야 합니다. 남쪽 학생들이 평양을 고적답사하고, 북쪽 학생이 경주나 공주를 답사하는 날이 빨리 와야 하겠습니다.

주선생님, 역사적 남북공동선언이 발표된 지 1주년이 된 지금 남북관계가 다소 소강상태라고 말들 하고 있습니다. 그리고 사람들은 그 원인이 미국 부시정권의 대조선 강경정책에 있다고 말합니다. 6·15공동선언의 정신을 살리기 위해 북은 대미관계와 대남관계를 분리할 수 있어야 하고, 남은 미국·일본과의 이른바 공조체제에서 서서히 자유로워질 수 있어야 한다고 생각합니다.

김대통령의 평양방문이 제1차 남북정상회담이었던 것처럼 김정일 위원장의 서울방문은 바로 제2차 남북정상회담 그것입니다. 제1차 회담이 아무 전제조건 없이 남북 7천만 민족구성원과 세계인의 놀라움과 축복 속에 이루어진 것과 같이, 제2차 회담 역시 무엇에도 구애되지 말고 축제처럼 환희 속에서 이루어져야 할 것입니다. 그리고 휴전조약이 평화조약으로 바뀔 수 있어야 하며, 경의선 연결공사도 속도가 붙고 금강산 육로관광길도 열려야 하겠지요.

　이야기가 좀 무거워졌나요. 허선생님, 리선생님, 원선생님 등 우리가 만났던 그쪽 역사학자들에게 심심한 안부를 전합니다. 그리고 우리를 안내했던 젊은이들이 생각납니다. 강한 책임감으로 제 직무에 헌신하는 믿음직한 일꾼들이었습니다. 그들에게도 감사드리며 건투를 빌어 마지않습니다.

　주선생님, 6·15공동선언 1주년 기념행사에 참가하러 금강산으로 가면서 2주년 기념행사는 평양이나 서울에서 아니면 비무장지대에서 할 수 있었으면 하고 생각해봅니다. 서울서도 한잔하자 한 우리의 약속이 꼭 이루어지기를 빌면서 다시 만날 때까지 안녕히 계십시오. (2001. 6. 15)

# 비전향 장기수 선생님들께


선생님들이 민족통일을 위해 몸 바쳐온 '역사'를 모은 책에 넣을 글을 쓰라는 청탁을 받고, 우선 평양정상회담에 다녀온 이야기부터 시작하고 싶습니다. 선생님들에게는 죄송합니다만, 운 좋게도 남북정상회담에 특별수행원 자격으로 2박3일 동안 평양을 다녀왔습니다. 지금도 그때를 생각하면 다시 감격하지 않을 수 없습니다만, 6월 14일 백화원 영빈관 만찬 자리에서 남북 두 정상이 손을 맞잡아들고 "우리 합의했습니다" 하고 소리치던 그 엄청난 현장에 제가 있었습니다. 평생 잊을 수 없는 자리였습니다.

두 번 없을 역사의 현장에 남북을 통해서 역사학 전공자는 나 혼자만 참석했구나, 생각하면서 남다른 감격을 맛보았습니다. 유일한 역사학 전공자로서 겪는 이 감격을 우리 역사에 어떻게 남길 수 있을까 하는 무거운 책임감을 느끼지 않을 수 없었습니다.

그러나 지금 이 글을 쓰면서 생각해보니 선생님들처럼 스스로 옳다고 생각한 역사관과 세계관과 민족관을 지키기 위해 0.75평 공간에서 30년, 40년을 지낸 분들이 있었음을 그때는 미처 떠올리지 못했습니다.

명색이 역사학 전공자라면서 말입니다.

그렇지만 평소에도 선생님들이야말로 분단의 장벽 속에 갇혔던 우리 현대사 그 자체라고 생각해왔습니다. 일본제국주의의 강제지배에서 벗어나자마자 바로 민족이 분단되었고, 저 처절한 6·25전쟁에서 엄청난 희생을 치르고도 통일은 되지 않았습니다. 그후 반세기 동안 통일을 위해 치른 희생은 또 얼마나 많습니까. 역사는 희생을 먹고 산다는 말이 있습니다만, 0.75평 공간에 갇혔던 선생님들의 30년, 40년도 통일의 역사 위에 새겨진 무엇으로도 대신할 수 없는 고귀한 희생 그것이었습니다. 그리고 유례를 찾기 어려운 인간승리 그것이었다고 감히 말할 수 있습니다. 그 이유를 말하겠습니다.

그 누구도 빼앗을 수 없는, 사람이 가진 고귀한 속성의 하나가 생각하고 말하는 자유, 즉 사상의 자유라 생각합니다. 역사시대 이래로 역사발전 자체를 두려워하는 통치권력들이 생각하고 말하는 자유를 빼앗거나 압살하기 위해 온갖 횡포를 부려왔습니다만, 어느 전제군주도 어느 독재자도 그것을 영원히 빼앗은 자는 없었습니다. 인간이 생각하고 말하는 자유 그것이야말로, 그리고 그것을 결코 포기하지 않으려는 인간의 양심과 의지와 신념이야말로, 바로 인류의 역사를 지금까지 끌고 온 원동력이었습니다.

이데올로기니 주의니 하는 차원을 떠나서 말해도 좋습니다. 스스로 옳다고 생각하는 세계관을 지키고 올바르다고 생각하는 역사 진행방향에 동참하기 위해 평생을 기꺼이 바칠 수 있는 사람이라면, 그러고도 후회하지 않는 인간일 수 있다면, 그것이 인간승리가 아니고 무엇이겠습니까. 물질적으로 다소 풍족해졌다 해서 개인주의와 찰나적 향락주의가 만연하는 세상에 살면서도 제 신념을 간직하기 위해 한평생을 0.75평 공간에 묻을 수 있었던 숭고하고도 희생적인 인간형을 인류의 역사는 영원히 기억할 것입니다.

자신의 세계관을 지키기 위해 30년, 40년을 감옥 안에 있었던 사실 자체도 역사 그것일 수밖에 없습니다만, 선생님들이 석방되고 이른바 장기수가 없어진 일이 곧 우리 역사가 발전하고 있는 큰 증거이기도 합니다.

평생을 두고 역사를 공부하고 또 가르쳐오면서 다행히도 한 가지 터득한 일이 있습니다. 긴 안목으로 보면 역사는 기어이 가야 할 방향으로 가고 말며, 역사의 물결은 흘러야 할 만큼 흐르고 만다는 사실입니다. 그렇지 않다면 역사라는 것이 있어야 할 이유가 없습니다. 역사는 결코 코에 걸면 코걸이 귀에 걸면 귀걸이가 아니니까요. 거듭 말하면 어떤 장애에도 불구하고 기어이 가야 할 방향으로 가고 말며, 가야 할 만큼 가게 마련이기 때문에 역사라는 것이 있는 것입니다.

30년, 40년을 0.75평 공간에 화석처럼 응고되었던 선생님들이 끝까지 제 신념을 굽히지 않고도 자유의 몸이 되어 그리던 가족들에게로 당당하게 돌아갈 수 있게 된 것은 무엇 때문이겠습니까. 꽁꽁 얼어붙었던 것 같았던 역사의 물줄기가 그 두꺼운 얼음장 밑에서도 정직하게 그리고 줄기차게 흘러야 할 만큼 흐르면서 변화시켜야 할 것을 착실히 변화시키고 있었기 때문일 것입니다. 이같은 조그마한 학문적 터득이 앞으로도 선생님들에게 다소 위안이 되기를 바라 마지않습니다.

'도서출판 창'으로부터 선생님들이 가족의 품으로 돌아가기 전에 그 처절하고 귀중하고 뜻깊은 '역사'들을 모아 한 권의 책으로 만들려 하니 무엇이건 한마디 써달라는 청탁을 받았습니다. 정상회담에 수행했던 구실을 다하기 위해 외국에 사는 동포들에게 통일문제를 강연해야 할 일정에 쫓기고 있었습니다만, 이 시대를 사는 우리 근현대사 전공자의 의무 같은 것을 저버릴 수 없어서 청탁에 응하지 않을 수 없었습니다. 물론 선생님들의 엄청난 '역사'에 동참하는 영광도 분에 넘치는 일입니다.

선생님들이 겪은 일이나 가진 생각을 자세히 술회하자면 한 분 한 분마다 책 몇 권으로도 부족할 것입니다. 그리고 그것은 무엇에도 비길 수 없는 귀중한 우리 현대사의 자료가 될 것입니다. 그런 일을 생각하면서 훗날을 위한 선생님들의 회고록 녹음청취 작업을 조금 거든 일이 있습니다. 북으로 가시는 분이건 남에 남으시는 분이건 우선 몇 분만이라도 또 간략하게나마 선생님들의 흔적을 남기기로 한 것은 대단히 잘한 일이라 생각합니다. 북으로 가시건 남에 남으시건 사정이 허락하면 앞으로 선생님들의 '역사'를 마음껏 충분히 남길 수 있어야 하겠습니다. 훗날 통일이 되고 선생님들의 회고적 '역사'가 과학적·객관적 역사의 자료가 되는 날을 위해서 말입니다.

이번 정상회담에 수행하여 공동선언 발표를 보면서, 우리의 통일은 베트남 같은 전쟁통일도 독일 같은 흡수통일도 아닌 '협상통일'일 수밖에 없음을 확신했습니다. 협상통일에는 긴 시간과 끈질긴 인내와 대승적 양보가 불가결합니다. 우리 통일이 협상통일일 수밖에 없음을 한 사람에게라도 더 말해주기 위해 밤낮을 가리지 않습니다. 어제는 서울시 경찰국 산하 정보담당 경찰관들에게 우리 통일이 협상통일일 수밖에 없는 이유를 강연하면서 세상이 많이 바뀌고 있음을 실감했습니다.

제국주의가 판을 치고 냉전체제로 얼어붙었던 20세기는 가고, 인류사회 전체에 평화주의가 뿌리내리기를 기대하는 21세기가 되었습니다. 분단시대의 상징이었던 선생님들이 자유의 몸이 되어 가족에게로 돌아갈 수 있게 되었다는 사실이 역사의 변화와 세기의 바뀜을 실증해주고 있습니다. 민족통일사업을 위해 평생을 바치신 선생님들에게는 아직도 할 일이 많습니다. 특히 남쪽 사정을 어느정도 알고 북으로 가시는 선생님들이야말로 남북화합을 위한 중요한 '전도사'가 될 수 있을 것입니다.

20세기 민족사의 상징인 선생님들이야말로 21세기의 새로운 역사를 여는 밑거름이 되는 것입니다. 한평생을 신념에 따라 역사 앞에 떳떳하게 사신 선생님들의 더 큰 역할과 행운과 만수무강을 빌면서 이만 줄입니다. (2000. 7. 29)

# 이산가족 만남을 보고

조선민주주의인민공화국 국기가 선명한 비행기가 대한민국 김포공항에 내리는 장면을 텔레비전으로 보고 세상 참 많이 변하는구나 하고 감탄해 마지않았다. 이산가족들이 만나 몸부림치며 우는 장면을 보고 한참 동안은 따라 울 수밖에 없었다. 그러다가 우리가 왜 이렇게 되었는가 하고, 울컥 치미는 울분 같은 것을 느끼지 않을 수 없었다.

이 비극의 뿌리는 물론 일본에 강제지배당한 데서 시작되며, 우리 힘만으로 해방하지 못한 데 있다. 그렇지만 해방 3년 만에 남북 두 분단국가가 생길 때, 남은 남대로 북은 또 북대로 그 주민의 구십몇 퍼센트인가가 찬성했다는 사실을 상기하지 않을 수 없다. 정치가들이야 설령 집권 목적이 우선이었다 하더라도 분단국가의 성립을, 즉 민족분단을 적극 찬성한 우리 전체 민족구성원의 책임도 따져봐야 한다는 생각이 들었다. 지난날을 탓하기 위해서가 아니라 더 나아져야 할 앞날을 위해서다.

역사가 존재하는 이유의 하나는 잘못된 과거를 반성하는 데 있다. 1948년 남북협상에 갔다 온 백범 김구가 남북에 분단국가가 성립하면 반드시 동족상잔이 뒤따를 것이라 예언했고, 그 예언은 불행하게도 적

중했다. 지금 저렇게 통한으로 몸부림치며 울부짖고 있는 이산가족들은 바로 그 분단과 동족상잔의 산물이다. 북은 북대로 남은 남대로 각기 제 정당성과 정통성을 주장하면서 한치의 양보나 타협 없이 민족분단의 길로 가고 만 결과, 그 처절한 전쟁을 겪고도 반세기 이상 분단상태가 계속되고 있으며, 극동의 화약고로 불리고 지구상에서 가장 전쟁위험이 높은 곳의 하나로 지목되면서, 1천만 명이나 된다는 이산가족과 실향민을 만들어놓은 것이다.

전체 민족적 처지에 서지 못하고 현실적 이익과 지역적·정치적·계급적 이해관계에만 얽매여 분단과 대결과 전쟁과 이별을 자초했다가, 반세기 이상 엄청난 희생을 치르고 나서야 이제 겨우 타협과 협상으로 민족문제를 풀어가야 함을 알게 되었고, 그 결과 어머니가 아들을, 남편이 아내를, 형이 아우를 50년 만에 만나는 울음바다를 이루었다. 15년 전에도 한 번 이같은 울음바다가 있었지만, 정치적 상황의 요구에 따라 그 감격은 또 씻은 듯이 냉각되고 말았다. 50년 전 분단국가의 성립으로 비극의 씨앗이 뿌려질 때도 남북 주민들은 적극 찬성하면서 따랐고, 15년 전에 처음 있었던 이산가족 면회가 한 번으로 끝나도 남북 주민들은 그대로 따를 뿐이었다.

누가 민족을 분단시켰고 누가 동족끼리 상잔하게 했는가를 따지는 것도 물론 중요하나, 그 엄청난 비극이 연출되도록 그대로 따라간 남북 주민들의 낮은 역사의식과 약한 정치적 처지도 딱하다 하지 않을 수 없다. 2000년 8월 15일의 두번째 이산가족 면회가 또다시 눈물바다를 이루었지만, 앞으로 정치적 상황의 변화에 따라, 특히 남쪽의 경우 정권교체 여하에 따라서는 이 눈물바다가 다시 말라버릴 가능성이 없지도 않다. 그 경우에도 몸부림치던 이산가족들과 그것을 보고 눈물로 감격해하던 사람들은 또 통치자들의 처분만 기다리고 따라야 할 것인지 생각해봐야 한다.

민족이 화해하고 이산가족이 자유롭게 만나는 일이 바람직한 것이라 생각된다면, 어떻게 해야 그렇게 될 수 있는가를, 어떻게 해야 그것이 단절되지 않고 지속되게 할 수 있는가를 민족구성원 한 사람 한 사람이 생각하고 실천하는 일이 중요하다.

민족 분단과정에 적극 찬성하고 동족상잔 전쟁에도 별수 없이 따라나 섬으로써 혈육과 이별하고, 이제 그 가족과 만나는 기회가 주어지면 얼싸안고 울 줄밖에 모르는, 또 그 장면을 보고 감격해할 줄밖에 모르는 그런 민족이라면, 21세기 무한경쟁의 시대에는 살아남기 어려울 것이다.

가족을 만나는 기쁨이 크면 클수록 또 그것을 바라보는 감격이 더하면 더할수록, 어떻게 해야 그 기쁨과 감격을 지속시킬 수 있는가를 적극적으로 생각해야 한다. 면회소를 두어 만나고 싶을 때 만나게 하는 것이 당장의 해결책이 될 수 있겠고, 원하는 사람은 장차 함께 살 수 있게 해야겠지만, 다시는 그런 일을 당하지 않기 위해 남북 민족구성원 한 사람 한 사람이 무엇을 어떻게 해야 하는가를 옳게 터득하고, 그것을 하나하나 실천하는 일만이 이산가족 문제의 궁극적 해결책이다. (2000. 8. 18)

# 열 번이라도 가보고 싶은 금강산

　지금부터 꼭 10년 전에 처음 중국에 가서 만리장성과 중국 쪽 백두산을 보고 난 후 옛 중국 사람들도 보기를 소원했다는 금강산에는 언제나 갈 수 있을까 하고 안타까워했는데, 그후 백두산은 두 번이나 더 갔으면서도 금강산에는 갈 수 없었다. 그런데 복이 터져서 올해 들어서 2월과 4월에 두 번씩이나 금강산을 다녀왔으니 큰 소원을 하나 더 이룬 셈이다.

　금강산은 봄철 이름이고 여름철은 봉래산, 가을철은 풍악산, 겨울에는 개골산이라 했는데, 얼음으로 덮인 구룡폭포를 보고 온 두 달 후에 다시 가서 진달래가 핀 괴면암을 보았으니 개골산과 금강산은 봤고, 이제 봉래산과 풍악산 구경만 남은 셈이다. 북쪽 안내자의 말이 금강산은 가을 풍악산일 때가 제일 좋다 했다. 가을쯤에 한 번 더 갈 수 있었으면 하는 생각이 간절하다.

　산을 좋아해서 남쪽의 산은 소금강이라 이름 붙은 산들을 포함해서 거의 다 가보았지만, 금강산은 듣던 말 그대로 정말 굉장한 산이었다. 금강산 전체를 보려면 40코스가 넘는다고 들었는데 겨우 두 코스를 가보았을 뿐이지만, 이름으로만 듣던 삼선암·괴면암·만물상·천선대·망

양대 그리고 옥류동·구룡폭포·상팔담 등을 볼 때마다 "아! 좋구나" 하는 말이 절로 나왔다.

남쪽에도 설악산의 공룡능선과 같이 부분적으로는 괴암절벽이 절경을 이룬 곳이 더러 있다. 그러나 금강산은 산 전체가 거의 괴암절벽으로 된 것처럼 보일 정도다. 불과 두 코스밖에 가보지 못하고 할 말은 아니지만 산 전체의 규모도 생각보다 큰 것 같았다. 아직 못 본 곳곳에도 절경이 많을 것 같지만, 지금 우리가 갈 수 있는 곳 중에서는 특히 유리같이 맑은 물이 깊이에 따라 빛이 다른 여덟 개의 담(潭)을 지나 구룡폭포로 떨어지는 모습을 한눈으로 볼 수 있는 상팔담과 선녀들이 놀았다는 천선대에서 바라보는 만물상은 절경 중의 절경이었다.

금강산관광도 물론 좋지만 지금 남쪽 사람들의 금강산행은 단순한 관광여행이 아니라 통일의 길을 넓히는 일이다. 분단 반세기가 넘도록 북쪽 땅을 밟아본 사람은 통일문제를 다루러 다니는 일부 정치인이나 관료들 그리고 특정한 경제인과 그들이 고용한 몇몇 사람에 지나지 않았다. 그러나 지금은 금강산관광으로 남쪽의 서민들 약 700~800명이 매일 북쪽 땅을 밟고 있다. 지난 2월 금강산관광으로 평생 처음 북쪽 땅을 밟은 순간의 감회는 무어라 형언할 수 없었다.

이제 곧 관광선이 한 척 더 늘어난다고 들었는데, 그렇게 되면 매일 남쪽 사람 1천 명 이상이 북쪽 땅을 밟게 된다. 그들 한 사람 한 사람이 마치 훈훈한 지열이 피어오르면서 전신을 감싸는 것 같은, 그래서 신발을 벗어던지고 맨발로 밟아보고 싶은 충동을 느끼게 될 것이다. 그리고 제한된 숫자이긴 하지만, 안내원 등 수십 명의 북쪽사람들과 자연스럽게 만나서 별 서슴없이 몇 마디 인사말이라도 나눌 수 있게 되는 것이다.

우리는 지금 남북을 막론하고 무력통일은 물론 흡수통일도 안 하겠다고 선언했고, 그래서 남북합의서가 교환되었다. 흡수통일을 안 하겠다는 것은 곧 통일을 화해와 타협으로 하겠다는 말이 되는데, 화해와 타협 통일에는 무엇보다도 남북의 사람, 특히 서민들이 서로 만나 마음을 터놓는 일이 중요하다. 남쪽 서민들이 금강산을 가듯이 북쪽 서민들이 남쪽의 고적이나 명승지를 볼 수 있으면 얼마나 좋을까. 남쪽 불교단체가 북쪽 신자들을 초청해서 석굴암이라도 볼 수 있게 하는 일이 머지않았을지도 모른다.

금강산 관광객들은 점심을 각자 들고 간 도시락으로 해결하게 되어 있다. 만물상 올라가는 입구에 넓은 쉼터가 있어서, 함께 온 가족이나 일행들이 자리를 깔고 점심을 먹게 마련이다. 일찍 점심을 먹고, 젊지만 미혼은 아닌 것 같은 북쪽 여자안내인에게 남쪽사람들을 대하면서 특히 다르게 느껴지는 게 무엇이냐고 물어봤다.

어린아이도 있는 젊은 부부가 점심 먹을 자리를 잡는데 아내가 남편을 보고 "여보, 여기가 좋겠다" 하면 남편은 "그래그래" 했다가 아내가 또 다른 곳을 가리키면서 "여기가 더 좋겠다" 하면 남편은 또 "그래그래" 하며 따라가는 것이 우스웠다고 했다.

아마 남쪽의 젊은 아내가 남편에게 친구처럼 말을 놓는 것도, 또 아내가 좋다는 대로 '줏대없이' "그래그래" 하며 따라가는 남편의 태도도 북쪽 사람으로서는 이상하게 보였던 것 같다. 그러나 분단 반세기 동안 그렇게 서로 다르게 되었다는 사실을 알게 되는 일이 중요하다는 생각이 들었다.

말을 붙인 김에 남쪽 관광객의 하는 짓이 얄밉게 보이는 일은 없느냐고 물었더니, 쓰레기를 담은 비닐봉지를 돌 밑이나 나무둥치 밑에 숨겨두는 일이 얄밉다고 했다. 남쪽에서 하던 짓을 북쪽에 와서도 하는구나 싶어서 화가 났지만, 그래도 전체적으로 보면 남쪽 관광객의 금강산관광은 합격점이라고 생각되었다. 그동안 약 6만 명이 다녀갔는데, 사소

한 문제야 있었겠지만 큰 사고가 없었다는 것이 그 증거이기도 하다.

흐르는 물을 어디에서든 그대로 떠 마실 수 있을 만큼, 담배꽁초 하나 종잇조각 한 장 떨어져 있지 않을 정도로 금강산은 정말 깨끗하게 보존되어 있다.

남쪽 관광객들은 긴 산행에서도 침 한번 함부로 뱉을 수 없고, 지정된 위생실(화장실)이 아니면 절대로 용변을 볼 수 없다. 오염을 막기 위해 까다로운 규정을 정해놓기도 했지만, 산이 원체 깨끗해서 감히 종잇조각 하나 담배꽁초 하나도 함부로 버릴 마음이 생기지 않게 되어 있기도 하다. 남쪽 사람들이 금강산관광에서 지킨 규정들을 남쪽 산행에서 그대로 지킬 수만 있다면, 환경문제 해결이 이렇게 어려운 시기에 금강산관광의 의미는 더 커질 것이다.

사정만 허락하면 열 번 스무 번이라도 금강산을 가볼 생각이다. 그 아름답고 깨끗한 산을 구석구석 다 보고 싶고, 몇 마디만 주고받으면 이웃 같고 형제 같은 북쪽 안내원들을 한 사람이라도 더 만나보고 싶고, 큰돈은 아니지만 내가 내는 입산료가 북쪽 동포들에게 도움이 되게 하고 싶고, 그래서 통일의 길이 조금이라도 넓어지는 데 도움이 되고 싶기 때문이다. (1999. 5. 9)

# 한반도 통일과 체제문제

2000년 6월 평양의 남북정상회담에 민간단체의 대표로 참가한 후 지난 2년간 경향 각지를 다니면서 통일문제 강연을 많이 했다. 특히 중·고등학교에서 통일문제를 강의하는 교사들의 요청이 많았다. 남북 두 정상이 손을 맞잡고 웃으면서 "우리 [6·15]공동선언에 합의했습니다" 하는 장면을 텔레비전으로 본 학생들에게 그전에 만들어진 교과서대로 통일문제를 가르치면 모두 웃게 마련이고, 그렇다고 해서 어떻게 새롭게 가르쳐야 할지 모르겠으니 대강의 방향만이라도 말해달라는 요청이 많았기 때문이다.

강연을 하면서, 6·15공동선언은 우리식 통일방법이라 할 협상통일의 시작이라 말하고, 왜 우리의 통일방법은 전쟁도 흡수도 아닌 협상에 의한 방법일 수밖에 없는가를 자세히 풀어서 말해주고 나면, 많이 나오는 질문 중의 하나가 통일과 체제 문제이다. 전쟁통일은 베트남의 경우와 같이 이긴 쪽 체제가 패배한 쪽에 적용되게 마련이며, 독일과 같은 흡수통일의 경우도 흡수한 쪽 체제가 흡수당한 쪽에 적용되게 마련이었다.

그런데 한반도의 경우 남북이 모두 전쟁통일은 말할 것 없고 흡수통일도 하지 않겠다 하고, 정상회담과 같은 협상을 통해 통일해가겠다 하니, 그런 방법으로 남쪽의 자본주의체제와 북쪽의 사회주의체제 중 어느 체제로 통일할 수 있을 것인가 하는 질문이 나오는 것은 당연하다 하겠다. 이 질문에 대해서는 대체로 두 가지 방향을 들어 대답해왔는데, 옳은 대답이 되었는지 점검도 할 겸 글로 만들어보려 한다.

첫째, 분단되어 있는 한반도의 남쪽에서는 대체로 1국가1체제가 되어야 통일되는 것이라 보고, 당연히 남쪽의 자본주의체제로 통일하려 한다 해도 틀린 말은 아닐 것이다. 그러나 북쪽에서는 1국가2체제 통일을 지향하고 있다. 그것이 연방제통일안인데, 남쪽 정부와 자본주의체제를, 북쪽 정부와 사회주의체제를 그대로 유지한 채 그 위에 군사권과 외교권만을 관장하는 하나의 국가를 두는 통일방법이다.

남쪽 사직당국은 북이 제시한 1국가2체제 연방제통일안을 남쪽까지 사회주의화하려는 통일전선전술이라 보고 있다. 연방제안이 적화통일안인가, 사회주의체제를 유지하면서 통일하려는 방안인가 하는 문제는 각자의 판단에 맡기기로 하더라도, 전쟁통일이나 흡수통일이 아니고 평화적으로 또 협상을 통해 통일하는 경우, 곧바로 1국가1체제로 통일되기 어렵다는 사실을 먼저 인식하는 것이 중요하다.

전쟁이나 흡수가 아닌 협상의 방법으로 통일하는 경우, 1국가2체제를 통일의 완성단계로 보는 경우도 있을 수 있고, 통일의 중간단계로서 1국가2체제로 갔다가 1국가1체제로 가는 통일이 될 수도 있겠는데, 협상통일의 경우 반드시 그 앞단계로서의 평화정착 과정이 필요하다.

따라서 평화가 상당히 정착되고 난 후, 1국가1체제로 할 것인가 1국가2체제로 할 것인가를 논의해도 늦지 않다고 생각한다. 1체제로 통일할 것인가 2체제로 할 것인가 하는 문제에 걸려서, 철도를 연결하고 육로관광 길을 열고 휴전협정을 평화협정으로 바꾸고 감군(減軍)을 하는 등의 평화정착 사업마저 지체되어서는 안 될 것이다.

둘째, 지난 20세기 세계사는 분명 자본주의체제와 사회주의체제가 대립하고 항쟁한 시대였다. 그러나 20세기를 넘기기 전에 사회주의 종주국 소련이 해체되고 사회주의권 대부분이 무너지거나 크게 변질하고 있다. 그래서 어떤 사람은 21세기는 사회주의가 완전히 소멸하고, 자본주의체제가 어떤 도전도 받음 없이 독주하는 시대가 되리라 말하기도 한다. 그런가 하면 미국의 저명한 사회학자 윌러스틴 같은 사람은 사회주의체제가 약화함에 따라 자본주의체제가 독선적으로 되면서 신자유주의로 가고 있는데, 이같이 방자해져가는 자본주의체제는 결코 21세기 전반기를 넘기지 못할 것이라고 진단하기도 한다.

하나의 체제가 영원히 간다는 것은 물론 어불성설이고, 어느 하나의 체제가 단독으로 한 세기를 지배하기도 어려운 시대가 되었다. 20세기를 넘기는 과정에서 나타난 세기말적 혼돈현상이 극복되고, 21세기 세계체제가 자리잡기까지는 상당한 시간이 필요할 것이다. 그런 조건 아래서 한반도 통일문제를 다루면서 통일 후의 체제를 자본주의체제로 할 것이냐 사회주의체제로 할 것이냐 하고 걱정하는 것은, 분명 20세기적 역사인식 즉 자본주의와 사회주의가 대립·항쟁하던 시대의 역사인식에 한정된 것이라 하지 않을 수 없다.

21세기의 세계체제가 어떻게 형성될지 아직 아무도 속단할 수 없다. 그러나 한 가지 분명히 말할 수 있는 것은, 21세기 세계체제가 어떻게 형성되건 그것은 20세기보다는 민주주의가 질적으로 더 발달한 체제가 될 것이라는 점이다. 민주주의 이해에 더러 혼동이 있는 것 같다. 일본계 미국인 후쿠야마가 말하는 역사의 종언은 헤겔시대적 민주주의, 즉 자본주의체제에 한정된 민주주의를 곧 역사의 종점 혹은 이상으로 본 것이지, 정치·경제·사회·문화 면에서 20세기적 자본주의체제를 넘어선 민주주의까지를 말하는 것은 아니라 생각된다. 20세기 민주주의와 21세기 민주주의가 질적으로 다를 것임은 말할 나위가 없다.

21세기 세계체제가 어떻게 형성될지 아직 불분명한 상황에서 20세기적 역사인식에 한정되어, 21세기의 과제인 통일 후 체제를 자본주의로 할 것인가 사회주의로 할 것인가 하는 문제에 걸려 협상통일의 필수 전제조건인 평화정착 사업조차 제대로 할 수 없다면, 그것은 분명 어리석은 일이 아닐 수 없다. (2002. 10. 10)

# 한·미·일 공조와 평화통일

제2차 세계대전 후 한반도가 남북으로 분단되면서 동아시아에는 흔히 공조체제로 표현되는 한·미·일 동맹체제와 조·중·소 동맹체제가 대립하였고, 그 결과 한반도의 분단상태는 지속되었다. 그후 중소분쟁이 일어남으로써 조·중·소 공조체제가 흔들렸다가 소련이 붕괴함으로써 그것이 무너지고, 말하자면 조·중 공조체제만이 유지되었다고 할 수 있다.

그런 한편 한·미·일 공조체제는 반세기가 넘도록 굳게 지속되고 있다. 동아시아의 국제 역관계상 앞으로 한·미·일 공조체제가 더 굳어지면 자연 조·중·소 대신 조·중·러 공조체제가 다시 성립할 가능성이 없지 않다.

과거 한·미·일 공조체제와 조·중·소 공조체제의 대립은 이데올로기 면에서 자본주의체제와 사회주의체제의 대립이었다. 지금은 냉전체제가 해소됨으로써 이데올로기 대립이 무너졌고, 그 때문에 한·미·일 공조체제가 굳어져도 조·중·러 공조체제가 성립할 가능성은 작다고 보는 견해도 있을 수 있겠으나 반드시 그런 것은 아니다.

한반도는 그 형세가 동아시아에서 중국·러시아 등 대륙세력권과 일본·미국 등 해양세력권 사이에 놓인 다리처럼 되어 있다. 그런 한반도가 대륙세력권에 포함되면 해양 쪽이 위협받는다 했고, 반대로 해양세력권에 포함되었을 때는 실제로 그 세력이 대륙을 침략하는 발판이 되기도 했다. 이데올로기 대립이 있기 이전의 청일전쟁이나 러일전쟁은 그 때문에 일어난 전쟁들이었다고 할 수 있으며, '만주사변'이나 중일전쟁도 같은 맥락에서 원인을 찾을 수 있다.

또 얼마 전에는 사회주의체제를 포기한 러시아의 대통령이 역사상 처음으로 사회주의체제를 고수하고 있는 평양을 다녀갔고, 역시 사회주의체제를 유지하는 중국과 그것을 포기한 러시아의 관계가 좋아지고 있다. 이같은 일들은 이데올로기 문제와는 상관없이, 한·미·일 공조체제의 강화에 맞서서 조·중·러 공조체제가 성립할 가능성을 보여주는 것이라 할 수도 있다.

그런 조건 때문에 6·25전쟁 결과에서 볼 수 있듯이, 분단된 한반도가 해양세력권에 들어가는 통일도 또 대륙세력권에 들어가는 통일도 불가능함을 알 수 있다. 결국 어느 세력권에도 들어가지 않고 두 세력권 사이에서 제3의 위치를 확보하면서 통일되는 길이 가장 바람직하다고 할 수 있다. 제국주의가 청산되어가고 평화주의가 지향되어가는 21세기에는, 한반도와 같이 양대 세력 속에 끼인 지역이라 해도 제국주의 시대의 산물인 영세국외중립과 같은 방법이 아니면서 제3의 위치를 확보하는 길이 가능하다고 할 수 있다.

한·미·일 공조체제의 강화가 조·중·러 공조체제를 다시 성립케 할 가능성이 있다 해도, 긴 세월을 두고 정치·군사·경제적으로 밀착해온 한·미·일 공조체제를 당장 변화시키기 어려운 것이 사실이다. 그런데 한·미·일 공조체제가 굳어지면 굳어질수록 평화통일도 어려워진다. 그리고 이것은 조·중·러 공조체제가 다시 성립하고 강화되면 평화통일이 어렵게 되는 일과 조금도 다르지 않다.

따라서 남쪽에서 걸을 수 있는 평화통일의 길은 한·미·일 공조체제를 유지하되 그것을 점차 약화시키면서 남북공조를 강화해가는 길이며, 북쪽에서 걸을 수 있는 평화통일의 길은 조·중·러 공조체제를 성립시키지 않고 남북공조를 강화하는 길이라 할 수 있다. 현명하게 그리고 조심스럽게 걸어야 하는 어려운 길이지만, 그것은 걸을 수밖에 없는 평화통일의 길이다.

임기를 얼마 남기지 않은 김대중정부는 6·15공동선언을 성사시킴으로써 남북화해의 길을 열어놓았다. 우리 통일의 역사 위에 큰 디딤돌을 놓은 것이다. 다음을 이을 노무현정부는 이제 그 디딤돌을 딛고 남북공조를 강화하는 정부가 되어야 할 것이다. 그리고 남북공조의 첫째 과제는 한반도에서 다시는 전쟁이 일어나지 않을 만큼 평화를 정착시키는 일이며, 둘째 과제는 둘로 나뉘어 있는 나라를 하나로 만드는 일이다.

(2003. 2. 19)

# '북핵'과 어느 아버지와 아들

지난 2월 하순에 네번째 평양을 다녀왔다. 가는 횟수가 늘다 보니 그쪽의 대남 평화사업 관계자들과도 어느정도 친숙해져서, 사석에서는 전에는 할 수 없었던 이야기들도 더러 할 수 있었다.

미국의 이라크침공을 전망하면서 침공 후의 조미관계에 이야기가 미쳤을 때, 그들의 어투가 전보다도 더 자신에 차 있고 또 강경해진 것을 느낄 수 있었다. 물론 그때는 핵무기를 가졌다고는 말하지 않았지만.

베이징 3자회담에서 북한대표가 핵무기를 가졌음을 밝혔다는 사실이 요즈음 톱뉴스가 되고 있다. 금년 들어서 미국이 북한의 핵무기 보유를 인정하는 정책으로 돌아선다는 전망들이 있고, 또 최근에는 북한의 대표적 핵물리학자가 미국으로 망명했다는 설도 있다.

따라서 미국은 이미 '북핵'에 대한 상당한 정보를 가지고 있고, 그것이 북한의 핵무기 보유 발표 배경이 된 것이 아닌가 생각되기도 한다. 어떻든 북한이 핵무기를 가진 것이 사실이라면, 미국은 말할 것 없고 일본·중국의 전략에도 큰 영향을 끼치리라 쉽게 예측할 수 있다.

그렇다면 남한은 어떤가. 북한이 핵무기를 가져도 남한에 위협을 주려는 것은 아니라고 말하기도 했고, 좀 오래된 일이지만 일본에 대항하기 위해 남북한이 함께 핵무기를 개발하는 줄거리의 소설이 나와서 화제가 되기도 했다. 지금 남한에서는 특히 16대 대통령선거 이후 국내문제나 대북 인식 면에서 어느 때보다도 세대간 차이를 크게 보이고 있는데, '북핵'문제도 그 가장 예민한 문제의 하나임을 보여주는 이야기를 해볼까 한다.

어느 자리에서 동년배 늙은이가 심각한 얼굴이 되어 의견인가 조언인가를 구해 온 일이 있다. 30대의 아들과 어쩌다가 '북핵'문제를 두고 대화를 하게 되었다고 한다. 아들의 말인즉슨 중국도 핵무기를 가졌고 일본은 가지려고만 하면 곧바로 가질 수 있다는데, 남한은 박정희정권 말기에 경험한 것처럼 미국의 방해 때문에 못 가지지만 북한만이라도 가져야 하지 않겠는가 했다는 것이다. 그 말을 듣고, 아버지는 놀라서 한동안 말을 못했다고 한다.

아버지는 북한이 핵무기를 가지면 그 첫 공격대상이 남한일 것 같고 그래서 두렵기 짝이 없는데, 아들의 생각은 남한은 외세의 간섭으로 못 가진다 해도 대신 북한이라도 핵무기를 가져야 하지 않느냐는 것이니 아버지로서는 그야말로 경천동지할 일이 아닐 수 없었던 것 같다. 같은 시대에 같은 땅에 살고 있는 아들이 '북핵'문제에 대해서 왜 이렇게 전혀 다른 생각을 가지게 되었는가를, 같이 늙어가는 역사학 전공자 친구에게 그 아버지가 묻는 것이다.

대답은 그다지 어렵지 않았다. 간단히 말하면 늙은 아버지는 북한을 적으로 생각하고 젊은 아들은 동족으로 생각하는 데서 생긴 차이이다. 6·25 동족상잔을 겪은 세대인 아버지는 아직도 북한을 적으로, 미국을 혈맹의 우방으로 생각하는 데 반해 동족상잔을 직접 경험하지 않은 세대인 그 아들은 반공·반북 교육을 받았음에도 어느새 북한을 적이 아닌 동족으로, 미국을 혈맹의 우방이라기보다는 일본이나 중국과 다르지 않은 외국으로 생각하게 된 결과라 할 것이다.

다른 나라들이 핵무기를 가져도 북한만은 가져서는 안 된다고 생각하는 아버지와 지구상에서 핵무기가 없어지지 않는 한, 또 주변나라들이 그것을 가졌는데도 남한은 못 가진다면, 북한만이라도 가져야 한다고 생각하는 아들 사이의 생각 차이를 어떻게 풀어야 할 것인가가 어려운 문제다. 비단 핵문제뿐만 아니라 남북문제·민족문제 전체를 두고 나타나고 있는 이른바 세대차이, 보·혁갈등 등과 함께 지금의 우리 민족사회 전체가 당면한 어려운 문제가 바로 그것이다.

그 문제는 역시 북한을 적으로 볼 것인가 동족으로 볼 것인가, 투쟁과 대립과 극복의 대상으로 볼 것인가 화해하고 협력해야 할 대상으로 볼 것인가, 전쟁이나 흡수통일을 통해 없애야 할 대상으로 볼 것인가 공존·공영과 평화통일의 대상으로 볼 것인가 하는 문제와 직결되어 있다.

그리고 세계사적으로나 민족사적으로 제국주의 전쟁과 동서냉전이 판을 쳤던 20세기와 달리, 21세기에는 전체 인류사회의 평화의지가 한층 더 높아져가고 있다는 점, 지난 세기가 민족국가의 벽을 높이면서 침략과 전쟁과 대립을 거듭하던 시대였다면 지금의 세기는 민족국가의 벽을 낮추고 지역공동체를 이루면서 화해·협력·공존·평화를 지향하는 시대라는 점 등이 생각되어야 한다.

북한을 적으로밖에 생각할 수 없는 아버지는 지난 20세기의 분단시대적 인간형이고, 북한을 동족으로 생각하는 아들이야말로 앞으로 21세기의 민족문제·남북문제를 담당해서 풀어가야 할 인간형이라 하지 않을 수 없다. 앞으로 누구의 생각이 더 많이 적용되겠으며, 또 되어야 하겠는가를 생각해보면 그 대답은 자명해진다.

그건 그렇다 하고, 인류를 멸망시킬 수 있는 가공할 핵무기는 물론 어느 누구도 가지지 않아야 한다. 그러나 인류사회는 불행하게도 제2차 세계대전을 통해 핵무기를 가지게 되었고, 지금에는 8개 국가인가가 핵 보유국으로 인정되어 있다. 그리고 핵확산금지조약에 가입한 나머지 국가들은 앞으로도 가지지 못하게 하고 있다.

그러나 인류를 멸망케 할 수 있는 무서운 핵무기를 지구상에서 완전히 없앰으로써 인류사회를 멸망의 위험에서 구하는 올바른 길은 작은 나라들이 자위책으로 몇 개 가지려는 것을 막는 데 있기보다, 이미 많이 가진 큰 나라부터 핵무기를 없애는 데 있다.

핵무기를 많이 가지면 오히려 문제가 안 되고 한두 개 가지려는 경우만 문제되거나 나아가서 강대국의 일방적 공격대상이 된다면, 그야말로 힘이 정의인 야만의 시대가 되지 않을 수 없다. 그리고 초강대국 미국에 대해 이해할 수 없는 점은 테러에 대한 보복에만 혈안이 되어 있지 테러를 당하게 된 원인에 대해서는 전혀 생각하지 않는다는 점이다. 세계평화를 지키는 진정한 길은 강대국의 패권주의가 강행되는 데 있는 것이 아니라, 모든 국가의 자결권이 존중되는 데 있다.

패권주의는 약육강식하는 제국주의의 연장이다. 북한이 핵무기를 가지지 않게 하는 길은 남한과 미국을 비롯한 전체 세계가 그 체제를 인정하고 보장하는 데 있다. 그리고 대량살상무기로서의 핵무기를 가진 나라 모두가 반평화주의 국가 및 비문명 국가로 취급될 때 비로소 진정한 의미의 세계평화가 정착될 수 있을 것이다. (2003. 5. 2)

# 5
# 통일의 역사는
# 전진하고
# 있다

# 통일민족주의를 위하여

인류의 근현대사에서 민족주의만큼 여러가지 뜻으로 쓰인 말도 많지 않지만, 그럼에도 몇 가지 전형적 경우를 들어볼 수 있다. 우선, 일부 제국주의 국가의 집권세력들이 민족주의라는 이름으로 제 국민을 억압하고 다른 민족을 침략한 경우와, 그 침략을 받은 지역에서 민족주의라는 이름으로 대항하면서 민족을 단합시키고 독립투쟁을 전개한 경우가 있다.

다음으로, 제2차 세계대전이 끝난 후 제국주의 국가들이 가졌던 식민지가 대부분 해방되어 독립함으로써 식민잔재를 청산하고 정치·경제적 자주성을 지키기 위해 민족주의를 내세우는 경우가 있었는가 하면, 과거의 식민모국들을 중심으로 하는 강대국들이 특히 경제적 지배를 목적으로 하는 신식민주의를 채택하자 신생 민족국가들이 그것에 대응하여 경제적 민족주의를 강화하는 경우 등이 있었다.

한반도의 경우 근대로 오면서 국민주권주의 민족국가를 성립시키지 못한 채 식민지로 전락했고, 그 때문에 민족해방은 곧 국민주권주의 민족국가 수립을 위한 또 하나의 혁명이어야 했다. 그러나 불행하게도 해방은 분단과 함께 왔고, 그 때문에 남북에 두 개의 국민주권주의국가가 성립하였을 뿐, 식민지배에서 해방된 민족사회가 일반적으로 지향하던 민족주의를 지도원리로 하는 단일 민족국가 건설에는 실패했다. 분단시대 반세기를 통해서 남북 분단국은 그 지도원리를 민족주의 혹은 사회주의라 내세웠으나, 사실 그것은 분단국가주의였다고 할 수밖에 없다.

이 분단국가 권력들은 각기 역사적 정통성을 내세우면서 제 권력의 최고성 및 절대성을 주장해왔다. 하나의 민족사회 안에서 대립해 있는 두 분단국가 권력들이 각기 배타적으로 상대방의 역사적 정당성 및 정통성을 부인하고 제 권력의 최고성 및 절대성만을 주장하는 경우, 그러면서도 또 통일은 지향해 마지않는 경우, 그 방법은 베트남식 전쟁통일 아니면 독일식 흡수통일일 수밖에 없다. 그러나 세계사의 흐름은, 그리고 한반도의 지정학적 위치 문제는 이땅에서 전쟁이나 흡수 방법에 의한 통일을 불가능하게 했고, 앞으로도 그럴 것 같은 전망이다.

한편 세계사적으로는 20세기를 넘기는 과정에서 지난 3~4세기 이상 국민국가 및 민족국가의 권력이 계속 강화되어오기만 하면서 그것에서 파생하는 횡포, 즉 국가의 이름으로 침략전쟁을 일으켜 국민들을 강세로 전쟁터로 몰아넣거나 침략전쟁 수행을 위해 과도한 세금을 강탈해가거나, 국경의 벽을 높이 쌓고 지구단위 거주이동의 자유를 통제하는 그런 횡포에 대한 반발이 일부 생겨나기 시작했으며, 그것은 곧 국민국가의 권력을 일부 제약하면서 대신 지역공동체를 발달시키려는 방향으로 나아가고 있는 것도 사실이다.

세기가 바뀌는 과정에서 나타나고 있는 이같은 세계사적 변화에 충분히 공감하면서도, 전쟁이나 혁명이나 흡수에 의한 통일이 아닌 협상·화해·대등 통일을 지향하고 있는 한반도 주민들에게는 민족통일을 위한 이데올로기로 지금까지 잘못 이용되어온 분단국가주의에서 벗어나서 통일민족주의로 나아가는 일이 불가피하다고 생각한다. 민족통일과 같은 역사적 대과업은 단순한 현실적 이해관계만으로는 달성되기 어렵다고 생각되기 때문이다.

　민족과는 상관없이 한반도에 사는 각 개인이 정치·경제·사회·문화적으로 한층 더 자유롭고 고루 풍요롭게 살기 위해 통일해야 한다는 현실적 요구가 중요하기도 하다. 그러나 통일의 필요성이 같은 지역에 사는 개인들의 요구나 필요뿐만 아니라, 하나의 단위민족으로 통일됨으로써 민족구성원 사이의 대립과 분쟁을 해결하여 동아시아 및 세계 평화에 공헌하고 그 고유문화를 유지·발전시켜 세계문화의 다양한 발전에 이바지함으로써 이 지구상에 있는 수많은 민족사회 중의 일원으로 그 존재이유를 확실히 하기 위한 데 있다면, 그 지도원리로서의 민족주의가 요구되며 그것은 분단국가주의를 넘어선 통일민족주의라고 말할 수 있다.

　한반도지역이 통일민족주의를 이데올로기로 하여 통일이 된 후, 20세기까지와 같은 민족국가 사이의 대립과 침략이 없어지고, 통일된 한반도 지역이 타민족사회의 침략을 받지 않는 한 한민족이 타민족사회를 침략할 이유가 없을 것이며, 그런 경우 우리 민족사회라 하여 구태여 민족주의를 지도원리로 가질 이유는 없을 것이다. 그런 상황에서는 정치·경제·사회·문화적 민주주의의 발전이 그 지도원리가 될 것이다.

# 통일의 역사는 전진하고 있다

6·25전쟁이 한창일 때 대구에 피란해 있던 대학의 사학과에 입학했다. 부산이나 진해 등지로 피란한 교수님들이 많아서, 복잡하고 불편한 기차를 타고 대구까지 와서 강의를 하셔야 했으니 강의가 제대로 될 수 없었다. 교재가 없어서 교수님들이 노트에 작성한 강의안을 불러주면 학생들이 한 시간 내내 받아쓰는 그런 강의가 대부분이었다. 잘 알지 못하면서도 역사학이란 학문에 굉장한 기대를 가지고 입학했는데, 어느 선생님은 복잡한 기차 안에서 강의노트를 잃어버려 다시 작성할 때까지 근 한 달 동안 휴강하지 않을 수 없는 경우도 있었으니, 대학생활에 기대가 컸던 만큼 실망도 컸던 기억이 지금도 생생하다.

그런 대학생활 중에서도 잊히지 않는 것은 어느 강의에서 들은 말인지 정확하게 기억하지 못하지만, "세상에 설령 아무것도 믿을 것이 없다 해도 오직 한 가지 믿어도 좋은 것이 있다. 그것은 역사는 한자리에 서 있지 않고 반드시 변하고 만다는 사실이다. 역사는 변하게 마련이기 때문에 역사학이 성립하고 또 존재할 수 있는 것이다"라는 내용이었다.

웬일인지 이 말은 역사학을 연구하고 가르치면서 밥을 먹고 살게 된 평생을 두고 잊을 수 없는 말이 되었다. 역사는 반드시 변하고 만다는 믿음 같은 것이 없었다면, 30년 동안이나 지속된 저 군사독재정권 아래서의 그 어려웠던 세월을 양심에 크게 가책받는 일 하지 않고 살기 어려웠을 것이다.

해방 후 50여 년을 두고 얼었다 녹았다를 거듭하는 남북관계가 6·15 남북공동선언 발표를 계기로, 또 하나의 큰 해빙기에 들어간 것 같다. 급격한 해빙분위기에 어리둥절하면서 이러다가 혹시 북쪽에 말려들지나 않을까, 이러다가 다시 냉각기로 되돌아갈지 누가 아는가 하고 내심 걱정하는 경우도 없지 않으리라고 생각한다. 물론 남북관계가 다시 냉각될 수도 있겠지만, 설령 그렇게 된다 해도 이번 해빙이 저번 해빙 때와 다른 것처럼 그것은 이전 냉각기와는 다르게 마련이다.

되돌아보면 6·25전쟁으로 꽁꽁 얼어붙었던 남북관계가 4·19가 터지면서 크게 해빙될 것 같았다. 그러나 4·19 주체세력이 아니면서 정권을 쥔 장면정부가 남북관계 해빙을 위한 뚜렷한 방안을 가지지 못한 채 우왕좌왕하는 틈을 타서 5·16쿠데타가 일어났고 남북관계는 다시 엄혹한 냉각기로 들어갔다. 7·4공동성명은 또다시 해빙기를 열어갈 것 같은 희망을 주었으나, '유신'체제로 가기 위한 정략적 의미가 큰 것이었다. 김영삼 문민정부가 들어서서 정상회담이 합의됨으로써 다시 해빙기로 들어갈 것 같았으나, 한쪽 정상의 사망과 민족문제 해결을 위한 '철학' 부재에서 온 조문문제 등으로 다시 냉각기로 들어갔다.

이번에 성사된 남북정상회담은 서해안에서 무력충돌이 있어도 동해안으로 관광선을 올려보내면서 대북 화해정책을 적극적으로 펴온 김대중정부와, 권력이 안정되고 경제가 최악의 상태에서 벗어난 김정일정부의 합작품이라 할 수 있다. 그리고 어쩌면 민족문제를 평화적이고 호혜적으로 풀어가야 한다는 '철학'을 두 정상이 함께 가졌기 때문이라 할 수 있다.

이것은 이승만 독재정권이 무너져서 폭발한 4·19 후의 해빙과도 다르고, 미·소와 미·중 화해정책에 밀리고 국내정치의 돌파구를 위해 취해진 7·4공동성명 때의 해빙과도 다르며, 급박한 전쟁위험에 몰리면서 외세의 중재로 이루어진 1994년 정상회담 합의 때의 해빙과도 다르다.

이번 해빙기는 급박한 전쟁위험이 없는 상태에서 외세의 중재 없이도 민족문제를 협상에 의해 풀어가려는 남북 두 정상의 뚜렷한 '철학'을 바탕으로 하여 이루어진 해빙기라 할 수 있다. 우리 통일의 역사가 냉각기와 해빙기를 거듭해왔지만, 뒤의 냉각기는 앞의 냉각기와 질적으로 달랐고, 마찬가지로 뒤에 온 해빙기는 앞의 해빙기와 역시 달랐다.

왜 그런가 하면 역사는 반복하지 않으면서도 쉼 없이 변하기 때문이다. 그리고 그 변화해가는 큰길은 결국 인간을 한층 더 자유롭고 고루 잘살고 평등하게 하는 길이다. 역사가 끊임없이 변한다는 사실, 그러면서도 큰 눈으로 보면 일정한 방향을 가지고 변한다는 사실을 알게 되면, 설령 해빙기 뒤에 일시적 냉각기가 온다 해도 그 때문에 제 역사관을 바꾸지는 않는다. (2000. 8. 19)

# 한반도 통일의 불가피성이란

　민족이 분단된 지 어언 반세기가 넘었다. 남북 전체 약 7천만 인구 중 분단되기 전에 살아본 사람보다 분단 후의 한반도에서만 살아온 사람이 훨씬 많아졌다.

　국토와 민족이 분단된 당초에는, 그리고 6·25전쟁으로 남북이 원수가 된 당시에는 조금이라도 민족문제를 걱정하는 사람이라면, 수천 년간 함께 살아온 같은 민족이 이렇게 나누어지고 원수가 되어 과연 그대로 살아갈 수 있을까 하고 걱정하기도 했다. 그러나 분단된 지 반세기가 넘은 지금도 남북을 막론하고 사람들은 그대로 살아가고 있으며 인구도 증가했다. 게다가 북쪽은 당장 좀 어렵지만, 남쪽은 살기가 많이 나아졌다고들 한다.

　같은 민족이 두 개 이상의 국가를 이루어 사는 경우도 많은데, 우리도 이제는 통일하려고 애쓸 것 없이 나뉜 채로 사는 것이 좋겠다고 생각하는 사람들이 나올 법하게도 되었다. 정직하게 말하면 그런 사람이 전혀 없는 것도 아니다. 그러나 한 가지 신통한 것은, 분단되기 이전 시대에 살아본 사람은 말할 것 없고 그렇지 않은 젊은 층에도 통일을 해야 한다는 사람이 그럴 필요 없다는 사람보다 훨씬 많다는 점이다.

남북을 막론하고 또 너와 나를 막론하고 한반도 주민들은 모두 통일에 신들린 사람들이 되었다고 해도 괜찮지 않을까 한다. 그리고 그 통일도 1950년대에 남북에서 각각 한 차례씩 시도했다가 실패한 무력통일이 아니라, 평화통일을 염원하고 있는 것이다. 좀 새삼스러운 일이긴 하지만, 한반도 주민들은 왜 모두 '통일귀신'이 들렸는가 생각해볼 만도 하다.

단군의 자손까지 올라갈 것은 없다 해도 수천 년 동안 같이 살아온 같은 민족이니까 통일해야 한다는 대답이 먼저 나올 법하다. 우리 사회에서는 아직도 동족이니까 통일해서 살아야 한다는 말이 통하고 있으며, 또 교육도 그렇게 하고 있다. 그러나 같은 민족이 다른 나라를 이루어 사는 것이 전혀 이상스럽지 않은 시대이기도 하고, 또 우리 민족이면서도 실제로 미국 국민이나 중국 국민이 되어 사는 사람이 많은 시대이기도 하다.

따라서 핏줄기를 같이한 동족이니까, 또 오랫동안 하나의 지배기구 아래서 같이 살아왔으니까 통일을 해서 살아야 한다는 식의 교육이 통하지 않을 때가 곧 오지 않겠는가 생각해볼 만하다. 핏줄기와 역사도 중요하지만, 이제는 더 현실적이고 구체적인 이해관계를 말하면서 통일의 불가피성을 설명할 수 있어야 설득이 가능하지 않을까 생각하는 것이다.

흔히 21세기의 세계는 무한경쟁의 시대가 되리라 말한다. 그리고 우리가 살고 있는 동아시아는 20세기 후반기와 같은 미국과 소련의 대결 구도 시대는 지나갔다. 대신 엄청난 저력으로 국력이 급성장함으로써 21세기에는 세계 최대강국의 하나가 되리라 전망하는 중국과, 최상급 경제대국에서 바야흐로 군사대국으로 변모해가고 있는 일본이 직접 대결하는 구도로 변해갈 가능성이 많다고들 말한다.

그런데도 그 사이에 끼여 있는 한반도는 아직도 분단된 채로 있다. 그뿐만 아니라 그 북쪽은 소련이 해체되고 동유럽 사회주의권이 무너진 후 정치·경제적으로 더욱더 중국에 가까워질 수밖에 없게 되어가고 있으며, 그 남쪽은 또 1965년 한일협정 체결 이후 정치·경제·문화적으로 일본과 깊이 유착해 있다. 남한 자본주의가 엄청난 무역적자를 지고도 꼼짝할 수 없는 처지가 된 지 오래다.

21세기의 동아시아가 한반도의 남반부 및 일본을 포함하는 하나의 세력권과 한반도 북반부 및 중국을 포함하는 또 하나의 세력권으로 나누어져 대립할 경우, 지난 세기의 청일전쟁 전이나 러일전쟁 전과 같이 평화롭기 어려워질 뿐 아니라 한반도가 통일되기도 어려울 것이다. 그 북반부는 어쩔 수 없이 중국 쪽에 부속되고 그 남반부는 또 일본 쪽에 부속될 수밖에 없지 않을까 걱정이다.

우리 역사책에서는 제대로 말하지 않고 있지만, 지난날 청일전쟁을 피하기 위해 한반도를 한강선으로 분단하여 그 북반부는 청국세력권에 두고 그 남반부는 일본세력권에 두자는 의견이 있었다. 그리고 러일전쟁을 피하기 위해 한반도를 38도선으로 분단하여 그 북반부는 러시아 세력권에 두고 남반부는 일본세력권에 두자는 안이 제기되기도 했다.

그러나 일본이 청일전쟁과 러일전쟁을 도발했고, 그 결과 한반도는 일본의 식민지가 되었다. 1945년 해방될 때는 전승국 미국과 소련의 동아시아에서의 세력균형을 위해 한반도가 기어이 분단되기도 했다.

21세기로 들어서면서 동아시아 주변세력들의 이해관계에서만 보면, 중국과 일본 사이의 세력균형을 위해 한반도의 분단상태가 계속 유지될 수도 있을 것이다. 이 경우 앞에서 말한 것처럼 그 북반부는 정치·경제적으로 중국에 부속되는 지역이 되고, 남반부는 일본에 부속되는 지역이 되어버릴 수도 있을 것이다. 이 불행한 상황을 막기 위한 대안으로서의 한반도 통일문제가 설명되어야 하지 않을까 생각한다. 좀더 구체적으로 말해보자.

첫째 한반도 북반부 및 중국을 포함하는 하나의 세력권과 그 남반부 및 일본을 포함하는 또 하나의 세력권으로 나뉘어 대립함으로써 동아시아가 평화롭지 못하게 되는 상황을 막기 위한 차원에서의 통일의 불가피성이나, 둘째 한반도가 식민지가 되고 또 분단되었던 역사 대신 통일되어 중국과 일본 사이에서 제3의 세력으로 위치함으로써 중국과 일본의 대립을 중화 내지 완충시키고 동아시아의 평화를 담보하는 차원에서의 통일의 불가피성이나, 셋째 한반도 주민들이 남북으로 나누어진 채 각각 중국과 일본에 정치·경제·문화적으로 부속되어 새로운 형태의 예속민이 되는 것을 막기 위한 방편으로서의 통일의 불가피성 같은 것이 설명되어야 하지 않을까 하는 것이다.

혹시 중국과 일본이 청일전쟁이나 중일전쟁 때처럼 대립하지 않고 유럽공동체나 북미공동체를 본떠서 한반도지역을 포함한 동아시아 공동체 같은 것을 만들게 된다 해도, 한반도지역이 분단된 상태로서는 불가능할 것이다. 동아시아 공동체를 형성하기 위한 전제조건으로서의 한반도 통일의 불가피성까지 더해진다면, 한반도 평화통일의 불가피성은 한층 더 확실해질 것이다.

따라서 한반도 주민들이나 분단국가들은 말할 것 없고, 주변의 어느 국가나 국민들도 그것을 저지하거나 방해할 어떤 명분도 가질 수 없게 될 것이다. (2000. 11. 9)

# 대등통일이 진정한 평화통일

6·25전쟁의 시대였다고 할 수 있는 1950년대만 해도 이승만 독재정권은 평화통일론 자체를 이적론(利敵論)으로 간주하면서 용납하지 않았다. 진보당 당수 조봉암이 평화통일을 주장했다가 간첩으로 몰려 사형당한 사실을 우리는 알고 있다. 1960년대로 들어서면서 4·19 후 평화통일운동이 급격히 활성화했으나 5·16쿠데타로 좌절되었다. 1970년대 초에는 세계정세의 변화에 따라 남북 정부당국이 처음으로 합의한 평화통일론으로서의 7·4공동성명이 나왔다가 휴지화되다시피 했으나, 이후 평화통일론이 차차 정착함으로써 지금은 상식이 되었다.

그러나 유럽에서 독일통일이 실현되면서 평화통일론에도 다시 생각해야 할 문제가 생겼다. 평화통일은 무력을 쓰지 않고 통일하는 것이라고 일단 말할 수 있으나, 독일처럼 무력을 쓰지 않고 이른바 흡수통일을 하는 것도 진정한 의미의 평화통일인가 하는 문제가 있다. 정치·경제·사회·문화 등의 체제가 전혀 다른 두 개의 분단국가 중의 하나가 설령 무력을 쓰지 않았다 해도 다른 체제를 완전히 없애버리고 제 체제로 흡수했을 때, 그것도 옳은 뜻에서의 평화통일인가 하는 문제인 것이다.

그것은 옳은 의미의 평화통일이라 할 수 없을 것 같다. 무력을 쓰지 않고 통일한다 해도 한쪽의 체제가 완전히 없어져버리는 통일, 흡수당한 쪽 사람들이 흡수한 쪽 사람들에 비해 상당 기간 열악한 처지에서 생활하며 차별을 받는 그런 통일은, 결국 정복의 변형이라 할지언정 진정한 평화통일이라 할 수 없을 것이다.

그렇다면 진정한 평화통일이란 무엇인가. 두 분단국가의 대등(對等)통일이야말로 옳은 뜻에서의 평화통일이라 할 수 있다. 체제가 서로 다른 두 개의 분단국가가 철저하게 대등한 처지에서 서로 상대방의 체제를 인정하고 상당 기간 그 체제들을 유지하면서 서서히 차근차근 통일해가는 것이 대등통일 방법이라 할 수 있다.

독일은 흡수통일이 됨으로써 많은 후유증을 남겼지만, 우리는 그것을 타산지석으로 삼아서 다행히도 남북 분단국가가 모두 독일식 흡수통일을 부인하고 대등통일을 할 것을 약속했다. 1992년에 남북 정부의 총리들 사이에 이루어진 '남북 사이의 화해와 불가침 및 교류·협력에 관한 합의서' 교환이 그것이다. 독일의 경우처럼 남북 분단국가의 어느 한쪽이 다른 쪽을 흡수통일하겠다고 했다면, 이 합의서는 교환되지 못했을 것이 당연하다. 제 국가와 체제를 송두리째 흡수해버리겠다는 상대방과 합의서를 교환할 만큼 어리석거나 살신성인하는 권력이란 있을 수 없을 것이기 때문이다.

문제는 대등통일할 것을 합의해놓고도 여전히 흡수통일을 기도하는 세력이 있다는 점에 있다. 남북합의서가 교환된 후 남쪽에는 30년 만에 문민정권이 들어섰고, 그 정권과 북쪽 정권 사이에 정상회담이 합의됨으로써 한때 전체 민족구성원을 들뜨게 했으나 불행하게도 한쪽 정상이 갑자기 사망함으로써 무산되었다. 그렇지 않았으면 대통령과 무릎을 맞대고 회담을 했을 상대방 정상이 사망하자 하루아침에 다시 옛날

식의 '6·25 원흉'으로 되돌아갔고, 조문문제로 옥신각신하다가 그 후유
증으로 남북관계는 군사정권 때보다 더 얼어붙고 말았다.

북쪽에 엄청난 수재가 나서 온 세계가 도와주려 하지만 동족인 남쪽
은 북쪽이 굴복해 오기를 기다리면서 원조에 대단히 인색하고, 미국이
제의한 4자회담안에 맡겨버리거나 아니면 북쪽이 무너지도록 기다리
는 것이 통일정책의 전부인 것처럼 되어버렸다. 서로가 상당 기간 상대
방 체제의 존속을 인정하면서 단계적으로 차근차근 통일하자는 합의서
를 교환해놓고도 상대방이 무너지기를 기다린다면 그것은 약속위반일
수밖에 없다.

북쪽이 갑자기 무너질 것인가, 결코 그렇지 않을 것인가는 적어도 지
금의 시점에서는 아무도 예측할 수 없다. 그러면서도 남쪽의 일부 세력
이 기대하는 것처럼 북쪽이 동독처럼 갑자기 무너질 경우, 일본자본과
같은 외채 도입 없이 남쪽이 그 뒷감당을 할 수 있을 것인가 하는 심각
한 문제도 있다.

거듭 말하지만 북쪽이 무너져서 통일되는 것은 옳은 의미의 평화통
일이 아니다. 절대로 무너져서는 안 된다고 생각하지만, 설령 무너지는
경우가 있다 해도 그후의 통일과정은 반드시 대등통일의 정신과 방법
에 의해 진행되어야 한다.

특히 전쟁을 겪은 우리 민족의 통일과정이 한쪽이 무너지고 다른 한
쪽이 우위(優位)에 서서 추진되는 경우, 통일이라기보다 정복이 될 가
능성이 전쟁을 겪지 않은 독일의 경우보다 훨씬 커질 것이다. 그 결과는
통일당하는 쪽의 불만과 반발을 불러일으켜, 통일이 아니라 파탄이 될
수도 있을 것이다. 어느 한쪽이 무너지건 그렇지 않건, 우리의 통일과정
은 반드시 남북합의서의 정신에 따라 대등통일이 되어야 함을 강조하
지 않을 수 없다. (1996. 9. 12)

# 21세기와 국민국가와 민족통일

　세계사에서 국민국가가 성립한 것은 대체로 말해서 300~400년 전부터였고 자본주의시대가 되면서부터였다. 서양의 경우 중세시대의 모든 사람은 교회에 속했고 근대의 모든 사람은 국가에 속한다는 말이 있듯이, 국민국가 권력은 그 영토 안에 있는 국민 한 사람 한 사람을 철저히 파악하고 법으로 보호하는 한편, 납세·병역 등의 의무를 강제로 부과했다. 세계사가 자본주의시대로 들어와서 국민국가시대가 되면서 국경의 벽이 두껍고도 높아졌으며, 또 민족주의가 발달하고 그것이 제국주의로 되면서 국민국가 사이의 전쟁이 잦아졌다.

　근대 이후의 모든 사람은 국가의 보호를 받기도 했지만, 국민국가 권력에 의한 피해 또한 매우 컸다. 국민국가의 권력을 장악한 일부 정치인이나 자산계급, 군벌 들이 제 욕심을 채우기 위해 많은 서민대중을 국가의 이름으로 전쟁터로 내몰았고, 국경의 벽을 높이 쌓은 채 외국인의 출입을 통제함으로써 인간의 자유, 특히 지구 단위의 거주·이동의 자유를 제한했다.

　이 때문에 교통·통신의 발달로 지구촌이란 말이 쓰이게 된 지금에도,

그 북촌에서는 핵무기를 비롯한 각종 무기제조에 엄청난 자금이 투입되는 동안 그 남촌에서는 해마다 수십만 명의 어린이가 굶어죽어가는 비인간적인 일들이 벌어지고 있다.

20세기를 넘기는 시점에서 인류사회는 이같은 국민국가의 '횡포'에 대해 염증을 느끼기 시작했다고도 할 수 있다. 300~400년 동안 강화되기만 했던 국민국가의 권력이 약해질 것이며, 또 높아지기만 했던 국경의 벽이 낮아질 것이라는 전망들이 나오고 있다. 이미 국민국가의 울타리를 넘어 지역공동체가 생겨나고 있으며, 20세기만 해도 그 전반기에 비해 후반기에는 제가 태어난 곳이 아닌 다른 땅에서 사는 인구가 급격히 증가하고 있다. 삶의 조건이 나쁜 지역 사람들이 더 나은 지역으로 대거 옮겨 삶으로써 지구단위의 거주·이동의 자유가 그만큼 확대된 것이다.

물론 21세기에도 국민국가의 권력이 갑자기 약해지지는 않을 터이다. 그러나 제국주의가 난무하고 그 때문에 두 번에 걸친 처절한 세계대전을 겪은 후에도 이른바 냉전체제가 계속되었던 20세기까지의 국민국가와 21세기의 국민국가는 달라질 수밖에 없을 것이다. 20세기는 국민국가를 중심으로 제국주의체제와 냉전체제가 지속된 세기였으나, 21세기 들어서면서 세계사에서 20세기 전반기적 식민주의가 먼저 청산되었고 20세기 후반기적 냉전체제도 청산되었기 때문이다.

역사가들은 21세기는 국민국가의 존재가 약해지는 대신, 소수민족사회 및 지역사회의 힘이 점점 커지는 세기가 되리라고 내다보는 경우가 많다. 역사가 진전될수록 인권이 발달하게 마련이고, 그럴수록 국권은 제약되게 마련이다.

이제 어쩔 수 없이 21세기로 넘겨진 한반도의 통일문제도 이같은 세계사의 변화와 관련지어 생각하지 않을 수 없다. 한반도의 남북에 현존하는 두 개의 국가를 베트남식 전쟁방법도, 독일식 흡수방법도 아닌 평화적 방법으로 통일하기란 결코 쉬운 일이 아니다. 남북에 실존하는 두 개의 국가권력을 20세기적 국가개념을 바탕으로 하여 평화롭게 하나로 통일하기란 현실적으로 불가능하다는 말이 옳을지도 모른다. 한반도의 비흡수 평화통일을 위해서는 20세기까지의 제국주의 전쟁 등에 대비한 중앙집권성이 강한 국민국가적 개념에서 벗어나서 새로운 개념을 세우지 않을 수 없을 것이다.

비흡수 평화통일론에 따르면, 현재의 1민족·2국가·2정부·2체제 상태를 1민족·1국가·2정부·2체제로 가져가는 것이 통일의 일차적 과정이라 할 수 있다. 이 경우 1국가는 20세기까지의 중앙집권성이 강한 국민국가와는 다를 것이다. 그 밑에 있는 두 개의 정부보다 오히려 통치권력 행사가 훨씬 느슨한 국가가 될 수밖에 없을 것이며, 두 개의 각기 다른 정부와 그 정부가 가진 체제를 느슨하게 얽은 위에 선 국가가 될 수밖에 없을 것이다. 이같은 새로운 21세기적 국가상을 이해할 때, 비로소 비흡수 평화통일이 쉽게 다가올 수 있을 것이다. (2000. 1. 19)

# 1948년 남북협상은 평화통일운동

올해는 백범 김구와 우사 김규식 등이 평양에 가서 남북협상을 한 지 50주년이 되는 해다. 그런데도 이후의 역사왜곡 때문에, 이 남북협상이 가진 민족사적 의미가 무엇인가를 옳게 아는 사람이 많지 않는 세상이 되어버렸다.

더욱 딱한 일은, 이후 남한에 들어선 정권마다 거의 대한민국임시정부의 법통을 계승한다 하면서도, 그 임시정부 정·부주석이었던 백범과 우사 등이 민족분단을 막으려는 충정으로 만난(萬難)을 무릅쓰고 참가했던 남북협상의 진의에 대해서는 전혀 모른 척하는 것이다.

백범과 우사는 중국에서 독립운동할 때 이미 민족혁명당 김원봉 등과 함께 임시정부를 좌우합작 정부로 만들었다. 또 일본제국주의의 패망으로 결실을 보지는 못했지만, 임정은 해방 직전에도 중국공산당 지역인 연안에 있는 조선독립동맹 쪽에 국무위원 장건상을 보내 합작에 합의한 바 있었다.

이런 경험을 가지고 귀국한 백범과 우사는, 한반도문제를 넘겨받은 유엔이 결국 "가능한 지역만의 선거"를 결정하고 남한 단독선거를 실시하자, 온갖 반대와 비난과 신변의 위험까지도 무릅쓰고 민족분단을 막으려는 일념으로 북행길에 올랐다.

평양의 남북협상에서 백범과 우사는 김일성·김두봉을 비롯한 북쪽 지도자들과 협상하여, 미·소 양군 즉시철수, 외국군 철수 후의 민족내전 부인, 전조선정치회의 구성과 총선거 실시 및 정부수립, 남한 단독선거 반대 등에 합의했다.

협상결과를 현실화하는 데는 미·소 양군철수가 선결문제였으므로, 협상파들은 양군 사령관에게 대표를 보내 철수할 것을 요구했다. 이에 대해 소련군사령부는 미군과 함께 철수하겠다 하고 미군사령부는 유엔 결정에 따라 남한에 정부를 수립한 후 철군하겠다 함으로써, 분단국가 성립을 저지하고 통일국가를 건설하려던 노력은 일단 무위로 끝나버렸다.

협상파들은 서울로 돌아온 후에도, 현실적으로 되지 않을 일을 했다느니, 북쪽에 이용당했다느니, 심지어는 포섭당했다느니 하는 온갖 비난과 배척과 박해를 받았고, 백범의 경우 결국 죽음으로 이어졌다고 할 수 있다.

백범과 우사는 제국주의 강대국 일본과 싸워서 독립할 수 있다는 전망이 현실적으로 대단히 어두울 때도, 독립운동 그 자체가 옳은 일이고 또 해야 할 일이기에 30여 년 동안 천신만고의 독립운동 전선에서 한치도 물러서지 않은 사람들이다.

마찬가지로 민족분단은 잘못된 길이며 통일민족국가 수립이 옳은 길이기 때문에, 또 해야 할 일이기 때문에 만난을 무릅쓰고 그 길에 나선 것이다. 그들에게는 38선이 있고 좌우가 극렬하게 대립하는 조건에서 통일국가 수립이 현실적으로 가능하겠는가 하는 의문이나 망설임 이전에, 통일국가 수립운동이 독립운동 그것처럼 하지 않을 수 없는 일이었다고 할 것이다.

'해방공간'에서 평화적으로 통일민족국가를 건설하는 길이 옳았고, 단독선거와 단독정부 수립이 민족사회 전체와 나아가서 세계평화를 위해 불행한 일이었음은, 백범이 예고한 대로 6·25전쟁이 터짐으로써 바로 입증되었다. 엄청난 희생을 치르고도 전쟁방법으로는 결국 통일이 안 되었을 뿐만 아니라, 그 후유증이 반세기가 넘도록 지속되면서 아직도 흔히 세계의 화약고의 하나로 지목되고 있다.

백범과 우사 등의 노선이었던 평화통일론이 한때는 이적론(利敵論)으로 탄압받기도 했으나, 이제는 전체 민족사회는 물론 세계적인 상식이요 당위가 되었다. 온갖 파란과 곡절을 겪고도 역사가 기어이 제 길로 가서, 협상파 백범과 우사 등의 노선이 옳았음을 증명해주고 있는 것이다.

그런데도 평화적 통일국가 수립운동으로서의 1948년 남북협상은 아직도 대부분의 우리 역사책에서만은 그 정당성을 인정받지 못하고 있으며, 또 제대로 가르쳐지지도 않고 있는 실정이다. 불합리하고도 안타까운 일이 아닐 수 없다.

지나간 일 한 가지를 회상해보자. 이승만 단독정권이 성립하면서 헌법이 제정되었을 때, 어느 기자가 백범에게 "이승만 박사가 대한민국임시정부 법통 계승을 언명하였는데, 이에 대한 주석의 견해는 어떻습니까" 하고 물었다.

그러자 백범은 "현재 국회의 형태로서는 대한민국임시정부의 법통을 계승하는 아무 조건도 없다고 본다"고 대답했다. 남한 단독선거로 구성된 국회와 그 위에 성립하는 정부로서는 임정 법통을 이을 수 없다는 말이었다.

문민정권이건 국민정권이건, 스스로 상해임시정부의 정통성을 이어받는다고 내세우기 전에, 옳은 의미의 평화통일정책을 적극적으로 펼침으로써 한걸음이라도 통일에 접근해가는 일이 중요할 것이다.

그것을 위해서도 '해방공간'의 평화적 통일민족국가 수립운동이었던 좌우합작운동이나 남북협상운동의 역사적 정당성을 인정하고, 정확하게 가르치는 일이 앞서야 할 것이다. (2000. 11. 9)

# 금강산 관광사업은 평화통일사업

우리 민족사회가 지향하는 통일방법이 베트남식 전쟁통일이나 독일식 흡수통일이어야 한다고 생각하는 경우, 금강산 관광사업을 영리사업 중심으로 봐야 한다는 주장이 더 강하게 나올 법하다. 반대로 한반도의 경우 전쟁통일은 물론 흡수통일도 불가능함을 알고 비전쟁·비흡수의 방법으로 통일할 수밖에 없다고 생각하는 경우, 금강산 관광을 통일사업의 일환으로 봐야 한다는 주장이 더 강하게 나올 법하다.

6·15공동선언 후에도 북한을 적으로 간주하고 전쟁통일은 어렵더라도 반드시 흡수통일이 되어야 한다고 생각하는 경우, 적을 경제적으로 도와주는 것은 통일을 늦추는 일이라 생각되게 마련이다. 따라서 북한에 경제적 도움을 주게 되는 금강산 관광사업을 정부가 지원하는 것은 곧 정부 스스로가 '이적행위'를 하는 것이라 생각될 수밖에 없을 것이며, 그런 생각으로는 정부의 금강산 관광사업 지원을 당연히 반대하게 마련일 것이다.

한반도의 경우 그 지정학적 위치 문제가 주된 원인이라 말할 수 있지만, 베트남식 전쟁통일도 독일식 흡수통일도 되지 않았고 앞으로도 될 가능성이 거의 없다고 보는 관점이 지배적이라 해도 과언이 아니다. 6·25전쟁이 휴전으로 끝난 사실이 한반도에서는 전쟁통일이 불가능함을 실증했고, 김일성 주석 사망에 뒤이은 '고난의 행군'기에는 전문가들조차도 남한에 의한 흡수통일 가능성을 전망하는 경우가 압도적이었으나 북한은 동독과 달라서 와해하지 않았다. 그리고 지금은 남한에서도 그런 비평화적 통일이 되기도 어렵고 되어서도 안 된다는 생각이 일반적이다. 그래서 화해·협력에 의한 평화통일론이 자리잡아가고 있는 것이다.

한반도식 통일은 화해·협력에 의한 평화통일일 수밖에 없음을 인식하고 나면 그런 통일을 이루기 위해서는 우선 한반도에 평화가 정착되어야 함을 알게 될 것이며, 평화를 정착시키는 길은 무엇보다도 북한지역이 경제적으로 회복되고 안정되어야 함도 알게 될 것이다. 그리고 북한을 경제적으로 안정되게 하는 것은 한반도에 평화가 정착되게 하는 일일 뿐 아니라 통일비용을 미리 줄여가는 일임도 알게 될 것이다.

금강산 관광사업은 통일로 연결되지 않으면서 엄청난 희생만 내게 될 제2의 6·25전쟁을 억제하는 데 실제로 큰 역할을 다했다. 서해에서 남북 해군력 사이에 무력충돌이 있었을 때도 금강산 관광선이 그냥 운행됨으로써 그 무력충돌은 곧바로 종식되었다. 무력충돌이 전쟁으로 확대되었다면, 그 비용이 어찌 감히 금강산 관광사업에 드는 비용과 비교할 수 있겠는가.

금강산 관광사업은 또 6·15공동선언이 나오게 하는 촉매역할을 했다고 할 수 있으며, 이 공동선언이 한반도의 평화정착에 결정적 계기가 되었음도 부인할 수 없다. 6·15공동선언 없이 9·11테러사건이 일어나고 부시정권의 대북 압박정책으로 연결되었다면, 한반도의 평화가 크게 후퇴했을 가능성을 상상하기 어렵지 않다.

금강산 관광사업은 평화정착사업 및 통일사업의 일환으로 인정되어야 하며, 그래서 정부사업으로 될 만도 하지만, 민간사업으로 유지될 경우 당연히 정부지원이 있어야 할 것이다. 금강산 관광사업을 정부가 지원할 수 있는가 하는 문제는, 통일문제를 비평화적 전쟁통일이나 흡수통일로 해결하려는가 아니면 화해·협력 평화통일을 지향하는가에 따라 달라질 수 있다. 비전쟁·비흡수 평화통일론이 시대적 요구임은 말할 나위가 없다. (2002. 2. 14)

# 남북 문화교류 어떻게 할 것인가

　분단시대 50여 년을 통해서 남북간의 문화적 이질성이 커졌음은 우리가 이미 많이 염려해온 일이다. 고급문화와 대중문화를 막론하고 남쪽의 경우 어쩔 수 없이 미국과 일본의 문화와 가까워질 수밖에 없었고, 북쪽의 경우 중국과 러시아 쪽에 가까워질 수밖에 없었다. 일제강점시대를 통해 일본이 우리 문화를 그들의 문화에 동화시키려 함으로써 우리 문화가 많이 훼손되었고, 그 때문에 해방 후에는 일제시대에 훼손된 우리 문화의 주체성과 고유성을 회복해야 할 단계였지만 민족이 분단됨으로써 그것을 회복하지 못한 채 다시 이질성이 높아진 것이다.

　지금은 교통 및 통신의 발달과 함께 문화의 세계화가 요청되고 있지만, 이 세계화란 것이 모든 민족의 문화가 미국·유럽·일본 등 자본주의 선진국 문화에 동화되어야 한다는 말은 아니다. 각 민족이 고유의 문화적 특성을 가지고 그것을 잘 갈고 닦아서 세계의 문화마당에 자신있게 내어놓는 일이 곧 문화의 세계화라 할 수 있다. 우리의 경우 분단으로 이질화된 민족문화의 동질성을 회복하고 그것을 세계문화의 마당에 내어놓을 수 있게 갈고 닦아야, 즉 세계화해야 하는 것이다. 다시 말하면 우리와 같은 분단민족의 경우 민족문화의 동질성을 회복하는 일이 앞서고 그것을 바탕으로 하여 문화의 세계화를 해야 한다는 말이다.

분단시대 반세기 동안 남북이 서로 대립·반목하고 있었기 때문에, 언어를 비롯해서 생활습관과 대중문화 및 문화인식에 이르기까지 상당한 괴리가 생겼음은 말할 나위가 없다. 남북간의 긴장이 다소 풀리면서 그동안 주로 무난한 운동경기와 대중가요 중심의 교류가 일부 이루어졌지만, 쉬운 부분부터 시작하려니까 그렇게 되었지 그것으로 오랫동안 조성된 문화적 이질성을 메우기는 어렵다.

이제 남북정상회담이 성공함으로써 앞으로 남북간의 교류가 활성화될 것이 틀림없으며, 정치·경제·사회 등 각 부문에서 차분하고 계획적인 동질화가 이루어져야 하겠지만, 특히 민족적 동질화의 깊이를 더하고 또 그것이 뿌리내리게 하는 데는 문화적 동질화 작업이 무엇보다도 중요함은 말할 나위가 없다.

이번 정상회담은 곧 협상통일의 출발점이었다. 따라서 우리의 통일은 어느 날 갑자기 휴전선이 무너지면서 오는 그런 통일이 아님은 말할 것 없다. 상당한 기간을 두고, 어쩌면 10년 20년을 두고 남한 사람은 그대로 남한에 살고 북한 사람은 그대로 북한에 살면서 서서히 교류하고 통합해가야 하지 않을까 한다.

그 때문에 문화의 동질성 회복을 위한 교류도 그같은 통일과정에 맞추어서 이루어져야 할 것이다. 문화부문에서는 남북이 지금처럼 각기 그 체제를 유지한 채 서로 문화적 교류를 활발하게 하는 것도 중요하지만, 앞으로는 그 단계를 넘어서 남쪽과 북쪽이 합작하여 문화사업을 하는 것이 더 효과적이라 생각한다. 남북 합작 연극, 남북 합작 영화, 합작 음악회, 합작 서화전시회, 합작 민속놀이, 합작 백일장, 합작 고적답사, 합작 해외공연 등을 활발히 함으로써 남북 문화인들 사이의 인간적 우의와 신뢰를 쌓아 민족문화의 동질성을 회복할 수 있는 그런 방법이 좋겠다는 말이다.

한·중 및 한·러 관계개선 후 많이 달라졌지만, 그전까지 남북은 각기 따로 해외동포를 가지고 있었던 셈이다. 즉 남쪽의 배후에는 재일동포·재미동포 사회가 있었고 북쪽 배후에는 재중동포·재소동포 사회가 있었으며, 이들 해외동포들도 각기 그 특유의 문화를 가지고 있다.

이들 해외동포들이 가진 문화적 특징과 남북의 특징을 결합시켜 전체 우리 민족문화의 폭을 넓히고 내용을 다양하게 할 수 있는 문화행사들이 남북 화해와 더불어 이루어질 수 있어야 할 것이다. 남쪽과 중국 및 러시아의 관계가 회복된 후 주로 남쪽에서 한민족대회니 하면서 해외동포 사회와의 문화적 교류를 독점해온 셈인데, 우선 그 부분부터 북쪽도 남쪽과 대등한 처지에서 참가하는 것이 바람직하다.

어느 한 민족사회의 문화가 획일적일 때보다 다양할 때 발전할 소지가 많음은 상식이다. 분단시대 반세기 동안 남북의 문화가 이질화하여 민족문화의 동질성이 훼손된 것은 사실이지만, 그것이 오히려 전화위복이 될 수도 있을 것이다.

분단시대를 통해 남쪽은 자본주의 문화를, 북쪽은 사회주의 문화를 익혀온 셈인데, 이제 남북이 화합하고 교류하는 과정을 통해서 자본주의 문화의 장점과 사회주의 문화의 장점을 효과적으로 결합시킴으로써 21세기에는 한 단계 높은 차원의 민족문화를 발전시켜갈 수 있어야 할 것이다.

20세기는 그 전반기가 제국주의시대였고 후반기가 동서냉전시대였던 데 비해, 21세기는 20세기보다는 더 평화스러운 문화의 시대가 되리라 예상하는 경우가 많다. 정상회담을 통한 남북화해는 문화적으로도 21세기에 적합한 남북문화가 결합된 민족문화를 수립하여 세계문화의 발전에 이바지하는 계기가 될 수 있어야 할 것이다. (2000. 6. 24)

# 우리는 한심한 민족인가

북쪽으로는 중국·러시아 등 강대국들과 맞닿았고, 남쪽으로 좁은 바다를 사이에 두고 또다른 강대국 일본과 마주하고 있으며, 그 뒤에는 초대강국 미국이 버티고 있는, 그런 동북아시아의 한 공간에 한반도라는 좁은 땅이 있다. 그곳에는 21세기로 들어선 시점까지도 제 역사를 제대로 열어가지 못하는 7천만 명의 '가엾은' 사람들이 살고 있다.

근대 이전에는 아시아의 절대강자 중국의 끊임없는 침략을 받고 거의 예속되지 않을 수 없었으며, 대륙 쪽만큼 잦지는 않았다 해도 바다 쪽 일본의 침략도 간단없이 받아왔다. 근대로 오면서 서양의 제국주의를 배워 한 걸음 먼저 이른바 부국강병을 한 일본에 꼼짝없이 먹혀서 전체 한반도 주민들은 반세기 동안이나 노예처럼 살았다.

근대 이전의 한반도는 또 아시아의 유일한 문화선진국이었던 중국과 가까웠던 덕택으로, 그리고 그 주민들의 부지런함과 슬기로움으로 중국에 버금가는 높은 문화수준을 유지했다. 따라서 그들의 자존심은 높았고 그것이 밑천이 되어 침략자 일본에의 저항은 치열하고 꾸준했다. 그런데도 제 힘만으로는 해방될 수 없었다. 강대국들에 둘러싸인 땅이

제 힘만으로 해방하지 못함으로써 결국 남북으로 분단되었고, 그것을 극복코자 처절한 통일전쟁을 겪었지만 엄청난 피만 흘린 채 통일되지 못했다.

냉철한 눈으로 되돌아보면, 한반도 주민들은 높은 문화수준에도 불구하고 중세시대까지는 남의 속국으로 있다시피 했고 근대로 오면서 식민지가 되었으며, 현대에 와서는 저희끼리 나뉘어 싸우고 대립해온 '가엾은' 사람들이다. 더 가혹하게 말하면, 그들은 남에게 예속되거나 남의 종살이를 하거나 저희끼리 분열해서 싸움질하는 세 가지 역사밖에 가져보지 못한 '불쌍한' 사람들이라 해도 할 말이 없다.

종살이와 동족상잔을 겪었어도 문화적 저력이 밑천이 되어, 2차대전 후 해방된 민족 중에서는 공업화라는 것을 앞서 해내고, 큰 나라 중국이나 인도도 아직 못한 올림픽을 치렀고, 분단문제를 해결코자 6·15공동선언에 합의하여 세계의 찬사를 받기도 했다. 월드컵을 치르면서 보여준 젊은이들의 열정적이면서도 의연한 자세를 보며, 분단민족의 그늘이 말끔히 걷히는 것 같은 '착각'에 빠지기도 했다.

6·15공동선언으로 남북 사이의 언짢았던 일들은 모두 씻어버리고, 이제는 주변 4강의 엇갈리는 이해관계 속에서 어떻게 민족문제를 슬기롭게 풀어갈 것인가 머리를 맞대고 지혜를 짤 일만 남았는가 했다. 그런데 하필이면 남북이 함께 기뻐한 월드컵잔치 끝에 또 해상 불상사가 터져서 죄 없는 젊은이들만 희생되고, 민족문제 해결은 십년공부 도로아미타불이 될까 염려된다.

해상경계선에 문제가 있다 해도 순리로 풀 일이지 왜 무력으로 해결하려 하는가, 불상사가 벌어지면 원인을 따지고 선후를 가려서 차분히 해결하지 못하고 왜 책임을 무조건 상대방에게 떠넘기려고만 하는가, 세계가 찬탄해 마지않았던 6·15정신은 어디로 가버렸는가. 군복 꺼내

입고 머리띠 두르고 전쟁도 불사한다는 듯이 주먹을 휘두르며 소리치는 것도 칠십 평생을 살면서 지겹도록 봐온 그대로다. 다만 머리띠 두른 무리 속에 젊은이가 그다지 보이지 않은 것은 위안이 되지만.

평생을 두고 우리 역사를 배우고 가르치면서 민족의 문화적 저력을 크게 내세워왔다. 역사적 실패는 지정학적 위치 문제로 설명하면서, 그것을 슬기롭게 풀어가기만 하면 민족의 앞은 밝다고 강조해왔다. 나이 탓인지 모르지만, 민족문제를 올바르게 풀어갈 현실적 방법은 못 가졌으면서 목청 높여 외치는 것도 사는 방법의 하나이려니 하고 봐넘기려 애써왔다.

그러나 "공업화도 올림픽도 월드컵도 제대로 치러내는 능력있는 사람들이 어째서 그보다 훨씬 중요한 민족문제는 평화롭게 풀지 못하는가, 왜 제 땅이 세계에서 가장 전쟁위험이 높은 곳의 하나가 되고, 동아시아의 화약고가 되게 하여 이웃민족까지 불안하게 하는가, 참으로 알 수 없는 한심한 민족이군" 하고 남들이 비웃어도, 대꾸할 말이 없을 것 같아 걱정이다. 우리는 정말 한심한 민족일까. (2002. 7. 12)

# 이제 우리 민족문제는 우리 힘으로

보기에 따라 다를 수도 있겠지만 우리 근현대사는 식민지시대와 분단시대로 엮어진, 어떤 의미에서는 남의 장단에 춤을 춘 비주체적 역사였다고 해도 과언이 아니다. 앞으로 민족통일 문제가 우리 민족의 주체적 역량에 의해 원만하게 해결될 때 이 실패의 역사는 일단 끝나게 될 것이다.

우리의 근현대사가 고난의 역사로 된 원인을 여러가지로 설명할 수 있겠으나, 그 가장 중요한 것 하나는 우리 민족의 문제를 민족 전체의 이익과 발전을 위해 스스로 해결하려는 역사의식과 능력이 부족한 데 있었다고 할 수 있다. 일본의 식민지가 된 과정은 그만두고라도 8·15 후의 분단과정만 해도 민족 내부의 분단책동이 외세의 분단작용 못지않게 컸음을 간과할 수 없다.

분단 27년 만에 남북 정부당국에 의해 7·4남북공동성명이 발표되었다. 그러나 남북 분단정권들로 하여금 공동성명의 발표에만 그치지 않고 그 내용을 실행하지 않을 수 없게 할 만큼 남북 전체 민족적 역량이 축적되었어야 했다. 남북 정권이 미국과 소련, 미국과 중국 사이의 화해에 밀려 발표한 공동성명이거나, 주변정세의 변화 속에서 분단정권들이 각기 하나의 자구책으로 내어놓은 성명이었다면 그 성과를 기대하기 어려운 것은 당연한 일이었다.

7·4공동성명이 나온 지 꼭 20년 만에 자주적·평화적 민족통일을 위한 대헌장(大憲章)으로 불린 '남북 사이의 화해와 불가침 및 교류·협력에 관한 합의서'가 교환되었다. 그러나 그것도 남북을 통한 7천만 전체 민족의 이해문제라기보다 다분히 주변 강대국 사이의 이해문제에 더 관련되었다고 생각되는 '북핵'문제에 걸려 상당한 세월을 또 허비했다.

김일성 주석의 죽음으로 성사되지 못한 것이 안타깝지만, 평양에서 개최될 예정이었던 남북정상회담은 결코 북미회담을 위한 '전주곡'이나 '들러리'가 될 수 없었다. 그것은 한반도 통일문제를 주도하는 그야말로 최고책임자의 회담이 되어야 했다. 민족분단 반세기 만에 우리 민족문제를 우리 스스로 해결하려는 남북 최고통치책임자 사이의 최초의 회담이어야 했다는 점에 그 역사적 현실적 의의가 있었음을 강조하지 않을 수 없다.

그러나 김주석 죽음 후의 조문문제 등을 두고 남쪽에서 야기된 여러 가지 상황과 그로써 빚어진 남북 사이의 냉각현상은 우려해야 할 수준에 다다른 것 같다. 남쪽의 일부에서는 정상회담 자체를 거부하는 기미마저 있고, 앞으로 상당 기간 안에 정상회담이 가능하겠는가 하는 우려를 낳게 하고 있다. 그런데도 북미회담의 재개가 확정되었고, 북쪽 원자로를 경수로로 바꾸는 재원확보 문제가 미국 쪽의 주도로 추진되고 있다.

이제 우리의 민족문제는 남북을 막론한 우리 전체 민족 스스로가 주도적으로 풀어나가야 할 때가 되었다. 그 때문에 정상회담은 반드시 다시 논의되고 개최되어야 하지만, 북미회담을 위한 필요 때문이나 혹은 북미회담에 밀려 개최되어서는 안 된다고 생각한다. 우리 7천만 전체 민족의 주체적 역량에 의해 남북정상회담이 먼저 진행되고, 그 필요에 따라 혹은 그 추진을 쉽게 하기 위해 북미회담이 따라오는 것이 바람직하다는 말이다.

그러나 지금의 상황은 그 반대로 될, 다시 말하면 북미회담이 먼저 열리고 그것에 밀려 어쩔 수 없이 혹은 그 부수 회담의 성격으로 남북회담이 열릴 가능성이 높아지고 있는 것 같다.

남이 멍석을 깔아주고 장단을 쳐주어야 마지못해 춤을 추는 이런 비주체적 역사가 언제까지 계속될는지 안타깝기 그지없다. 지금부터라도 우리가 깐 멍석 위에서 우리 장단으로 춤추기 위해서는 그야말로 역사인식상의 전환이 요청된다.

예를 들면 6·25를 체험한 기성세대의 냉전적 사고방식으로는 분명히 북쪽이 적이었고 미국이 우방이었다. 그 때문에 기성세대는 이미 전체 국민의 70%가 넘고 또 6·25를 경험하지 못한 젊은 세대에게도 자신들과 같이 계속 북쪽을 적으로 미국을 우방으로 여기고 상대하기를 요구하고 있다. 그럼에도 불구하고 젊은 세대들의 상당 부분은 북쪽이 적이 아닌 동족으로 여겨지고 미국은 우방이면서도 남으로 보이는 것 같다. 아마 6·25가 옛일이 되면 될수록 이런 생각이 확산될 수밖에 없을 것이다.

지금 남북의 전체 민족구성원과 그 통치권력들까지도 무력통일이나 흡수통일은 반대하고 대등적·평화적 통일을 지향하고 있다. '남북합의서'의 교환이나 정상회담의 추진이 그것을 잘 말해주고 있다. 지금의 기성세대가 젊은 세대에게 요구하고 있는, 북쪽을 적으로 여기는 민족관 내지 역사관으로는 대등적·평화적 통일을 이루기는 불가능하다. 그리고 통일이 이루어져야 할 21세기에는 아무리 몸부림쳐도 6·25전쟁을 경험한 기성세대는 모두 역사의 주역자리에서 물러나고 젊은 세대들이 대신할 수밖에 없다.

인류역사 이래 역사의 흐름을 막는 데 성공한 사람은 없었다. 아무리 막아도 역사는 흐를 만큼 흐르고, 변해야 할 만큼 변해온 것이다. 지금 우리에게는 변해야 할 만큼 변하고 말 역사를 남의 힘에 앞서 우리 민족 스스로의 의지와 노력으로 하루라도 빨리 바꾸어가려는 역사의식을 가지는 일이 중요하다.

# 통일 '언제쯤'에서 '어떻게'로

　우리 근현대사 학계가 앞으로 더 심층적으로 밝혀야 할 일은 첫째 우리 정도의 문화수준을 가진 민족사회가 왜 유럽 선진자본주의 열강도 아닌 같은 문화권 안 일본의 지배를 받게 되었는가 하는 점과, 둘째 그 지배에서 벗어나면서 왜 민족이 분단되었는가 하는 점이며, 셋째 어떻게 해야 다시 통일할 수 있을 것인가 등이라 할 수 있다.

　남의 지배를 받게 된 일과 분단된 일은 지난 일이니까 역사학의 대상이 될 수 있다 해도 통일은 앞으로의 일인데 역사학이 다룰 문제인가 하고 생각할 수도 있겠다. 그러나 남의 지배를 받게 된 원인을 넓고 깊게 알지 못하면 분단된 원인을 제대로 알 수 없고, 분단원인을 정확하게 파악하지 못하면 통일방법을 옳게 찾을 수 없다. 그 때문에 통일문제 역시 당연히 역사학 측면에서도 다루어져야 한다.

　6·15공동선언 때 남북을 통틀어 유일한 역사학자로서 그 현장에 참가한 후 국내와 미국·일본 등지로 다니면서 통일문제 강연을 많이 했다. 강연 끝에는 열띤 질문들이 나오게 마련인데, 많이 받는 질문은 언제쯤 통일되겠는가이다. 제2차 세계대전 후 분단된 민족사회 중 베트남

과 독일은 지난 세기 안에 통일했는데 우리는 세기를 넘기고도 아직 안되었으니, 언제쯤 통일될까 하는 것이 가장 큰 관심사가 되는 것은 당연하다 하겠다.

그러나 통일이 언제쯤 되겠는가보다, 어떤 통일을 어떤 방법으로 할 것인가가 먼저 관심사가 되어야 한다는 점을 강조하고 싶다. 20세기 안에 통일된 베트남은 전쟁으로 통일했고, 독일은 흡수방법으로 했다. 21세기의 통일이 될 수밖에 없게 된 우리의 경우 남북 당국이 모두 전쟁통일은 말할 것 없고 흡수통일도 안 하겠다고 한다. 그렇다면 우리가 이름붙인 '협상통일'을 할 수밖에 없겠는데, 6·15공동선언으로 협상은 이미 시작되었다고 할 수 있으며, 전쟁과 흡수가 아닌 협상 방법으로 어떤 통일을 할 것인가가 문제인 것이다.

지금 남쪽에서는 전쟁통일이나 흡수통일은 안 하겠다고 하면서도 대체로 1국가1체제가 되어야 통일이라고 생각하는 경우가 많다. 그러나 전쟁이나 흡수 방법이 아니면서 1국가1체제 통일을 하려면 긴 시일이 걸릴 수밖에 없을 것은 당연하다. 북쪽에서는 1국가2체제 통일을 하려 하기 때문에, 평양의 어느 고위층 인사와 금강산의 한 환경관리인에게 들은 말이지만, 하려고만 하면 당장이라도 통일을 할 수 있다고 생각한다.

1국가2체제 통일안이 남쪽 사직당국이 말하는 적화통일론인가 아니면 체제유지 통일론인가 하는 문제가 있지만, 어떻든 이제부터는 우리의 관심을 언제쯤 통일될까 하는 쪽에서 어떤 통일을 할 것인가 쪽으로 돌리는 것이 통일문제를 풀어가는 지름길이 된다고 하겠다. 남북이 모두 베트남식 전쟁통일과 독일식 흡수통일은 안 하겠다 한다면, 우리식 통일은 어떤 것이며 어떻게 해갈 것인가에 관심을 두어야지, 언제쯤 될 것인가에 더 관심 두는 것은 문제를 풀어가는 순서가 바뀌었다고 할 수 있다.

전쟁통일과 흡수통일을 부인하는 한반도의 남북 당국은 지금부터라도 우리식 통일이 어떤 과정을 거쳐 이루어지는 어떤 것이어야 하는가를 함께 진지하게 연구하고 논의해야 한다. 그것이 곧 우리식 통일방식을 찾아내고 또 통일을 앞당기는 일이 될 것이기 때문이다. 철도를 연결하고 육로관광길을 열고 개성공단을 조성하는 일이 곧 통일하는 것은 아니다. 그것은 통일에 앞서서 전쟁위험을 없애고 평화를 정착시키는 과정일 뿐이다.

그 일을 하는 한편, 두 개로 되어 있는 나라를 어떤 과정을 거쳐 어떤 방법으로 하나가 되게 할 것인가를 연구하고 논의할 때, 그것이야말로 통일의 옳은 출발점이 되는 것이다. 평화정착 과정과 통일방법 논의과정이 함께 이루어질 때 통일을 조금이라도 앞당기게 된다. 통일에 대한 우리의 관심을 '언제쯤'에서 '어떻게'로 바꾸는 일이 요긴하다. 그리고 통일방법 논의의 활성화에 장애가 되는 모든 요인을 없애는 일이 또한 시급하다. (2003. 4. 16)

# 신의주특구는 통일실험장인가

　북녘 정부가 신의주를 특구로 지정하고, 그곳에서는 자본주의적 경영과 체제까지도 일부 허용하겠다고 발표한 것으로 전하고 있다. 좀더 두고 봐야 알겠지만 지금까지 나온 이야기로도 마치 조선민주주의인민공화국 안에 또 하나 자본주의체제의 작은 '국가', 물론 외교권과 군사권은 배제된 '국가'를 두려는 것처럼 들린다.

　신의주특구 설치에 대해 남녘에서 나오는 논평들을 보면 대체로 경제회복책의 일환으로 보거나 또는 나진·선봉지역보다 조금 더 적극적인 개방정책으로 보는 것이 일반적인 관점인 것 같다.

　하지만 남북이 화해·협력해서 평화통일을 이루어가기 위해서는 각기 제 처지에서만 상대방을 볼 것이 아니라 상대방의 처지에서 관찰하고 논평할 수도 있어야 한다. 신의주특구 설치를 경제회복책이나 적극적인 개방정책으로밖에 보지 못하는 것은 역시 남녘 논평들이 북녘의 처지에서 그것을 보지 못한 결과가 아닌가 한다.

　우리가 알다시피 지금 남북 사이에는 통일방안에 차이가 있다. 남녘은 1국가1체제 통일을 지향하는 데 반해, 북녘은 1국가 2체제 통일을 지향하고 있다. 북녘의 1국가 2체제 통일안, 즉 연방제통일안을 남녘의 사직당국은 이른바 통일전선전술에 의한 적화통일안으로 보고, 남녘 사람이 그것에 동조하는 경우 국가보안법으로 다스리고 있다. 1국가 2체제 연방제통일안이 남녘 사직당국이 보는 것처럼 적화통일안이냐, 아니면 그것이 아니고 사회주의체제의 전반적 위기 속에서 체제유지를 위한 통일안이냐 하는 문제는 생각에 따라 다를 수 있다 하고 일단 접어두자.

북녘이 신의주특구를 만들려는 것은 내가 보기에는 1국가 2체제를 실험하려는 데 가장 큰 목적이 있는 것 같다. 1국가 2체제 통일을 지향하는 북녘이 남녘을 상대로 그것을 시도하기 전에, 우선 북녘 안에 자본주의 특구를 만들고 그것이 사회주의체제에 어떤 영향을 주는가, 북녘 일반의 사회주의체제와 신의주특구의 자본주의체제가 얼마나 양립 혹은 공존할 수 있는가, 두 체제가 대립적이기만 한가 아니면 호혜적일 수도 있는가를 우선 실험해보려는 정책에서 나온 것이 아닌가 싶다. 물론 경제회복이나 개방정책도 겸하지만.

제2차 세계대전 후 분단된 민족사회 중 베트남은 20세기 안에 전쟁통일을 했고 독일도 20세기가 가기 전에 이른바 흡수통일을 했다. 전쟁통일과 흡수통일의 결과는 당연히 1국가 1체제 통일이었다. 불행하게도 20세기를 그냥 넘기고 21세기적 통일을 할 수밖에 없게 된 한반도에서는 다행히도 남북 두 정부가 모두 전쟁통일은 말할 것 없고 흡수통일도 하지 않겠다고 선언했다.

2000년에 있었던 제1차 남북정상회담은 20세기적 전쟁통일이나 흡수통일이 아닌 21세기적 통일, 즉 협상에 의한 통일의 시작이라고 나는 이미 지적한 바 있다. 그러나 협상의 방법으로 어떤 형태의 통일을 할 것인가를 지금 바로 논의하는 것은 시기상조라고 생각한다. 지금은 1국가 1체제 통일이냐 1국가 2체제 통일이냐를 논의하기보다, 협상방법에 의한 통일의 필수 전제조건이라 할 평화정착에 주력해야 할 때라고 생각하기 때문이다.

철도를 잇고 육로관광길을 열고 공단을 조성하는 것은 협상통일의 필수 전제조건인 평화정착 단계에 들어선 것이지, 통일이 시작된 것은 결코 아니다. 평화가 일정 수준 정착되기 전에 통일문제를 서둘면, 예멘의 경우처럼 전쟁으로 해결하지 않으면 안 될 상황으로 갈 가능성도 있다. 그러나 한반도는 전쟁으로는 통일될 수 없다는 사실이 6·25전쟁에서 이미 증명되었다.

평화정착이 어느정도 이루어진 후에야, 구체적으로 말하면 적어도 휴전협정이 평화협정으로 바뀌고 상호 군사감축이 가능할 정도로 신뢰가 쌓인 후쯤에야 지금의 2국가 2체제를 1국가 1체제로 통일할 것인가, 아니면 1국가 2체제로 통일할 것인가 등등 구체적인 통일방안을 논의할 수 있을 것이다.

북녘이 시도하는 신의주특구의 실험결과는 그때를 위해 대단히 중요한 참고거리가 될 수 있지 않을까 한다. (2002. 10. 4)

# 미국, 언제까지……

　미국 자본주의의 심장 쌍둥이 무역회관이 단숨에 무너지고 철옹성 펜타곤이 공격받자, 부시 대통령은 '21세기 최초의 전쟁'이 시작되었다고 흥분했다. 두 차례의 제국주의 세계대전과 냉전체제가 이어졌던 20세기를 넘기고, 전체 인류사회가 평화와 문화주의를 지향하는 새로운 세기에 들어섰다는 희망이 일부 돋아나고 있을 때, 그것을 뒤엎기나 하듯 21세기 최초의 전쟁이 하필이면 자타가 공인하는 세계 유일 초대강국 미국의 심장부가 무너지면서 터졌으니, 세상일이란 참으로 알 수 없는 것이기도 하다.

　태양이 지지 않던 나라 영국이 쇠퇴한 후의 20세기는 미국이 대신 세계를 지배했다 해도 과언이 아니다. 그 후반기는 소련과 함께 지배했다고 할 수도 있겠지만, 그 세기가 다 가기 전에 소련이 무너짐으로써 20세기 세계를 지배한 나라는 결국 미국이 된 셈이다.

　이제 21세기로 들어선 시점에서, 세계사의 가장 큰 관심사 하나는 미국이 언제까지 초대강국의 위치를 유지할 수 있을 것인가 하는 점이다. 그 대답으로서 지역공동체의 발달과 유럽연합의 결속 강화, 중국의 강대국화 그리고 러시아의 재기 등이 주목되기도 한다.

그러던 차에 아직은 아무도 감히 건드리지 못하리라 생각했던 초대 강국 미국의 심장부가 몇몇 테러분자의 공격을 받고 한순간에 폭삭 무너지는 일이 백주에 벌어졌다. 세상에 모르는 일이 없고, 못하는 일이 없다고 공인되다시피 한 미국의 정보기관도 이 엄청난 일을 미리 알지 못했고, 그래서 막지 못했으니 참으로 놀라운 일이 아닐 수 없다.

부시가 말하는 21세기 최초의 전쟁을 두고, 아직은 어느 예리한 논평가나 대담한 해설가도 미국이 세계 유일 초대강국의 위치에서 내려서는 시발점이 되지 않을까 감히 예측하는 사람은 없는 것 같다. 제 편이 아니면 테러 편이라는 식의 '공갈'을 무릅쓰면서 대담한 논평이나 해설을 내놓기에는 미국의 초대강국적 위치가 아직 너무도 뚜렷하기 때문이라 할 수도 있겠다.

세상에 믿을 것이 아무것도 없다 해도 역사가 변한다는 사실만은 믿어도 된다. 200만 년이 넘는 인류역사에서 지난 불과 5천 년 동안에 석기를 쓰던 인간들이 달나라에 가고 컴퓨터를 쓸 만큼 문화를 그리고 역사를 급격히 발전시켜왔다. 그뿐더러 현대사회에서는 역사발전의 속도가 상상을 초월할 만큼 더 빨라지고 있다. 20세기 동안 세계를 지배한 미국이, 소련이 무너진 후 홀로 초대강국으로 남은 미국이, 그 유일 초대강국의 위치를 그냥 유지할 만큼 21세기 세계사가 제자리걸음하지 않는다는 사실 역시 믿어도 좋을 것이다.

테러행위는 마땅히 규탄해야 하고 죄없이 죽어간 영령들의 명복은 엄숙히 빌어야 한다. 그러나 그것으로 테러행위와 무고한 희생이 더이상 없어진다는 보장은 아무도 할 수 없다. 문제의 핵심은 어떻게 해야 테러행위를 사라지게 할 수 있는가에 있으며, 분명한 것은 보복전쟁은 결코 문명국다운 대응책이 아닐 뿐만 아니라 근본적인 테러방지책도 못 된다는 사실이다. 문명사회다운, 평화주의자다운 대응책은 테러를 당한 쪽에서 그 원인을 정확하게 찾아내고 그것을 스스로 하나하나 없애나가는 데 있다.

테러분자라 해도, 비행기를 조종할 만한 지능을 가진 사람들이 하나밖에 없는 목숨을 이유없이 버릴 리 없다. 이번 테러행위의 근본 원인은 유일 초대강국 미국의 지칠 줄 모르는 패권주의에 있다 해도 괜찮을 것이다.

일본·영국 등의 적극적인 뒷받침을 받으면서 신자유주의를 무기삼아 거침없이 치닫는 미국 패권주의는 진정한 의미의 세계평화를 위해 반드시 청산되어야 한다. 턱없이 넓어진 그 오지랖은 좁아져야 하며 겸손해져야 한다. 패권주의를 걷어내고 다시 먼로주의로 돌아갈 수 있을 때, 비로소 미국을 대상으로 한 테러는 종식될 것이다.

미국의 사회학자 이매뉴얼 월러스틴은 미국이 종주국이 된 신자유주의적 자본주의는 앞으로 25년 내지 50년을 못 간다고 진단했다. 그같은 역사의식과 결기를 겸한 사람들의 발언권과 역할이 훨씬 더 커질 때, 미국과 세계의 평화는 보장될 수 있을 것이다. (2001. 10. 5)

# 한반도 통일과 미국

한반도의 남북 사이에 화해·협력이 진전되면 평화가 정착될 것이며, 그 결과는 곧 평화통일로 연결될 것이다. 부시정권 성립, 9·11테러, 아프가니스탄 보복전쟁 등이 이어지면서 미국의 대북정책이 강경해지더니, 그 대통령에게서 '악의 축'이란 말까지 나오게 되었다. 곧 열릴 서울의 한미정상회담이 북미관계를 어디로 가져갈지 관심거리다.

미국이 대북 압박정책을 쓰면 남북관계는 냉각되게 마련이며, 그 결과 한반도의 평화통일은 점점 멀어지게 마련이다. 이 경우 한반도의 통일문제는 미국의 한반도정책 여하에 달렸다는 말이 되겠는데, 어떻게 하면 통일문제의 주도권이 우리에게 넘어올 수 있겠는가를 적극적으로 생각해야 할 때가 되고도 남았다.

통일문제를 우리 민족이 주도적으로 풀어가는 길을 찾기 위해선, 우리를 둘러싼 국제환경에 대한 정확한 이해가 앞서야 하며, 그러기 위해서는 왜 분단되었는가 하는 문제까지 소급하지 않을 수 없다. 제2차 세계대전이 끝날 때 전체 한반도는 영세국외중립지대로 되지 않는 한, 미국세력권에 들어가거나 소련세력권에 들어갈 수도 있었다. 또 미·소 두 전승국의 세력균형을 위해 분단될 수도 있었다. 이 몇 가지 길 중 결국 분단의 길을 걷고 말았다.

동서냉전하의 세력균형을 깨고 전쟁으로라도 통일하려 한 것이 6·25 전쟁이었다. 처음에는 북에서 통일할 뻔했고 다음에는 남에서 할 뻔했다. 그러나 외세개입으로 결국 어느 쪽으로도 통일되지 않고 분단은 계속되었다. 그러다가 한일협정 후 남쪽에는 한·미·일 공조체제가 굳어졌고, 북쪽에는 중소분쟁, 사회주의 소련의 와해 등으로 조·중·소 공조체제가 한때 무너졌다가 최근 미국의 대북 압박정책에 대응하여 조·중·러 공조체제가 성립할 가능성을 보이고 있다. 한·미·일과 조·중·러 공조체제가 대립하는 한, 한반도의 통일은 불가능하다.

대북 압박정책의 목적이 테러전쟁 확대책이냐, 냉전 분위기를 회복하여 남한에 더 많은 전투기 등을 팔기 위한 계책이냐, 미사일방어체제 구축을 위한 책략이냐 등등 여러가지 관점이 있다. 어떻든 대북 압박정책은 한반도가 6·15공동선언 후 평화정착 및 평화통일 기미를 보이는 데 대한 미국 쪽 대응책략의 하나라 할 수 있다.

미국은 휴전선 이북지역까지도 제 세력권에 넣는 한반도 통일을 획책할 것이며, 그것이 안 되면 분단상태를 지속시켜 이남만이라도 계속 제 세력권에 두려는 책략을 견지할 수 있다. 그러나 휴전선 이북지역까지 미국세력권에 들어가는 통일이 가능하겠느냐는, 그 이남지역까지 중국이나 러시아 세력권에 들어가는 통일이 가능하겠느냐와 전혀 다르지 않다.

한반도는 그 지정학적 위치가 중요한 원인이 되어, 중세시대에는 절대강자이던 중국 쪽에 예속되었고, 근대로 오면서 신흥강자가 된 일본의 강제지배를 받았으며, 현대로 들어서면서 남북으로 분단되어 남쪽은 미·일 세력권에 북쪽은 중·소 세력권에 들고 말았다. 예속과 강제지배와 분단을 극복한 통일의 길은 어떤 것인가.

남북 모두 미·일과 중·러의 영향권에서 벗어나 제3의 위치를 확보하면서 통일되는 것이 바람직하다. 그것은 21세기 동아시아의 평화를 담보하는 길이기도 하다. 미국의 대북 압박정책이 전체 한반도의 제3의 위치 됨을 막고 휴전선 이북까지 제 세력권에 넣거나 그것이 안 되면 분단상태가 계속되게 하려는 책략에서 나왔다면, 그것은 제국주의 및 냉전주의의 연장이라 해도 좋을 것이다.

자국의 이익을 위해 강행하는 미국의 대북 압박정책 때문에, 6·15공동선언으로 어렵사리 쌓인 남북간의 신뢰가 깨어져서는 안 된다. 통일문제가 외세의 영향을 받지 않을 수는 없지만, 그렇다 해도 외세에 좌우되어서는 안 된다는 점이 중요하다.

미국의 대북 강압정책에 대한 남북 민족사회 공동의 대응은, 20세기와 같이 외세에 휘둘려 통일문제의 자율적 해결에 또다시 실패할 것인가, 아니면 21세기에는 외세의 책동을 극복하고 통일문제를 스스로 해결해낼 수 있을 것인가를 가늠하는 시금석이 될 것이다. (2002. 2. 15)

# 역사는 변하고 만다

김행선 전 고려대 아세아문제연구소 연구조교수

강만길은 1970년대 중반부터 분단극복을 화두로 삼아 근현대사 연구와 교육의 필요성을 강조하고, 민족협동전선, 좌우합작운동 등 통일민족국가건설운동 연구에 열의를 쏟아, 한국근현대사 연구에 새로운 길을 열었다. 그러나 1980년 초 서슬 퍼런 전두환 군사정권에 의해 고려대학교 사학과 교수직에서 강제 퇴직당한 뒤 복직했다.

한국근현대사 연구를 꿰뚫는 강만길의 역사관은 크게 세 가지로 나누어볼 수 있다. 첫째로 그의 호인 '여사(黎史)'에서 드러나듯이 민중적 역사관이다. '검을 여(黎)'자는 관(冠)을 쓰지 않아 검은 맨머리를 드러낸 사람들, 즉 민중을 가리키며, 따라서 그의 호에는 민중의 역사를 기록하는 사관이 되겠다는 뜻이 담겨 있다.

둘째로 그의 역사관은 E. H. 카의 『역사란 무엇인가』에서 드러나는 바와 같은 낙관적이고 진보적인 역사관이다. 카는 역사에서 진보의 시대가 있듯이 퇴보의 시대라는 것도 있지만 결국 역사는 진보한다는 사실을 믿는 낙관적인 역사관을 갖고 있었다. 여기서 진보를 믿는다는 것은 "인간 능력의 진보적인 발전을 믿는 것을 뜻한다"고 했으며, "진보란 말 그대로 인간이 신념을 가지고 노력할 가치가 있다고 생각하는 목적을 향한 의식적인 움직임"이라고 규정한 바 있다. 이러한 카의 역사인식을 반영하여 강만길도 역사는 민중들에 의해서 역사적 이상을 향해 전진해나간다는 낙관적이고 진보적인 역사관을 지니고 있는 것이다.

셋째로 그의 역사관은 분단시대를 살아가는 우리 민족의 역사적 이상인 통일민족국가 수립을 향해 나아간다는 통일사관이다.

강만길의 저서 『역사는 변하고 만다』는 위와 같은 필자의 역사관에 따라 집필된 것으로, 1999년 대학교단에서 정년을 맞이할 즈음 신문사들, 특히 한겨레신문사로부터 정기적으로 칼럼 글을 써달라는 요청을 받고 쓴 글들을 모은 것이며, 2003년 당대출판사에서 출간했다.

강만길은 1980년대 전두환 군사정권이라는 암흑시대에 개인적이고 시대적인 아픔을 겪으면서 역사란 무엇인가에 대해 깊이 통찰했으며, 그 결론은 역사는 아무리 어둠이 짙다 해도 새벽을 향해 전진해나간다는 것이었다. 즉 역사는 변하고 만다는 것이다.

그리하여 『역사는 변하고 만다』에는 강만길의 위와 같은 역사관에 따라서 역사의 진행과정 속에서 '지식인의 역할'과 함께 '사회 속의 우리'라는 장이 수록되어 있으며, 본론인 '역사는 변하고 만다'는 장과 아울러 '남과 북이 만났을 때'와 '통일의 역사는 전진하고 있다'는 장으로 구성되어 있다.

첫 장인 '지식인을 생각한다'에서는 지식인, 특히 역사학자에게는 역사진행의 방향을 누구보다도 먼저 알아내야 할 의무가 있음을 지적하면서 역사가는 혁명가나 정치가처럼 대열 앞에 나서서 그 방향을 바꾸려 하지는 못한다 해도 역사의 대열을 뒤따라가면서 잘못 가고 있을 때는 열심히 지적해야 할 의무가 있음을 강조하고 있다.

특히 21세기 우리의 민족사 및 지성사적 최대 과제는 20세기의 식민지시대적 잔재를 청산하고 분단시대적 갈등을 해소하면서 정치·경제·사회·문화적 민주주의의 고른 발전과 평화통일을 달성하는 것이라고 하면서 우리 지성사가 그것을 위해 최선을 다해야 한다고 주장하고 있다.

강만길은 역사란 정치·경제·사회·문화적 자유의 확대과정이라 할 수 있으며, 그것은 또한 민주주의의 확대과정이라고 주장한다. 그리고 인간의 자유를 확대해나가는 원동력의 하나는 지식이라고 보았다. 지식의 확대과정이 자유의 확대과정과 연결되고, 그것이 바로 역사를 발전시키는 원동력의 하나가 된다는 것이다. 그리하여 21세기에 들어가면 정보가 급격히 개방되고 자유화하고 대중화함으로써 인간의 정치·경제·사회·문화적 자유를 더욱 확대시키고, 나아가서 민주주의를 획기적으로 발전시킬 것이라고 전망한다.

'사회 속의 우리'라는 장에서는 이러한 역사의 흐름 속에서 역사는 변하게 마련이며, 이 세상에 존재하는 모든 것은 그 변화에 적응해가거나 아니면 탈락해서 소멸하게 마련이라고 하면서, 특히 언론행위는 곧 역사서술 행위와 같다고 보았다. 따라서 언론은 역사발전의 옳은 방향을 제대로 파악하고 지향해가는 일이 중요하다고 주장한다.

더 나아가 20세기 후반기 우리 역사가 냉전주의, 분단주의, 반북주의, 대결주의로 얼룩진 시대였다면, 21세기는 화해와 협력과 평화를 지향하는 시대가 되어야 한다고 하면서, 이를 위한 역사교육이 이루어져야 한다고 주장하고 있다.

여기서 중요한 것은 젊은 세대의 민족관과 역사관의 정립이라고 보았다. 이는 화해와 통일의 시대가 될 21세기의 주역은 바로 젊은 세대들이기 때문이다. 그리하여 젊은 세대들은 식민지화의 실패와 민족분단의 실패를 딛고 평화통일의 성공을 이루어가야 할 민족사적 책임과 영광이 자신들에게 있음을 아는 것이 중요하다고 주장한다. 그리고 그러한 교육은 민주주의를 키워나갈 힘의 원천이 될 것으로 보았다.

한편 '역사는 변하고 만다'라는 장에서는 강만길이 50년을 역사학과 씨름해서 얻은 결론은 세상에 아무것도 믿을 게 없다 해도 역사가 변한 다는 사실만은 믿어도 좋다는 진리를 터득한 것임을 강조한다. 그리고 이러한 역사적 필연의 진리를 안 일이 세상을 살아온 원동력이었음을 고백하고 있다. 즉 역사는 우회할 수는 있을지언정 결국 가야 할 방향으 로 가게 마련이라는 것이다.

그리하여 강만길은 우리 역사도 통일민족국가 수립이라는 역사적 이 상을 향해 나아간다는 사실을 제시하고 있다. 그리고 그 통일은 무력통 일과 흡수통일이 아닌 비흡수 평화통일을 지향하는 것이고, 이는 곧 타 협통일, 협상통일이어야 함을 주장한다.

이런 점에서 6·25전쟁은 종래의 의미와 달리 분단고착적 관점이 아 닌 통일지향적 관점에서 새로운 의미가 주어질 수 있다고 주장하고 있 다. 즉 6·25전쟁은 어느 하나의 세력 및 체제에 의해 일방적으로 또 무 력적으로 통일될 수 없음을 극명하게 증명해준 전쟁이었다고 주장하 고 있다. 이는 베트남과 같이 무력통일이 되거나 독일처럼 한쪽의 경제 력에 의해 흡수통일되는 것이 불가능하다는 사실을 알려준 전쟁이라는 것이다.

넓은 의미에서 6·25전쟁은 한반도지역이 정치·군사·외교 및 경제관 계에서 해양세력과 대륙세력의 어느 한쪽에도 치우치지 않아야 한다는 점, 소극적으로는 두 세력 사이에서 그 지정학적 위치를 유리하게 살려 반도 자체의 독립성을 유지하고 국제관계에서 실리를 취할 수 있다는 점, 적극적으로는 대륙세력과 해양세력의 두 고삐를 쥐고 동북아시아 평화를 위한 조종자 내지 담지자가 될 수도 있다는 점 등을 가르쳐준 전 쟁이었다고 보았다.

따라서 강만길은 6·25전쟁 결과에서 볼 수 있듯이 분단된 한반도가 해양세력권에 들어가는 통일도, 또 대륙세력권에 들어가는 통일도 불가능함을 알 수 있다고 하면서 결국 어느 세력권에도 들어가지 않고, 두 세력권 사이에서 제3의 위치를 확보하면서 통일되는 길이 가장 바람직하다고 주장한다. 즉 남쪽에서 걸을 수 있는 평화통일의 길은 한·미·일 공조체제를 유지하되 그것을 점차 약화시키면서 남북공조를 강화해가는 길이며, 북쪽에서 걸을 수 있는 평화통일의 길은 조·중·러 공조체제를 성립시키지 않고 남북공조를 강화하는 길이라고 제시한다.

　　이를 위해 남북 쌍방이 긴 시간을 두고 인내와 양보를 통해 통일문제를 해결해나가야 한다고 주장한다. 그리하여 전쟁통일도 흡수통일도 아닌 우리식 통일이 어떤 것이어야 하는가를 알아내고, 그 방법론을 수립해갈 만한 이론과 능력을 가진 정치지도자가 요구된다고 강조한다. 즉 정략가 대통령이 아닌 진정한 의미의 정치가 대통령, 사상가 대통령이 절실히 요구된다고 주장한다.

　　남북정상회담이 열리는 궁극적 목적은 위와 같은 완전한 통일을 이루기 위해서임을 주장하면서, 남북정상회담은 전쟁통일도 흡수통일도 아닌 협상통일을 위한 출발점이자 우리 민족이 동아시아 및 세계평화에 이바지하는 출발점으로서의 의미가 있다고 주장한다.

　　마지막 장인 5장 '통일의 역사는 전진하고 있다'에서 강만길은 전쟁이나 혁명이나 흡수에 의한 통일이 아닌 협상·화해·대등통일을 지향하고 있는 한반도 주민들에게는 민족통일을 위한 이데올로기로서 지금까지 잘못 이용되어온 '분단국가주의'에서 벗어나서 '통일민족주의'로 나아가는 일이 불가피하다고 주장한다.

　　또한 우리 역사의 진행과정을 통해 변하지 않는 사실은 21세기 우리 민족사의 일정한 방향은 그 역사적 이상인 통일을 향해 전진하고 있다는 것임을 다시 한번 강조한다.

　이러한 통일의 역사는 동아시아의 평화 및 동아시아 공동체를 형성하기 위해서나 또 다시 한반도 주민이 중국과 일본에 새롭게 예속되는 상황을 막기 위해서도 불가피한 역사의 지향점이라고 강조한다.

　그리고 지금의 우리에게는 변해야 할 만큼 변하고 말 역사를 남의 힘이 아니라 우리 민족 스스로의 의지와 노력으로 하루라도 빨리 바꾸어 가려는 역사의식을 가지는 일이 중요하며, 더 나아가 통일에 대한 우리의 관심을 환기하고, 통일방법에 관한 논의를 활성화하는 일이 무엇보다도 시급함을 주장하고 있다.

강만길 저작집 간행위원
조광 윤경로 지수걸 신용옥

강만길 저작집 15
우리 통일, 어떻게 할까요 /
역사는 변하고 만다

초판 1쇄 발행 / 2018년 12월 5일
초판 2쇄 발행 / 2019년 5월 10일

지은이 / 강만길
펴낸이 / 강일우
책임편집 / 부수영 신채용
조판 / 정운정
펴낸곳 / (주)창비
등록 / 1986년 8월 5일 제85호
주소 / 10881 경기도 파주시 회동길 184
전화 / 031-955-3333
팩시밀리 / 영업 031-955-3399 편집 031-955-3400
홈페이지 / www.changbi.com
전자우편 / human@changbi.com

ⓒ 강만길 2018
ISBN 978-89-364-6068-6 93910
       978-89-364-6984-9 (세트)